cmz

Foto: Lisa Strencken 2023

Winrich C.-W. Clasen, Jahrgang 1955, Studium der Romanistik, Evangelischen Theologie und Kunstgeschichte in Bonn; Verleger in Rheinbach. Seit 2011 schreibt er unter dem Pseudonym *Paul Schaffrath* Kriminalromane. *Der Säbel von Roussillon* ist sein neunter Roman.

Paul Schaffrath

Der Säbel von Roussillon

Provence-Krimi

cmz

Bibliografische Information der Deutschen Nationalbibliothek

Die Deutsche Nationalbibliothek verzeichnet diese Publikation
in der Deutschen Nationalbibliografie; detaillierte bibliografische Daten
sind im Internet über https://www.dnb.de/DE/Home/home_node.html abrufbar.

An der Glasfachschule 48, 53359 Rheinbach, Tel. +49-2226-912626, info@cmz.de

Lektorat & Schlussredaktion:
Clemens Wojaczek, Rheinbach

Satz (Adobe Garamond Pro 11 auf 14,5 Punkt)
mit Adobe InDesign CS 5.5:
Winrich C.-W. Clasen, Rheinbach

Zitat auf S. 5 aus:
Georges Brassens, *Die Chansons.* Französisch / Deutsch;
herausgegeben und aus dem Französischen übertragen von Gisbert Haefs,
Mandelbaum Verlag, Wien 2021, S. 21

Papier (90g Lux Creamy mit 1,8f. Vol.):
Arctic Paper S.A., Poznań / Polen

Umschlagfoto (*Avignon bei Sonnenuntergang*):
Jürgen Tenckhoff, Hennef

Umschlaggestaltung:
Johann Clasen, Bochum / Lina C. Schwerin, Hamburg

Gesamtherstellung:
Bookpress.eu, Olsztyn / Polen

ISBN 978-3-87062-371-5

001-300 • 20241011

www.paul-schaffrath.de
www.tenckhoff.de
www.cmz.de

Les vivants croient qu' je n'ai pas d' remords
A gagner mon pain sur l' dos des morts;
Mais ça m' tracasse et, d'ailleurs,
J' les enterre à contrecœur …
J' suis un pauvre fossoyeur.

Die Lebenden meinen, ich hätte keine Bedenken,
für meinen Broterwerb über Leichen zu gehen;
aber das kommt mich schon hart an,
ich vergrabe sie widerwillig …
Ich bin ein armer Totengräber.

Georges Brassens

Inhalt

Die Hauptpersonen

2016

Krüger (52 J.)	Erster Kriminalhauptkommissar – hat auch nach zweiunddreißig Jahren noch alles im Blick
Carmen Rasche (44 J.)	Universitätssekretärin – lässt im Urlaub die Zügel schleifen
Bertrand Bonnefoy (54 J.)	Untersuchungsrichter – guckt den Touristen beim Arbeiten zu
John Blackmore (55 J.)	Detective Chief Inspector – muss sich der Vergangenheit stellen
Ashley Davies (29 J.)	freie Mitarbeiterin der Polizei – ist eine Bereicherung
Marius (25 J.)	Gendarm – wächst trotz seiner Korpulenz über sich selbst hinaus
René Roux	fährt zwei dicke Autos
Renée Roux	passt nicht in die Umgebung
Monsieur Dumartin	verbreitet schlechte Laune

Isabelle Dumartin	verschließt die Augen vor allem
Kevin Durand	geht dunklen Geschäften nach

1984

John Blackmore (23 J.)	angehender Ermittler – ist über jeden Verdacht erhaben
Paul Gascoigne (24 J.)	angehender Händler – findet Treppensteigen anstrengend
Peter Miller (24 J.)	angehender Händler – hadert mit Pech und Liebe
Alice Montague (22 J.)	Studentin – hat leider einen falschen Freund
Harold Morrison (21 J.)	Student – will für sich stets das Beste
Frederick de la Tour (23 J.)	Student – kocht stets sein eigenes Süppchen

Zeit: hauptsächlich fünf Tage im September 2016 und drei Tage im Mai 1984

Schauplätze: Villeneuve-lès-Avignon (Gard), Arles (Bouches-du-Rhône), Roussillon (Vaucluse) und diverse andere Orte in der Provence; Oxford (Oxfordshire); Bonn (Nordrhein-Westfalen)

Bollène
St Maurice
Ollon
Ste Euphémie
Ouvèze
Eygues
Ste Cécile
Vaison
le Buis les Baronnies
St Esprit
Montdragon
Rasteau
St Léger
Servais
Mornas
Sérignan
Ouvèze
Toulourenc
Montbrun
Malaucène
736
1908
1300
Mt Ventoux
Orange
Jonquières
Beaumes
Bédoin
Sarrians
Flassan
Connaux
Courthezon
Mormoiron
Sault
Roquemaure
Bédarrides
Auzon
Carpentras
Monnieux
264
Sorgues
Monteux
Nesque
Méthanis
Entraigues
Pernes
Mts de Vaucluse
Villeneuve-les-Avignon
le Pontet
Sorgue
Lioux
St Saturnin
Remoulins
Avignon
Fne de Vaucluse
l'Isle-s-Sorgue
Gordes
Aramon
Barbentane
Noves
Rhône
Beaumettes
Caulon
Châteaurenard-Provence
Apt
Graveson
Tarascon
Cavaillon
Maubec
Bonnieux
St Remy
le Plan d'Orgon
Montagne du Luberon
720
1125
Masblanc
366
Orgon
Mérindol
Lauris
Ch. des Alpines
Durance
Sénas
Fontvieille
Maussanne
Aureille
Mallemort
Cadenet
Paradou
Charleval
Mouriès
Lamanon
Arles
Canal de Craponne
Eyguières
Salon
Lambesc
Rognes
Raphèle
St Martin-de-Crau
Pelissanne
Trévuresse
494
la Camargue
la Crau
Constantine
St Cannat
Entressen
Lançon
Chau de la Calade
Cn de Marseille
Miramas
St Chamas
la Fare
Aix
Grand Rhône
Et. de l'Olivier
Istres
Roquefavour
Etang de Berre
Velaux
Berre
Luynes
St Mitre
Gardanne
le Pas des Lanciers
les Pennes
Chaîne
St Louis
Port-de-Bouc
Septèmes
Martigues
St Antoine
Golfe de Fos
Ch. de l'Estaque
240
l'Estaque
Phare de la Camargue
Ste Marthe
MARSEILLE
I. Ratonneau
I. Pomègues
I. d'If
646
Carpiagne
I. du Planier
440
Marseilleveyre
FE DU LION

Karte der Provence (1:1 000 000; Ausschnitt), in: *Die Riviera. Das südöstliche Frankreich. Korsika. Die Kurorte in Südtirol an den oberitalienischen Seen und am Genfer See.* Handbuch für Reisende von Karl Bædeker, Mit 37 Karten, 41 Plänen und 6 Grundrissen, Fünfte Auflage, Verlag von Karl Bædeker, Leipzig 1913, nach S. 222.

Cocktail für eine Leiche

Sonntag, 25. September 2016. Das Foto des Verfassers neben dem Artikel war ausgesprochen unscharf, dafür waren seine geschriebenen Worte um so deutlicher.

»Am gestrigen Abend starb unter bisher ungeklärten Umständen einer der beliebtesten Mitbürger unserer Stadt«, so hat es der Bürgermeister von L'Isle-sur-la-Sorgue gegenüber unserer Zeitung formuliert. Paul Gascoigne ist vor zwölf Jahren aus England in die Provence gekommen, mit seinen profunden Kenntnissen, mit seiner Freundlichkeit und mit seinen Second-Hand-Möbeln, die sein Geschäft rasch zum Mittelpunkt des Antiquitätenmarktes auf dem von der Sorgue umflossenen Zentrum haben werden lassen. Der beleibte Engländer wurde von einem Kollegen tot aufgefunden; er lag zwischen zwei barocken Truhen auf dem Rücken. In seinem Herzen steckte ein Brieföffner in Form eines Dolches, wahrscheinlich die Tatwaffe.

»Er nimmt ja kein Blatt vor den Mund«, sagte Krüger.

»Kann er ja schlecht«, sagte Carmen. »Wie soll der Herr sonst darauf schreiben?« Eine Gelegenheit zu einem Kalauer ließ sie selten aus.

Krüger würdigte sie keines Blickes. Diese Art Witze war deutlich unter seinem Niveau, wie so vieles im Leben.

Carmen ließ die Samstagsausgabe von *La Provence* sinken und betrachtete ihren Freund, der gespannt zugehört hatte. In der Hand hielt er regungslos das letzte Stück Baguette, das er mit Orangenmarmelade bestrichen hatte; augenscheinlich hatte er vergessen, die Bewegung abzuschließen.

»Krüger, du kannst ruhig weiter essen, wenn du möchtest«, sagte sie. »Den Rest des Artikels kann ich dir auch noch übersetzen.«

Hastig steckte der Angesprochene den Bissen in den Mund und sagte dann etwas undeutlich: »Wie weit ist das Städtchen von hier weg? Wir wollten uns doch dort die Trödelsachen ansehen, oder?«

»Damit du wieder über Leichen stolperst, wie vor einem Jahr auch schon?«

Carmen spielte auf den Urlaub im Herbst 2015 an, den Krüger wider Willen angetreten hatte. Das Ziel war nämlich nicht England gewesen, wie sonst so oft, sondern die Provence. Den Unmut ob des gemeinsam gewählten *französischen* Urlaubsziels hatte der Bonner Hauptkommissar seine Freundin in den ersten Tagen durchaus spüren lassen, war aber mit Land und Leuten mehr als versöhnt gewesen – vor allen Dingen mit den abgelebten Leuten –, als die erste Leiche auftauchte, zu der sich wenig später eine zweite gesellte. Krüger war aufgeblüht, hatte einen neuen Freund gefunden, der zudem aus einem ähnlichen Metier stammte – Bertrand Bonnefoy war der ermittelnde Untersuchungsrichter in der Mordsache – und hatte zu Hause die Ferien als eine der besten seines Lebens bezeichnet. Manchmal neigten auch Hamburger zu Übertreibungen.

»Die ist wahrscheinlich schon weggeräumt«, sagte er, »die Leiche, meine ich. Da kann man nicht mehr drüber stolpern.« Er überlegte. »Und wenn der Dolch noch steckte, ist es ziemlich verwegen anzunehmen, dass er eben nicht die Tatwaffe darstellt. Ich glaube kaum, dass der Mörder sein Gegenüber erst erschossen und ihn dann nachträglich, um das Einschussloch zu kaschieren, noch erstochen hat.«

Carmen grinste. Irgendwie war es doch nett, ihrem Freund zuzuhören, den sie jetzt schon über sechs Jahre kannte. Vielleicht sollte sie doch einmal heiraten, aber ihren Mann dann immer noch mit dem Nachnamen anzusprechen, wäre entschieden zu merkwürdig. Also lieber eine wilde Ehe, die ohnehin lustiger war als eine normale mit Reihenhaus, Wohnmobil und Kindern und in der es zudem einen Nachnamen gab, der längst den Stellenwert des Vornamens eingenommen hatte. Wie er wohl wirklich hieß? Immerhin hatte er im letzten Jahr den Anfangsbuchstaben verraten, ein A. Aber womöglich hatte er sie auch damit wieder nur auf den Arm nehmen wollen; bei ihm wusste man das nie so genau. Irgendwann würde sie schon noch seinen bürgerlichen Vornamen erfahren.

Krüger studierte gedankenverloren den Inhalt seiner Teetasse, der fast zur Neige gegangen war.

Das war anscheinend dem Besitzer des kleinen Hotels Atelier nicht entgangen, der gerade die Terrasse im Innenhof betreten hatte, auf deren Tischchen morgens für die erste Mahlzeit des Tages appetitlich gedeckt worden war. Das Feriendomizil lag in einer Seitenstraße von Villeneuve-lès-Avignon, der Papststadt Avignon gegenüber, auf der anderen Seite der Rhône, und war im vergangenen Jahr einer der Schauplätze des Falles der verfeindeten Brüder gewesen.

Frédéric de la Tour grinste. »Noch einen Tee, *Monsieur le commissaire*?«, fragte er freundlich. »Oder lieber etwas Vernünftiges? Einen schwarzen Kaffee vielleicht?« Er sah auf die Uhr. Fast zehn. »Oder schon einen Pastis?«

Carmen übersetzte leise.

Krüger betrachtete den Hotelier skeptisch. »Alkohol am Morgen vertreibt Kummer und Sorgen? Ich glaube: Nicht!« Etwas unfreundlich setzte er dann hinzu: »Oder wollen Sie nicht gerne allein trinken?«

»Na, na.« Carmens Miene war nicht genau zu entnehmen, was sie dachte. Bezog sie sich jetzt auf den Hotelbesitzer oder auf ihren Freund? »Lass man gut sein.« Ein freundlicher Blick galt de la Tour. »Aber wir kommen gerne am Spätnachmittag wieder und langen dann richtig zu.«

Krüger grinste. »*D'accord!*«, sagte er.

»Ist dein Französisch doch noch nicht eingerostet?« Carmen erwiderte das breite Grinsen. »Aber wie gesagt: Wenn ich etwas übersetzen soll …«

»*Now for something completely different*«, sagte de la Tour, der in Hemel Hempstead im Osten Englands geboren war, sein heimatliches Idiom aber inzwischen mit französischem Akzent sprach, da er schon Jahrzehnte in der Provence wohnte.

»Jetzt zu etwas ganz anderem«, sagte die Übersetzerin pflichtschuldigst, was ihr einen bösen Blick von Krüger eintrug.

»Englisch ist meine zweite Muttersprache, weißt du doch.«

»Das glaubst auch nur du. Nach dem dritten Glas Ale vielleicht ...«

»Wenn ich etwas fragen dürfte«, überging der Hotelier den kleinen Disput. »Haben Sie schon vom Mord in L'Isle-sur-la-Sorgue gehört? Ich dachte nur, wo Sie doch vom Fach sind ...«

»Und im letzten Jahr beinahe Sie überführt haben, das wollten Sie doch sagen.«

»Nun mal langsam.« Carmen fühlte sich bemüßigt, mäßigend einzugreifen. »Was ist eigentlich aus der Steuerhinterziehung geworden? Sie mussten damals doch mit zum Untersuchungsrichter, oder?«

Beschämt nickte de la Tour. »Das hat sich glücklicherweise aufgeklärt, nachdem ich meinen Steuerberater gewechselt habe. Und außerdem habe ich etwas gelernt. Genügsamkeit, nicht Gier. Damit kommt man weiter. Und die Hoffnung auf bessere Zeiten, natürlich.«

Er räusperte sich. Leicht schien ihm das kleine Geständnis nicht zu fallen. »Wahr sind nur die Träume, die wir spinnen, und die Sehnsüchte, die uns treiben, damit wollen wir uns bescheiden.«

»Ein Cineast!«, sagte Carmen begeistert. »*Die Feuerzangenbowle*, oder etwa nicht?«

De la Tour sah sie verständnislos an. »Nee, das war ein Zitat von einer Lebensweisheitenseite im Netz, das ich mir gemerkt habe, weil ich es so passend finde.« Er sah den Kommissar offen an. »Das waren Großmannsträume von mir, das mit dem Hotel mit unverbaubarem Blick auf den Papstpalast. Davon habe ich tatsächlich leichten Herzens Abstand genommen. Zu Weihnachten habe ich mich dann der Hotelseite booking.com angeschlossen, meine Webseite überarbeiten lassen und kann mich inzwischen vor Übernachtungsanfragen nicht mehr retten.«

»Aha«, sagte Krüger. Er hatte nicht richtig zugehört und stattdessen den Artikel über den ermordeten Antiquitätenhändler langsam nachgelesen. »Und ja, von dem Mord wissen wir.«

»Ich dachte nur ...« Der Hotelier druckste wie ein kleiner Junge herum. »Wo Sie doch jetzt hier sind. Und wo doch Paul Gascoigne ein Landsmann von mir ist. Und wo er doch auch aus Oxford kommt.«

»Haben Sie eigentlich mal über Ihre Art der mündlichen Rede nachgedacht?«, fragte der Kommissar etwas scharf. »Da war kein einziger vollständiger Hauptsatz dabei. Und zudem haben Sie jeden Satz mit *wo* begonnen, wo *weil* wirklich besser gepasst hätte.«

»Lenk nicht ab.« Carmens linke Augenbraue war nach oben gerutscht, was einer kleinen gelben Karte gleichkam.

Erst wenn beide Augenbrauen oben waren, war Gefahr im Verzug; das wusste Krüger aus langer leidvoller Erfahrung. Dann musste er schweigen. Und der *Duden* auch.

»Dann erzählen Sie doch mal«, sagte Carmen, »was Sie von Ihrem Staatsgenossen wissen.«

De la Tour seufzte. Dasselbe Verhalten wie im letzten Jahr: Der deutsche Kommissar hörte im Hintergrund zu, wie seine Freundin die Ermittlungen führte – was ja eigentlich seine Aufgabe war. Aber diese Deutschen waren schon ausgesprochen merkwürdig. Er räusperte sich erneut.

»Wir kennen uns seit Studienzeiten, Paul Gascoigne, Peter Miller, John Blackmore und ich. Also seit den finsteren achtziger Jah—«

»Haben Sie eben *Blackmore* gesagt?«, unterbrach ihn Krüger rüde.

»Ja, wieso?«

»Das war ein interessanter Kollege, mit dem ich während zweier Fälle länderübergreifend gearbeitet habe, wenn Sie den Detective Chief Inspector bei der Thames Valley Police in Oxford meinen.«

»Den meine ich. Er hat nach dem Studium rasch eine Karriere bei der Kriminalpolizei eingeschlagen. Blackmore ist überall zu genießen, solange er abends sein Bier vor sich stehen hat.« De la Tour betrachtete nachdenklich die efeubewachsene Wand der Frühstücksterrasse, ging hinüber und zupfte zwei vertrocknete Blätter heraus. »Jedenfalls damals. Ich habe ihn seit zwanzig Jahren nicht mehr gesehen.«

»Und Sie vier stammen alle aus Oxford?« Carmen trank den letzten Schluck Kaffee und stellte die Tasse wieder ab.

»Ja. Das heißt: fast. Peter ist in Yorkshire geboren und bei uns im Süden …«

»Das klingt aber nach Italien«, sagte Carmen. »Süden.«

»… in Oxford nie richtig warm geworden. Nach dem Examen ist er in seine Heimat zurückgegangen. Und auch ihn habe ich nie wiedergesehen.« Der Hotelier musterte die Efeuwand, die immer noch genauso wie eben aussah. Die beiden Blätter steckte er geistesabwesend in die Hosentasche.

»Und Gascoigne?« Krüger mochte keine Pausen; die kosteten nur Lebenszeit. Es sei denn, er machte die Pausen selber, wenn er jemanden verhörte, um denjenigen dann zum Nachdenken vor oder zur Präzision bei den Antworten zu bewegen.

»Ach ja, Paul.« De la Tour wischte sich über die Augen. Der Tod seines Kommilitonen schien ihm nahezugehen. »Den habe ich zufällig in Avignon wiedergetroffen; das muss ein, zwei Jahre her sein. Er berichtete von seinem erfolgreichen Antiquitätenhandel, den er nur wenige Kilometer von Avignon entfernt aufgebaut hatte. Und er war genauso aufgekratzt und fröhlich, wie ich ihn in Erinnerung hatte.«

»Besaß er Feinde?«

»Krüger, du bist nicht im Polizeipräsidium«, sagte Carmen scharf. »Und den Schreibblock für deine Ermittlungen kannst du steckenlassen. Wir haben schließlich Ferien!«

De la Tour aber hatte beschlossen, Krüger zu antworten. »Gleich können Sie weiter Urlaub machen«, sagte er etwas unfreundlich zu Carmen. »Mir wäre es wichtig zu wissen, warum Paul sterben musste.« Das galt dem Kommissar.

»Feinde?«, wiederholte Krüger knapp.

Der Hotelier schüttelte den Kopf. »Kann ich mir nicht vorstellen. Wenn er sich nicht verändert hat, wird er bei den Franzosen genauso beliebt gewesen sein wie damals in Oxford während des Studiums. Es wäre wirklich sehr nett, wenn Sie vielleicht selbst doch …«

Krüger seufzte und warf Carmen einen flehentlichen Blick zu. *Könnte ich vielleicht selbst doch, ausnahmsweise?*, hieß das.

Seine Freundin seufzte ebenfalls und überlegte, während die beiden Herren ihr dabei gespannt zusahen. »Na gut«, sagte sie schließlich. »Auf eine Leiche mehr oder weniger kommt es ja nicht an. Auch nicht in den Ferien.«

Eine gute Stunde später nahm Krüger hinter Avignon mit viel zu viel Schwung die Abzweigung zur D 901 Richtung Osten. *Fontaine de Vaucluse* war unübersehbar an jeder Ecke, an der ein Tourist falsch abbiegen konnte, auf einem zu großen Schild zu lesen. »Wolltest du da nicht mal hin?«

»Wollt' ich nich'«, antwortete Carmen ziemlich salopp. »War ich schon. Ist immer zu voll, sind immer zu viele Touristen da und lohnt sich nicht. Von wegen Quelle der Sorgue. Im Sommer kannst du in eine Art Grotte hineinsehen, deren Boden von einer vom Grad der aktuell herrschenden Trockenheit abhängigen mittleren Wasserpfütze bedeckt ist; im Winter ist die Grotte nicht zu sehen, sondern nur Wasser. Mehr Wasser als im Sommer. Es ist mir schleierhaft, warum das so eine Sehenswürdigkeit geworden ist. Immerhin ist das Tal ganz nett, jedenfalls das, was ich in einem früheren Leben dort im Herbstdunst davon gesehen habe.«

»Okay«, sagte der Kommissar, der die Geschwindigkeit des grauen Qashqai verringert hatte, weil er gerade Le Thor durchfuhr. »Schon das nächste Örtchen ist unser Ziel.« In Gedanken war er längst beim Mordfall. Es war wirklich schade, dass es nicht der seine war; eine kleine Ermittlung, die rasch zum Ziel führte, das wäre doch zu schön. Einerseits … Andererseits hatte Carmen jedes Recht auf Urlaub, wie sie ihn mochte. Immerhin war er ihr zuliebe wieder in die Provence gefahren, die durchaus ihre Reize hatte. Vielleicht musste er zukünftig seine Sympathie zwischen dem englischen Königreich unter Queen Elizabeth II. und der französischen Monarchie unter Präsident François Hollande aufteilen. Er seufzte. *Ein* Lieblingsland reichte doch eigentlich. Hamburger waren sparsam.

»Zwei Lieblingsländer«, sagte Carmen, die Gedankenlesen beherrschte, was ihren Freund inzwischen nicht mehr verblüffte. Sie wäre eine exzellente Detektivin geworden, beruflich. Aber als Amateurin war sie auch nicht schlecht. »England und Frankreich. Wenn wir das eine Land satt haben, fahren wir in das andere.« Sie knuffte ihn freundlich. »Außerdem sind wir jetzt schon das zweite Mal in diesem Jahr in Frankreich. Das weißt du doch noch, oder? Burgund im Mai?«

»Dunkel, wenn überhaupt«, grummelte er. »Außerdem ist das nicht Frankreich. Das zählt noch zur europäischen Tiefebene.« Krüger erinnerte sich verschwommen an Abende mit ewigen Weinproben in Puligny-Montrachet, Nuits-Saint-Georges und Mercurey. Und an Flaschenetiketten, die mit zunehmendem Trinkgenuss immer unschärfer wurden. An die jeweils folgenden Tage erinnerte er sich nicht mehr.

Über Carmens Gesicht stahl sich ein wissendes Lächeln. Auch wenn Krüger es nicht wahrhaben wollte – die Zeit in Burgund hatte er genossen, und das nicht nur des Weins wegen.

Wenig später erreichten sie L'Isle-sur-la-Sorgue. Der Kommissar parkte den Wagen etwas mühsam zwischen einem bedenklich altersschwach aussehenden R4 und einem älteren weißen Ford in Form eines Kastenwagens. Viele Parkplätze in Frankreich und im gesamten europäischen Ausland waren für die vorherrschenden SUVs inzwischen zu eng geworden, aber den Besitzern dieser teuren Fahrzeuge war das egal; sie stellten sie ab, wo sie wollten, und zahlten die Knöllchen mit links. Seinen Nissan zählte er allerdings nicht zu den SUVs, auch nicht als einen kleinen, sondern betrachtete ihn als gehobene Limousine. Er stieg aus und rümpfte sofort die Nase. »Wahrscheinlich gehört die Karre Verleihnix, so wie die nach Fisch stinkt.«

»Dann hat er sich aber mit seinem Ford verfahren«, sagte Carmen. »Der gehört doch in die Bretagne.«

Krüger gluckste.

»Und jetzt?«, fragte sie.

»Du bist doch die Reiseleitung. Führ uns mal zum Trödelmarkt.«

»Du meinst die *crime scene.*«

»*Oui*«, sagte der vielsprachige Kommissar.

Das kleine Provencestädtchen hatte eine wechselvolle Geschichte hinter sich. Mal gehörte es dem einen Grafen, mal dem anderen im Mittelalter. Irgendwann hatte es unter dem Schutz der im nahen Avignon residierenden Päpste gestanden, denen das Pflaster in Rom zu heiß geworden war und die während ihres Aufenthalts an der Rhône die Bewohner des Judenviertels von L'Isle-sur-la-Sorgue vor Verfolgung und Vertreibung geschützt hatten. Eigentlich lag der Ort mitten im Sumpfgebiet zwischen der Durance und der Sorgue, war aber seit Jahrhunderten durch Kanäle, deren Alter heute nicht mehr festzustellen war, trockengelegt worden. Umgekehrt konnten die Einwohner bei Bedarf die Umgebung unter Wasser setzen, so dass sie vor Feinden geschützt waren. Die zahlreichen kleinen Wasserstraßen hatten für den Beinamen *Venedig des Comtat* gesorgt, womit die Region bis zum Mont Ventoux gemeint war.

»Siehst du eine einzige Gondel?«, fragte Krüger, dem Carmen gerade den für den Besuch nötigen historischen Hintergrund verschafft hatte. »Ich nicht.« Er sah sich um. »Hier ist auch nicht mehr Wasser vorhanden als in Friedrichstadt, dem *Venedig von Nordfriesland* mit seinen drei Grachten. Und dort gibt es ebenfalls keine Gondeln. Pah. Soviel zur Wahrheit in Reiseführern.«

Carmen verzog keine Miene. Sie kannte die Tiraden ihres Freundes zur Güte, stets gegen Bürokratie jeder Art, gegen Tourismusämter, deren Sprachwörterbuch nur Superlative verzeichnete, und gegen Religion jedweder Couleur, bei der man missioniert und nicht in Ruhe gelassen wurde. Aber sie wusste auch, dass Krügers Missstimmigkeiten von dem einen auf den anderen Moment verfliegen konnten, wenn er etwas entdeckte, was ihn interessierte.

»Guck mal!«, sagte er begeistert.

Was er wohl meinte? Die kleinen Brücken, die über den Kanal führten, an dem sie gerade entlangschritten? Ihre alten, schmiedeeisernen Geländer? Die Blumen in den Kästen daran, die trotz der kühleren Nächte weiterhin heftig blühten? Das große Schaufelrad mitten im Flüsschen, das in früheren Zeiten wohl eine der Ölmühlen angetrieben hatte? Oder vielleicht die vielen kleinen Marktstände, die alles Mögliche feilboten und an denen sich schon jetzt eine beachtliche Anzahl von Leuten vorbeidrängelte, so dass sich die Gerüche vom Käsestand, von der Fischbude und dem Honig- samt Parfumtisch überlagerten? Dabei war es für einen Sonntag im Herbst, an dem bestimmt viele Touristen unterwegs sein würden, noch bemerkenswert ruhig.

»Da drüben«, sagte Krüger.

»Was meinst du denn?«

»Na, genau gegenüber.« Er steuerte auf einen Stand mit ausrangierten VHS-Kassetten, speckigen DVDs, ehemals blanken CDs und abgegriffenen Langspielplatten der siebziger Jahre zu, deren Umschlaghüllen verblasst waren. Fast schien es, als habe er Carmen vergessen. »Vielleicht finde ich es ja hier«, murmelte er.

Sie trat neben ihn. »Suchst du etwas Bestimmtes?«

»Eigentlich immer noch das Bootleg vom Deep-Purple-Konzert in Paris vom 17. März 1973 in der Mark II-Besetzung mit dem exorbitanten Orgelsolo von Jon Lord bei *Smoke on the Water*.«

»Klingt nach einer seltenen Briefmarke.«

Der Kommissar wandte sich beleidigt ab und durchstöberte die Platten unter dem Buchstaben D. Seine Freundin drehte ihm den Rücken zu und ging zum nächsten Stand, an dem es Seidenschals in allen Längen und Farben gab.

Wenig später waren die beiden allerdings schon wieder miteinander versöhnt und hatten in einem kleinen Straßencafé Platz genommen. Es war heiß, die Sonne schien, eine Platane besaß noch alle Blätter, so dass ausreichend Schatten vorhanden war, und die Kellnerin warb für einen neuen Cocktail namens *Martin-Pêcheur*. Auf Carmens Nachfrage erklärte sie das Rezept für den *Eisvogel*, dessen blaues Gefieder sich in der Farbe des Getränks wiederfand: Wodka, Curaçao bleu, Limonensaft, Sprite und Eiswürfel.

»Lecker!«, sagten beide gleichzeitig und grinsten, während sie geruhsam die vorbeikommenden Passanten beobachteten. Während sich die Cocktails reduzierten, sprachen sie wie immer bei solchen Gelegenheiten über Gott und die Welt.

Schließlich stand Krüger auf. »Auf zu neuen Ufern.«

»Auf die andere Kanalseite?«

Der Kommissar verdrehte die Augen und marschierte auf die kleine Brücke zu, die ihn zu weiteren Ständen des Sonntagsmarktes führen würde. Carmen folgte und hängte sich bei ihm ein; zusammen suchten sie den Stand, an dem am Freitagabend der englische Antiquitätenhändler das Zeitliche gesegnet hatte.

»Das sind doch antike Barocktruhen, oder?«, sagte sie schließlich etwas ungenau und deutete auf zwei große Möbelstücke aus Kirschbaumholz, die in der Sonne glänzten. »Sehen aber wie neu aus. Wahrscheinlich werden sie vom Industrielack zusammengehalten.«

»Barock fällt in dein Fachgebiet; ich selber interessiere mich nur für barocke Formen bei—« Gerade noch rechtzeitig sah Krüger, wie beide Augenbrauen seiner Freundin in die Höhe gezogen wurden, und schwieg lieber. Wenn die Augenbrauen nämlich ganz oben waren, blieben nur noch wenige Augenblicke für die Flucht.

Aber sie waren am richtigen Ort: Ein weiß-rotes Absperrband der Police nationale mit der Aufschrift *Police nationale* hing, mit einem Ende noch sorgfältig auf dem blanken Truhendeckel festgeklebt, von dem danebenstehenden Mahagonitisch mit Schubladen schlaff herunter. Eine Schublade war halb herausgezogen, so dass sich hineinsehen ließ. Sie war leer, bis auf feines bräunliches Pulver, das zu einer schräg verlaufenden Linie zusammengeschoben worden war.

Plötzlich sagte eine wohlvertraute Stimme hinter Krüger: »*Mon cher ami, qu'est-ce que tu fais au lieu de crime*?«

Carmen übersetzte automatisch: »Mein lieber Freund, was machst du denn am Schauplatz des Verbrechens?«

Dem Kommissar kam der Satz irgendwie bekannt vor. Stammte der nicht aus dem vergangenen Jahr? Er drehte sich langsam um.

Oxford 1984: Der Sinn des Lebens

Donnerstag, 17. Mai. Der Raubvogel saß hoch oben auf der Südseite des Glockenturms am Magdalen College, ziemlich genau in der Mitte des rechten, langgestreckten Fensters, und betrachtete den gegenüberliegenden botanischen Garten. Es war früher Nachmittag, und auf den Wegen zwischen den mehr als fünftausend Pflanzen aus aller Welt bewegten sich aufgrund des sonnigen Wetters Mitte Mai deutlich mehr Passanten als sonst.

Wie aus dem Nichts erschienen plötzlich fünf Tauben und landeten trotz ihrer etwas plumpen Körper elegant in einer Reihe über dem linken Turmfenster, in sicherer Entfernung vom Raubvogel. Ein unvoreingenommener Beobachter hätte vielleicht von *misstrauischen Blicken* gesprochen, die die fünf Vögel dem bedeutend größeren Artgenossen zuwarfen.

»Wenn das jetzt Dreharbeiten wären«, sagte das dunkelhaarige Mädchen am Rondell des Botanischen Gartens und deutete auf die Vögel, die man mit bloßem Auge gerade noch erkennen konnte, »würde ich auf *Für eine Handvoll Dollar* tippen.« Sie nahm die ausgestreckte Hand wieder herunter. »Mit Clint Eastwood. Fünf *outlaws* und der Held. Natürlich in Schwarz gekleidet.«

»Wir wissen, dass du deine Tage lieber im Kino als im Hörsaal verbringst.« Ein übergewichtiger junger Mann von Anfang zwanzig warf ihr einen Blick zu, den sie wie immer nicht deuten konnte. Machte er sich wieder über sie lustig? Oder war es seine Art, ihr mitzuteilen, dass er sie über die Maßen schätzte?

»Lass mal, Paul.« Ein zweiter junger Mann trat neben ihn. »Wenn Alice nicht will, will sie nicht.« Er entfernte einen unsichtbaren Grashalm von seiner hellen Khakihose und rückte den Kragen des dunkelgrünen Poloshirts gerade.

»Hi, John.« Alice sah den Angesprochenen freundlich an. »Wie immer makellos gekleidet – womit du hier natürlich aus dem Rahmen fällst. Was willst du eigentlich mal werden? Dressman?«

John lachte verlegen und sah zu Boden. »Kommissar«, sagte er so leise, dass es eigentlich niemand hören konnte. Doch Alice hatte es sehr wohl gehört, beschloss aber, es nicht zu kommentieren. In ihren Kreisen beschäftigte man sich nur, wenn man dazu aufgefordert wurde, mit *law and order.*

Ein dritter junger Mann – schlank, Blue Jeans, breite Schultern – kam auf dem Fahrrad angefahren, was ihm einen Verweis eines gerade vorbeikommenden Angestellten des Botanischen Gartens eintrug. »Absteigen!«

»*Can ye talk mair slow?*«, sagte Harry.

Der Angestellte sah ihn verständnislos an.

Harry grinste und ließ ihn stehen.

Paul sah den Radfahrer feixend an. »Und das hieß?«

»*Rede mal ein bisschen langsamer.* Also mit schottischer Wortwahl und schottischem Akzent.«

Alice und die anderen lachten.

»Immer noch deine Schottenmarotte?«, fragte John.

Harry lehnte das Fahrrad gegen die Bank, nickte aber nur.

»Wie steht's jetzt, Harry?«, fragte Paul.

»Sieben zu sechs, *monsieur.* Also für mich. Siebenmal nicht erwischt. Sechs Ermahnungen.«

»Das *monsieur* kannst du weglassen. Habe ich schon mal gesagt.« Paul sah ihn strafend an. »Gascoigne mag zwar mein französischer Nachname sein, aber ich bin Engländer. Seit Generationen.«

»*So* alt bist du nun ja noch nicht.« John lachte freundlich. »Nun zu dir, Harry. Alle sechs Ermahnungen stammen aus *einer* Woche.«

»Mit dem Fahrrad bin ich aber schneller hier«, sagte Harry und ignorierte seinen Freund. *Schmachtend* war wahrscheinlich das richtige Adjektiv für den Blick, mit dem er das Mädchen bedachte.

Alice verdrehte die Augen und breitete die Arme aus, als der vierte Freund eintraf. »Endlich, Peter. Ich dachte schon, du kämest gar nicht.«

Sie zog ihn an sich, musste sich jedoch auf die Zehenspitzen stellen, um ihm einen etwas lauten Kuss zu geben, woraufhin der *Harry* Genannte sein Gesicht verzog.

Das Mädchen sah sich suchend um. »Fehlt noch einer.« Sie strich sich eine ihrer braunen Locken hinter das Ohr, was diese aber nicht weiter interessierte, da sie sofort wieder hervorkam. »Aber Freddy ist wie üblich zu spät. Na ja, wer zu spät kommt, muss sehen, was für ihn übrig bleibt. Gehen wir los?«

Ohne abzuwarten, ob jemand ihr folgte, marschierte Alice in Richtung der Anlegestelle für die Stocherkähne unterhalb der Magdalen Bridge über den Cherwell. Sie war sich sicher, dass ihr alle Jungs folgen würden. Wie immer.

John hielt etwas mühsam das Gleichgewicht, da er aufrecht am Heck des Bootes stand. *Punting* hieß der Sport – besser gesagt: die leichte Freizeitbeschäftigung –, bei dem mit langen Stangen, die ein wenig in den Boden des nicht sonderlich tiefen Flüsschens gesteckt wurden, die flachen Kähne vorwärtsgestakt wurden. Manches Mal versuchten die Insassen denjenigen, der die knapp fünf Meter lange Holzstange hielt, mittels Schaukeln ins Wasser zu befördern.

Harry war es gelungen, neben Alice Platz zu nehmen. Da der Kahn ohne Kiel bei sieben Metern Länge nur etwa neunzig Zentimeter breit war, saß er auf Tuchfühlung, was ihr gar nicht gefiel. Sie versuchte mehrfach, von ihrem Nachbarn abzurücken, woraufhin dieser sich noch breiter machte.

Peter beobachtete das Treiben misstrauisch. Eigentlich war Alice seine Freundin, aber bei Frauen war er sich nie sicher, ob sie nicht am nächsten Tag ihre Meinung geändert hatten und sich dem nächsten vorbeifliegenden, gut aussehenden Mann an den Hals warfen. Und als *gut aussehend* würde wohl jeder Harry bezeichnen. Damit blieb wenigstens sein schlechter Charakter etwas verdeckt, dachte Peter.

John fing einen hilfesuchenden Blick von Alice auf. Er nahm kurz eine Hand von der Stange und sah auf die Armbanduhr. »Noch zehn Minuten, schätze ich. Dann sind wir in Marston bei The Victoria Arms. Ein Bier für jeden, und nach dem Pubbesuch könnte doch Harry mal im Wasser stochern, oder?«

Alice strahlte John dankbar an, was wiederum Peter einen Stich versetzte. Es ist doch immer dasselbe, dachte er; interessiert sich mal ein Mädchen für mich, sind sofort zehn Mitbewerber zur Stelle, um das Ganze zunichte zu machen. Er seufzte.

Harry zog die Augenbrauen zusammen; fast sah er gefährlich aus.

Von der Schönheit der kleinen Reise auf dem sanft dahinfließenden Cherwell, vorbei an den alten Gebäuden der verstreuten Universitätsgebäude mit ihrem warmen Cotswolds-Gelb, kleinen Wäldchen, Bootsanlegestellen und anderem, bekam John nicht viel mit. Stattdessen konzentrierte er sich aufs Staken, studierte die Gesichter der Mitfahrer und wunderte sich erneut, wie vielfältig und wie großzügig die Natur mit Aussehen und Charakter umging.

Alice zog am Saum ihres kurzen Rocks, um ihn etwas zu verlängern, was ihr im Sitzen aber nicht gelang. Über der weißen Bluse trug sie einen bunten Pullunder von Benetton – womit sie in der Masse der Mädchen in St Hilda's nicht weiter auffiel.

John war sogar der Meinung, dass sich am Mädchencollege bestimmt eine Menge Geld sparen ließe, wenn man auf die Pullover mit Wappen verzichten und zur italienischen Modemarke wechseln würde, deren Kleidung ohnehin alle trugen. Kurz strich sein Blick über ihren Busen, aber manchmal mussten Wunschträume Wunschträume bleiben. Alice gehörte zu Peter. Punkt.

Der gemütliche Paul schwitzte wie immer, unabhängig von der Außentemperatur und leider zu jeder Jahreszeit. Sein Tweedjackett, das er winters wie sommers trug, tat ein Übriges, um seine Körpertemperatur auf konstanten 37,2° zu halten. Aber das gehörte zu ihm, genauso wie seine Freundlichkeit allen gegenüber, sogar Harry, der sich häufiger über ihn lustig machte. (»So umfangreich, wie du bist, warst du doch als Zwilling vorgesehen, oder?«)

John wich gerade noch rechtzeitig einem entgegenkommenden Kahn aus, der von einem schmächtigen Mädchen gesteuert wurde, das das augenscheinlich professionell machte und dem das Staken viel leichter als ihm zu fallen schien. Er fuhr sich mit der linken Hand über die Stirn und wischte ein paar Schweißtropfen ins Wasser, bevor er mit der Musterung fortfuhr.

Der lange Schlacks sah blass aus; aber das tat Peter eigentlich immer. Und sein Schicksal – der Vater war vor ein paar Monaten gestorben – lastete schwer auf seinen Schultern. Eigentlich tat er ihm leid, aber John wusste auch nicht, wie er ihm helfen konnte. Am besten war es, man lud ihn zu allen gemeinsamen Unternehmungen ein und überging Gespräche über tote Angehörige. Ein, zwei Mal hatte Peter ihm etwas von seiner Familie erzählt, als sie allein waren, und John hatte nur zugehört – was er gut konnte. Schweigen hatte schon viele Leute zum Reden gebracht, wie es sein Mentor formuliert hatte. Aber vor allem musste Peter sein manchmal aufbrausendes Temperament in den Griff bekommen.

Freddy war wie üblich abwesend. Er war ein unsteter Charakter. John war sich nicht sicher, ob er zu allen aufrichtig war. Manchmal hatte er das Gefühl, dass Freddy neben seinem Studium mit lukrativeren Dingen beschäftigt war. Vielleicht musste er ihm bei Gelegenheit auf den Zahn fühlen.

Ein kurzer Blick auf Alice – sie schien die Minuten bis zur Anlegestelle beim Pub zu zählen –, dann versuchte John, Harry näher zu betrachten, ohne dass dieser etwas merkte. Harrys Augen standen zu dicht nebeneinander, das Kinn war etwas spitz geraten und die schwarzen Haare zu strähnig. Schon früh hatte John sich, im Vorgriff auf seine geplante Karriere, mit dem Typus des Verbrechers beschäftigt. Seit Cesare Lombrosos Zeiten und dessen Schädelvermessungen hatte jedoch die Genauigkeit, mit der Gestalten der Unterwelt als solche identifiziert wurden, eher abgenommen. Heutzutage war man vorsichtiger mit seinen Urteilen, aber wenn der angehende Kommissar sich nicht täuschte, hatte Harry mit den breiten Schultern doch schon einiges auf dem Kerbholz: einen kleinen Diebstahl aus der Bibliothek, eine Körperverletzung, nach der die Thames Valley Police es bei einer deutlichen Ermahnung belassen hatte, und einen Autounfall ohne Verletzte, bei dem das Fahrzeug nur geliehen und der Fahrer natürlich völlig unschuldig gewesen war. Ansonsten konnte Harry richtig nett sein; er war ein großartiger Geschichtenerzähler, der jeden Pubabend bereicherte, und er war großzügig, wenn er mal Geld hatte. Ein schwieriger Charakter, dachte John.

Was Alice wohl an ihnen fand? Vielleicht studierte sie auch nur die Charaktereigenschaften aller fünf (auch wenn Freddy heute fehlte), um irgendwann den perfekten Ehemann zu finden, der alle guten Eigenschaften vereinte. *Dream on*, dachte John. Wenig später ließ er den Kahn langsam ans Ufer gleiten und vertäute ihn an einem der in den weichen Boden gehauenen Holzpflöcke unterhalb des Pubs.

The Victoria Arms, das wie viele der Gasthäuser in und um Oxford auf das siebzehnte Jahrhundert zurückging, lag etwas oberhalb des Cherwell. Auf der sanft ansteigenden Rasenfläche standen die bei allen Pubs gleichen runden, seltener auch eckigen Holztische, an deren Füßen die Sitzbänke befestigt waren; einige Tischplatten lagen bedenklich schräg, so dass man gut daran tat, die stets bis zum Rand gefüllten Pints erst abzustellen, wenn man einen ordentlichen Schluck daraus getrunken hatte.

»Ihr könnt mir ein Oxford Ale von Morrell's mitbringen«, sagte John und setzte sich an einen Tisch näher zum Pub hin, dessen Tischfläche ihm waagerecht erschien. Er gähnte. »Ich habe jetzt eine Stunde gestanden. Dann habe ich auch ein Recht, mich bedienen zu lassen.«

»Schon recht«, sagte Alice. »Wird gemacht.« Peter, Paul und Harry folgten ihr. Natürlich.

Harry setzte das Bier ab. Es war bereits das zweite, und wie immer trank er auch dieses zu schnell, so dass der Alkohol seine Wirkung bereits entfaltet hatte. Lauernd sah er Peter an. »Und – was macht ihr zwei Schönen heute Abend?«

»Nichts Besonderes.« Der Angesprochene wusste nicht so recht, was Harry vorhatte.

»Dann weiß ich aber etwas: Wir klettern auf den Turm vom Magdalen College und hissen dort, also auf der Seite, die zur High Street geht, die Fahne mit dem Wappen der Universität Cambridge.«

John lachte. »Das nenne ich endlich mal eine innovative Idee, nachdem das letzte Bootsrennen zwischen Oxford und Cambridge zu unseren Ungunsten ausgegangen ist. Wie ich dich kenne, hast du die Flagge schon, oder?«

Harry nickte. »Wir haben nur ein Problem. Nachts ist das Tor zum College abgeschlossen. Und die Mauern sind zu hoch, um mit einer Leiter einfach auf die andere Seite zu gelangen.«

Von unverhoffter Seite kam Unterstützung.

»Das lass mal meine Sorge sein.« Alice hatte die Szene auf dem Boot wohl schon vergessen. »Wie ihr wisst, bin ich seit Beginn dieses Semesters Angehörige dieses ehrwürdigen College, das sich seit etwas mehr als einem Jahrzehnt mit der Realität angefreundet und auch Mädchen zugelassen hat. In St Hilda's waren mir entschieden zu wenig Jungs.«

Die vier Herren lachten.

»Zum einen kenne ich den Pförtner«, fuhr Alice fort, »zum anderen habe ich einen Schlüssel zu seiner Loge neben dem Haupteingang, und drittens–« Sie unterbrach sich. »Ja, ja, ich weiß. Die Aufzählung ist etwas missglückt. Jedenfalls, was ich noch sagen wollte, ist Matthew mir noch einen Gefallen schuldig. Also rein kommt ihr. Und in den Glockenturm auch.«

»Okay. Wer kommt mit?« Harry sah John herausfordernd an. »Du bestimmt nicht, oder? Du kannst ja nie, wenn irgendein Paragraph davon betroffen sein könnte, *Herr Kommissar.*«

Der angehende *detective* überhörte ihn wie immer. »Ich kann aber wirklich nicht. DI Strange hat mich zum Abendessen eingeladen, und die Gelegenheit, sozusagen aus erster Hand etwas über seinen schon legendären Kollegen Morse zu hören, will ich mir nicht entgehen lassen.« Fast tat es ihm leid, dass er verhindert war. Endlich einmal ordentlich über die Stränge schlagen zu können – woraus sonst sollte ein erfülltes Studentenleben bestehen? Außer natürlich aus dem regelmäßigen Genuss alkoholischer Köstlichkeiten. Der Sinn des Labens …

»Okay, *dismissed*«, sagte Alice. Ein freundliches Lächeln folgte.

»Prima«, sagte Harry und rieb sich die Hände. »Mitternacht. Dunkelheit. Drei Jungs und ein Mädchen.« Ein schmieriges Grinsen folgte. »Freddy kommt sowieso nicht.«

Wenn das mal gut geht, dachte John. Aber Paul und Peter reichten bestimmt aus, um Harry, falls nötig, in die Schranken zu weisen, dessen war er sich sicher.

Das Fenster zum Hof

Sonntag, 25. September 2016. John Blackmore hatte schlecht geschlafen. Die Matratze war viel zu weich, die Bettdecke viel zu kurz, die er obendrein noch teilen musste, und zu allem Überfluss waren gegen zwei mehrere Nachtschwärmer lautstark den Flur entlanggepoltert. Und das sollte Urlaub sein? Wahrscheinlich wäre es doch besser gewesen, er hätte auf seine innere Stimme gehört und nicht auf die seiner Freundin. Ein paar Tage in Dorset am Meer oder an einem der Seen im Lake District hätten es auch getan. Der Detective Chief Inspector aus Oxford drehte den Kopf und linste auf die andere Bettseite.

Ashley schlief noch. Ihre rotblonden Locken waren im Nacken zusammengebunden, so dass er das schöne Gesicht betrachten konnte, das selbst im Schlaf zu einem kleinen Lächeln verzogen war. Wie mit einer dezenten Pfeffermühle verteilt, waren Hunderte kleiner, zum Teil winziger Sommersprossen zwischen Augen und Kinn arrangiert worden, die sich in der Nähe der Nase ballten und über das Dekolleté weiter nach unten fortsetzten. Die Bettdecke war etwas zurückgerutscht, so dass er in Muße ihre schönen Maße bewundern konnte.

Zum wiederholten Male fragte er sich, was sie an ihm fand. Er war inzwischen Mitte Fünfzig, besaß einen nicht mehr kleinen Bauchansatz und, zwecks Kaschierens desselben, mehrere maßgeschneiderte Anzüge – der einzige Luxus, den er sich leistete. Noch knappe zehn Jahre, wenn die Götter und seine Gesundheit es zuließen, dann hatte er das für ihn gültige Ruhestandsalter von fünfundsechzig Jahren in der Thames Valley Police erreicht und konnte endlich das tun, was er wollte. Aber was wollte er dann eigentlich tun, wenn er nicht mehr arbeiten *musste*, es aber ab und zu möglicherweise noch *konnte*?

Reisen – vielleicht, obwohl er jedes Mal froh war, wieder zu Hause in Horspath mit einem guten Whisky am eigenen Kamin zu sitzen.

Oder endlich einmal seine Sammlung Hunderter von Langspielplatten zu katalogisieren und zu vervollständigen. Einen Pubführer für die Gasthäuser im Themsetal schreiben – auch keine schlechte Idee, vor allem, was die Recherchemöglichkeiten für das Buch anging: freie Getränke, freies Essen … Blackmore seufzte. Es gab so viele überflüssige Dinge, die man tun konnte, wenn man Lust dazu hatte. Und natürlich die benötigte Zeit.

Ashley regte sich im Schlaf und drehte sich auf die andere Seite. Blackmore wartete auf einen Satz von ihr; manchmal redete sie nämlich nachts, ohne sich nach dem Aufwachen daran erinnern zu können. Einmal hatte sie laut und deutlich »Ein Glas Rioja, *por favor!*« gesagt, dabei trank sie nur selten Rotwein und schon gar keinen spanischen. Seine Freundin seit dreieinhalb Jahren überraschte ihn mit ihren vielen Facetten immer wieder aufs Neue.

Und seine *große* Liebe? Julie King verheiratete Boulton hatte sich nach einem heftigen Aufflackern ihrer Beziehung aus der Studentenzeit doch wieder von ihm getrennt; über den Mord an ihrer Tochter Jessica vor sechs Jahren, den Blackmore mit dem deutschen Kommissar Kruger aufgeklärt hatte, war sie nie wirklich hinweggekommen. Moment, Kruger hieß Krüger, und besaß keinen Vornamen. Mit dieser Marotte ging er fast als exzentrischer Engländer durch. Leider stammte er nicht von der Insel.

Blackmore gähnte. So früh aufzuwachen, war seinem Beruf geschuldet. Gab es einen Mordfall, spielte der normale Tagesrhythmus ohnehin keine Rolle mehr. Und diesen dann in den Ferien, die oft nur zehn, selten vierzehn Tage lang waren, wiederzufinden, war jedes Mal höchst schwierig. Ein Mordfall, genau. Manchmal fehlte ihm, wenn es über längere Zeit im Dienst ruhig war, der Nervenkitzel, die Spannung, ob er den Täter fassen würde, bevor sich der heiße Fall in einen oft nicht mehr aufzuklärenden *cold case* verwandelt hätte.

Versuchen weiterzuschlafen, war zwecklos; also stand er lieber auf und schlurfte zum Fenster. Er wiederholte den abgrundtiefen Seufzer vom Vorabend. Statt der erhofften Aussicht auf den Papstpalast in Avignon, auf die kaputte Brücke bis zur Mitte der Rhône oder wenigstens auf ein provençalisches Gässchen mit alten Häusern gab es hier nur einen Haufen Garagen mit Mülltonnen daneben. Der Concierge des Hotel Mercure hatte sein Französisch – beziehungsweise das, was Blackmore dafür hielt – missverstanden oder, wahrscheinlicher, ignoriert und ihm ein Doppelzimmer mit Fenster zum Hof gegeben … Soviel zu Ferien, bei denen auf keinen einzigen Tag auch nur der Hauch eines Schattens fiel.

»Einen wunderbaren guten Morgen, mein Schatz«, sagte Ashley.

Auch das erstaunte ihn immer wieder: Wachte sie auf, war sie sofort hellwach und konnte es mit ihrer unbändigen Energie nicht abwarten, bis die nächste gemeinsame Unternehmung begann.

Blackmore unterdrückte den Anflug eines weiteren Gähnens und überlegte eine passende Entgegnung. Ehe er aber etwas sagen konnte, redete sie schon weiter.

»Wir könnten nach L'Isle-sur-la-Sorgue fahren; dort ist heute nämlich der Antiquitätensonntag, der in sämtlichen Gazetten der Gegend annonciert wird. Der Papstpalast läuft uns ja nicht weg.«

Blackmore lachte. »Stimmt. Den können wir immer noch bei Regen besichtigen.«

»Außerdem«, sagte Ashley, »gab es vorgestern in diesem schönen Ort einen hübschen kleinen Mord.«

Der englische Ermittler schaltete einen Gang zurück, so dass er die Einhundertachtzig-Grad-Kurve in Châteauneuf-de-Gadagne geruhsam durchfahren konnte. Sein dunkelblauer Mercedes der E-Klasse hatte inzwischen zweihundertzwanzigtausend Kilometer auf dem Buckel, fuhr aber ohne Murren jede vom Fahrer gewünschte Strecke. Selbst das Rechtsfahren auf den Straßen des Kontinents erfolgte ohne Widerrede.

»Also nochmal«, sagte Ashley gerade. »Du glaubst wirklich, dass ausschließlich Geld die Wurzel allen Übels ist, aller Morde?«

Er nickte, was sie nicht mitbekam, da sie gerade einem gutaussehenden Franzosen im weißen Unterhemd und mit stählernem Oberkörper nachsah, was wiederum der Detective nicht registrierte, da er seinerseits zwei jungen Französinnen in kurzen Röcken mit seinem Blick folgte, bis diese hinter einer Straßenecke verschwanden.

»Was ist denn mit Eifersucht, mit Affekt, mit übersteigerten Besitzansprüchen? Gehörst du mir nicht mehr, dann gehörst du auch keinem anderen mehr – das nennt sich, glaube ich, wenn anschließend beide tot sind, *erweiterter Suizid*.«

»Und Neid.« Blackmore steuerte auf Le Thor zu und gab wieder Gas. »Machtgier. Habsucht. Rache. Wenn ich länger darüber nachdenke, fällt mir bestimmt noch mehr ein.«

»Drogen«, sagte Ashley.

»Das ist kein Motiv. Das sind Lebensmittel.«

Das folgende Lachen, das Blackmore natürlich mit seiner Bemerkung provozieren wollte, hatte es ihm bei ihrer ersten Begegnung schon angetan und ihn glücklicherweise seitdem auch nicht wieder verlassen. »Also in der allgemein verträglichen Form von Gras«, fügte er noch hinzu.

Die Hoffnung auf ein kleines Gesprächsgeplänkel war leider trügerisch, weil seine Freundin den Reiseführer von *Lonely Planet* durchblätterte und nicht mehr zuhörte. »Ich beherrsche nur *eine* Sache zur Zeit, die aber hundertprozentig«, hatte sie mal gesagt. »Multitasking ist was für Börsenfritzen mit ihren tausend Telefonen.«

Blackmore suchte am Ortseingang von L'Isle-sur-la-Sorgue nach einem Parkplatz und stellte den Mercedes schließlich vorsichtig in einer fast zu engen Lücke neben einem weißen Kastenwagen und einem Nissan Qashqai mit deutschem Kennzeichen ab, nachdem ein alter R4 herausgefahren war. Er holte das Jackett seines maisgelben Sommeranzugs vom Rücksitz und zog es über. Nur das Fehlen der Krawatte signalisierte, dass er nicht im Dienst war. Mit seinen leicht zu langen Haaren und den grauen Schläfen konnte er fast als Franzose durchgehen. Allerdings trug er Socken in den hellbraunen Slippern, was ein waschechter Franzose nie tun würde. Jedenfalls hatte Alain Delon das nie getan, soweit sich der DCI erinnerte, jedenfalls nicht in dem Swimming-Pool-Film mit Romy Schneider. Er wartete, bis Ashley seinen Arm genommen hatte und sie losgegangen waren. Dann fragte er: »Heute Morgen hast du doch etwas von einem Mord gesagt, bevor wir den Gang ins Frühstückszimmer noch etwas hinausgeschoben haben, nicht wahr?«

Ashley errötete. »Stimmt. Habe ich. Glaube ich. Meine Erinnerung an unsere Unterhaltung ist etwas nebulös.«

»Wo hast du denn von dem Mord erfahren?«

»Aus der Zeitung. Stand in *La Provence*.«

»Seit wann kannst du denn Französisch?«

»Schon immer. Mein Großvater zweiten Grades ...«

»Heißt was?«

»Der zweite Mann meiner Großmutter ersten Grades.«

Blackmore stöhnte. »Wie gut, dass du keine Verdächtige bist, die ich zu verhören hätte. So viel Unsinn auf einem Haufen. Die Zeitung, bitte.«

»Eines nach dem anderen. Mein Großvater, den ich dankenswerterweise bis Mitte Zwanzig haben durfte, hat mit mir stets nur Französisch gesprochen. Er sagte immer, irgendwann sei das britische Empire am Ende, und dann sei es gut, wenn man sich auf dem Kontinent auch in einer zweiten Sprache verständigen könne.«

»Das ist womöglich gar nicht so dumm. Vor allem, wo jetzt May nach der Abstimmung dabei ist, als Premierministerin die Minderheitsmeinung unserer Landsleute, nämlich Europa aufzugeben, in die Tat umzusetzen.«

»Wieso Minderheitsmeinung?«

»Warte mal. Ich habe mir, weil ich das nachrechnen wollte, die Zahlen vom Juni-Referendum aufgeschrieben.« Der DCI entnahm seiner Brieftasche einen zweimal akkurat gefalteten Zettel und las vor: »Bei der Abstimmung über den sogenannten Brexit haben 51,89 Prozent unserer Landsleute für ein Verlassen der Europäischen Union gestimmt.«

»Das reicht doch. Mehrheit ist Mehrheit, und wenn es nur eine Stimme mehr als die Hälfte ist.«

Er nickte und fuhr dann fort: »Aber abgestimmt haben nur 72,21 Prozent der Bevölkerung.«

Ashley rechnete rasch. »Dann waren aber nur 37,469769 Prozent für den Brexit. Also von allen, meine ich. Etwas mehr als ein Drittel.«

»Sag' ich doch«, sagte Blackmore. »Minderheitsmeinung. Hast du übrigens noch mehr Nachkommastellen?«

»Einige.« Ashley lachte freundlich. »Aber die ändern auch nichts am Ergebnis. Ein Armutszeugnis, finde ich. Europa politisch, wirtschaftlich, kulturell einfach links liegen zu lassen. Warte mal ab, was die Leute in zehn Jahren dazu sagen.«

»Wenn der nächste Volkstribun kommt, oder?«

»Genau. Der verkauft dann wieder das Gegenteil von dem, was die Wähler wollen, ihnen als ihr Bestes.«

Blackmore lachte. »Wie seit den Zeiten im alten Rom. Aber jetzt zu etwas völlig anderem: Was stand denn nun in der Zeitung?«

»*La Provence* berichtet vom Tod eines beliebten Antiquitätenhändlers in L'Isle-sur-la-Sorgue. Die Tatwaffe steckte noch, als man ihn fand. Ein antiker Brieföffner.«

»Das klingt ja fast nach einem Mord im Affekt. Einen herumliegenden Brieföffner zu wählen – wer tut denn so etwas? Bei einem echten Mord hätte der Täter vielleicht besser geplant und sich für eine vernünftigere Todesart entschieden. Ein Brieföffner bricht ja auch mal ab, wenn er auf eine Rippe stößt.«

»Bessere Todesart, *well*?«, fragte Ashley. »Dynamit?«

Blackmore lachte. »Das ist zu laut. Nein, weißt du, ein Revolver, falls man zielsicher ist, ein Schal, wenn man es leise mag, Gift vielleicht, wenn man eine Frau—«

»Na, hör mal!« Ashley zog ihren Arm weg. »Die wenigsten Geschlechtsgenossinnen wissen, wie man mit Gift jemanden umbringt, es sei denn, sie sind Apothekerinnen. Nee, nee, das ist ein altes Klischee. Gerade von dir hätte ich mir mehr erwartet.«

»Was denn?«, fragte Blackmore unschuldig.

»Na ja, phantasievollere Todesarten. Stromschläge zum Beispiel, die keiner nachweisen kann. Oder Luft. Injiziert. Oder …«

»Du entwickelst dich mit deinen Überlegungen gerade zu einem Flintenweib. Nachts möchte ich dir jedenfalls nicht begegnen.«

Ashley lächelte breit. »O doch, das möchtest du sehr gerne. Und tust es auch schon …«

Blackmore fragte sich, wann er das letzte Mal rot geworden war. Wahrscheinlich vor längerer Zeit im Pub bei einer der vielen, meist dienstlichen Unterhaltungen mit seiner damaligen Sergeantin Rosie Mannering, inzwischen geschiedene Brooks, zu der er sich durchaus ein etwas näheres Verhältnis gewünscht hatte. Aber seit einiger Zeit war sie nicht mehr in Oxford tätig, sondern – ausgerechnet – nach Cambridge gewechselt. »Stand noch etwas über den Toten drin?«, erkundigte er sich, um hauptsächlich von seiner Verlegenheit abzulenken.

»Tat es. Der Tote war Engländer.«

»Ich dachte, der sei Antiquitätenhändler gewesen. Also Franzose.«

»Das eine schließt das andere ja nicht aus. *La Provence* schreibt, er sei vor längeren Jahren hierhin gekommen und hängengeblieben. Das gute Essen habe es ihm angetan, was man ihm nach zwei Jahren auch angesehen habe. Er war – Zitat – ›beliebt und beleibt‹.«

Blackmore lachte. »Von wo stammte er denn?«

»Das stand nicht im Bericht. Aber seinen Namen hat man erwähnt, Paul Gascoigne.«

Er stolperte und musste sich am Geländer der kleinen Brücke festhalten, die über einen der vielen Kanäle dieser »charmanten kleinen Stadt« führte, wie es im Reiseführer geheißen hatte.

»Ist dir nicht gut?«, fragte Ashley besorgt.

»Doch, doch. Das war nur der Schreck. Der Name ist ja nicht besonders häufig. Einer meiner engsten Freunde aus dem Studium hieß so; ich habe ihn allerdings vor vielen Jahren aus den Augen verloren.«

»Dann solltest du ihn dir vielleicht wirklich ansehen.«

»Den Toten?«

»Der wird schon in der Gerichtsmedizin sein oder wie sie das hier nennen. Nein, den Tatort meine ich. Komm mit!«

Gehorsam folgte der Detective seiner Freundin.

Vor Krüger stand, wie immer aus dem Ei gepellt – nur das modische Halstuch vom letzten Jahr fehlte –, Bertrand Bonnefoy, *Juge d'in-*

struction. Mit dem Untersuchungsrichter aus Avignon hatten Carmen und er sich angefreundet und den damals rasch gelösten Fall in Bonnefoys Landhausküche mit einem großen Gelage gefeiert. Die etwas zu langen Haare des Franzosen waren mittlerweile ein bisschen grauer geworden, und um die Augen waren eine oder zwei Lachfalten dazugekommen. Ansonsten hatte er sich nicht verändert.

Bonnefoy begrüßte Carmen mit zwei angedeuteten Küssen, zuerst auf die linke, dann auf die rechte Wange; Krüger erhielt ein freundliches Lächeln und einen festen Händedruck.

»Die Umrisszeichnung mit Kreide um den Toten fehlt«, sagte sie und deutete auf den Boden zwischen den Truhen.

Bonnefoy erinnerte sich an ihre erste Begegnung in der Altstadt von Malaucène und lachte. »Es muss ja mal Abwechslung geben. Das Absperrband tut's doch auch. Was macht ihr überhaupt hier? Soll ich raten?«

»Wir ermitteln«, sagte Carmen mit todernstem Gesicht. »Wie immer.«

»Ferien«, sagte Krüger. »Zumindest versuche ich es gerade. Aber meine wissbegierige Lebensgefährtin …«

»Das Epitheton *Freundin* gefällt mir besser«, maulte die Freundin und Germanistin. Dass sie außerdem Theologie studiert hatte, verschwieg sie inzwischen, da sie, je älter sie wurde, immer weniger von institutionalisierter Religion hielt.

»Freundin«, fuhr Krüger gehorsam fort, »war der Meinung, wir sollten uns den zufällig in der Nähe liegenden Tatort eines kleinen Verbrechens näher ansehen.«

»Also bitte!« Carmen funkelte den Kommissar an. »Du wärest doch den Rest der Tage in der Provence nur unglücklich gewesen, hättest du den Ort, an dem *es* geschehen ist« – sie hatte ihre heisere Gespensterstimme zu Hilfe genommen – »nicht selbst besichtigt.«

Bonnefoy genoss schon nach wenigen Minuten die Wiederbegegnung mit den beiden Deutschen. Der Routinefall – Dieb sticht Geschäftsinhaber nieder und flieht mit der Kasse; letztere war nämlich leer aufgefunden worden – versprach doch noch zu einem Stück leichter Unterhaltung zu werden. »Ehe ihr mir jetzt ein Loch in den Bauch fragt, erzähle ich lieber freiwillig, was passiert ist. *D'accord*?«

»Wir sind immer einverstanden, wenn du etwas vorschlägst«, sagte Krüger.

»Etwas Sinnvolles«, sagte Carmen, etwas leiser.

Bonnefoy verbiss sich ein weiteres Grinsen und begann.

»Vorgestern hat Paul Gascoigne, ein hier seit über zehn Jahren lebender Engländer, seinen Stand mit Möbeln und allerlei anderem alten Plunder aufgebaut. Als er am Abend die bei ihm immer gut gefüllte Kasse, die er zur Sicherheit aus dem Geschäft mitgenommen hatte, abschließen und mit nach Hause nehmen wollte, muss ihn jemand überrascht haben. Der Täter hat zugestochen und ist dann mit dem Geld geflüchtet. Wie viel es war, wissen wir nicht; zur Zeit suchen die Kollegen die Buchungsunterlagen.«

»Wieso hatte er den Schotter denn spazieren geführt?« Carmen hatte sofort einen unlogischen Punkt entdeckt.

»Hat es Spuren eines Kampfes gegeben?«, fragte der Bonner Kommissar.

»Langsam.« Der Franzose schüttelte den Kopf. »Der Reihe nach. Nein, es sieht so aus, als hätten sich Täter und Opfer gekannt. Zuerst wird ihre Unterhaltung auch noch friedfertig verlaufen sein; wir haben zwei leere Tassen mit Espressoresten gefunden.«

»Und dann hat die Macht des Schicksals zugeschlagen«, sagte Carmen theatralisch.

»Verdi?« Manchmal kannte Krüger sich auch in der klassischen Musik aus.

»Da liegst du aber leicht daneben«, sagte Bonnefoy. »Der Dolchstoß passiert in *Ein Maskenball*. Mit dem Komponisten hast du allerdings recht.«

»Wer hat denn überhaupt gesagt, dass der Tote Engländer ist?«, fragte Carmen. »Der Presse muss man ja nicht alles glauben.«

»Der englische Reisepass.«

Der Untersuchungsrichter holte sein Smartphone hervor, blätterte in einer Fotoapp herum und hielt den Bildschirm schließlich so, dass die beiden Deutschen lesen konnten. »Das hier zeigt im Dokument die letzte Seite links.«

Dort wurde im Falle eines Unfalls oder Ähnlichem der Besitzer des Passes gebeten, Adressen von Verwandten oder Freunden zu benennen. Die beiden handschriftlichen Einträge bezogen sich auf Oxford.

»Na ja«, sagte Krüger gedehnt. »Das besagt doch nur, dass der Tote dort jemanden kannte.«

Carmen war ebenfalls skeptisch. »Wenn meine beste Freundin in München wohnte, trüge ich doch sie ein, oder etwa nicht?«

Bonnefoy warf sich in die Brust. »Wir haben ja immer mehrere Pferde am Start. Sagt man das? Zwei Standnachbarn haben nämlich Stein und Bein geschworen, dass Gascoigne aus der englischen Universitätsstadt kam. Er scheint stolz darauf gewesen zu sein und hat es bei jeder sich bietenden Gelegenheit wiederholt.«

Der Untersuchungsrichter sprach den Nachnamen des Toten französisch aus.

»Wenn er Engländer war«, sagte Krüger, »musst du auch die englische Diktion verwenden. Etwa so: [ˈgæskɔɪn].«

»Hast du auch die eckigen Klammern gehört?«, fragte Carmen den Franzosen, nie um eine sprachliche Albernheit verlegen.

Der polyglotte Richter grinste. »*Of course!*«

Krüger war mit den Gedanken ganz woanders. Er holte sein Mobiltelefon aus der Lederjacke und begann, etwas in der App mit seinen Kontakten zu suchen. Schließlich hielt er triumphierend das Gerät hoch. »Wenn wir Glück haben, stimmt die Nummer noch.«

»Wen meinst du denn?«, fragte Carmen.

»Ich habe doch inzwischen zweimal mit diesem freundlichen englischen Ermittler aus Oxford zusammengearbeitet, DCI John Blackmore, weißt du noch?«

Carmen nickte. »Zum einen der Sturz aus dem Fenster im zweiten Stock und zum anderen das Vermächtnis.« Sie referierte dem Untersuchungsrichter kurz die beiden Fälle, die sich 2010 in den Universiäten von Bonn und Oxford ereignet hatten. »Blackmore kann uns bestimmt unterstützen.«

Bonnefoy nickte zögerlich und überlegte. »Eigentlich eine gute Idee«, sagte er schließlich. »Wenn jemand anders die Arbeit tut, muss ich sie nicht selber machen.«

Krüger grinste. »Okay, dann rufe ich mal an. Bertrand, du sprichst ja auch fließend Englisch, redest du dann mit ihm?«

Der Angesprochene nickte.

Krüger betätigte ein paar Tasten und hielt das Handy danach ans Ohr.

Einige Meter hinter ihnen begann ein Telefon zu klingeln.

Oxford 1984: Vertigo

D*onnerstag, 17. Mai.* Es war eine dunkle und stürmische Nacht – genau das richtige Wetter für ihr Vorhaben. Die Zeiger von Pauls Uhr zeigten Mitternacht an, als die drei jungen Leute vor dem großen Portal des Magdalen College ankamen. Kurz mussten sie zur Seite treten, um zwei untergehakte Nachtschwärmer vorbeizulassen, die unter Absingen von *God Shave Our Gracious Queen* Richtung Cowley verschwanden. Ausgerechnet die englische Nationalhymne, aber mit verballhorntem Text ... Paul schüttelte sich. Wenn das bloß kein böses Omen für ihr Vorhaben war, unbedingt zur Geisterstunde das Wahrzeichen von Oxford zu besteigen. Na ja, es gab auch noch zig andere Wahrzeichen, die meisten davon in Form von Türmen; aber die waren eher etwas für die Touristen und nichts für die Einheimischen, zu denen er sich nach zwei Studienjahren durchaus zählte.

Am Eingangstor hingen, halb abgerissen, die Reste eines Plakats zum seit Monaten andauernden Streik der Bergarbeiter, die sich mit der Regierung von Margaret Thatcher angelegt hatten. *VICTORY TO THE MINE... Stop the Tory attac...* war noch zu lesen. Bestimmt würden sie den Kürzeren ziehen, dachte Paul; sich gegen die Herrschenden zu stellen, hatte noch nie zu etwas geführt. Es seit denn, man stürzte sie und knüpfte alle an der nächsten Laterne auf.

Harry schubste Peter zur Seite und klopfte wie verabredet, einmal kurz, dreimal lang – das A und das M im Morsealphabet, Alice' Initialen.

»Moment«, rief Alice von innen mit gedämpfter Stimme.

Ein Schlüssel drehte sich im Schloss, und lautlos schwang der rechte Torflügel auf.

»Hat der Pförtner letzte Woche noch geölt.« Das Mädchen wartete, bis die Jungs neben ihr standen, und schloss dann das Holztor wieder.

»Abschließen muss ich ja nicht. Ihr wollt doch später wieder hinaus, oder?«

Paul nickte. »Auf jeden Fall.«

»Peter, Paul und Harry.« Alice grinste. »War ja zu erwarten. John steht zwar voll inhaltlich hinter uns, aber nicht physisch. Dafür ist er schon zu sehr Polizist.«

»Verpfeifen wird er uns wohl nicht«, sagte Peter. »Dafür kennen wir uns zu lange.«

»Wer weiß«, murmelte Harry.

»Aber eigentlich ist er doch ein netter Kerl.« Paul suchte wie immer zu vermitteln. Er hasste streitende Leute.

»Und Freddy hat wie immer etwas Eigenes zu tun.« Alice steckte den Torschlüssel ein und bedeutete den drei Herren, ihr zu folgen. Sie marschierte rechter Hand zügig auf die Kirche des Magdalen College zu und verschwand in dem kleinen Durchgang zwischen Kirchenfront und dem langgestreckten Gebäude des College an der High Street. Über den sich öffnenden Chaplain's Quad ging sie auf die kleine Tür am Fuße des großen Glockenturms zu und holte einen langen, eisernen Schlüssel aus ihrer Handtasche. »Den kann man vom Pförtner entleihen.«

»*Entleihen*, sagst du?«, sagte Harry. »Im Alten Testament hieß das aber anders.«

»Sie hängt ihn ja wieder zurück«, sagte Paul. »Vermute ich jedenfalls.«

Wie üblich überhörte Alice das Geplapper der Jungs, schloss die Tür auf und stieg die in den unteren Stockwerken fensterlose Wendeltreppe hinauf. In der linken Hand hielt sie eine flackernde kleine Taschenlampe, in deren Licht die vier die Stufen eher ahnten, als dass sie sie sehen konnten.

Der dicke Paul schnaufte, was Peter mehrfach dazu nötigte, ihn nachdrücklich zur Ruhe aufzufordern.

»Hier gibt's nur ein paar Fledermäuse, die gestört werden«, sagte Harry. Er schnaufte allerdings ebenfalls; Sport schien nicht seine große Leidenschaft zu sein.

Nur Alice lief leichtfüßig hinauf, sah ab und zu über die Schulter auf die Jungs, um sich zu vergewissern, ob ihr noch alle folgten, und lief dann weiter. Schließlich erreichte sie das Ende der Wendeltreppe, die auf dem Dach vom größeren nordwestlichen Türmchen des Glockenturms umschlossen wurde.

Vorsichtig traten die vier auf den aus zwei Reihen von jeweils zehn gegeneinander gelegter Platten bestehenden Boden.

»Nicht drauftreten!«, sagte Peter. »Falls das nur grau besandete Dachpappe ist, bricht man ein und fällt nach unten.«

»Glaub' ich nicht«, sagte Peter. »Bei Regen wär' die doch längst aufgeweicht.«

Langsam gingen die vier zur Brüstung und sahen hinunter.

»Da kann man ja hinunterfallen«, sagte Alice, »so niedrig, wie die ist.«

Tatsächlich reichte ihr die Schutzmauer, besser: das Schutzmäuerchen, das aus frühgotischen Fensterrahmen zu bestehen schien, nur bis zu den Oberschenkeln. Da halfen auch die darauf gesetzten, ebenfalls unterbrochenen Steinteile nicht, den Schwindel, die Angst vor dem Abgrund von einem Besucher fernzuhalten.

»Glaube ich nicht«, sagte Paul. »Wenn dem so wäre, hätte ich davon bestimmt schon in der *Oxford Mail* gelesen. Außerdem steht hier immer am ersten Mai der College-Chor mit seinen zig Mitgliedern und singt den Frühling an.« Er überlegte. »Oder den Sommer. Oder was auch immer. Da fällt schon keiner runter.«

»Wenn ich dabei bin, sowieso nich'«, sagte Peter und legte seinen Arm beschützend um Alices Schultern.

»Brauchst du nicht«, sagte sie und wischte den Arm mit der freien Hand weg. Fast sah es nach einem Schlussstrich unter der Beziehung aus.

Harry grinste. Nett, das Mädchen spielte ihm in die Karten.

Peter wurde blass und schluckte mehrmals hörbar. Sollte es das schon wieder gewesen sein? Einmal im Leben hatte er Glück gehabt, aber dass das nicht von Dauer sein würde, hätte er sich ja denken können.

»Genießt doch lieber die Aussicht.« Paul war wieder um die Glättung der Wogen bemüht. Mit dem Zeigefinger deutete er ins Dunkle. »Seht ihr, da hinten kann man, wenn man sich Mühe gibt, sogar die Hügel von Wales sehen.«

Wider Willen musste Peter lachen. »Bestimmt. Du hast aber auch eine Brille auf; damit geht das leichter.«

Paul war mit sich und der Welt zufrieden. Ging doch.

Harry stellte sich neben Alice, die zur südwestlichen Seite des Turms hinübergegangen war und nach unten sah. »Was zu sehen?«

»Ach, Peter mit seinen ewigen Kontaktversuchen«, sagte sie leise und drehte sich zu ihm um. »Dauernd und ewig auf Tuchfühlung. Eigentlich dachte ich, ich würde nicht weglaufen, aber inzwi–« Sie unterbrach sich und studierte Harrys Gesicht. »Warum erzähle ich dir das eigentlich?«

»Keine Ahnung. Vielleicht weil ich es wert bin?« Das war jetzt eine dumme Bemerkung, wie er sofort wusste.

»Du bist ein alter Angeber.« Alice rückte ein wenig ab.

Peter ging auf Harry zu. »Pass mal auf: Hör mit deinen blöden Sätzen auf; häng die Fahn' heraus, und dann verschwinden wir wieder von hier. Alle drei.«

Wirklich bedrohlich sah er nicht aus, und Harry war sich sicher, dass er selber im Notfall stärker wäre. Wenn er es schlau anstellte, waren Peter und Paul nachher weg und er mit Alice alleine. Ohne zu murren, entrollte er die Flagge mit dem Wappen der seit Jahrhunderten mit der Universität Oxford rivalisierenden Universität Cambridge und befestigte sie, bevor er sie hoch über der High Street nach unten fallen ließ. Das Tuch war so groß, dass es die beiden darunterliegenden Fenster in voller Breite bedeckte. Dass es allerdings falsch herum hing, hatte Harry nicht bemerkt. Er zupfte noch eine Falte zurecht und richtete sich dann wieder auf. Er sah sehr zufrieden aus.

»Dafür habe ich doch eine kleine Belohnung verdient, oder?«

Peter und Paul sahen sich an. Wahrscheinlich wollte Harry wieder nur das Geld für den nächsten Besuch im Eagle and Child sparen und eingeladen werden.

Der Fähnrich führte jedoch anderes im Schilde. Rasch griff er mit beiden Händen nach den Schultern des Mädchens, zog es an sich und küsste es auf den Mund.

Alice stieß ihn von sich weg und wischte sich den Mund ab. »Du spinnst doch. Damit hast du einen schönen Abend einfach nur kaputtgemacht. Hat Peter doch recht gehabt: Du interessierst dich nur für dich und deine Gelüste. Du bist ein kompletter Egoist. Und mich kannst du vergessen. Komplett.« Sie sah ihn wütend an. »Ich bring' dich und die beiden anderen noch zum Ausgang. Und dann haust du ab.«

Peter sagte leise zu niemand Bestimmtem: »Ich bin doch auch noch da. Ich passe schon auf, dass dir nichts passiert.«

Alice aber war so aufgebracht, dass sie hervorstieß: »Ich brauche niemanden. Mich kriegt niemand. Und eine starke Schulter zum Anlehnen suche ich mir selber aus. Nur ich. Ich und sonst keiner! Und Harry, du, du …« Sie suchte nach Worten.

»Arschloch.« Peters Stimme war noch leiser geworden.

»Genau«, sagte Alice. Sie hatte scharfe Ohren. »Soll ich es wiederholen, falls du es nicht mitbekommen hast, Harry?« Sie verschränkte die Arme. »Du Arschloch.« Inzwischen stand sie an der kleinen Balustrade mit dem Rücken zur unten verlaufenden Straße.

Harrys Gesicht hatte eine dunkelrote Farbe angenommen. So endend hatte er sich den Abend nicht vorgestellt. In seinen Träumen lagen stets Alice, dieses hübsche Mädchen mit den schönen Kurven und den dunkelbraunen Haaren, und er im Gras am Ufer des Cherwell, sahen in den blauen Himmel und küssten sich. Länger. Stattdessen hatte sie gerade eine eigene Meinung geäußert, besaß merkwürdige Ansichten und hatte ihn zudem noch beleidigt. Sein Puls beschleunigte sich.

»Wenn du mich nicht haben willst, soll dich auch niemand anders haben.« Seine für einen Mann fast zu hohe Stimme war in ein Zischen übergegangen. »Gute Nacht.«

Mit beiden Händen griff er nach Alices Oberkörper und gab ihr einen heftigen Stoß, so dass sie aus dem Gleichgewicht geriet und mit den Armen ruderte, um sich irgendwo festzuhalten.

Vergeblich.

Hilfesuchend sah sie Peter und Paul an; sie wollte etwas sagen, wurde aber durch einen großen Kloß im Hals daran gehindert.

Totenstille.

Harry gab ihr einen zweiten Stoß, der sie über die Brüstung beförderte.

Mit einem gellenden Schrei stürzte Alice in die Tiefe.

John war sich nicht sicher, warum Detective Inspector Strange ihn unter seine Fittiche genommen hatte. Er fand sich viel zu jung, um überhaupt irgendwelchen Vorgesetzten gegenüber positiv aufgefallen zu sein. Dreiundzwanzig Jahre, na ja, fast vierundzwanzig – das war auch kein Alter, um schon etwas Bedeutendes geleistet haben zu können. Wie alt Strange seinerseits wohl sein mochte? Mitte Fünfzig? Fragen konnte er den Älteren ja schlecht …

»Ich glaube«, sagte der DI, der den jungen Mann genau beobachtet hatte, »dass das Alter keine Rolle spielt. Jedenfalls nicht in unserem Beruf.« Er trank den letzten Schluck aus und setzte das Glas wieder ab. »Wenn man gut ist.«

John erbleichte. Woher kannte Strange seine Gedanken so genau?

»Das ist schon länger her. Ich kannte mal einen exzellenten DCI. Dass er Thursday hieß, tut nichts zur Sache. Der war damals dreißig Jahre älter als ich und hatte ein Talent, die Stärken und Schwächen seiner Mitarbeiter herauszufinden. Ein wenig habe ich mir von ihm abzugucken versucht. Und Sie, Blackmore, sind mir schon länger positiv aufgefallen.«

»Danke, Sir.« Manchmal reichte eine schlichte Antwort. »Noch ein Ale, Sir?«

Strange nickte.

John stand auf und ging an die Theke des White Horse. Er musste einen Moment warten, bis die Reihe der Pubgäste vor ihm versorgt war. »Noch einmal dasselbe, bitte. Wadworth's 6X.«

Wie immer, nahm auch heute einer der drei Studenten, die sich hier ihren Lebensunterhalt verdienten, zwei frische Gläser vom Regal und befüllte sie nacheinander randvoll aus dem Zapfhahn mit dem porzellanenen Griff, der das Logo der Biermarke zeigte – in weißer Schrift auf dunkelblauem Grund *6X Original Ale.* »Ist jetzt über sechzig Jahre alt, das Ale. Um genau zu sein: 1923.« Er stellte die beiden Gläser vor John hin.

»Und dann verkauft ihr das noch? Wie soll das denn inzwischen schmecken?«

Der Kommilitone grinste. »Kannst ja mal probieren. Geht im übrigen aufs Haus, weil du mir neulich geholfen hast.«

John sah sich ängstlich nach Strange um, aber der redete gerade mit jemandem vom Nachbartisch. »Kein Sterbenswort, *mate.*«

»Ist doch klar, Mann.«

Zurück am Tisch, nahm Strange ihm ein Glas ab und trank sofort einen großen Schluck. Nach seinem Leibesumfang zu urteilen, vertrug er eine ganze Menge. Er beugte sich zu dem jungen Mann hinüber. »Sag mir mal, was du hier siehst.« Eine Kopfbewegung zur Theke folgte.

John sah ihn irritiert an, drehte sich aber gehorsam um und zählte die Anstehenden.

»Neun Leute, Sir«, sagt er dann.

»Was noch? Bleib aber sitzen, sieh jetzt mich an und guck in deinem Gedächtnis nach.«

Strange trug seinen Nachnamen zu Recht, dachte John. Was für eine komische Idee. Aber gehorsam sagte er: »Vier haben lange Haare, einer davon besitzt umfangreiche Koteletten. Ein weiterer fährt Bus, denke ich; er hatte als einziger geputzte Schuhe.«

Eine kleine Pause folgte, in der Strange den jungen, vielversprechenden Mann beobachtete.

»Zwei Mädchen, das eine mit einem zu kurzen Rock, den sie mehrfach nach unten zog, das andere mit einem zu tiefen Dekolleté.«

»Interessant. Wie haben Sie das denn sehen können, wenn die Kleine Ihnen den Rücken zugekehrt hat?«

John konnte sich ein kleines, selbstgefälliges Grinsen nicht verbeißen. »Also eigentlich nur vermutlich zu tief, das Dekolleté, meine ich.

Der Typ hinter dem Tresen hat sehr lange gebraucht, um das volle Glas abzustellen und ihr dabei nicht in die Augen, sondern etwas tiefer …« Er verstummte und errötete.

»Keine falsche Bescheidenheit.« Strange war sehr zufrieden. »Ich habe die junge Dame zufällig vorhin von vorne gesehen; Ihre Beobachtung stimmt genau. So, jetzt fehlen noch zwei von Ihren Neun.«

John musste nicht lange überlegen. »Ein älterer Mann, wahrscheinlich Pförtner beim Trinity College hier um die Ecke, hatte seinen Bowler-Hut noch in der Hand und den dunkelblauen Anzug an. Wahrscheinlich war er nur durstig nach seinem Dienst draußen.«

Strange nickte. »Und der Letzte?«

»Frederick de la Tour. Einer meiner Freunde. Der scheint aber nur etwas abgegeben zu haben und ist schon wieder verschwunden.«

»Bravo, *matey*.«

John überhörte die Anrede; als *Kumpel* bezeichnete Strange so gut wie alle, außer seinen Vorgesetzten natürlich.

»Weiteres Training im Bereich der *reconnaissance* benötigen Sie nicht mehr, Blackmore. Sie haben durch ein einfaches Drehen Ihres Kopfes so viel Aufklärungsarbeit geleistet, dass es für drei Polizisten gereicht hätte.«

John sah bescheiden auf den Boden. »Wirklich nett, Sir, aber unverdient. Das hätte doch jeder Fotograf im ersten Lehrjahr gekonnt.«

»Nachdem er die Bilder studiert hat, die er vor zwei Wochen geschossen hat. Falls er sie in seinem Labor wiedergefunden hätte. Aber auf keinen Fall auswendig, wie Sie eben.«

Allmählich wurde es John zuviel. Strange war zwar nett, aber irgendwann reichte es mit seinen Elogen. Er beschloss, vom Thema abzulenken.

»Vielen Dank, Sir. Wenn ich etwas sagen darf: Sie wollten mir doch von Ihren ersten Jahren in Oxford erzählen, mit Morse zusammen, nicht wahr?«

»Stimmt. Wo waren wir beim letzten Mal stehengeblieben?«

John sagte es ihm und dachte insgeheim, dass doch ein jeder berechenbar war. Woran er allerdings schon nicht mehr dachte, war die

Beobachtungsgabe, die in den kommenden Jahren und Jahrzehnten in seinem Beruf als Detective eine große, vielleicht sogar *die* tragende Rolle spielen sollte.

Und an das Treffen seiner Freunde und deren Besteigung des Magdalen Tower dachte er schon gar nicht.

Die drei Musketiere

Sonntag, 25. September 2016. Immer wieder blieb Blackmore stehen, wenn er etwas Interessantes entdeckte. Und ihn interessierte vieles: ein Stapel alter Postkarten aus dem Ersten Weltkrieg, ein Set silbernen Fischbestecks; sogar ein etwas verbogener Degen hatte es ihm angetan. Aber Ashley verhinderte jedes Mal einen Spontankauf überflüssiger Dinge, die zu Hause wieder nur den Speicher verstopfen würden. Sie selbst studierte die angebotenen Kleider aus zweiter Hand, schlang sich einmal einen Seidenschal um den Hals – den sie erst wieder zurücklegte, als der DCI beiläufig einen dazu passenden Mordfall vor ihren Ohren ausbreitete – und probierte mehrere Halsketten an, die jedoch schon beim zweiten Blick nach *nordafrikanischem Tand* aussahen, wie ihr Freund es politisch unkorrekt nannte. Schließlich kaufte sie zwei gebrauchte Comics mit Spirou & Fantasio.

Ihre langsame Wanderung durch die Stadt hatte sie in die Nähe der großen Kirche im Zentrum der innerstädtischen Insel geführt. Unter den alten Plantanen daneben waren die Tische mit Einheimischen und Touristen ordentlich besetzt; selbst im September tat ein bisschen Schatten in der Mittagssonne gut.

»Und jetzt die Stiftskirche, oder?« Ashley interessierte sich immer für alle Sehenswürdigkeiten eines Ziels. »Von innen. Mit einer sehenswerten Barockausstattung.«

»Nee, von Mission und Aberglauben habe ich schon länger die Nase voll«, grummelte Blackmore.

»Dann wenigstens den Tour d'Argent, ein Turm aus dem zwölften Jahrhundert. Steht der Kirche gegenüber; dann musst du nicht so weit laufen.«

»Und was soll ich da betrachten?« Er hatte keine Lust auf Sightseeing, sondern wollte lieber einen hier bestimmt vorhandenen Stand mit gebrauchten Schallplatten suchen, um seine Sammlung zu vervollständigen. Außerdem war er müde; die Anreise aus England steckte ihm noch in den Knochen. »Ein altes Gemäuer, das man abzureißen vergessen hat?«

Manchmal fand Ashley, dass ältere Männer doch anstrengend waren. Wenn sie ihren Willen nicht bekamen, waren sie wie kleine Jungs, die irgendwann nur noch quengelten und nach Hause in ihre Spielecke wollten. Auf der anderen Seite … Blackmore war eine faszinierende Figur, schon einmal von außen: fast eins siebenundachtzig groß, meistens jedenfalls, wenn er nicht müde war und gebückt ging; außerdem von innen. Er wusste unglaublich viel und das nicht nur aus seinem beruflichen Gebiet, und er konnte charmant, aufmerksam und großzügig sein. Wenn er sich jetzt noch hielt, bis sie Mitte fünfzig war – dann war er nämlich Mitte achtzig –, dann konnte sie mit ihren neunundzwanzig Jahren durchaus zufrieden sein. Und nach Mitte fünfzig musste man weitersehen …

»Du möchtest also lieber einen Musikladen aufsuchen, nicht wahr?« Mit schiefgelegtem Kopf sah sie in Männeraugen noch hübscher aus; das wusste sie.

»Ein Stand mit ein paar Kisten voller Musik hier irgendwo reicht auch.« Seine Laune besserte sich mit jeder Minute, wie immer, wenn sie in der Nähe war.

»Abonnier doch Spotify. Das ist allein aus ökologischer Sicht sinnvoller: Das ganze Plastik, aus dem deine alten Platten sind, fällt dann weg.«

Derlei Dinge überhörte Blackmore grundsätzlich.

»Und wir wollten noch nach dem Tatort sehen, oder?«

»Wollten wir.« Jetzt lächelte der DCI wieder. Die Aussicht auf einen interessanten Mordfall war immer gut, auch wenn man selber die Ermittlungen nicht in der Hand hatte.

Langsam ging das Paar weiter.

Inzwischen hatten sich die Gassen der kleinen Stadt mit Besuchern gefüllt; die ersten Restaurants öffneten ihre Türen für südliche Menüs – in der Provence war eigentlich das gesamte Jahr über Süden, fand Blackmore, der sich aufmerksam umsah –, und die Ladenbesitzer machten durchweg schon jetzt einen zufriedenen Eindruck; die Geschäfte schienen, den Einkaufstüten der Leute nach zu urteilen, gut zu laufen.

»Wir nähern uns dem Ziel«, sagte Ashley plötzlich. »Das sieht nach alten Möbeln aus.« Sie deutete auf mehrere Stände, auf denen vollständige Garnituren von Esszimmerstühlen, Schränken, Tischen unterschiedlicher Größe und Truhen angeboten wurden, Sofas natürlich nicht zu vergessen. Sogar ein blank poliertes Klavier wartete dazwischen auf seinen neuen Besitzer. »Dann hat bestimmt irgendwo der Tote gelegen. Also ich meine, hinterher, nachdem …« Sie verstummte und blickte hinter einen Schrank zum Nachbarstand.

Dort flatterte ein polizeiliches Absperrband, und zwei seriös aussehende Herren mit dem Rücken zu ihnen nebst einer Dame diskutierten angeregt. Einer der beiden, ein kleinerer Herr in Lederjacke und Jeans, griff zum Telefon und wählte. Fast gleichzeitig klingelte Blackmores Handy.

»Hoffentlich nicht deine Dienststelle mit einem neuen Fall.« Sie sah ihn besorgt an. »Ich möchte unseren Urlaub nur ungern abbrechen.«

Der DCI führte das Gerät zum Ohr und lauschte. Versehentlich hatte er auf *laut* gestellt, so dass seine Freundin mithören konnte. »Krüger«, sagte jemand auf Englisch. »Du erinnerst dich doch? 2010 in Bonn.«

Merkwürdigerweise schien es bei den Sätzen ein Echo zu geben. Hinter dem Schrank. Bei dem Herrn in Lederjacke.

»Krüger«, sagte Krüger auf Englisch. »Du erinnerst dich doch? 2010 in Bonn.« Er lauschte. Etwas störte ihn: Entweder war die Verbindung so schlecht, wie er es in der Provence zu seinem Leidwesen häufiger hatte erfahren müssen, oder in den engen Gassen des Antiquitätenstädtchens war der manchmal auftretende Halleffekt besonders ausgeprägt.

Carmen bekam ebenfalls die Auswüchse der Technik mit. Allerdings begriff sie schneller als ihr Freund. Das Echo kam nämlich aus der Nähe. Genauer gesagt, vom Nachbarstand. Hinter dem Schrank aus Kirschbaumholz steckte wahrscheinlich die Quelle. Langsam ging sie zum Möbelstück und blickte dahinter. Dann begann sie zu lachen. »Krüger, du kannst dir die Telefonkosten sparen.«

Der Kommissar steckte das Telefon wieder zurück und folgte ihr. Bonnefoy schloss sich an; er war gespannt, was es mit diesem merkwürdigen Toneffekt auf sich hatte.

Hinter dem Schrank stand ein fassungsloser Blackmore, der erst sein Handy, dann den deutschen Kollegen betrachtete. Schließlich schüttelte er den Kopf. »Das ist unmöglich. Das gibt's doch nicht. Das kann nicht sein. Zufälle dieser Art widersprechen jeder menschlichen Erfahrung. Und jeder polizeilichen sowieso.«

»Das war kein Zufall«, sagte Krüger und gab seinem englischen Kollegen die Hand. »Das war Absicht. Ich wollte dich in den hiesigen Mordfall einbinden, hatte jedoch nicht damit gerechnet, dass du *so* schnell zur Stelle sein würdest.« Er zeigte auf den Untersuchungsrichter. »Das ist übrigens Bertrand Bonnefoy, *Juge d'instruction* aus Avignon, der als unabhängiger Richter die Ermittlungen leitet.«

»*Nice to meet you*«, sagte der Franzose, was Blackmore mit einem weiteren fassungslosen Gesichtsausdruck quittierte.

»Ich dachte, ihr könnt hier alle nur Französisch?«, sagte er auf Englisch.

»*Non, m'sieur*«, sagte Bonnefoy. »Auch Deutsch. Ich zumindest.« Letzteres *war* Deutsch.

Carmen klärte Blackmore über den polyglotten Herrn auf. »Monsieur Bonnefoy hat eine elsässische Mutter; von ihr hat er exzellentes Deutsch gelernt. Und sein Englisch ist ebenfalls perfekt; zwei Jahre Cambridge haben dafür gereicht.«

»Cambridge«, murmelte Blackmore, der Detective aus Oxford. »Ich weiß ja nicht.«

»Und das ist …?«, fragte sie mit einem Blick auf Ashley.

»Das ist Ashley«, sagte Ashley. »Ashley Davies. Ich begleite den DCI bei seinen Erkundigungen.«

»Und das ist Carmen Rasche«, sagte Bonnefoy, der sich den selten benutzten Nachnamen vom vergangenen Jahr gemerkt hatte. Er deutete auf die Deutsche. »Germanistin, Theologin, Ersatzkommissarin, Fremdenführerin …«

Krüger grinste. »Mir fallen auch noch einige Berufe ein, in denen sie glänzt. Sprachwissenschaftlerin zum Beispiel. Fachfrau für Kalauer aller Arten. Manchmal übertreibt sie es, wobei die grammatischen Varianten stets, äh, variieren.« Er klopfte Blackmore freundlich auf die Schulter. »Aber sag mal, John, was machst du tatsächlich hier?«

»Ferien«, antwortete Ashley.

»Den Tatort in Augenschein nehmen«, sagte der DCI.

»Wie wir alle«, sagte Bonnefoy. »Wie ihr seht, gibt es aber tatsächlich nichts mehr zu sehen. Die Kollegen haben aufgeräumt.« Er sah sich um. »Vielleicht sollten wir unsere Besprechung an einen unauffälligeren Ort verlegen.«

Tatsächlich hatten sich schon einige Schaulustige versammelt, die den drei Ermittlern bei ihrer Tätigkeit zusahen.

Er holte seinen Ausweis hervor und zerstreute mit zwei rasch gesprochenen Sätzen im *Patois* der Gegend die Menge.

»Wunderbar«, sagte Blackmore. »Drei *detectives.* Dann ist die Arbeit rasch getan; wir sind auf jeden Fall bis heute Abend fertig und können danach zusammen essen gehen.«

»Die drei Musketiere«, sagte Carmen. Auch sie sprach Englisch, damit der Kommissar aus Oxford nicht das Nachsehen hatte.

Ashley lachte.

»Leute mit Musketen?«, fragte Bonnefoy unschuldig. »Meine Flinte habe ich zu Hause gelassen.«

»Ich bin ebenfalls unbewaffnet.« Das war Blackmore.

»Ich und Kanonen?« Krüger wollte nicht hintanstehen. »*Never.*«

»Aber mit einem hast du natürlich recht«, fügte Bonnefoy hinzu. »Zusammen sind wir unschlagbar.«

»Es fragt sich nur«, sagte Carmen nach kurzer Überlegung, »wie viele Sätze, ’tschuldigung, Ansätze ihr dieses Mal benötigt, bis ihr den Mörder dingfest gemacht habt.«

»Das sagen wir dir hinterher.« Bonnefoy hatte beschlossen, seine natürliche Autorität als einziger einheimischer Ermittler zu nutzen, und sich zum Sprecher der kleinen Gruppe gemacht. »Mir nach, bitte.« Zielstrebig entfernte er sich von der Möbelecke des Antiquitätenmarktes und folgte mit großen Schritten dem Verlauf einer kleinen Seitenstraße.

Knappe zwölfeinhalb Minuten später erreichten die beiden Damen, die angeregt miteinander plauderten, und die drei Herren, die ebenfalls lebhaft miteinander sprachen, am Quai Jean Jaurès das Balade des Saveurs, ein kleines Restaurant, das nur eines von vielen in dieser Straße war. Die Gasthäuser befanden sich alle auf derselben Straßenseite; gegenüber floss träge die Sorgue. Der vor dem Geländer am Fluss verlaufende Bürgersteig war von breiten, mit kleinen Luftlöchern versehenen Aluminiumplatten abgedeckt, auf denen die Tische und Stühle für das hungrige Publikum standen.

»Das erinnert mich an die Poppelsdorfer Gastromeile, wo du auch den ganzen Abend draußen sitzen kannst«, sagte Carmen.

»*An der* du auch«, sagte Krüger leise, wofür er sich einen giftigen Blick von Carmen einhandelte.

»Nur dass dem Fluss hier in der Provence zu Hause in Bonn leider die Autobahn entspricht, die die kulinarische Straße unterquert«, beendete sie die kleine topographische Anmerkung.

Bonnefoy steuerte auf einen freien Vierertisch unter einem noch jungen Kastanienbaum zu, zog einen herrenlosen Stuhl aus der Nähe heran und bat die anderen, Platz zu nehmen. Er warf einen Blick durch die beiden offenen Türen ins Restaurant – drinnen waren ebenfalls schon einige Tische besetzt – und winkte einer jungen Kellnerin, die bereits jetzt, um die Mittagszeit, mit ihren Aufgaben etwas überfordert war. Aber sie schien den Richter zu kennen; jedenfalls kam sie widerspruchslos mit den Speisekarten und verschwand, nachdem sie die Getränkewünsche aufgenommen hatte.

Carmen hatte wie immer eine Orangina geordert und mit Interesse beobachtet, worauf die anderen Durst hatten. Die drei Musketiere gingen wohl mit der Zeit, denn Alkohol zählte nicht dazu. Noch nicht, dachte sie. Mal abwarten, was der Abend bringen würde.

Krüger betrachtete die Menükarte hilflos und stöhnte. »Ein Fünf-Gänge-Menü? Jetzt? *No way.*«

Blackmore schüttelte ebenfalls den Kopf. »Wenn ich hinterher noch denken soll und die grauen Zellen sich nicht Richtung Äquator verziehen sollen, esse ich, glaube ich, nur das Thunfisch- und Schwertfisch-Carpaccio mit Zitruszesten.« Immerhin war die Karte zweisprachig, französisch und englisch.

Die anderen schlossen sich an, und Krüger hoffte insgeheim, dass der aktuelle, eigentlich noch gar nicht richtig begonnen habende Kriminalfall mindestens bis in den Abend hinein ihre Anwesenheit vor Ort erfordern würde, damit man anschließend vielleicht, eventuell sogar, möglicherweise bestimmt noch einmal hier würde speisen können.

Es gab frisches Baguette zum Essen, natürlich die übliche freie Karaffe mit Wasser und – da die Kellnerin anscheinend die Wichtigkeit der Gäste erkannt hatte – sogar einen großen Salat vom Wochenmarkt, letzteren auf Kosten des Hauses.

»Hattest du hier mal länger zu tun?«, fragte Krüger.

»Nö, nich' direkt«, antwortete Bonnefoy. »Ich habe dem Restaurateur mal einen kleinen Gefallen tun können.«

Blackmore zog die Augenbrauen hoch, sagte aber nichts und dachte im Stillen nur, dass zu Hause in den sechziger und siebziger Jahren ganze Heerscharen von *cops* in den ortsansässigen Pubs durchgefüttert worden waren. Bis Bestechungen und dergleichen nicht mehr angesagt waren … Jedenfalls nicht die ganz offensichtlichen.

»Ich ziehe um!«, verkündete Carmen mit vollem Mund, nachdem sie den ersten Bissen des Carpaccio vertilgt hatte. »So etwas bekommt man bei uns nirgends!«

»Sag' ich doch!«, sagte Bonnefoy. »Essen wie Gott in Frankreich!«

»Interessant«, sagte Blackmore, dem das Konzept von Regionalgöttern seit den Zeiten der Druiden in Stonehenge nicht ganz unbekannt war, »das erklärt natürlich, warum es bei euch einfach besser schmeckt, wenn ihr die Hauptgottheit kulinarisch mit Beschlag belegt habt.«

Ashley verschluckte sich fast, so sehr musste sie lachen.

Ihr Freund grinste ebenfalls ob seines kleinen Witzes. Dann wurde er wieder ernst. »Zum Anlass unserer Besprechung: Immerhin gibt es einen Toten, dessen Angehörige ein Recht haben zu erfahren, wer für sein frühzeitiges Ableben verantwortlich ist.«

Krüger nickte. »Wir sollten wirklich mal anfangen.« Er stocherte etwas lustlos in den hauchdünn geschnittenen Fischscheiben herum, genauso hauchdünn wie die Zitronenschalenstreifen dazwischen. Ihm war ein saftiges Kräutersteak allemal lieber; aber in Gesellschaft – und sogar, wenn er ganz alleine war – wusste er sich immer zu benehmen; also schloss er sich dem an, was die herrschende Klasse aß. Aus dem Augenwinkel sah er, dass Blackmore Ähnliches über das aktuelle Gericht dachte. Wahrscheinlich zog er allem anderen immer Fish'n Chips vor …

»Ich hätte da mal 'ne Frage«, sagte der englische DCI ziemlich salopp.

»Wenn man dir eine gäbe, oder?«, fragte Krüger spitz.

Carmen rollte die Augen. »Fang nicht schon wieder an!«, ermahnte sie den sprachversessenen Kommissar. »Und – das hatten wir aber schon bei einem deiner letzten Fälle – falls du mal deinen Beruf wechseln musst, kommt ja nur eines in Frage: Mitarbeit am deutschen Sprachwörterbuch schlechthin. Angesichts der fortschreitenden Modernisierungen ist allerdings nur noch bei der Online-Redaktion des *Duden* eine Stelle frei. Du darfst also von zu Hause aus arbeiten. Home Office und so. Es wäre allerdings besser …«

»Ist«, murmelte Krüger, was ihm einen weiteren scharfen Blick eintrug. »Schon gut, für den Rest dieser Ferien schweige ich lieber. Ihr könnt dann aber auch nichts mehr von mir lernen, jedenfalls nichts, was auch nur im Entferntesten mit der deutschen Sprache zu tun hat.«

»Schade«, sagte Blackmore. »Ich hoffe ja immer noch, mich eines Tages etwas vertrauter mit dem Idiom der Hunnen machen zu kö—«

Ashley verursachte einen blauen Fleck am Schienbein ihres Freundes, was dieser mit einem unterdrückten Schmerzenslaut quittierte.

»*Ça suffit*«, sagte Bonnefoy streng. »Ihr betragt euch, als seid ihr eine Klasse von Austauschschülern, die gerade über die Stränge schlägt.«

»Das reicht wirklich«, pflichtete Ashley ihm bei. »So findet ihr den Täter bestimmt nicht.«

Krüger und Blackmore sahen schuldbewusst zu Boden, warfen sich aber insgeheim einen verschwörerischen Blick zu.

Der DCI sammelte sich und betrachtete dann Bonnefoy sinnierend. »Haben Sie Fotos von der Leiche machen lassen, Mr. Bonnefoy?«

»Nur Vornamen, bitte«, sagte der Richter. »Bertrand. Wo wir doch jetzt eine internationale Ermittlertruppe bilden.«

»John. Ganz meinerseits.«

»Und ja, haben wir.« Er griff in sein Jackett und holte ein Smartphone hervor. Nach kurzem Blättern schob er es hinüber. »Die ersten zwanzig Bilder.«

Krüger beugte sich hinüber, so dass er mitsehen konnte.

Der Tote lag mit weit geöffneten Augen auf dem Rücken. Er schaute leicht überrascht, als ob er über die Art seines Ablebens verwundert war. Die Mordwaffe beanspruchte eine Großaufnahme; es handelte sich um einen etwa fünfundzwanzig Zentimeter langen Zierdolch, der von einem Fachmann genau zwischen den richtigen Rippen platziert worden war, damit er auch das Herz traf. Neben der Leiche hatte sich eine Lache aus dunkelroter Flüssigkeit angesammelt.

Carmen war das Ganze zu blutig, und sie wandte sich mit Schaudern ab und Ashley zu, woraufhin die beiden Frauen leise miteinander zu reden begannen.

»Doch, den kenne ich tatsächlich«, sagte Blackmore, sichtlich betroffen. »Aus Oxford.«

»Wart ihr befreundet?«, fragte Krüger.

»Damals ja.« Er schwieg und stocherte in seinem Salat herum.

»Kannst du das etwas präzisieren?« Bonnefoy hatte seinen Schreibblock aufgeschlagen und machte sich Notizen.

Blackmore überlegte. »Das muss, wartet mal, ich wohnte damals noch in Cowley, in der Nähe der Eastern By-Pass Road, das muss 1984 gewesen sein.«

Krüger konnte sich ein etwas zynisches Grinsen nicht verkneifen. »Und dann bist du jetzt noch betroffen?«

Carmen konnte auch austeilen, aber der deutsche Kommissar vermutete, dass sich an der von ihr stets getroffenen gleichen Stelle am Schienbein inzwischen Hornhaut gebildet hatte, da es nicht mehr weh tat.

»Also hör mal!«, sagte Ashley. »Du bist mit jemandem eng befreundet, und dann segnet der zweiunddreißig Jahre später das Zeitliche …«

»Sorry«, murmelte Krüger zu niemand Bestimmtem am Tisch.

»Wir waren damals eine verschworene Gemeinschaft.« Der DCI schluckte. »Paul Gascoigne, Peter Miller, Frederick de la Tour *et moi*. Alles haben wir zusammen unternommen, alles zusammen gefeiert, alles miteinander geteilt.«

»Auch die Mädchen?« Ashley durfte so etwas fragen.

Ihr Lohn war ein vorwurfsvoller Blick seitens des Detective. »Du müsstest mich eigentlich besser kennen. Irgendwo gibt es Grenzen.«

»De la Tour«, sagte Bonnefoy nachdenklich. »War der nicht im vergangenen Jahr …«

»War er«, sagte Carmen. »Aber jetzt ist er wieder bei den Guten.«

»Wie? Der ist auch hier?« Blackmore kam aus dem Staunen an diesem Tag nicht mehr heraus.

Carmen klärte ihn rasch auf.

»Also.« Der Untersuchungsrichter tippte mit der Spitze des Kugelschreibers auf den Notizblock. »Vier Engländer. Zwei leben inzwischen in Frankreich. Einer der beiden ist tot. Du bist jetzt auch hier, John—«

»Ein echter Zufall. Ich habe die beiden seit damals nicht mehr gesehen.«

»Ich auch nicht«, sagte Ashley, was allgemeines Gelächter zur Folge hatte.

»Bleibt noch der Vierte im Bunde.« Krüger hatte aufgepasst und mitgezählt. »Peter Miller. Ist der auch aus deinem Dunstkreis verschwunden, John?«

»Nicht ganz. Mit ihm verhält es sich etwas anders.«

Oxford 1984: Dirty Harry

F*reitag, 18. Mai.* John schwang sich auf sein Fahrrad, das wie üblich im Flur des Hauses am St Christopher's Place in Cowley gestanden hatte. Die Decke auf dem Bett der sogenannten Studentenbude im ersten Stock hatte er ordentlich gefaltet, so dass die strenge Wirtin nichts zu meckern hätte. Für die etwas mehr als sieben Meilen vom Südosten Oxfords bis zum Hauptsitz der Thames Valley Police in Kidlington im Norden würde er die gewohnten fünfunddreißig Minuten brauchen, falls nicht etwas Unvorhergesehenes dazwischenkam. Die Sonne schien, und der junge Mann freute sich auf die Zeit an der frischen Luft, die er immer der Tätigkeit am Schreibtisch vorzog.

In den Kreisverkehr vor der Magdalen Bridge fuhr er wie immer zu schnell, missachtete die Vorfahrt eines Lieferwagens und wollte schon am Magdalen College vorbeifahren, als er die Polizeiabsperrung auf dem Gehweg vor dem Glockenturm bemerkte. Zwei Polizeiwagen waren auf der stadtauswärts führenden Seite der High Street geparkt, einer davon noch mit eingeschaltetem Blaulicht. Neben ihnen war ein provisorisches Zelt aufgebaut. Zwei Männer mit aufgeklappten Arbeitskoffern standen an einem dunkelblauen Kombi und rauchten. Ein Detective – jedenfalls trug er einen grauen Anzug samt weißem Hemd und Krawatte – notierte sich etwas auf einem Schreibblock, während ein Fotograf einen neuen Film in seine Kamera legte. Das volle Programm. Es sah nach einem Toten aus, auch wenn der gerade nicht zu sehen war.

John bremste, stieg ab und ging auf einen der Polizisten zu, die an der Absperrung standen. »Hi, Melvyn, was gibt's?«

Der Angesprochene hatte seine ernste Dienstmiene aufgesetzt, schob – es war wohl eine antrainierte Bewegung – seine schwarze Krawatte zurecht und überlegte augenscheinlich, was er antworten sollte, auch wenn er den Studenten schon kannte und sich seiner Verschwiegenheit gewiss sein konnte.

»Nun komm schon.« John lächelte freundlich. »Wenn ich mit der Ausbildung fertig bin, bin ich dein Vorgesetzter.« Lustige Bemerkungen schadeten nie.

Der uniformierte Polizist kratzte sich unter dem Helm, entschloss sich dann aber doch, seinen Mund zu öffnen. »Du kannst es morgen sowieso in der *Oxford Mail* nachlesen; ein Journalist war vorhin schon hier. Eine Studentin ist von oben heruntergestürzt.«

Kurzzeitig war John abgelenkt und überlegte, ob er – wenn er in Amt und Würden war – den Polizisten oder seinen späteren Bericht sprachlich verbessert hätte. *Von unten* konnte man ja schließlich nicht herunterfallen.

Melvyn überlegte und gab sich dann einen Ruck. »Nichts anfassen, aber das weißt du ja selber. Du kannst gerne mal kurz gucken.«

»Danke.« John lehnte das Fahrrad ein paar Meter weiter gegen die Wand des College und wandte sich zum Zelt, um hineinzuschauen. Drinnen lag eine Gestalt auf dem Bauch, Arme wie Beine unnatürlich verdreht, daneben eine größere, schon leicht eingetrocknete, schmutzig braune Blutlache. Der Rock war hochgerutscht und zeigte lange, trotz der Sonne der letzten Tage aber blasse Beine.

»Das ist kein schöner Anblick.« Melvyn war neben ihn getreten. »Geh mal lieber. Außerdem weiß ich nicht, wie mein Vorgesetzter deinen kurzen Besuch findet. Und du kommst zu spät zu deinem Praktikum.« Dann stutzte er. Der Student machte nicht mehr den abgebrühten Eindruck, den er sonst als angehender Ermittler vermittelte.

John zitterte am ganzen Leib und sah den Polizisten fassungslos an. »Den Pullunder kenne ich. Den hat sie schon gestern Nachmittag getragen. Aber wieso …« Er verstummte und fing an zu weinen.

Zwei Stunden später saßen vier Häufchen Elend vor dem diensthabenden Sergeanten der St Aldates Police Station, die passenderweise dem Gericht genau gegenüber lag, in dem Kapitalverbrechen verhandelt, aber auch Streitigkeiten des Zivilrechts ausgetragen wurden.

Drei der Jungs waren wie vor den Kopf geschlagen. Alice' Tod hatte ihre Welt in den Grundfesten erschüttert; nichts war mehr, wie es noch einen Tag zuvor gewesen war. Peter weinte, hauptsächlich um sich, weil er nach dem Tod seiner Freundin nun wieder alleine war. Paul hatte ebenfalls einigen Tränen ihren Lauf gelassen, die so gar nicht zu seinem sonst so fröhlichen Wesen passten. John machte sich Vorwürfe, dass er gestern Abend nicht zur Turmbesteigung erschienen war; er hätte das Unglück bestimmt verhindern können. Harry dagegen riss sich zusammen und hatte ein indifferentes Gesicht aufgesetzt. Von Paul und Peter drohte ihm keine Gefahr; die beiden hatte er in der Hand – sie würden keinen Ton sagen, dessen war er sich sicher. Sie würden sich hüten, ihn zu verpfeifen, da er sonst die Fakultät informieren würde, mit Hilfe welcher Täuschungen während der letzten Prüfungen die beiden ihre Noten bekommen hatten. Und John mit seiner scharfen Beobachtungsgabe konnte ihm nichts; er war gestern nicht vorhanden gewesen.

Nur von Freddy war wie üblich nichts zu sehen.

Die Tür zum Treppenhaus öffnete sich, und ein untersetzter und zu korpulenter Mann trat zu ihnen. In der Hand hielt er ein Blatt Papier, auf das er einen Blick warf, bevor er zu reden begann. »Oh, John, Paul, George und Ringo«, sagte er in einem kläglichen Versuch, witzig sein zu wollen. »Willkommen! Ich bin übrigens DI McFarlane.« Sein schottischer Akzent war nicht zu überhören. John konnte sich förmlich den Grad seiner Beliebtheit hier im Tal der Themse vorstellen.

»Wenn ihr bitte mitkommen wollt.« Er stieß die Tür wieder auf und lief nach oben. Wie um seinen Leibesumfang zu konterkarieren, nahm er immer zwei Stufen auf einmal. Im ersten Stock öffnete er die zweite Tür links und nahm hinter dem Schreibtisch Platz.

Die vier Jungs betrachteten etwas irritiert die beiden Besucherstühle dem Ermittler gegenüber. Harry nahm ungefragt Platz und winkte Paul heran, der sich erleichtert niederplumpsen ließ.

John und Peter sahen sich wortlos an und zuckten die Achseln. John blieb kerzengerade stehen; Peter lehnte sich gegen den Türrahmen.

McFarlane verfolgte die Szene interessiert. So, der gutaussehende Junge war also der Anführer. Mal sehen, wohin das führen würde.

»Dann erzählt mal. Wo wart ihr gestern Abend?« Er fixierte den dicken Jungen.

Paul schluckte. »Zu Hause.«

»Kann das jemand bezeugen?«

»Ich.« Peter hustete. »Wir haben zusammen gelernt.«

Praktisch, dachte McFarlane. Wenn die beiden ein Alibi benötigen sollten, dann hatten sie jetzt eines, wenn auch nur ein schwaches. Er musterte Harry. »Und wo warst du?«

Harry studierte seine Schuhspitzen. »Im Victoria Arms.« Er baute darauf, dass man ihn dort von gestern Nachmittag wiedererkennen würde, aber wegen des hektischen Betriebs die genaue Zeit nicht mehr mit Bestimmtheit würde sagen können.

»Und Nummer vier?« McFarlane versah John mit einem Blick, den er für durchdringend hielt, der aber selten in einem Verhör etwas gefruchtet hatte.

John versuchte, nicht hochnäsig zu klingen. »Ich habe ein hieb- und stichfestes Alibi, Sir«, sagte er trotzdem etwas von oben herab. »Ich war mit DI Strange einen trinken.«

»Ausgerechnet Strange.« McFarlane verzog sein Gesicht, das sich aber binnen Sekunden wieder aufhellte. »Wer hat denn etwas von einem Alibi gesagt?« Er grinste. »Ich jedenfalls nicht. Benötigst du denn eines?«

»Wie sind Sie überhaupt auf uns gekommen?« John hatte sich zu einer Gegenfrage entschieden.

»Das war einfach. Im Zimmer der verstorbenen Studentin hing ein Zettel mit vier Namen und Adressen an der Wand.«

»Aha«, sagte John. »Und was Ihre Frage nach einem Alibi angeht: Alles ist eine Frage der Logik. Alice ist bestimmt nicht freiwillig hinuntergesprungen; dazu bestand kein Anlass. Im Gegenteil: Wir sechs wollten am Wochenende nach Shepton Mallet fahren und schon mal sehen, wo wir im Juni beim Glastonbury Festival übernachten können.«

So unbeweglich, wie McFarlane äußerlich aussah, war er aber nicht. »Sechs. Aha. Nicht fünf.« Er zählte langsam an den Fingern seiner linken Hand ab. »Du, Peter, Paul und Mary, äh, Harry.«

Der Letztgenannte warf ihm einen erbosten Blick zu.

»Das sind vier. Das tote Mädchen – fünf. Und wer ist der sechste Musikliebhaber?«

»Freddy«, sagten Peter und Paul gleichzeitig.

»Frederick de la Tour«, fügte John zwecks Klarstellung hinzu.

McFarlane machte sich Notizen, während er langsam rot anlief. Jetzt also auch noch einer dieser überflüssigen französischen Adligen. Er seufzte. Warum landeten ausgerechnet die schwierigen Fälle immer bei ihm? Und darüber hinaus musste er reden, weil alle immer schwiegen. Bestimmt war es einfacher, wenn ein Beschuldigter, den man ohnehin in Kürze einer Straftat überführen würde, ihm Zeit sparte und alles sofort gestand. Aber wenn sich hier alle sechs gegenseitig deckten? Er seufzte erneut. Fünf. Einer beziehungsweise eine weniger.

Der dicke Paul sah den Detective besorgt an. »Geht es Ihnen nicht gut? Soll ich das Fenster öffnen?« Er machte Anstalten aufzustehen, wurde aber daran gehindert.

»Bleib sitzen!«, zischte Harry. Nur keine Aufmerksamkeit wecken. Das hatte schon in der Schule nie funktioniert.

McFarlene, der die kleine Interaktion nicht mitbekommen hatte, betrachtete John. »Wenn aus Ihnen mal ein guter Polizist werden soll—«

»Kommissar«, unterbrach ihn John leise.

»Dann können Sie jetzt mal demonstrieren, wie man mit wenigen Sätzen das Charakterbild eines Menschen zeichnet, oder?«

Der junge Mann nickte.

»Also, was können Sie mir zu Frederick de la Tour mitteilen?«

John legte die Fingerspitzen zusammen, was er sich von einem seiner Ausbilder abgeschaut und was immer für ein seriöses Auftreten gesorgt hatte.

»Jahrgang 1962, also gerade mal dreiundzwanzig Jahre alt. Geburtstag im Herbst. Mutter Hausfrau, Vater arbeitet bei der Autofabrik

Morris in Cowley. Vorfahren wohl schon 1066 in England eingewandert. Schulbesuch, Studium von Archäologie und Geschichte. Ein Stipendium; von wem entzieht sich leider meiner Kenntnis.« Er machte eine Pause.

»Und was macht er dann täglich im White Horse?« Harry sah ihn aufsässig an. »Und woher hast du überhaupt die ganzen Informationen? Sammelst du die heimlich? Etwa auch über mich?«

McFarlane hörte interessiert zu. Immer nett, wenn die Verdächtigen selbst die Arbeit übernahmen. Er faltete die Hände über dem Bauch.

John schüttelte den Kopf. »Nee, keineswegs. Das ist reiner Zufall. Ich habe Freddy irgendwann bei der Bewerbung für das Stipendium geholfen, was ja auch geklappt hat.«

Das war jetzt etwas unpräzise, fand der Detective.

»Also nichts Aufregendes«, sagte John. »Er ist häufig unterwegs, selten bei unseren Unternehmungen – muss er ja auch nicht; irgendwo gibt es in der Archäologie ja immer etwas zu buddeln – und hat sein Herz momentan wohl an eine nette Blonde oder …« Er verstummte und legte sich den nächsten Satz zurecht. »Oder an eine nette, äh, brünette Kellnerin im White Horse verloren.« Er errötete und ärgerte sich gleichzeitig über sich selbst. Das war jetzt keinesfalls professionell gewesen, sprachlich nicht und inhaltlich auch nicht. Das hatte nach einem schüchternen Studenten geklungen.

»Er war also gestern nicht mit euch unterwegs?«, vergewisserte sich der Detective.

Alle vier schüttelten den Kopf.

»Und wo ist er jetzt?«

John breitete in einer etwas übertriebenen Geste die Arme aus. »Woher sollen wir das wissen?«

»Sind wir unseres Bruders Hüter?« Der dicke Paul hatte anscheinend die Bibel studiert, um einige der interessanteren Passagen bei passender Gelegenheit an den Mann bringen zu können.

McFarlane stand auf, setzte sich aber wieder, als er die Erleichterung auf Harrys Gesicht sah. »Was gibt's denn da zu grinsen?«

Harry wich seinem Blick aus. »Ach, nichts. Mir setzt das alles nur sehr zu. Dann vergisst man schon mal, sein Mienenspiel pausenlos zu kontrollieren.«

McFarlane sah ihn aufmerksam an. »Gut, lassen wir's für heute mal gut sein. Ihr könnt gehen. Aber haltet euch bitte zu meiner Verfügung.«

»Und die Stadt zu verlassen, das können Sie knicken«, murmelte Harry.

Wenig später hatten sich die vier jungen Leute etwas einsilbig an einen Tisch auf der Außenterrasse des Head of the River am Fluss gesetzt. Der Pub an der Folly Bridge stammte aus den dreißiger Jahren und müsste dringend renoviert werden, dachte John. Er rührte seinen Tee zum wiederholten Mal um, während Peter und Paul trübsinnig in ihr Ale starrten. Harrys Espressotasse lag auf der Seite, als habe sie gerade ihren Geist aufgegeben. Auf dem Wasser ruderten und stakten Studenten und ein paar Touristen herum, als ob nichts Schlimmes passiert sei.

»Und jetzt?« John trank einen Schluck und schob eine zweite Frage nach. »Meint ihr, die kriegen den Täter?«

Paul schwitzte noch stärker als sonst und wischte sich wiederholt über die Stirn.

»Genau«, sagte Peter, wohl hauptsächlich, um auch etwas beizutragen.

»Glaube ich nicht.« Harry stellte die Tasse wieder auf und musterte John. »Du warst also tatsächlich gestern mit diesem wichtigen DI etwas trinken.«

»In der Tat«, sagte John. »Und ihr wart mit Alice oben auf dem Turm vom Magdalen College.« Ein lauernder Blick folgte. »Oder etwa nicht?«

»Du hast doch gehört, was wir gesagt haben.« Fragen, die einen in Bedrängnis brachten, waren grundsätzlich zu ignorieren, fand Harry. »Vorhin, bei diesem dicken Kommissar, wie immer er hieß. Du hast daneben gestanden.«

Den Namen des Detective – McGonagall? McPomm? MacPherson? – hatte John schon längst wieder vergessen. Angesichts von Alice' Tod war alles andere unwichtig geworden. »Ihr seid also gar nicht zum Treffen gegangen.«

»Nee, sind wir nicht.« Peter verschränkte die Arme.

»Und was hat Alice dann oben auf dem Turm alleine gemacht?« John ließ nicht locker.

»Keine Ahnung.« Paul ignorierte Johns Blick und studierte stattdessen lieber den Bierdeckel. »Vielleicht wollte sie den Sonnenuntergang fotografieren.«

»Oder sie war zu einem Stelldichein dort oben verabredet.« Harry feixte.

Seine schmutzige Phantasie konnte man also auch sehen, dachte John. Er stand auf. Plötzlich hatte er keine Lust mehr, in eigener Sache weiter zu ermitteln. »Bis morgen. Ich muss noch meine Rede für den Debattierclub vorbereiten.« Er nickte Peter und Paul zu und verschwand in Richtung der Rampe, die hinauf zur Abingdon Road führte.

»Und ihr beiden Schönen haltet weiterhin die Klappe, oder?« Plötzlich hatte Harry ein Springmesser in der Hand und ließ die Klinge mehrfach herausschnellen.

Paul und Peter sahen sich verängstigt an.

»Im Gegensatz zu dir sind wir ja zwei Ehrenmänner, die sich bisher nichts haben zu schulden kommen lassen.« Für den Satz hatte Paul seinen ganzen Mut zusammennehmen müssen.

Die Klinge fuhr wieder heraus und steckte plötzlich zwischen zwei Fingern der linken Hand, mit der Paul die hölzerne Tischplatte umklammert hatte. Er schrie auf.

»Du bist echt ein Idiot, Harold.« Peter riss das Messer aus der Tischplatte und legte es vor Harry hin. »Hier, nimm das Teil und sieh zu, dass du dich vom Acker machst. Für uns bist du gestorben.« Er ahnte nicht, dass sich seine Worte nur allzu schnell bewahrheiten sollten.

Fight Club

S*onntag, 25. September 2016.* »Kein anständiger Franzose beschließt ein Essen gleich welcher Größe ohne einen Schluck seines italienischen Lieblingsgetränks«, sagte Bonnefoy und winkte die Kellnerin heran. »*Cinque cappuccini, per favore.*«

Krüger verdrehte die Augen. »Gibt es ein europäisches Idiom, dessen du nicht mächtig bist?«

»Rätoromanisch. Ich hätte es zwar lernen können, aber da es ein nur in der Schweiz gesprochener Dialekt ist, habe ich davon abgesehen. Die Schweizer reden so langsam, da vergehen ja Jahre, bis ich auch nur mit der Hälfte meiner Vokabeln durch bin.«

Ashley grinste.

Carmen gluckste.

Blackmore schüttelte den Kopf; ihm reichte Englisch, damit kam man ohnehin durch die ganze Welt.

»Peter Miller«, sagte Krüger. Es klang fast fordernd.

»Peter Miller«, sagte Blackmore. »Ich hole jetzt mal nicht tief Luft, wie man das zu tun pflegt, wenn man etwas von dem, was man seit Jahren mit sich herumschleppt, nach außen dringen lässt, sondern ich erzähle einfach drauflos.«

»Die einfachsten Geschichten sind sowieso immer die besten«, sagte Carmen.

Ashley nickte.

»Ich könnte euch zum Beispiel zuerst mit der damaligen Atmosphäre vertraut machen«, sagte Blackmore. »Studium: spätes Aufstehen, lange Abende und längere Nächte; Boote auf dem Cherwell bei Oxford, Kneipentouren, ein Eis am Ufer neben einem hübschen Mädchen, ein—«

»Kennen wir ebenfalls«, sagten Krüger und Bonnefoy unisono.

»War bei uns genauso«, fügte der Richter noch hinzu. »Die Lerninhalte kamen zwischendurch, wenn überhaupt, und dann ziemlich gedrängt kurz vor den Examina. Aber du wolltest etwas zu deinem Studienkollegen sagen.«

»Langsam«, sagte Blackmore, dem das Eintauchen in die Vergangenheit Spaß zu machen schien. »Ich könnte euch aber auch mit der damaligen Kultur konfrontieren: Im Radio lief ständig—«

»*The Power of Love*«, sagte Bonnefoy mit verträumten Augen. Er dachte an eine großgewachsene, blonde Studentin aus dem Elsass, die er damals etwas mehr als nur verehrt hatte, wobei *nachgelaufen* der falsche Ausdruck dafür war.

»Bei euch auch ein Hit?«, fragte Blackmore überrascht. »Ich dachte, ihr habt nur französisches Zeugs gehört.«

»Na, hör mal!« Bonnefoy sah sich bemüßigt, auf die Internationalität seines Landes hinzuweisen, das trotzdem die Reinhaltung der französischen Sprache und Kultur mit Zähnen und Klauen verteidigte. »Bei uns lief das gleiche *Zeugs* wie bei euch – was auch nicht besser war.«

»Bei uns, glaube ich, ebenfalls.« Carmen betrachtete die letzten beiden Zitronenschalenstreifen, die ohne die inzwischen verspeisten Zutaten doch zu sauer zum Verspeisen waren. »Aber du wolltest doch etwas über deinen Freund erzählen, oder?«

»Ihr unterbrecht mich ja dauernd«, sagte Blackmore, halb im Ernst. »Also gut. Gestattet mir aber noch einen Hinweis auf die politische Großwetterlage 1984.«

»Nee, tun wir nicht«, sagte Ashley. »Unsere Lebenszeit ist begrenzt.« Bis auf den Erzähler nickten alle Anwesenden.

»Also«, Krüger sah den englischen Kollegen freundlich an, »was möchtest du uns denn nicht mitteilen, wenn du die ganze Zeit über etwas anderes als über Peter Miller redest?«

»Alle Karten auf den Tisch«, sagte Bonnefoy. »*S'il vous plaît.*«

Diesmal holte Blackmore tatsächlich tief Luft. »Ich habe ihm ein Mädchen ausgespannt.« Ein langer Blick in die Vergangenheit folgte.

»Die kleine Blonde vom Bootsverleih, oder?«, fragte Carmen.

»Woher weißt du das?« Blackmore sah sie entgeistert an.

»In Geschichten aus dem Studium ist es immer – je nach Erzähler – *die kleine Blonde vom Bootsverleih / Minigolfplatz / Café* oder *der große Blonde aus der Mitfahrzentrale / dem Studentenausschuss / der Theke in der Kellerbar.*«

»Stimmt«, sagte Ashley. »Bis auf die Tatsache, dass der große Blonde schwarze Haare hatte. Also bei mir jedenfalls.« Obwohl die Episode lange zurücklag, wurde sie doch etwas rot.

Bonnefoy lachte.

Krüger dauerte das alles zu lange. »Und deswegen habt ihr euch in die Haare gekriegt?«

»Na ja«, Blackmore begann eine weitere Vermeidungshandlung und trank einen großen Schluck aus seinem Wasserglas. Er setzte es wieder ab und redete langsam weiter. »Erst einmal sind wir uns aus dem Weg gegangen. Er hat seine Lieblingskneipe gewechselt, ich auch—«

»So dass ihr wieder in derselben wart, oder?«, fragte Carmen.

Der DCI überhörte sie und redete weiter. »So viele Berührungspunkte im Alltag hatten wir ohnehin nicht; außerdem waren unsere Studienfächer verschieden. Ein paar Jahre später habe ich ihn dann verhaftet.«

»Drogen«, sagte Bonnefoy. »Wir Studenten hatten doch alle mit Drogen zu tun.«

»Ich nicht«, sagten Ashley und Carmen gleichzeitig.

»Ich auch nicht.« Krüger.

»Ich aber.« Blackmore.

Krüger sah ihn kritisch an. »Echt jetzt?«

»Beruflich. Ausschließlich beruflich.«

»Und du hast nie etwas aus der Asservatenkammer mitgehen lassen?« Manchmal war es doch interessant, fand Ashley, etwas über die Vergangenheit des Partners zu erfahren.

»Ich jedenfalls nicht«, sagte Blackmore. »Kollegen schon. Ich erinnere mich an einen irischen Kollegen, Sean Duffy aus Belfast, den ich mal in Oxford getroffen habe, als er dort ermittelte. Der hatte immer eine kleine Portion *weed* dabei, die er abends rauchte, was ziemlichen

Ärger gab, als er das Bed & Breakfast wieder verlassen hatte. Die Wirtin muss tagelang gelüftet haben …«

Bonnefoy grinste. »Aber du nie, nich'?«

»Nee, ich nie. Ich wollte immer mitbekommen, was um mich herum passierte, und benebelt ist das nicht mehr möglich.«

»Peter Miller«, sagte Krüger nachdrücklich. Mehr nicht.

»Schon gut.« Der DCI trank das Glas aus und stellte es zurück. »Ich habe ihn also verhaften müssen. Aber es war keine Drogenangelegenheit.«

Bonnefoys Kugelschreiber verharrte in etwa zehn Zentimetern Höhe über dem Schreibblock. Als Blackmore fortfuhr, senkte er sich wieder, und in rascher Folge erschienen Stichworte auf dem Papier.

»Peter hatte irgendwann das Studium geschmissen und wechselte seine Berufe wie andere Leute ihr Hemd. Eine Zeitlang besaß er einen kleinen Immobilienhandel, gab aber aufgrund der alteingesessenen Konkurrenz am Ort rasch wieder auf. Der Betrieb eines Restaurants in einem Oxforder Vorort ging wegen der Lage schief; es kamen einfach zu wenige Touristen vorbei. Einem Mietwagenunternehmen war ebenfalls kein Glück beschieden.«

»Ein unsteter Charakter«, sagte Carmen.

Blackmore nickte. »Schließlich verhökerte er in Chipping Norton Antiquitäten zweiter und dritter Klasse, bis er daran wieder die Lust verlor, beziehungsweise bis wir ihm nachweisen konnten, dass es sich dabei in hohem Maße um Hehlerware handelte.«

»Und anschließend Knast, oder?« Bonnefoy wartete auf das Strafmaß, sein Kugelschreiber ebenfalls.

»Neuneinhalb Jahre«, sagte Blackmore.

»Und dann hat er dir ewige Rache geschworen, nicht wahr?« Ashley sah ihn beunruhigt an.

»Hat er nicht. Wegen guter Führung kam er nach fünf Jahren schon wieder ans Tageslicht, hatte aber im Gefängnis den Glauben gefunden—«

»Den dort jemand hatte liegen lassen«, konnte Krüger sich nicht verkneifen zu sagen.

»Nee.« Blackmore betrachtete seinen deutschen Kollegen kritisch. »Das schien echt zu sein. Ich habe noch einen Dankesbrief erhalten und dann nie wieder etwas von ihm gehört.«

»Dankesbrief?« Bonnefoy schüttelte ob so viel Rührseligkeit den Kopf.

»Doch, tatsächlich. Peter schrieb, er habe es mir zu verdanken, dass er durch die Zeit hinter schwedischen Gardinen auf den rechten Weg zurückgefunden habe.«

»Das ist alles?« Krüger sah den Engländer enttäuscht an. »Ich dachte, Miller würde eine Todesliste abarbeiten, und nach Gascoigne und de la Tour seiest du dann dran. Aber vorher könnten wir ihn noch rechtzeitig verhaften.«

»Du liest zu viele schlechte Romane«, sagte Carmen. »Todeslisten sind seit dem Boom der Mafiakrimis vor etlichen Jahren wirklich so etwas von *out*.«

»Ach, wirklich, also.« Krüger schien seinen Sprachstil verloren zu haben. »Ich habe ernsthaft gedacht, wir seien heute Abend mit dem aktuellen Mord fertig.«

Bonnefoy zog nachdrücklich einen Strich unter die Notizen. Dann sah er auf. »Wir stehen zwar am Anfang, aber zusammen haben wir drei wirklich eine Chance, dem Täter auf die Spur zu kommen. Ich rede nachher mit den Kollegen des Toten; vielleicht haben die ja etwas gehört.« Er warf dem Engländer einen auffordernden Blick zu.

»Ich«, sagte Blackmore zögernd, »nehme mit den beiden Personen, deren Adressen in Gascoignes Reisepass stehen, Kontakt auf. Gleichzeitig kann ich versuchen, als Vorsichtsmaßnahme sozusagen, den aktuellen Aufenthaltsort von Peter Miller herauszubekommen. Sicher ist sicher.«

»Und ich«, sagte Krüger, »ich mache Ferien.«

De la Tour schob Krüger die halbleere Flasche Pastis hinüber. »Schenken Sie sich doch noch etwas ein«, sagte er freundlich. Sich selbst hatte er zuerst bedacht, aber nur etwas mehr als den Boden seines Glases bedeckt.

Carmen betrachtete misstrauisch die weißliche Flüssigkeit, in die sich, wie immer fast durch Zauberhand, das ursprüngliche, durchsichtige Gelb des Anisschnapses nach Hinzufügen von Eiswasser verwandelt hatte. »Nee, nichts für mich.« Fast schüttelte sie sich. »Ich bleibe doch lieber bei einem anständigen Weißwein.«

Bis auf die beiden Urlauber und den Hotelier war der Innenhof des Atelier leer. Die meisten Hotelgäste waren auf die andere Seite des Flusses gefahren, um ihren verschiedenen Besichtigungsterminen nachzukommen. Der Kommissar und seine Freundin hatten beschlossen, sich am Folgetag mit ihren Kollegen zu einem weiteren Mittagessen in L'Isle-sur-la-Sorgue zu treffen, und sich bis dahin von Bonnefoy und Blackmore verabschiedet.

»Haben Sie denn etwas herausfinden können?«, fragte de la Tour interessiert.

»Nicht direkt«, sagte Carmen. Sie wollte lieber abwarten, was Krüger vorhatte. Denn dass er seinen letzten Satz vorhin zu Ferien umsetzen wollte, glaubte sie in keinster Weise, dafür war die Herausforderung, den Mörder eines anscheinend völlig harmlosen Neufranzosen aufzuspüren, für ihn doch zu groß.

Der Bonner Kommissar hatte beschlossen, mit der Tür ins Haus zu fallen. »Sagt Ihnen der Name Peter Miller etwas?«

De la Tour erbleichte, fasste sich aber schnell wieder. »Wie kommen Sie darauf? Wer soll das sein?«

»Das können Sie mir bestimmt eher sagen, als ich Ihnen.«

Kopfschütteln. »Keine Ahnung.«

»Oxford. 1984. Paul Gascoigne, Sie und ...« Krüger wartete.

De la Tour tat so, als müsse er angestrengt überlegen. »Das ist schon ziemlich lange her. Aber, wenn ich genauer darüber nachdenke ...« Er griff zu seinem Glas, betrachtete enttäuscht die geringe Flüssigkeit und stellte es wieder auf den Tisch. »Warten Sie mal. Da war doch noch jemand. Ein angehender Polizist. James Blackmore, nicht war?«

Krüger sah ihn strafend an. »John. John Blackmore. Und tun Sie nicht so, als sei Ihnen das alles entfallen. Peter Miller war der Vierte im Bunde.«

»Und Sie waren unzertrennlich, nicht wahr?«, fragte Carmen freundlich.

Der Hotelier gab sich einen Ruck. »Tut mir leid. Das sind Verhaltensweisen aus meiner Schulzeit. Wenn mich ein Lehrer bei irgendetwas erwischt hat – meist war es etwas Offensichtliches, das zu leugnen völlig sinnlos war –, bin ich in Deckung gegangen und habe erst einmal alles abgestritten.« Jetzt trank er doch den Rest aus dem Glas.

»Unzertrennlich«, sagte Carmen nur.

De la Tour nickte. »Das waren wir. Bis Peter mitten im Studium mit falschen Freunden auf die schiefe Bahn geriet und das sichere Ufer der Ehrlichkeit verließ.« Der letzte Satz klang theatralisch und überheblich.

»Und Sie haben ihn nie wiedergesehen, oder?«

»Doch.« Seine Stimme war kaum zu verstehen.

»Wann denn?« Krüger hatte seine Stimmlage auf *freundlich* umgeschaltet.

»Am vergangenen Donnerstag.«

Blackmore schüttelte den Kopf. Das Mobiltelefon hielt er unschlüssig in der Hand; augenscheinlich wartete er auf eine Eingebung. Gedankenverloren starrte er in das Wasser der Sorgue.

»Niemand da?«, fragte Ashley.

»Doch, schon. Aber die alte Dame konnte mir nichts Genaues sagen. Das letzte Mal, als sie Paul Gascoigne gesehen habe, sei zum fünfzigjährigen Thronjubiläum von Queen Elizabeth gewesen.«

»Anfang der nuller Jahre, nicht wahr?« Ashley war schon im Geschichtsunterricht bei Jahreszahlen immer ins Schwimmen geraten.

»2002«, sagte er.

»Und die zweite Adresse?«

»Ebenfalls eine Fehlanzeige. Das war wohl ein Freund des Vaters gewesen, sagte mir die Ehefrau. Aber ihr Mann, Gascoignes Patenonkel, sei vor zehn Jahren verstorben, und vom Patenjungen habe sie danach nie wieder etwas gehört.«

»Und jetzt?«

»Wenn das mein Fall wäre und wir uns in Oxford befänden, wäre schon längst das volle Programm im Gange: Befragungen der Anwohner um den Tatort herum, Überprüfung der familiären Situation – Ehefrau, Freundin, Kinder? –, ein Besuch in der örtlichen Bank zwecks Auflistung von Konten des Ermordeten, eine Beschäftigung mit dem fahrbaren Untersatz des Toten, Verkehrskameras, falls es die schon hier gibt …«

»So viel Personal hat der Untersuchungsrichter doch gar nicht. Du übrigens auch nicht.«

»Überstunden«, sagte Blackmore. »Mit dem Einsatz von Überstunden reduzieren sich die Berge an Arbeit. Zur Not muss man Kollegen aus anderen Abteilungen hinzuziehen. Ein gutes Wort beim Chef, und vieles regelt sich von selbst.«

»Und hier? Können wir hier überhaupt helfen?« Ashley, die sonst immer vorneweg marschierte, sah ihn unsicher an.

»Können wir. Man muss uns nur lassen.« Blackmore steckte das Handy wieder weg.

»Warte mal«, sagte seine Freundin langsam. »Mir fällt gerade etwas ein.«

Krüger sah de la Tour verblüfft an. »Und das sagen Sie so nebenbei?«

»Ich konnte ja nicht wissen, dass überhaupt nach ihm gesucht wird.«

»Wo haben Sie ihn denn getroffen?«

»In meinem Hotel.«

»Der ist einfach so hereinmarschiert und hat Hallo gesagt?«

»Nein, er hatte gebucht. Allerdings nicht unter seinem richtigen Namen, sondern unter *Pierre Meunier*.«

Krüger kam nicht ganz mit. »Warum brauchte Miller ein Pseudonym?«

»Das ist sowieso nur ein halbes«, klärte ihn Carmen auf. »*Meunier* heißt *Miller* heißt Müller heißt—«

»Danke; ich hab's, glaube ich, verstanden.« Krüger überlegte. »Hat er denn seine Adresse aus England angegeben? Er stammte doch aus

Yorkshire, falls ich mich korrekt an Blackmores Ausführungen erinnere.«

»Das stimmt, aber: Nein, hat er nicht. Die Adresse ist die einer Weinimportfirma aus Oxford, allerdings mit einer französischen Niederlassung in Le Havre. Dort wohne er seit zehn Jahren, sagte Peter.«

Krüger und Carmen sahen sich an. Steckten Miller und de la Tour unter einer Decke? Der Hotelier war ihnen schon im vergangenen Jahr etwas undurchsichtig und eigenbrötlerisch vorgekommen. Steuerhinterziehung ja, aber ein Mord?

»Steuerhinterziehung ja«, sagte de la Tour, »aber ein Mord? Das denken Sie doch gerade. Miller und ich sind zwar nicht die besten Freunde – auch von mir hat er damals einen auf die Nase bekommen –, aber ich würde nie im Leben …«

»*Never say never again*«, sagte Carmen.

De la Tour sah sie irritiert an. »Was hat jetzt der James-Bond-Film damit zu tun?«

»Nichts«, antwortete sie nonchalant. »Aber man weiß erst, wozu man fähig ist, wenn man dazu fähig ist.«

»Konfusius«, sagte Krüger mit ungerührter Miene.

Der Hotelier grinste.

»Was wollte Miller denn hier in der Provinz?«

»Du kannst es nicht lassen, Krüger, nicht?« Carmen hatte manchmal genug von den sprachlichen Eskapaden ihres Freundes – wobei sie ihm ja in nichts nachstand.

»Wein einkaufen, vermute ich.« Jetzt schenkte sich de la Tour doch einen generösen Schluck Pastis ein, den er anschließend färbte. »Wunderbaren provençalischen Rotwein.«

»Und wo ist er jetzt?« Allmählich verlor der Bonner Kommissar die Geduld. »Der Mann, nicht der Wein. Nun lassen Sie sich doch nicht jede Information aus der Nase ziehen!«

»Genau«, sagte Carmen. »Und warum ist er ausgerechnet am Vorabend des Mordes hier aufgetaucht?«

De la Tours Gesicht verlor wieder etwas von seiner Farbe. »Sie meinen doch nicht etwa, dass Peter …? Das glaube ich einfach nicht. Zumal er mir ziemlich begeistert von seiner Gemeinde zu Hause erzählt hat.«

»Zu Hause Oxford oder zu Hause Le Havre?« Krüger mochte keine ungenauen Zeugen.

»Alles Tarnung«, sagte Carmen. »Wer glaubt denn heutzutage noch an, äh, Glauben?«

Dieses Mal grinste Krüger. Auch sein Pastis war zu Neige gegangen. Als er sich nachschenken wollte, bedeutete ihm Carmen, die bereits geöffnete Flasche wieder zu verschließen und zurückzustellen.

»Vielleicht benötigst du deinen Kopf heute noch. Intakt. Wer weiß, was der Nachmittag noch bringt. Möglicherweise haben wir eine Suchtour vor uns. Nach Miller oder Meunier oder wie er gerade heißt. Keine Sauftour.« Sie fixierte de la Tour. »Sie können uns nicht zufällig sagen, welches Auto er fuhr?«

»Doch, kann ich«, antwortete der Hotelier gehorsam. »Einen roten Jaguar. Mark II von 1960.«

»Wie der Oxforder Kollege«, sagte Krüger begeistert. »Morse. Leider hat er schon 1999 das Zeitliche gesegnet. Also der Kollege, nicht das Auto.«

»Dann müsste es doch ein Leichtes sein, über die hiesige Polizei dieses auffällige Auto aufzutreiben.« Carmen rieb sich die Hände.

»Das ist nicht nötig«, sagte de la Tour von oben herab. »Ich weiß, wo das Fahrzeug steht.«

Ashley knetete die Finger. Sie war sich unsicher, ob ihre Überlegung vor den strengen Ohren des Detective bestehen würde. »Du hast doch damals diesen Miller festgenommen, nicht wahr?«

»Das habe ich in der Tat.« Blackmore konnte seinen Stolz auf eine der ersten Verhaftungen in seiner Karriere nicht ganz verbergen.

»Wie seid ihr denn auf ihn aufmerksam geworden?«

»Das ist eine gute Frage. Warte mal. 1989? Das war, wenn ich mich nicht täusche, ein anonymer Tipp per Telefon. Wir haben zwar das Band mehrfach angehört, die Stimme kam mir vage bekannt vor, aber wir haben nicht herausfinden können, wer es gewesen ist.«

»Und wenn es nun Paul Gascoigne gewesen ist?«

»Gascoigne. Aber warum?«

»Was hatte dieser Miller für ein Temperament?«

»Der konnte schon mal aufbrausen und ohnehin nie fünf gerade sein lassen.«

»Und wenn er mit Gascoigne aneinandergeraten ist und der ihn – wie sagt ihr immer? – *verpfiffen* hat?«

»Das«, sagte Blackmore, »das ist eine sehr gute Überlegung. Vielleicht hast du ja recht. Wir sollten feststellen, wo sich Gascoigne 1989 aufgehalten hat. Allerdings bezweifle ich, dass Millers Groll auf ihn über dreißig Jahre angehalten hat, wenn deine Vermutungen, was den Tippgeber betrifft, überhaupt stimmen.«

»Aber wenn der Tipp den Täter nun fünf Jahre seines Lebens im Knast gekostet hat?«, sagte Ashley nachdrücklich. »Für mich ist das ein klassisches Mordmotiv.«

Oxford 1984: Bonjour Tristesse

S*amstag, 19. Mai.* Sich plötzlich in der Rolle eines zu Verhörenden zu erleben, hatte John doch mehr erschüttert, als er sich selber eingestehen wollte. Was für ein Glück, dass er den fraglichen Abend in Strange's Gesellschaft verbracht und daher alle Fragen dieses etwas merkwürdigen Detective bestens pariert hatte. Er beschloss, sich von seinen Freunden etwas zurückzuziehen, na ja, zumindest von Harry, der wohl mehr über Alice' Tod wusste, als er bisher eingeräumt hatte. Ziellos wanderte John weiter, auf der Suche nach seinem normalen Selbst, das seit dem Tod des Mädchens bislang nicht wiederzufinden war.

Gedankenlos überquerte der junge Mann die High Street, musste aber einem roten Jaguar ausweichen, der ruhig an den Geschäften vorbeifuhr und auf Höhe des University College anhielt. Die Fahrertür öffnete sich, und ein älterer Mann mit längeren, fast weißen Haaren stieg aus.

John machte, dass er weiterkam. Wahrscheinlich war das gerade Inspector Morse gewesen, der wieder in einem seiner tausend Mordfälle hinter den Mauern der Universität ermittelte. Ihm musste er nun wahrlich nicht begegnen. DI Strange reichte ihm an örtlichen Berühmtheiten.

Der Student bog in die Catte Street ein und blieb abrupt vor der Ratcliffe Camera stehen. Aus dem Seiteneingang der kreisrunden ehemaligen Bibliothek trat gerade eine Horde lärmender Studenten, die wohl eine Privatführung in den zur Bodleian Library gehörenden Lesesälen erhalten hatten. Sehr beeindruckt schienen sie aber nicht zu sein. Außerdem redeten sie Deutsch, was John, der in der Schule nur zwei Jahre Französisch gehabt, aber nicht behalten hatte, einem »Achtung!« entnahm, als ihn einer der Studenten beinahe umrannte. Erst als der junge Mann fast vorbei war, stutzte John. Was machte Harry denn mitten in der Gruppe? Oder hatte er sich getäuscht?

Etwas Aufklärung könnte nicht schaden. John folgte den Deutschen in sicherem Abstand.

Harry ließ die Klinge in den Schaft zurückgleiten und steckte das Messer in die linke Hosentasche zurück; die rechte hatte nämlich ein Loch, wodurch ihm neulich schon einige der neuen, erst im vergangenen Jahr eingeführten Ein-Pfund-Münzen abhanden gekommen waren. »Ich entscheide selber, wann ich gehe.«

»Okay, dann gehen wir eben«, sagte Peter und erhob sich.

»Moment!« Harry holte das Messer wieder hervor, ließ die Klinge herausfahren und begann, die Fingernägel zu säubern.

Peter setzte sich wieder.

»Hör mal zu!« Wenn Paul aufgebracht war, dann war ihm tatsächlich der Geduldsfaden gerissen, der sonst eine ziemliche Länge aufzuweisen hatte. »Du magst zwar denken, du habest uns in der Hand – Prüfungen und so –, aber wir wissen, was du letzten Sommer, äh, am vergangenen Wochenende gemacht hast. Das stimmt doch, Peter, oder?«

Peter nickte.

Harry erbleichte.

»Wir haben dich nämlich in Cowley beobachtet, wie du aus dem vor dem Gemüseladen abgestellten Vauxhall die Handtasche vom Beifahrersitz geklaut hast.«

»Ach das.« Harry winkte ab. »Das Teil gehörte meiner Tante, die es geschafft hatte, Tasche samt Autoschlüssel im Auto zu vergessen. Die Türen gingen dann irgendwie automatisch zu …«

»Eine lahme Ausrede.« Peter verschränkte die Arme. »Darauf fallen wir nicht herein.«

»Euch glaubt sowieso keiner.« Harry hatte seine gewohnte Selbstsicherheit wiedergefunden. »Wenn dagegen ich bei der Universitätsleitung aufkreuze und eure kleinen Selbsthilfen bei den letzten Prüfun—«

»Das interessiert doch alles nicht, wenn wir zur Polizei gehen«, unterbrach ihn Peter, der seiner Wut auf Harry Bahn verschaffen wollte.

»Und berichten, was auf dem Turm passiert ist«, fügte Paul etwas lauter als beabsichtigt hinzu, um seine Trauer zu übertönen.

»Haltet jetzt mal den Mund!«, fauchte Harry, während er mit dem Daumen der linken Hand vorsichtig die Klinge des Messers entlangstrich. »Wenn ihr etwa auf die Idee kommt, etwas zu sagen«, er flüsterte jetzt, »dann könnt ihr gewiss sein, dass ihr am nächsten Tag euer Studium vergessen könnt. Ich habe vorgesorgt!«

»Wie soll das denn gehen?« Peter schüttelte den Kopf.

»Oh, es gibt immer Mittel und Wege«, sagte Harry, während der Daumen immer noch die gleiche Bewegung auf des Messers Schneide vollführte. »Ein bei einer guten Freundin deponierter Brief zum Beispiel – falls mir etwas zustoßen sollte. Es nützt also auch nichts, wenn ihr für mein unzeitgemäßes Ableben sorgt.«

»Wenn du dich da mal nicht täuschst.« Paul war immer noch sauer; sauer auf sich, dass er in diese Situation geraten war, sauer auf John, weil der mal wieder eher aufgebrochen und damit jeder Bredouille entgangen war, und sauer auf Harry, den er bisher für einen Freund gehalten hatte, einen Freund mit all seinen Macken, der auch einmal unzuverlässig sein durfte.

»War das jetzt eine Drohung?« Harry war sich nicht sicher, was er von Pauls Äußerung halten sollte. Vielleicht war Paul zu mehr in der Lage, als er bisher gedacht hatte. Stille Wasser waren tief. Er beschloss, vorsichtig zu sein und seinen »Freunden« vorerst aus dem Weg zu gehen. »Ist auch egal. Ihr könnt mir nichts!« Wortlos stand er auf und ging.

»Und jetzt?« Peter sah Paul an.

»Nichts«, sagte Paul. »Was können wir schon groß tun?«

»Ich hätte da eine Idee.« Peter grinste. »Wenn man mich fragte …«

Die Gruppe der deutschen Studenten bog in die Brasenose Lane ein und beanspruchte natürlich die volle Breite der schmalen Straße. Deutsche traten immer großspurig auf. Hm. Das war jetzt ein Vorurteil.

Als späterer Detective musste man aber unparteiisch sein und bleiben. John beschloss, abzuwarten und zu beobachten. Er war schon ein paar Mal zwischen den Colleges entlanggelaufen und hatte sich jedes Mal vorzustellen versucht, wie es wohl im Mittelalter hier ausgesehen hatte. Wahrscheinlich genauso – die Gebäude waren schließlich alt genug –, abgesehen vom modernen Asphalt und den an den Hintereingängen der Universitätsgebäude abgestellten Fahrrädern.

Zwei erboste Radler mussten absteigen, weil die Deutschen inzwischen stehengeblieben waren und diskutierten. Dann trennten sie sich; eine Gruppe marschierte wieder zurück, die andere – in der sich Harrys Doppelgänger befand – ging weiter.

John vermutete, dass die jungen Leute im Covered Market einkaufen wollten. Falls sie allerdings auf Spirituosen gehofft hatten: Die waren dort rar gesät. Ohnehin machte es mehr Spaß, wenn man sie in Gesellschaft zu sich nahm. Oder die entsprechende Flasche kreisen ließ.

Der angehende Kommissar behielt Recht: Die Deutschen betraten den Markt durch einen der Eingänge der Market Street. Und prompt lieferte ihm sein Gedächtnis den benötigten Hintergrund: Knapp unter sechzig Stände gab es dort, die Hälfte Lebensmittel, der Rest Andenkenläden, Schmuck, Kleidung, ein Café und dergleichen. 1774, bei der Gründung des bis heute überdachten Marktes, waren es zwanzig Metzgereien gewesen.

John fragte sich, wer all das Fleisch hatte essen wollen und wie lange er diese Informationen behalten würde; in der Regel verschwanden sie und Ähnliches aus seiner Erinnerung, wenn der dazu gehörende Fall oder das entsprechende Ereignis abgeschlossen waren. Oder der Schauplatz nicht mehr benötigt wurde. Bei einer der Unterredungen mit DI Strange hatte Johns ziemlich vage Beschreibung des Marktes dem Detective nicht gereicht, und John hatte beim nächsten Mal nachbessern müssen.

Harrys Ebenbild hielt gerade einen Cowboystiefel in der Hand und sagte etwas zu seinen Landsleuten, woraufhin diese zu lachen begannen.

John überlegte, wie er den Doppelgänger unauffällig näher betrachten konnte, ohne dass sein Interesse allzu offensichtlich wurde. Langsam schlenderte er auf den Tisch mit den aufgereihten Schuhpaaren vor dem Laden zu.

Die Deutschen hatten aber das Interesse verloren und – trennten sich ein weiteres Mal. Jetzt machten sich drei Grüppchen in drei verschiedene Richtungen auf.

Während John noch überlegte, wie er es anstellen sollte, den Anschluss nicht zu verlieren, nahm ihm Harrys Zwilling die Entscheidung ab. Mit zwei englischen Wörtern – »*See you.*« – verabschiedete er sich und verschwand hinter einer Fleischerei.

John fluchte innerlich. Jetzt hatte der Knabe nämlich die Wahl zwischen drei Ausgängen: einer auf die High Street, einer zurück zur Market Street und einer auf die Cornmarket Street. Kein Wunder, dass man immer mehrere *uniforms* benötigte, wenn man jemanden beschattete; Polizisten in Dienstkleidung sorgten eben auch dafür, dass Leute eher Platz machten, wenn man jemanden verfolgte. Jetzt war es zwecklos, Harrys Doppelgänger hinterherzurennen; der Deutsche war bestimmt längst weg, ehe er selber zum Ausgang gelangt war.

John seufzte und beschloss, nach Hause zu fahren und etwas für sein Studium zu tun.

Harry beschleunigte seinen Schritt. Eben noch hatte er sich in Sicherheit gefühlt, ungeachtet der Drohung seiner ehemaligen Freunde, die ihm ihr wahres Gesicht gezeigt hatten, obwohl sie Peter und Paul hießen – das klang wie Laurel & Hardy oder wie Holmes & Watson, zutiefst harmlos jedenfalls. Aber jetzt fühlte er sich verfolgt. Zum dritten Mal spähte er, während er St Aldate's stadteinwärts ging, über seine Schulter zurück, sah aber niemanden.

Etwa hundert Meter hinter ihm traten Paul und Peter gerade noch rechtzeitig, um nicht entdeckt zu werden, in den Schatten des großen Tom Tower am Christ Church College.

»Was'n dein Plan?«, fragte Paul.

»Viele Hände machen bald ein Ende.«

Manchmal waren die Aussagen seines Freundes etwas kryptisch, fand Paul. Er schnaufte und wischte sich wiederholt den Schweiß von der Stirn. Außerdem waren Observierungen eher etwas für schlanke Zeitgenossen, fand er. »Was soll das jetzt wieder heißen?«

»Na, überleg doch mal. Wenn wir noch ein paar Leute finden, denen Harry übel mitgespielt hat – ich denke da nur an die nette Krankenschwester aus der Ratcliffe Infirmary, die plötzlich ohne den Verlobten und ohne ihr investiertes Geld da saß –, dann hätten wir genug in der Hand, um vielleicht wirklich mal die Polizei auf ihn anzusetzen.«

Paul sah ihn empört an. »Du meinst, eine kleine Erpressung, und schon spurt Harry wieder?«

Peter nickte.

»Ohne mich. Außerdem vergisst du den Brief, den Harry geschrieben hat, falls ihm etwas passiert.«

»Wahrscheinlich hat er damit nur geblufft.«

Weiter vorne blieb der Verfolgte erneut stehen und sah sich zum wiederholten Mal um, konnte aber wohl noch immer nichts Bedrohliches entdecken, da er seinen Weg fortsetzte.

»Ich hab's«, sagte Peter unvermittelt. »Wir müssen ja nichts selber machen. Wir könnten doch etwas passieren lassen.«

»Und wie genau stellst du dir das vor?«

»Mist«, sagte Peter, statt die Frage zu beantworten. »Jetzt ist er weg.«

»Wer?«

»Harry natürlich.«

Paul kniff die Augen zusammen. Aber selbst mit zusammengekniffenen Augen konnte er nicht um die Ecke sehen, an der die High Street endete und rechts der Cornmarket begann.

Harry war verschwunden.

Harry war verschwunden, aber nur für weiter entfernt stehende Beobachter. Lange hatte er nämlich seinen Hunger unterdrückt, der gerade übermächtig zu werden begann. Also betrat Harry den überdachten Markt, besser: einen der Wege zwischen den überdachten Ständen des Cornmarket, um etwas Essbares zu finden. Direkt hinter dem Eingang strauchelte er, weil sich einer der als Bodenbelag verwendeten braunen Backsteine gehoben hatte und eine Stolperkante bildete, so dass er mit einer etwa gleich großen Gestalt zusammenstieß.

»'tschuldigung«, sagte die Gestalt.

»*Sorry*«, sagte Harry fast gleichzeitig.

Dann stutzten beide und betrachteten sich genauer.

»*That's not possible*«, sagte Harry.

»Das gibt's doch nicht«, sagte die Gestalt auf Deutsch.

»Sprecken Sie Doitsch?«, fragte Harry.

»*Do your speak English?*«, fragte die Gestalt fast ohne Akzent.

Zehn Minuten später saßen die beiden jungen Leute in der Cafeteria bei Debenham's, hatten einen großen Kaffee vor sich stehen und konnten den Zufall immer noch nicht fassen, der sie zusammengeführt hatte.

»Aber wir sind doch nicht Zwillinge«, sagte Harry. »Oder hat etwa deine Mutter ...« Er verstummte und wurde rot.

»Oder deine?« Sein Gegenüber strich sich eine Strähne aus der Stirn.

Harry schüttelte den Kopf. »Nee, glaube ich nicht.« Er musterte sein Ebenbild erneut.

Moritz von Eller – inzwischen hatten sie sich gegenseitig vorgestellt – war etwas kleiner, besaß aber die gleichen dicht nebeneinander stehenden Augen und das spitze Kinn. Auch die schwarzen Haare schienen identisch zu sein, wenngleich Moritz weder unter Schuppen noch nach ungewaschen aussehenden Strähnen zu leiden schien. Englisch konnte er fließend, weil seine Stiefmutter aus Kent stammt und – wie Moritz es nannte – versehentlich an einen Angehörigen des »degenerierten rheinischen Landadels« geraten war. Beide Eltern seien nämlich – er benutzte das deutsche Wort und musste es anschließend erklären – nur *bescheuert.* »Am liebsten würde ich umziehen und die ganze Familie vergessen!«

Harry hörte nur mit halbem Ohr zu. Ihn beschäftigte immer noch der vor ihm sitzende Doppelgänger – das Wort war in beiden Sprachen gleich, im Deutschen und im Englischen. Zufällig hatte er erst vor kurzem *William Wilson* von Edgar Allen Poe gelesen, nachdem er die Lektüre von Oscar Wildes *The Picture of Dorian Gray* beendet hatte, beides Erzählungen, denen das Motiv des Doppelgängers zugrunde lag. In beiden Werken waren die Protagonisten aber ebenfalls nicht miteinander verwandt gewesen.

»Hörst du überhaupt zu?« Moritz betrachtete sein Ebenbild. Er selbst gefiel sich besser, aber jemanden zu kennen, der fast genauso aussah wie man selbst, war ja auch nicht schlecht. Vielleicht besaß dieser Harry ja auch dieselben Ansichten wie er, über Mädchen, derer man sich bediente, wenn man es wollte, über »Dienstbotentätigkeiten« wie Waschen, Kochen und Ähnliches, die nichts für ihn waren, und über die Politik. Margaret Thatcher war ja endlich mal jemand, der durchgriff, wie man an ihren Erfolgen im Falkland-Krieg sah. Und den Streik mit den Bergleuten würde sie ebenso elegant lösen.

Harry schreckte auf. »Natürlich. Sorry. Was war noch mal mit deiner Familie?«

Eine Viertelstunde später wusste der Engländer alles vom Deutschen – die unglückliche Kindheit, die Prügelattacken des Vaters, den Ärger mit der Stiefmutter und den beiden älteren Schwestern, die ihm stets vorgezogen wurden, das geringe Taschengeld und anderes. Wenigstens durfte Moritz regelmäßig nach Kent fahren, um seine Tante zu besuchen. Momentan war er mit einer Gruppe von Mitstudenten in Oxford unterwegs.

»Und du?«, fragte Moritz.

Harry überlegte. Sollte er von Alice berichten? Aber Moritz hatte auch alles ausgebreitet, und zu seinem Doppelgänger konnte man schon Vertrauen haben, oder? Er trank einen großen Schluck und berichtete dann von Paul, Peter, John und dem Mädchen.

»Und sie hat sich tatsächlich in die Tiefe gestürzt?«

Harry schluckte. Zumindest tat er so. »Hat sie. Und keiner weiß, warum.«

»Hm.« Moritz legte die Spitze des Zeigefingers an die Nase und überlegte. »Unglückliche Liebe?«

»Alice hatte genug Verehrer, die hinter ihr her waren. Wahrscheinlich zu viele nach ihrem Geschmack.«

»Ärger im Studium?«

»Glaube ich nicht. Die bestand doch alles immer mit links.«

»Geldnöte?«

Harry verneinte.

»Dann weiß ich auch nichts mehr.« Moritz sah auf die Uhr. »Verdammt. Ich sollte vor zehn Minuten mit den Kommilitonen beim Antiquariat Thornton's in der Broad Street sein.« Er stand auf. »Wir sehen uns. Ich wüsste doch noch gerne mehr von dir.« Er ging langsam auf die Treppe im Kaufhaus zu, drehte sich aber wieder um. »Was hältst du von acht Uhr heute Abend? Am Carfax Tower?«

Eine Antwort wartete der Deutsche nicht ab, sondern verschwand zügigen Schritts nach unten.

Harry sah ihm sinnierend nach. Ihm war nämlich eine Idee gekommen. Doppelgänger-Geschichten waren noch nie gut ausgegangen.

Taxi Driver

S*onntag, 25. September 2016.* Krüger seufzte und warf der Pastisflasche einen sehnsüchtigen Blick zu. Etwas mühsam erhob er sich; mit Mitte fünfzig war er einfach nicht mehr so flott, wie er es bis in seine dreißiger Jahre hinein gekannt hatte. »Und wohin jetzt?«

»Zur Werkstatt«, sagte der Hotelier. »Am Samstag sagte Peter, sein Auto funktioniere nicht so, wie es solle, und ob ich ihm eine Werkstatt nennen könne. Konnte ich. Also hat er das Fahrzeug dahin gebracht.«

»Und wo befindet sich Miller gerade?«, fragte Krüger.

»Keine Ahnung. Er ist ja ein freier Mann.«

»Noch«, sagte Carmen leise.

»Er sagte, er wolle sich von einem Taxi nach Vacqueyras fahren lassen und Kontakte zu einem dortigen Weinhändler auffrischen. Seitdem habe ich nichts mehr von ihm gehört.«

Carmen stand ebenfalls auf. »Dauernd sitzen macht auch nicht schlanker, jedenfalls nicht, ähm, weiter südlich ...« Sie verstummte und wurde rot.

»Ich kann Sie gerne fahren«, sagte de la Tour. »Ohne mich finden Sie sich im, wie formulieren Sie das immer so nett, im *Labyrinth der Altstadt* von Avignon ohnehin nicht zurecht.« Er nahm von der Rezeption den Autoschlüssel mit und verließ das Hotel, ohne sich zu vergewissern, ob das deutsche Ermittlerpaar ihm folgte.

»Ist der jetzt arrogant?«, flüsterte Carmen ihrem Freund zu. »Oder ist der einfach so?«

»Ja«, antwortete Krüger, wie er es immer bei solchen Fragen tat.

Vor dem Hotel parkte tatsächlich die *Göttin*, wie der alte Citroën DS in Frankreich hieß. Carmen hielt es für nötig, Krüger das Wortspiel zu erklären: »Pass auf: D und S werden im Französischen wie im Deutschen ausgesprochen; aneinandergehängt klingen die beiden

Buchstaben im Idiom unserer hiesigen Freunde aber wie *déesse, Göttin.*« Und majestätisch war dieses Fahrzeug allemal; die Sitzpolster, in denen man förmlich versank, luden zu langen, gemächlichen Reisen ein, die man antreten konnte, nachdem die Hydraulik das Fahrzeug »hochgepumpt« hatte. Der schöne Eindruck wurde allerdings von der Tatsache zerstört, dass die DS giftgrün lackiert worden war.

»Danke, Frau Oberlehrerin«, sagte er. Mit der rechten Hand fuhr er sich durch die Haare, die linke folgte rasch und glättete das Durcheinander wieder. »Schon interessant: Mindestens drei der vier Oxforder Jungs besitzen einen Oldtimer.«

»Stimmt«, sagte Carmen. »Blackmore einen alten dunkelblauen Mercedes, Miller den roten Jaguar, de la Tour einen grünen Citroën.« Wie sie es aussprach, klang *grün* ziemlich abfällig. »Fehlt noch Gascoignes Karre. Die ist dann wahrschleinich gelb.«

Inzwischen stolperte der Kommissar nicht mehr über Carmens Wortschöpfungen. »Warte mal.« Er nahm das Mobiltelefon zur Hand – den falschen Begriff *Handy* verabscheute er – und tippte etwas umständlich eine SMS an Bonnefoy.

Fast postwendend zeigte ein *Ping* die Antwort an.

»Keine Ahnung«, las Krüger vor. »Warum?«

»Du darfst ihn anrufen«, sagte Carmen, während de la Tour über die Rhônebrücke fuhr. »Schreiben ist ja nicht so deine Stärke.«

Ein kurzes Telefonat folgte, in dem Krüger seine automobilen Überlegungen mitteilte. Er steckte das Handy wieder weg und sagte nur knapp: »Bertrand kümmert sich darum.«

»Wieso ist die Werkstatt am Sonntag offen?«, fragte Carmen.

De la Tour warf einen Blick in den Rückspiegel. »Die ist irgendwie immer offen. Ich glaube, Inhaber von Oldtimerwerkstätten arbeiten dauernd, die eine Hälfte der Woche, um Geld zu verdienen, die andere Hälfte, weil es ihnen auch nach fünfzig Jahren noch Spaß macht, mit einem kleinen altmodischen Ölkännchen samt Tropfenfänger durch die Gegend zu laufen. Wie es auch uns Besuchern von Oldtimerwerkstätten Spaß macht, unsere Autos zu bewegen, und wir am Boden zerstört sind, wenn sie mal ihren Dienst einstellen.«

Für de la Tour war das eine ziemlich ausführliche Antwort, wenngleich der Inhalt gegen Ende ironisch aufgeladen war.

Autos und ihre Besitzer, dachte Carmen. Spielzeuge und die Jungs. Irgendwie änderte sich bei dieser Konstellation nie etwas. Sie sah aus dem Autofenster auf die vertraute Silhouette der alten Stadt mit dem Papstpalast und den sich anschließenden Papstgärten hoch über dem steil zum Fluss abfallenden Plateau.

Krüger freute sich auf einen ungestörten Bummel mit Carmen durch die engen Gassen, vorbei an hochherrschaftlichen Häusern, aber zu viele Touristen trübten die Vorfreude. Wie auch andernorts auf der Welt, hatten längst die Japaner und Chinesen Südfrankreich entdeckt, was wiederum Auswirkungen auf die wuchernden Touristenläden hatte. Nichts gegen Asiaten, dachte er, der alles andere als fremdenfeindlich war, aber sie verhielten sich hier wie wahrscheinlich die Europäer in Asien, wenn sie nicht das Ursprüngliche, Authentische suchten, sondern etwas Künstliches, das sie aber an einem anderen Ort als zu Hause als originär empfanden. Und außerdem mochte er Leute nicht, die einem anderen Leut folgten, während dieser eine kleine Fahne an einer Stange vor ihnen entlang trug. Führer waren immer negativ besetzt, fand er. Er schüttelte die etwas düsteren Gedanken ab und folgte lieber dem Weg der DS durch Nebenstraßen, bis de la Tour im Südosten von Avignon schließlich vor einer etwas heruntergekommenen Autowerkstatt hielt. Über der Durchfahrt zum Hof vor der kleinen Halle war ein zerbeultes Blechschild angebracht, mit *Dumartin & Fille – Dépannage de voitures classiques* beschriftet.

Krügers fragender Gesichtsausdruck signalisierte Carmen, dass er mit seinem Latein am Ende war. Meistens reichte selbiges sonst aus, um sich den Sinn von französischen Zeitungsüberschriften und sonstigen Hinweistafeln zusammenzureimen.

»Etwas ungewöhnlich für die traditionellen Franzosen«, sagte Carmen. »*Dumartin und Tochter. Oldtimerreparaturen.*«

Zwei Franzosen, der eine in Alltagskleidung, der andere mit Jeans und fleckigem Pullover, standen über die offene Motorhaube eines antiken Lancia gebeugt und diskutierten laut. Es klinge, sagte Carmen, nach »Das ist ein italienisches Schrottauto!« und nach »Ein wunderbares Auto – bis auf das merkwürdige Klappergeräusch, wenn man schneller als hundertsechzig fährt.«.

Eine junge Frau in einem ölverschmierten Overall kam auf de la Tours Oldtimer zu.

»Bestimmt *& Fille*«, sagte Carmen. »Die Tochter des Vaters.«

»Tut mir leid«, sagte die Mechanikerin und musterte die DS, »wir sind die nächsten beiden Wochen ausgebucht, falls Sie das Auto inspizieren lassen wollen, von überholen und reparieren ganz zu schweigen.«

Krüger kurbelte die Fensterscheibe herunter und wollte schon etwas fragen, als Carmen sagte: »Nun lass mal nicht sofort den Oberkommissar heraushängen. Steig aus und frag die Frau direkt, von Mann zu Mann, äh, Frau, gewissermaßen.«

Auf die Dauer fand Krüger derlei Bemerkungen nervenaufreibend. Gehorsam aber verließ er das Fahrzeug und näherte sich der Tochter des Besitzers.

& Fille sah irritiert vom Fahrer des Citroën zu dem kleineren Mann. Anscheinend hatte er das Sagen; er saß ja auch hinten. Vorne sitzt ja immer der Angestellte, dachte sie.

»Wir ermitteln in einer internationalen Juwelendiebstahlsangelegenheit«, sagte Krüger auf Englisch, das ihm hier aber nicht weiterhalf.

Carmen war ebenfalls ausgestiegen und dolmetschte rasch.

Auch noch eine Sekretärin, vermutete die junge Französin. War wahrscheinlich wichtig, das Ganze. Aufmerksam hörte sie den beiden zu.

»Wir suchen einen roten Jaguar, Mark II von 1960.« Der Bonner Kommissar, der sich nicht für Autos interessierte – es reichte, wenn sie widerspruchslos fuhren –, hatte sich immerhin die Typenbezeichnung gemerkt. »Mit englischem Kennzeichen.«

»Und einem englischen Fahrer«, sagte die Mechanikerin, »der sich für einen Franzosen hält?«

Carmen lachte. »Passt.«

»Da waren aber keine Juwelen im Kofferraum.«

Jetzt verbiss sich Krüger ein Grinsen.

»Der Eigentümer hat das Fahrzeug heute Vormittag wieder abgeholt.«

»Hat er sich ausgewiesen?«, fragte Carmen.

»Und wie sah er aus?«, fragte Krüger.

Die junge Frau lächelte unsicher. »Na, wie die Oldtimer-Besitzer alle aussehen.« Sie warf de la Tour einen kurzen Blick zu. »Gut gekleidet.«

Der Hotelier war ebenfalls ausgestiegen und hielt jetzt unauffällig die linke Hand vor einen Rotweinfleck auf seiner Hose.

»Wie alle Engländer hier: blanke braune Schuhe, braune Cordhose, hellgraues Tweedjackett, kariertes Hemd, graue Haare, grauer Schnurrbart.« Die Mechanikerin überlegte. »Der hätte allerdings schon länger wieder gestutzt werden müssen.«

De la Tour nickte beifällig. »Stimmt alles. Das hatte er gestern auch schon an.«

Carmen konnte ihren Mund wieder nicht halten. »*Hatte er an.* Aha. War der Schnurrbart also echt oder nur aufgeklebt?«

Krüger trat einen Schritt zur Seite, als ob er nicht zu seiner Freundin gehöre.

Die junge Französin jedoch fuhr souverän fort: »Die Sachen waren nicht zerknittert. Drin geschlafen hatte er also nicht.«

Der Kommissar verfolgte den Dialog leicht amüsiert. Überall auf der Welt schien es von Amateurdetektiven nur so zu wimmeln. Freundlich fragte er: »Wissen Sie denn, wohin der Engländer hatte fahren wollen?«

»Das kann ich Ihnen sagen.« Sie machte eine Pause, die dem urlaubenden Ermittler Gelegenheit gab zu überlegen, ob auch in diesem Land Informationen stets etwas kosteten. Unauffällig tastete er nach dem kleinen Bündel Banknoten, das wie immer in seiner Hemdtasche steckte.

»Die Auskunft ist umsonst.« Ein etwas mokantes Lächeln zeigte, dass sie Krügers Geste richtig gedeutet hatte. »Der Herr sagte, er wolle sich nach Saint-Rémy-de-Provence begeben.« Sie schwieg wieder. »Dort liege sein Antiquitätenladen.«

»Hat er gesagt, warum?« Carmen dauerte wie immer die Befragung von Zeugen zu lange.

»Hat er.«

»Und?« Krüger stellte sich wieder neben seine Freundin, die ständig weiterübersetzte.

Die Französin musterte de la Tour wie auch seinen Oldtimer abfällig: »Beim nächsten Werkstattbesuch sollten Sie mal über eine andere Farbe für die DS nachdenken. Vielleicht eine, die die Farbe des Rotweinflecks aufnimmt.«

Der Hotelier versah sie mit einem finsteren Blick.

Sie aber drehte sich wortlos um und ging zur Halle zurück. Über die Schulter rief sie Krüger noch zu: »Der Engländer sagte, er habe da noch mit jemandem ein Hühnchen zu rupfen.«

Bonnefoy warf wieder einen Blick auf sein Handy. Immer noch nichts. Dabei hatte er Marius nicht zum ersten Mal die Leviten gelesen, wobei er sich nicht sicher war, ob der junge Gendarm die Ansprache auch verstanden hatte. Der Mann war gutmütig, stets bemüht, aber zu dick, um schneller als schlendernd durch den Tag zu kommen. Schon im vergangenen Jahr hatte er bei der Verfolgungsjagd zu Fuß in Villeneuve-lès-Avignon den Kürzeren gezogen. Der Untersuchungsrichter seufzte. Immer musste man alles alleine machen. Entschlossen betätigte er die Klingel neben der mit einem großen Fenster versehenen Ladentür. *Antiquités* hatte jemand auf ein Blatt Papier geschrieben und daneben geklebt.

Nichts geschah.

Der Richter klingelte ein zweites Mal.

Als sich erneut nichts tat, bückte er sich und versuchte, zwischen den Lamellen der innen herabgelassenen Jalousie etwas zu sehen. Täuschte er sich oder lag da jemand auf dem Boden? Angestrengt kniff er die Augen zusammen.

Wahrscheinlich spielte ihm nur wieder die Phantasie einen Streich. Ein zweiter Toter? Erneut ein Antiquitätenhändler? Das widersprach allen Gesetzen der Logik.

Bonnefoy warf einen letzten Blick ins Innere des Geschäfts und seufzte erleichtert. Was er für die Umrisse eines Toten gehalten hatte, war ein großer grauer Kittel, der über eine flache Kiste gebreitet war. Wahrscheinlich musste er sich doch einmal mit der schwindenden Sehkraft seiner Augen beschäftigen. Mit Fünfzig schien auch er eine unsichtbare Grenze überquert zu haben, nach der es nur noch bergab ging, immer schneller, dem Ende entgegen. Sechs Fuß unter der Erde.

»Da werden Sie niemanden finden«, sagte jemand mit heller Stimme.

Er zuckte zusammen und schaute zur Seite. Neben ihm stand ein kleiner Junge, vielleicht acht, neun Jahre alt, die Hände in den Hosentaschen seiner zu großen Jeans vergraben.

»Wieso?« Bonnefoy war sich unschlüssig, wie er mit kleinen Vertretern des Publikums zu verfahren hatte. Meistens verstanden sie ihn nicht. Seine Schwester hatte zwar drei Kinder, aber er tat sich immer schwer mit ihnen, wenn er zweimal im Jahr dort zu Besuch war.

»Erstens«, sagte der Junge, »ist die Tür zu und abgeschlossen; es ist also niemand zu Hause.« Er sah Bonnefoy aus unglaublich blauen Augen an. »Zweitens ist heute Antiquitätenmarkt, und Monsieur Simon kommt dann immer spät nach Hause.«

»Woher weißt du das?«

»Erstens«, sagte der Junge – er schien das Leben systematisch anzugehen –, »hat er mir das gesagt. Er versucht immer bis zur letzten Minute, seinen Kram zu verkaufen. Zweitens kann ich das von meinem Zimmer aus sehen.« Er zeigte auf ein Fenster im ersten Stock des Hauses gegenüber.

»Aha«, sagte Bonnefoy in Ermangelung eines ganzen Satzes und überlegte. Marius konnte mit Kindern entschieden besser umgehen; schade, dass der Gendarm nicht zur Stelle war.

»Was wollen Sie denn von ihm?«, fragte der Junge. »Kommen Sie wegen des ermordeten Engländers?«

Wie üblich schienen sich gewaltsame Ereignisse schneller herumzusprechen, als man das als Ermittler eigentlich wollte und für sinnvoll hielt. Dann wusste nämlich auch der Täter, was die Polizei wusste.

»Genau«, sagte Bonnefoy. »Monsieur Simon hat seinen Stand direkt neben dem seines Kollegen, dessen Ermordung wir gerade aufzuklären versuchen; vielleicht hat er etwas gesehen.«

»Glaube ich nicht«, sagte der Junge, »so kurzsichtig, wie der ist.«

Der Richter lächelte den Kleinen an. »Aus dir wird bestimmt mal ein ordentlicher Detektiv.«

»Meinen Sie?«

»Ganz bestimmt, so viel, wie dir schon aufgefallen ist.«

Im Haus gegenüber öffnete sich die Eingangstür, und eine junge Frau trat heraus. »François, wie oft soll ich dir noch sagen, dass du nicht mit Fremden reden sollst?« Sie musterte Bonnefoy, war sich aber augenscheinlich unschlüssig, was sie von ihm halten sollte.

»Gar nicht mehr, *Maman*«, sagte der Kleine. »Ich behalte Sachen beim ersten Mal.«

Die zurechtgewiesene Mutter verwandelte ihren Mund in einen schmalen Strich.

Der Richter stellte sich kurz vor und fragte nach dem Besitzer des Antiquitätengeschäfts, erhielt aber nur ein Achselzucken.

»So ist sie eben«, flüsterte der Junge, »von Fremden hält sie nichts.« Er nickte dem Richter knapp zu – eine Geste, die er sich wohl abgeschaut hatte und für cool hielt – und marschierte zu seinem Elternhaus hinüber, gefolgt von seiner Mutter.

Als Bonnefoy nach einem letzten Blick auf den Laden auch gehen wollte, klingelte sein Telefon. »Endlich«, sagte er. »Wo steckst du denn die ganze Zeit, Marius? – Aha. – Nein, die Kasse ist noch nicht wieder aufgetaucht. – Nein, du musst nicht danach suchen; das erledige ich. – Nein, den Feierabend kannst du vergessen. Der Tote ist noch nicht einmal kalt, und du möchtest Dienst nach Vorschrift machen. – Okay, bis später.« Aufgebracht steckte er das Handy wieder weg. »Zu meiner Zeit …« murmelte er zu sich selbst.

Eine Viertelstunde später stand Bonnefoy wieder am Stand des Ermordeten. Das Absperrband schien nicht alle Neugierigen abzuhalten: Ein Touristenpaar – kenntlich an Sandalen und umgehängtem Fotoapparat – beugte sich gerade über eine der Truhen und versuchte, sie gewaltsam zu öffnen.

Bonnefoy räusperte sich.

»*Bloody hell!*« Die ältere Frau fuhr zusammen und tippte ihren Mann an.

Der Richter bemühte sich, aufkeimende Vorurteile gegenüber den Freunden von der Insel jenseits des Ärmelkanals im Keim zu ersticken. »Das hier ist immer noch ein Tatort«, sagte er freundlich auf Englisch.

Tatsächlich wurde die Frau rot und zog ihren Mann von der Truhe weg. »*Sorry*«, sagte sie noch, bevor beide rasch verschwanden.

»Na ja«, sagte ein untersetzter Mann vom Nachbarstand, »wenn es sie nicht gäbe, gäbe es uns auch nicht.«

»Korrekt«, antwortete Bonnefoy. »Aber es schadet trotzdem nicht, wenn man sich an die Gesetze des jeweiligen Landes hält, das man gerade heimsucht.« Er räusperte sich. »Sie müssen doch gesehen haben, wie Monsieur Gascoigne zu Tode gekommen ist, oder?«

Der Angesprochene schüttelte den Kopf, dass seine grauen Locken flogen. »Nur weil ich wenige Meter entfernt meine Antiquitäten ausgebreitet habe, heißt das noch lange nicht, dass ich von meiner Umgebung etwas wahrnehme. Meistens bin ich ins Gespräch vertieft; Konzentration und Schätzvermögen, was den zu erzielenden Preis angeht, ist doch alles.«

»Nach Aussagen des Gerichtsmediziners muss Ihr Kollege gegen acht, neun Uhr am späten Abend getötet worden sein.«

»Da habe ich längst mit René«, er deutete auf einen schlanken, jüngeren Mann, der gerade herankam, »bei Renée im Café gesessen.« Als er Bonnefoys verständnislosen Gesichtsausdruck sah, lachte er und erklärte: »René Roux ist tatsächlich mit einer gewissen Renée verheiratet, wobei, unter uns«, seine Stimme wurde leiser, »die beiden wahrscheinlich nur aufgrund ihrer identischen Vornamen die Ehe miteinander eingegangen sind. Renée ist die Wirtin vom Café du Fleuve. Falls Sie jetzt nach einem Alibi fragen.«

»Tue ich gar nicht. Ich möchte nur wissen, ob Sie etwas gesehen haben, das Sie für mitteilenswert erachten. Woher stammt zum Beispiel die Tatwaffe? Den Brieföffner haben ja schon die Journalisten beschrieben.«

Der untersetzte Mann sah zur Seite.

René gab ihm einen Stoß. »Nun sag es schon!«

»Das war mein Brieföffner.« Seine Stimme war so leise, dass der Untersuchungsrichter nachfragen musste.

»Und woher hatte der Täter ihn?«

»Vermutlich von dort.« Er zeigte auf einen polierten Tisch aus hellem Kirschbaumholz, auf dem verschiedene messingne Gegenstände lagen, Scheren, Gabeln, einige Messer und zwei Brieföffner jüngeren Datums, die statt eines Griffs einen geschliffenen Halbedelstein besaßen. »Den kann jeder an sich genommen haben.«

Bonnefoy überlegte. Das sah nach einer Tat im Affekt aus, wenn der Täter einfach das nächstbeste Mordinstrument vom Nachbarstand ergriffen und zugestochen hatte. Dagegen sprach allerdings, dass Täter und Ermordeter zuvor am Tisch gesessen und zusammen Kaffee getrunken hatten. Der Mörder war wohl kaum aufgestanden, hatte zum späteren Opfer gesagt, »Moment, ich hole mal eben eine Waffe«, war hinübergegangen, hatte den Brieföffner an sich genommen, war zurückgekehrt und hatte schließlich in aller Ruhe zugestochen. Eine impulsive Tat fiel also aus. Wenn er das Tatwerkzeug nämlich schon zuvor an sich genommen hatte, war das zweifelsohne geplant gewesen.

»Wann ist Ihnen denn aufgefallen, dass der Brieföffner verschwunden ist?«

»Als ich den Zeitungsbericht über Pauls Tod gelesen habe.« Er musste sich eine Träne aus dem Augenwinkel wischen.

René strich ihm freundlich über den Rücken. »Wir alle vermissen den kauzigen Engländer«, sagte er.

Bonnefoy sah die beiden mitfühlend an. In all den Jahren als Richter hatte er seine Empathie, was die Opfer und die Angehörigen in seinen Fällen anging, nie verloren. Die Antiquitätenhändler schienen eine verschworene Gemeinschaft zu bilden. Falls der Mörder aus ihren Reihen stammte, war es bestimmt schwierig, ihn aufzuspüren.

»Hat der Täter eigentlich etwas mitgenommen?«

Der Mann überlegte. »Nee, der war wohl nur sauer; ich glaube nicht.« Er sah direkt am linken Ohr des Richters vorbei auf einen imaginären Punkt in weiter Ferne. »Doch, warten Sie. Paul hatte mir stolz einen antiken Säbel gezeigt, den er sich aus England hatte schicken lassen. Gehörte wohl irgendwann nach 1800 einem Marineoffizier. Mit einem Griff aus Elfenbein. Und das Teil ist seit Pauls Tod«, er wischte sich erneut über die Augen, »verschwunden.«

»Sonst können Sie mir aber nichts sagen?«

»Doch«, sagte René langsam und sah seinen Kollegen von der Seite an. »Da war doch diese dunkelhaarige Frau …«

Oxford 1984: Stayin' alive

Samstag, 19. Mai. Harry stand im Zentrum der Stadt vor dem Carfax Tower und fixierte zum wiederholten Mal die Uhr an der Fassade über den beiden kleinen Glocken. Die Zeiger zwischen den römischen Zahlen annoncierten schon zehn nach acht. Der Deutsche hatte ihn wahrscheinlich wortwörtlich im Regen stehengelassen. Tatsächlich fielen in gleichmäßigem Tempo dicke Frühsommertropfen auf den Asphalt der Kreuzung. Geschah ihm recht; was gab er sich auch mit einem angeblichen Doppelgänger ab, der nur zufällig ihm wie aus dem Gesicht geschnitten aussah. Er trat wieder einen Schritt zurück, um unter dem frühgotischen Eingangsportal des Turms Schutz vor dem stärker gewordenen Regen zu suchen.

»Hier, guck mal, was ich gefunden habe!«

Moritz schwenkte triumphierend ein Buch mit blauem Leinenumschlag, als er unversehens vor Harry auftauchte.

»Einen der *Blue Guides*. Der hier ist von 1957, Russell Muirheads *England*!«

»Aha«, sagte Harry.

»Tut mir leid; ich habe mich bei Thornton's festgelesen. Du kennst doch das Antiquariat, oder?«

»Bücher«, sagte Harry etwas kurz angebunden.

»Nun hab dich nicht so. Was sind schon zehn Minuten Verspätung angesichts der Ewigkeit?« Moritz blätterte im Buch herum, bis er die gesuchte Seite fand. »Da steht über den Carfax Tower drin, dass er aus dem dreizehnten Jahrhundert stamme, dreiundzwanzig Meter hoch sei und eigentlich St Martin's Tower heiße, weil er—«

»Weiß ich doch«, sagte Harry, der sich noch nie sonderlich für Geschichte interessiert hatte, auch nicht für »gelebte« vor der eigenen Nase. Dreiundzwanzig Meter, hm. Halb so hoch wie der vom Magdalen College. Ob man auch tot war, wenn man vom Carfax Tower fiel? Ihm war vorhin nämlich eine Idee gekommen.

Moritz beachtete ihn nicht. Er war völlig in der Begeisterung über sein Fundstück versunken. »Tausend ausfaltbare Pläne!«, sagte er. »Wie bei uns im *Baedeker*. Sieht jedenfalls genauso aus.« Er schlug einige Seiten um. »Und Shakespeare war auch hier – hat mit einem gewissen John Davenant neben dem Portal gestanden!«

»Was ist denn jetzt?« Harry war auf sein Vorhaben konzentriert. »Willst du jetzt auf den Turm klettern oder weiter aus deinem Buch vorlesen?«

Moritz musterte den Engländer kühl. Begeisterung war gut, aber er durfte sein Ziel nicht aus den Augen verlieren. »Okay, okay«, sagte er knapp. »Natürlich. Das Tor ist aber verschlossen.«

Harry drehte sich um. »Stimmt«, sagte er. »Die hören leider schon am frühen Nachmittag mit den Turmbesteigungen auf. Aber ich kann dem abhelfen.« Mittels Daumen und Zeigefinger, die er halb in den Mund steckte, ließ er einen gellenden Pfiff ertönen.

»Schon gut, schon gut.« Ein älterer Mann schlurfte heran. »Der Schlüssel. Aber denk dran, ihn mir bis spätestens um zehn ins Eagle and Child zurückzubringen.«

»*Aye*«, sagte Harry mit schottischem Akzent. »*Nae problem. Thank ye.*«

Moritz hörte ihm etwas irritiert zu. »Was sollte das jetzt?«, fragte er, als der Mann wieder gegangen war.

»Das war Domhnall. Den hat's nach dem Zweiten Weltkrieg hierhin verschlagen; der trauert nach wie vor seinem gälischen Clanreich nach und freut sich jedes Mal, wenn er mal sein Heimatidiom hört.«

»Du kannst also schottisches Englisch?«

»Nee, nicht wirklich. Mein Vater ist zwar an der Grenze zwischen England und Schottland geboren, aber schon als Einjähriger nach London verbracht worden. Die paar schottischen Brocken habe ich mir im King's Arms von einer der Kellnerinnen beibringen lassen. Sie stammte nämlich aus Glasgow …« Harrys Blick verlor sich in der Ferne.

»Das hilft uns jetzt aber nicht weiter.« Moritz sah nach oben, wo hinter einer der langsam abziehenden grauen Wolken bereits die Sonne wieder hervorlugte. »Rauf oder nicht rauf, das ist hier die Frage. Wie schon Shakespeare sagte.«

Gehorsam schob Harry den schweren Schlüssel ins Schloss, drehte ihn etwas mühsam um und stieß den rechten Torflügel auf.

Aus den Häufchen Elend vom Vortag waren selbstbewusste junge Leute geworden, die wieder vor McFarlane im Polizeirevier St Aldate's saßen. Paul Gascoigne und Peter Miller versuchten, unbeteiligt auszusehen. John Blackmore fehlte entschuldigt; DI Strange musste wohl wieder als Alibi herhalten. Der vierte junge Mann von gestern – Harry irgendwas – war nicht gekommen. Das machte ihn aber nicht unbedingt verdächtiger als gestern; dafür war heute ein neues Gesicht zu sehen.

»Sie sind also heute die moralische Unterstützung, oder?« McFarlane hatte eine Akte mit hellbraunem Umschlag, wie sie in jeder Fernsehserie vor dem jeweiligen Kommissar zu liegen pflegt, vor sich platziert und hielt einen Bleistift in der Rechten, den er langsam über einem Blatt Papier kreisen ließ. Inzwischen hatte er das Kreisen und das gleichzeitige Reden zur Perfektion gebracht, so dass die ihm jeweils gegenüber sitzenden Verdächtigen stets aus dem Konzept gebracht wurden, weil sie darauf lauerten, dass entweder der Bleistift oder der Redefluss abbrach.

Freddy schüttelte den Kopf. »Weder noch.«

Der Detective fixierte ihn. »Heißt?«

»Weder bin ich ›die moralische Unterstützung‹ noch ein Verdächtiger, da ich beim Tode unserer Freundin nicht zugegen war.« Er rieb sich, wie um das Wort *Tod* zu unterstreichen, über das rechte Auge, aus dem aber keine Träne hervorquellen mochte.

»Frederick de la Tour. Ihr vollständiger Name?« McFarlane notierte die vier Worte.

Freddy nickte.

»Ihre Familie lebt—«

»Seit 1066 hier«, unterbrach ihn der junge Mann, »zusammen mit Wilhelm dem Eroberer eingewandert. Sie müssen sich keine Mühe mit alten Witzen machen.«

McFarlane presste die Lippen zusammen.

»Nein, in Wahrheit ist einer meiner Ahnen 1851 zur Weltausstellung in London mit seiner Pariser Firma nach England gekommen, hat eine Schönheit aus Southwark kennengelernt und ist geblieben.«

»Schönheiten aus Southwark«, sagte Peter leise. »Was soll es schon groß südlich der Themse geben, was sich anzusehen lohnt …«

McFarlane überhörte das Geplänkel. Er konnte sich nicht erinnern, ob es in seiner Jugend auch so spöttisch hergegangen war. Wenn er allerdings ehrlich zu sich war: An seine Jugend erinnerte er sich nicht mehr richtig. Er räusperte sich.

»Jetzt sagen Sie mir bitte alle noch einmal, wo Sie vorgestern waren.«

»Auf dem Cherwell«, sagte Paul gehorsam. »Beim Punten. Nachmittags jedenfalls. John hat die Stange gehabt; wir anderen – ohne Freddy – haben im Boot gesessen.« Er schluckte, als Alice' Gesicht wieder vor seinem inneren Auge erschien.

»Danach haben wir im Victoria Arms gesessen«, fuhr Peter fort, »und einige, vielleicht auch mehrere Pints Ale getrunken.«

»Dann ist Harry zurückgestakt – heißt das so? – bis zum Anleplatz beim Magdalen Tower.« Paul kratzte sich wiederholt eine der beiden ungleich langen Koteletten.

»Anschließend seid ihr alle auf den dortigen Turm geklettert und habt die junge Frau hinuntergestoßen.« McFarlane musterte die jungen Leute. »Stimmt's?«

»Hören Sie sich eigentlich beim Reden zu?« Freddy sah ihn aufsässig an. »Denken Sie doch mal nach. Wenn wir sie nämlich schon kurz nach neunzehn Uhr, als wir das Boot zurückgegeben hatten, über die niedrige Mauer geschubst hätten, wäre sie doch viel eher entdeckt worden als erst am Folgetag früh morgens, oder?«

Niedrige Mauer notierte der Detective. *Woher weiß er das, wenn er nicht oben war?* Er beschloss aber, dazu noch nichts zu sagen.

»Wir haben den Turm vorgestern nicht bestiegen!«, sagte Peter mit Nachdruck. »Stimmt doch, oder, Paul?«

Der Angesprochene hatte wieder zu schwitzen begonnen, und McFarlane überlegte, ob man am Grad des Schwitzens die Schwere der Schuld feststellen konnte. Vielleicht sollte er seine Beobachtungen dazu irgendwann einmal zu Papier bringen.

»Stimmt«, sagte Paul, schaute dabei aber zu Boden.

»Wo waren Sie denn wirklich?« Wenn man ihm eines nicht nachsagen konnte, fand er, dann war es Trägheit. Er bohrte stets so lange, bis der Verdächtige entweder gestand oder sich als unschuldig herausstellte.

Die jungen Leute sahen sich an.

»Das haben wir doch schon gestern gesagt«, sagte Peter. »Paul und ich haben zusammen gelernt. John war mit Ihrem Kollegen unterwegs, und Harry hat sich im Victoria Arms volllaufen lassen.«

McFarlane sah erfreut aus. »Bleiben also Sie.« Mit dem Bleistift zeigte er auf Freddy.

Der junge Mann wies den Vorwurf mit erhobenen und nach außen gedrehten Handflächen von sich. »Ich habe doch schon gesagt: Ich habe mit all dem nichts zu tun.«

»Damit ich Ihnen das glaube, müssen Sie mir schon glaubhaft machen, wo Sie sich aufgehalten haben.«

Freddy hatte die Hände wieder heruntergenommen. »Ich?«

»Raus mit der Sprache.« Allmählich ging McFarlane die Geduld aus. »Ich will nicht den ganzen Tag hier sitzen.«

»Ich will hier raus«, sagte Paul leise. »Frische Luft ist gesund.«

Freddy hustete. Dann sagte er undeutlich: »Ich konnte nicht schlafen und bin spazieren gegangen. Gegen Mitternacht war ich an der Magdalen Bridge.«

Harry schob den schweren Türflügel von innen wieder zu und schloss ab. »Es sind neunundneunzig Stufen, weißt du.«

Moritz nickte. »Dass es keinen Fahrstuhl gibt, war mir klar. Aber es lohnt sich sicher, in die Dämmerung hinein Oxford mal von oben zu sehen. Warte mal. Was hast du eigentlich für eine Größe?«

»Keine Ahnung. Meistens passt mir das erste Teil, das ich anprobiere.« Er musterte sein Gegenüber. »Wahrscheinlich passen mir deine Klamotten auch.«

Moritz zog seine Lederjacke aus und gab sie Harry, der sich der seinen entledigte. Harrys war dunkelbraun, Moritz' dunkelgrau. Die beiden Kleidungsstücke passten nach dem Tausch wie angegossen.

Hintereinander stiegen die jungen Leute die steile Wendeltreppe nach oben. Der junge Engländer schnaufte, als sie oben aus der engen Tür des runden Treppenturms traten; vielleicht musste er tatsächlich seine abendlichen Bierexzesse gegen morgendlichen Frühsport tauschen. Der Deutsche dagegen war leichtfüßig hinaufgelaufen, hatte aber höflicherweise an einigen Stellen gewartet.

Zwischen dem konkav gewölbtem Zeltdach und der mit Zinnen versehenen Mauer war etwas Platz gelassen worden, so dass man herumgehen und Oxford in alle vier Himmelsrichtungen betrachten konnte.

»Sieht genau wie auf dem Magdalen Tower aus«, sagte Harry gedankenlos.

»Ist das der, wo die Studentin heruntergefallen ist?«

»Woher weißt du das denn?« Er verfluchte sich innerlich; er musste wirklich aufpassen, dass er sich nicht verplapperte.

»Stand doch in eurem regionalen Käseblatt, *Oxford Post* oder wie das Teil heißt.«

»*Oxford Mail.* Yep. Das war der Turm.«

»Kanntest du sie?«

»Wen jetzt? Alice? Wie man Kommilitonen eben kennt. Nur vom Sehen.«

Moritz drehte sich einmal um die eigene Achse. Er schien schon wieder etwas Neues entdeckt zu haben. »Mann, habt ihr viele Kirchen! Habt ihr die jemals gezählt?«

»Keine Ahnung. Aber das sind nicht alles Kirchen, jedenfalls heute nicht mehr. Bei vielen der Turmspitzen, die du von hier aus sehen kannst, handelt es sich, wie dort hinten beim All Souls College, um Türme an den Eingangstoren zu einem College.«

Moritz bekam nur die Hälfte mit, denn gerade hatte er in einer Tasche von Harrys Lederjacke einen Haufen Papiere entdeckt und holte sie hervor. »Hier – damit du das nachher nicht vermisst. Quittungen, Ausweise – was weiß ich.« Er streckte die Hand mit dem Stapel aus.

»Ach, lass man. Wir tauschen nachher doch sowieso wieder unsere Jacken.«

Moritz verstaute alles wieder, aber beim Zurückstecken segelte ein beige-grünes Papier zu Boden.

Harry bückte sich. »Mein Führerschein.«

»Zeig mal.« Er streckte die Hand aus.

Folgsam reichte der Engländer dem Deutschen den Ausweis, der ihn nur überflog. »Und deiner?«, fragte er dann.

»Der müsste in der Innentasche der Lederjacke stecken.«

Harry förderte ein paar Papiere zu Tage, unter denen sich ein grauer Lappen in Postkartengröße befand. Er grinste, als er ihn aufklappte und das Foto sah. »Und das sollst du sein?«

Moritz guckte beleidigt. »Das ist ein Schülerfoto und dazu kein besonders tolles. War das einzige Passfoto, das ich bei der Ausstellung des Führerscheins noch hatte. Steck ihn man lieber wieder zurück.«

Der Engländer trat an die niedrige Mauer. »Guck mal.« Er zeigte in die Richtung von Gloucester Green.

»Was gibt's denn da zu sehen?« Moritz war jetzt ganz Ohr.

»Etwas, was du dir aus der Nähe ansehen solltest«, sagte Harry und packte Moritz an beiden Schultern.

Die Reaktionsfähigkeit des Deutschen war erstaunlich. Wider Erwarten musste Harry alle Kräfte aufwenden, um nicht zu Boden gerissen zu werden.

»Hast du sie noch alle?«, stieß Moritz hervor. »Was soll das jetzt?«

»Mir war da so eine Idee gekommen.« Harry unterdrückte einen Schmerzenslaut, weil Moritz einen Punkt an seinem Hals erwischt hatte, der höllisch weh tat. »Du hattest ja recht vorhin: Ich kannte das Mädchen, und ich war auf dem Turm, als es passierte.« Wenn es Moritz gleich nicht mehr gab, dann war es auch egal, was er ihm verriet. Außerdem konnte er ihm dann den Mord an Alice in die

Schuhe schieben: Der Deutsche hatte seine Jacke an, sah aus wie er, und hatte sich, seiner Schuld bewusst, in die Tiefe gestürzt. Eine Win-Win-Situation: Harry war sein Problem los, dass ihn möglicherweise jemand verriet, und Moritz war seine Familie los, die er hasste.

Verbissen rangen die beiden jungen Männer miteinander. Sie waren gleich stark, gleich schwer, fast gleich groß – das konnte nur böse ausgehen, dessen war sich Moritz sicher. Er hoffte nur, dass es nicht seine Kräfte waren, die zuerst nachließen.

McFarlane sah auf die Uhr. »Vielleicht können wir zum Ende kommen; es ist kurz nach acht, und mein Tag dauert schon länger als der eure.«

»Verstehe ich nicht«, murmelte Peter. »Das ist doch für alle gleich, immer vierundzwanzig Stunden …«

»Ich bin schließlich bereits um halb sieben heute Morgen aufgestanden«, fuhr der Detective fort.

»Wir auch«, sagte Freddy, wenn das auch eine glatte Lüge war. »Wir studieren schließlich fleißig.«

»Auch noch um Mitternacht?«, fragte McFarlane. Er konnte auch boshaft sein, wenn er wollte.

»Manchmal«, sagte Paul.

»Vor Prüfungen«, sagte Peter.

McFarlane nahm einen Schluck aus der Kaffeetasse und verzog das Gesicht. »Alles kalter Kaffee.« Langsam begann er wütend zu werden. Ein ungeklärter Todesfall, verstockte Jungs und ein Chef, der ihm im Nacken saß. Er hatte schon bessere Tage gesehen. »Also, jetzt aber raus mit der Sprache.« Er warf Freddy einen Blick zu, dem er mit zusammengezogenen Augenbrauen Nachdruck zu verleihen suchte. »Was haben Sie an der Magdalen Bridge um Mitternacht gemacht? Allein?« Er wartete eine Antwort nicht ab, sondern zog ein Blatt Papier heran. »Im Bericht des Rechtsmediziners steht, dass der Tod des Mädchens irgendwann zwischen Mitternacht und vier Uhr morgens eingetreten ist. Sie zählen also zu den Verdächtigen, zumal Sie die Tote gekannt haben.«

»Ich habe doch schon gesagt«, sagte Freddy, »dass ich nicht schlafen konnte und deshalb durch die Stadt gegangen bin. Allein.«

Von unerwarteter Seite kam Hilfe.

»Du musst aber ziemlich müde gewesen sein«, sagte Paul, »wenn du uns nicht gesehen hast, Peter und mich.«

Peter nickte. »Genau. Wir waren auf dem Nachhauseweg, und du standest an der Brücke, wo du das Wasser studiert hast.«

»Auf welcher Seite der Brücke?« McFarlane ließ wieder seinen Bleistift kreisen.

»Auf der zum Botanischen Garten«, sagte Paul.

»Auf der Seite zum Bootsverleih«, sagte Peter gleichzeitig.

»Interessant«, sagte der Detective zu Freddy. »Sie waren also gleichzeitig auf beiden Seiten der Brücke.«

»*No comment.*« Freddy versuchte, mit einem Witz die angespannte Situation aufzulockern. Als keiner lachte, fügte er hinzu: »Von der Mitte der Brücke aus, also wenn man zum Gewächshaus des Botanischen Gartens sieht, kann man nach Norden wie Süden die Boote ausmachen, da sie vom Bootsverleih unter der Brücke hindurch bis zu anderen Seite verankert werden.« Er sah seine beiden Freunde an. »Euch hab' ich aber tatsächlich nicht gesehen.«

»Nee, wir waren auf der anderen Seite«, sagte Paul.

»Nebeneinander«, sagte Peter.

»Bleibt noch euer Freund Harry.« Der Detective begann, den drei jungen Leuten gegenüber wütend zu werden. »Den habt ihr bestimmt auch gesehen, oder?«

»Haben wir«, sagte Freddy, der am fraglichen Abend nicht dabei gewesen war, sich aber genötigt sah, die eben erwiesene Freundlichkeit von Peter und Paul zu vergelten. »Der kam uns aus Cowley entgegen, als wir zu dritt nach Hauses gegangen sind.«

»Wunderbar!« McFarlane zog erbost einen Strich unter seine Notizen, so dass die Spitze des Bleistifts abbrach. Ein gegenseitiges Alibi, das nicht zu erschüttern war. Wieder ein frustrierendes Ergebnis. »Ihr könnt gehen.« Er zuckte mit den Schultern und sagte: »Tja, da kann man nichts machen. Den Fall lege ich zu den Akten.«

Morgens um sieben war die Welt noch in Ordnung. John hatte ausreichend geschlafen, geduscht und war wie immer mit dem Fahrrad zur Polizeiwache St Aldate's gefahren. Vielleicht hatte er alles nur geträumt, und Alice' Tod hatte sich nur in seinem Unterbewusstsein abgespielt. Aber schon am Eingang wurde er in die raue Wirklichkeit zurückgerissen.

»Zwei erledigt, vier stehen noch aus.« Mit diesen zuerst noch kryptischen Worten empfing ihn Melvyn, den er heute begleiten sollte, im Umkleideraum.

»Meinst du die Endrunde im Ligapokal?«, fragte John, der nicht ganz mitkam. »Ich interessiere mich doch nur in Maßen für Fußball, hauptsächlich für die Länderspiele; das weißt du doch.«

»Tut mir leid; manchmal brennen mir die Pferde durch. Das war jetzt nicht nötig; entschuldige.«

Melvyn wollte gehen, aber John hielt ihn zurück. »Rätsel mag ich nicht; das weißt du ebenfalls.«

»Ich dachte, du hättest es schon erfahren. Der nächste von deinen Freunden ist tot. Jetzt seid ihr noch zu viert, oder?«

Johns Beine gaben nach, und er musste sich setzen.

»Na, na«, sagte Melvyn begütigend. »Als Detective musst du dich aber an solche Ereignisse gewöhnen. Todesfälle, auch die natürlichen, sind immer plötzlich – aber in deinem Beruf dürfen sie dich nicht aus der Bahn werfen.«

»Was ist denn passiert?« Johns Stimme zitterte. »Wer ist denn …«

»Harold Morrison. Jedenfalls stand das auf dem Bibliotheksausweis, den wir in seiner Lederjacke gefunden haben.«

»Und wie, ich meine, wo …«, stotterte John hilflos.

»Die Leiche lag auf der straßenabgewandten Seite des Carfax Tower, wo ihn heute ein wohnungsloses Mitglied der Öffentlichkeit gefunden hat.«

Innerlich schüttelte sich John und nahm sich vor, diese Art von Obrigkeitssprache niemals zu verwenden. *Member of the public*, ts, ts. *Passant* hätte doch völlig gereicht. »Es fehlt aber eine formelle Identifizierung von Harry, oder?«

Melvyn nickte. »Gut aufgepasst. Weißt du denn, wo die Eltern wohnen?«

»Die sind schon lange tot. Hat er immer erzählt, und das glaube ich ihm auch. Habe ich ihm geglaubt, muss es jetzt ja heißen.« John wischte eine Träne ab, die trotz der Tatsache, dass er Harry nie sonderlich gemocht hatte, die Wange hinabrollte.

»Hat er denn andere Verwandte?«

John verneinte. »Jedenfalls nicht, dass ich wüsste.«

»Du weißt, was das nun bedeutet?«

Der junge Mann nickte. »Ich muss ihn identifizieren. In der Leichenhalle des John Radcliffe Hospital.«

Eine gute Stunde später stand John kreidebleich wieder vor dem Krankenhaus und fror trotz der Wärme des Maimorgens. Zwar hatte er schon einen verstorbenen Onkel gesehen, ein Anblick, den er nie vergessen würde, einfach deswegen, weil er der erste Tote gewesen war, aber mit Harry …

Melvyn legte ihm begütigend die Hand auf die Schulter. »Du hast das gut gemacht. Und du wirst sehen, in deinem zukünftigen Beruf wird das irgendwann zur Routine werden.«

»Das stimmt schon«, sagte John. »Trotzdem. Ich hatte irgendwie damit gerechnet, sozusagen einen friedlich schlafenden Harry zu sehen, aber dass vom Gesicht nichts mehr zu erkennen war …«

»Fall du mal fünfundzwanzig Meter von einem Turm herunter.«

John nickte. »Schon. Aber das hatte ich eben nicht im Blick.«

»Du bist dir aber sicher, dass der Tote Harold Morrison ist?«

»Ganz sicher. Die schwarzen Haare stimmten, die Größe, die Lederjacke … Außerdem hatte Harry doch einen Ausweis dabei, hast du doch gesagt. Wer sonst soll den denn haben?«

Melvyn dachte nach und sagte schließlich: »Warum er wohl dort heruntergefallen ist?«

John zögerte mit der Antwort. Dann gab er sich einen Ruck. »Unsere Freundin Alice ist möglicherweise nicht freiwillig vom Magdalen Tower gestürzt. Vielleicht hat jemand nachgeholfen und konnte danach mit seinem schlechten Gewissen nicht mehr umgehen. Harry hat sich jedenfalls nie sonderlich *gentlemanlike* ihr gegenüber betragen.«

»Aber angeblich war sie doch alleine da oben, oder?«

»Möglicherweise, vielleicht, angeblich – ziemlich viele Eventualitäten«, sagte John. »Aber das ist die einzige Erklärung, die mir zu passen scheint. Für beide Todesfälle.«

Pretty Woman

S*onntag, 25. September 2016.* »Wenn du weiter ins Wasser starrst und da stehenbleibst«, sagte Ashley, »wirst du kürzer. Dann stehst du dir nämlich die Füße in den Bauch.«

Wie seine Kollegen auch hatte Blackmore nur ein gewisses Verständnis für dumme Witze. Das Verständnis war etwas größer, wenn die Bemerkungen von seiner Freundin kamen, aber irgendwann reichte es. Er warf einen Blick auf seine Armbanduhr. »Schon vier. Was hältst du von einer kleinen Teepause? Da drüben vielleicht?«

Auf der anderen Seite der Sorgue lag ein kleines Straßencafé. Ein paar Resopaltische samt einer bunten Mischung von Stühlen unterschiedlicher Provenienz standen ohne sichtbares Ordnungsprinzip davor. Die wenigen Gäste schienen allesamt dem Ort zu entstammen; keiner hatte eine Einkaufstüte neben sich stehen oder einen Fotoapparat auf den Tisch gelegt.

Ashley nickte und marschierte entschlossen auf den Eingang zu. »Vielleicht treffen wir ja jemanden, der uns zum Mord etwas sagen kann.« Ohne auf ihren Freund zu achten, stieß sie mit Schwung die Tür auf und verschwand im Inneren des Hauses.

Blackmore ging ihr langsam nach und ließ sich mit Absicht Zeit. Er musterte unauffällig die Gäste, die meisten über fünfzig, die meisten Raucher, und folgte dann der jungen Engländerin ins Café du Fleuve, wie das Schild über dem großen Fenster neben dem Eingang mitteilte. Mit Mühe schob er die schwere Tür auf und trat ein.

Drinnen sah es entschieden anders aus, als er vermutet hatte: Statt der üblichen runden Café-Tische und eines Sammelsuriums von mehr oder minder passenden Stühlen hatte hier einer der kostspieligeren Innenarchitekten wirken dürfen: Drei Farben dominierten das Innere: Drachengrün, Gelbgold und Beige. Die Wände waren holzvertäfelt und endeten mit einem Abschlussfries unter der stuckierten Decke. An den Fenstern hingen Gardinen, auf dem Fußboden waren Fliesen mit ornamentalen Mustern des neunzehnten Jahrhunderts verlegt worden, und an den Durchgang zur Küche hatte sich rechts und links je eine schmale dorische Säule verirrt. Die Tische waren mit beigen Decken, Tafelsilber und kleinen Leuchtern bestückt worden; vor ihnen standen bequeme kleine Sessel mit stoffüberzogenen Lehnen, natürlich in Beige. Zu allem Überfluss hing an einer der Wände ein übergroßer Spiegel, der die Opulenz noch verdoppelte.

Aber das ganze Café war leer. Vielleicht gab es drinnen nur Kännchen, und auf der Terrasse draußen, wo die Leute saßen, war das Leben preiswerter.

»Zu viel Geld«, sagte Blackmore zu Ashley, die sich wieder zu ihm gesellt hatte.

Die junge Frau nickte. »Und das in diesem verschlafenen Nest! Wo der Schotter wohl herkommt?«

»Komme gleich«, rief jemand aus der Küche.

Gleich darauf trat eine bildhübsche Frau, vielleicht Mitte Dreißig, hinter die kleine Theke. Die dunkelblonden Haare hatte sie hochgesteckt, damit ihr Gesicht mit einer aristokratischen Nase und einem Schmollmund besser zur Geltung kam. Die drei obersten Knöpfe der Bluse waren offen, so dass der Ansatz ihres Busens und eines schwarzen BHs zu sehen war. Aus grünen Augen musterte sie das vor ihr stehende Paar.

»Was kann ich für Sie tun?«

»Zwei doppelte Espressi bitte«, sagte Ashley akzentfrei auf Französisch.

»Und eine Auskunft«, sagte Blackmore auf Englisch.

Die Frau sah ihn irritiert an. »*Excusez-moi?*«

»Entschuldigen Sie«, sagte Ashley auf Englisch.

»Soviel kann ich selber«, sagte Blackmore leicht verstimmt. »Sag ihr mal, was wir möchten.«

Drei Minuten später dampften die kleinen Tassen auf dem Tisch, an den sich der Detective mit seiner Freundin gesetzt hatte. Auf der

Kante des dritten Stuhls hatte die Besitzerin Platz genommen, vor sich ebenfalls einen Espresso.

»Renée Roux«, sagte sie. »Mir gehört das Café du Fleuve.«

»Eine sehr hübsche Einrichtung«, sagte Ashley. »Ziemlich neu, oder?«

»Zwei Monate«, sagte Renée und konnte ihren Stolz nicht ganz verbergen.

»Aber noch so neu, dass die Einheimischen und die Touristen es noch nicht entdeckt haben.« Blackmore wartete Ashleys Übersetzung ab und fuhr dann fort: »Da Sie das nicht zu stören scheint, haben Sie wahrscheinlich noch eine andere Einnahmequelle.«

»Und wenn schon – ich glaube nicht, dass Sie das etwas angeht.« Mit den Fingern der linken Hand klopfte sie unbewusst leise auf das Tischtuch.

»Aber wir sind nicht hier«, sagte Blackmore freundlich, »um über Ihre Einkünfte zu sprechen. Wir ermitteln in einem Mordfall.«

»Ich bin unschuldig«, sagte Renée, »falls Sie den dicken Antiquitätenhändler meinen.«

Ashley lachte.

Blackmore verzog keine Miene. Er mochte keine jovialen Zeugen und keine Verdächtigen, die Ablenkungsmanöver veranstalteten oder mit Nebelkerzen warfen. »Ihr Mann steht für Sie ein, René mit einem E, oder?«

»Ja, wir halten wie Pech und Schwefel zusammen.«

»Gut, dann kann ich mir ja weitere Fragen zu einem Alibi sparen und brauche nicht zu fragen, wo Sie sich am vergangenen Samstag, dem 24. September 2016, aufgehalten haben.«

»Nein, brauchen Sie nicht. Da habe ich nämlich mit dem Innenarchitekten die Abnahme hier gemacht. Sie können ihn gerne fragen.«

»Auch noch abends?«, konnte sich Ashley nicht verkneifen zu fragen.

»Wir waren den ganzen Tag über mit dem gesamten Café beschäftigt. Ein paar Sachen sind noch nachzubessern, aber das ist nur Kleinkram.« Sie deutete auf eine noch nicht brennende Deckenleuchte.

»Oder das.« In der linken unteren Ecke des großen Spiegels war ein blinder Fleck zu sehen.

»Eigentlich wollten wir Sie nur fragen, ob Sie einen gewissen Peter Miller kennen. Er fährt einen Oldtimer, einen roten Jaguar.«

Renée wurde blass.

De la Tour war schlecht gelaunt. Erst die Sache mit dem Rotweinfleck und die blöde Bemerkung der Mechanikerin darüber, dann der nachdrückliche Hinweis auf eine Umlackierung seiner geliebten DS und nun zu allem Überfluss auch noch Chauffeursdienste. »Wo fahren wir denn überhaupt hin?«, maulte er.

»Saint-Rémy-de-Provence«, sagte Carmen. »Haben wir doch vorhin schon gesagt.«

Krüger sah aus dem Autofenster und hörte nicht richtig zu. Mit seinen Gedanken war er ganz woanders. Wer brachte denn – anscheinend ohne Grund – eine beliebte Persönlichkeit im Ort um, noch dazu im Affekt? Und wenn es nicht plötzlich geschehen war, sondern nur so aussehen sollte, musste es von langer Hand geplant sein. Der Tote war arglos gewesen, denn warum sonst hätte er mit seinem Mörder zusammen einen Espresso trinken sollen? Und wenn er den Espresso mit jemand anderem getrunken hatte, dann war jener der letzte Zeuge und musste dringend ausfindig gemacht werden. An offenen Fragen mangelte es nicht, was der Hauptkommissar schon irgendwie befriedigend fand. Einfache Rätsel waren etwas für den Kindergarten oder für seinen Bonner Kollegen Dolf Mesmer, der im Frühsommer im Fall der ermordeten jungen Männer in der Eifel auf ganzer Linie versagt hatte. Das war nämlich ein ziemlich kompliziertes Problem gewesen.

»Hast du das gerade gesehen?«, fragte Carmen.

»Man muss abwarten, was die DNA-Analyse bei den beiden Espressotassen ergibt«, murmelte Krüger, noch immer ganz versunken.

Seine Freundin schüttelte den Kopf. »Hast du auch noch etwas anderes außer kriminellen Ermittlungsmethoden mitzuteilen?«

»'tschuldigung«, sagte Krüger, meinte es aber nicht so. »Du weißt doch, wenn mich etwas richtig beschäftigt, beschäftigt es mich richtig.«

Carmen grinste. »Konfusius färbt ab, oder?« Sie streichelte seine Hand. »Aber du hast doch Ferien, nicht wahr?«

»Teilweise. Wenn nicht gerade Leichen meinen Weg kreuzen. Und was soll ich gesehen haben?«

Inzwischen wusste Carmen, dass Krüger seine Aufmerksamkeit durchaus teilen konnte. Wenn er wollte. »Das Ortsschild. *Châteaurenard.* Da wohnte doch Bertrand im letzten Jahr.«

»Wahrscheinlich tut er das immer noch.«

»Ich dachte nur wegen Essen und so.«

»Er wird uns bestimmt wieder zu einem selbstgemachten Mehrgänge-Menu bitten, gastfreundlich, wie er ist.« Krügers Stimme war sehr leise geworden. Mit einer Kopfbewegung deutete er auf de la Tour. »Der muss ja nicht unbedingt mitkommen.«

Der Hotelier hatte im Rückspiegel die kleine Unterhaltung verfolgt, aber nicht alles verstanden. Da er als nicht allzu aufdringlich erscheinen wollte, drückte er eine der Tasten an dem wohl aus dem gleichen Baujahr wie seine DS stammenden Radio, und der Refrain von Adamos *Tombe la neige* dudelte aus dem Lautsprecher. Die Musik war wohl ebenso alt wie das Auto.

»Komisch«, sagte Carmen. »Ich weiß nicht warum, aber bei dem Lied von 1963 muss ich immer an einen alten Schwarzweiß-Film und einen Auftragskiller denken.«

»Du liest zu viel«, sagte der Kommissar, mit seinen Gedanken schon wieder ganz woanders. »Und woher weißt du, von wann das Lied ist?«

»Von deinen Kollegen bei der befuhrwerkten Polizei. Von R2D2, also der einen Hälfte, Dieter Derenthal. Anders als sein Partner Roman Roselski ist er ja ein wandelndes Pop-Lexikon.«

Krüger nickte. »Aber statt selbiges auswendig zu lernen, hätte der Streifenpolizist lieber die Straßenverkehrsordnung verinnerlichen sollen.«

»*How many roads must a man walk down / Before you call him a man?*«, zitierte Carmen den Lieblingsbarden ihres Freundes.

»Genau. Das ist Paragraph 1 der Straßenverkehrsordnung«, sagte Krüger.

Eine knappe Viertelstunde später bremste de la Tour sein Auto ab und fuhr auf den Place de la République, den großen Parkplatz vor der Altstadt von Saint-Rémy, die für Touristen in Teilen nur zu Fuß zu betreten war. »Endstation – alles aussteigen«, sagte er leutselig. Seine schlechte Laune war verflogen; die Sonne schien immer noch, und er musste sich nicht mit aufgebrachten Gästen in seinem Hotel herumschlagen, denen das frisch gekaufte Frühstücksbaguette nicht kross genug war. Selbst den weißen Kastenwagen, der ihm am Ortseingang mit viel zu hoher Geschwindigkeit entgegengekommen war, hatte er wieder vergessen.

Krüger kletterte etwas mühsam aus dem Auto, da sein rechter Fuß eingeschlafen war.

Carmen tat es ihm leichtfüßig nach. »Wie wäre es mit etwas Sport, regelmäßig?«

»Alles zu seiner Zeit«, sagte er. »Steht schon im Alten Testament. Damals ist auch niemand gerannt.«

»Und jetzt?«, fragte de la Tour, nachdem er mit einem Schlüssel den Citroën abgeschlossen hatte.

»Jetzt gehen wir zu Millers Laden.« Er musterte de la Tour. »Sie wissen doch sicher, wo der liegt, oder?«

»Ich habe keine Ahnung; ich wusste ja noch nicht einmal, dass er auch im Antiquitätenhandel, äh, handelt.«

Carmen tippte auf ihrem Smartphone herum. Als Teil-Theologin war sie nicht nur rückwärtsgewandt, sondern bemühte sich, technisch stets auf dem neuesten Stand zu sein. Man wisse ja nie, wann die Endzeit anbrechen würde, hatte sie mal zu Krüger gesagt. Informiert zu sein, per Text und Bild, sei alles. »Rue Carnot«, sagte sie. »Neben einem Champagner-Schuppen. Weine und so, wisst ihr. Da längs.« Sie steckte das Telefon wieder weg und ging los. Die Herren würden schon folgen. Alle liefen immer irgendwelchen Damen nach, den eigenen oder fremden. Sie lächelte leise. Ein gewisser Zynismus im Umgang mit dem anderen Geschlecht hielt die eigene geistige Gesundheit intakt.

Krüger folgte ihr, genoss aber gleichzeitig den kleinen Spaziergang unter den Platanen, an den zwei- bis dreistöckigen Geschäfts- und

Wohnhäusern entlang, alle aus dem Provence-Stein im warmen Gelbton erbaut. Auf Carmens Mobiltelefon hatte er sich den Plan des historischen Kerns von Saint-Rémy-de-Provence angesehen, der fast einem mittelalterlichen Wappenschild ähnelte: Eine breitere Straße außen herum, zahlreiche, oft nicht mit dem Auto zu befahrende, asphaltierte Wege innen, kleine Plätze, Restaurants, Boutiquen, was immer ein Tourist mit einem »typischen« Provence-Städtchen verband. Die meisten Fremden kamen natürlich wegen Michel de Notre-Dame, vulgo: Nostradamus. Sie standen dann sinnierend vor dem Brunnen mit seiner Büste darüber und erhofften sich eine Wahrheit des Wahrsagers aus dem sechzehnten Jahrhundert über ihre eigene Zukunft.

Die Rue Carnot teilte den Schild waagerecht in der Mitte. Millers Antiquitätengeschäft lag somit fast im Zentrum.

Hinter der Kollegiatskirche Saint-Martin bogen die drei in die Rue Daniel Millaud, mehr eine Gasse denn eine Straße mit zahlreichen Boutiquen und Gemüseläden.

Krüger zeigte auf den Straßennamen in drei Metern Höhe. »Würde mich nicht wundern, wenn das auch irgendein Bürgermeister war. Bei uns kannst du sicher sein, dass sich hinter Vor- und Nachnamen bei einem Straßenschild einer der ortsansässigen Politiker verbirgt – meistens das Stadtoberhaupt.«

Carmen nickte. »Der muss aber erst tot sein, damit er ein eigenes Schild erhält. Und dann hat er ja nichts mehr davon.«

De la Tour war ihnen vorausgeeilt. Beim SPAR-Geschäft erreichte er die Rue Carnot und wandte sich nach rechts. Schräg gegenüber lag die erwähnte Weinhandlung, neben ihr im Erdgeschoss eines ockerfarbenen Hauses mit der Nummer 115 der Antiquitätenladen. Eine Art Vordach aus grün gestrichenem Holz über die gesamte Fassadenbreite würde bei Regen verhindern, dass interessierte Kunden beim Betrachten des Schaufensterinhalts nass wurden.

Krüger und Carmen traten neben den Hotelier und versuchten, im Inneren des dunklen Ladens etwas auszumachen. Im Tageslicht konnten sie direkt hinter der Scheibe das übliche Durcheinander erkennen: ein leicht verbogener, ehemals blanker Degen, ein Stapel alter Filmzeitschriften, ein Kasten mit seit langer Zeit nicht mehr poliertem Besteck, eine Uniformjacke und die Rücklehnen von Esszimmer-Stühlen unterschiedlicher Epochen. Und anderes Zeug.

»Und wo hat er jetzt den Jaguar geparkt?«, fragte Carmen.

»Keine Ahnung«, sagte de la Tour. »Vielleicht vor der Stadt? Wie wir?«

Der Kommissar sah auf die Uhr. »Schon fünf. Wie lange hat der Laden denn auf?«

»Bis fünf«, sagte de la Tour. »Danach haben die Touristen in der Regel genug vom Shoppen und frequentieren die Bars und Restaurants.«

»Ich dachte, ihr esst eigentlich später?«

»Gegen neun?« Krüger pflichtete seiner Freundin bei.

»Die echten Franzosen tun das.« De la Tour holte ein Taschentuch hervor und wischte sich über die glänzende Stirn. »Die anderen aber, Touristen und ähnliche ausländische Zeitgenossen, halten sich nur für Franzosen im Urlaub. Die sind vor sechs in den Restaurants, die dann schon geöffnet haben.«

»Guck mal«, rief Carmen. »Die Tür ist aber noch offen.« Sie stieß sie auf und verschwand im Dunkel des Antiquitätengeschäfts.

Gleich darauf hörten die beiden Herren einen unterdrückten Schrei.

Vor dem Café du Fleuve stupste Ashley ihren Freund an. »Renée hat bestimmt etwas ausgefressen, meinst du nicht?« Sie hängte sich bei ihm ein. »So blass, wie die eben bei deiner Frage geworden ist?«

»Vermutlich«, sagte Blackmore, für den Mutmaßungen eher etwas für Laien waren, nicht für gestandene Kriminalbeamte. Aber man durfte das Publikum niemals verunsichern, wenn man es noch brauchte. »Genau das wollte ich aber überprüfen. Da drüben.«

Ashley sah sich um, entdeckte aber nichts, was für eine Überprüfung geeignet war. »Wo denn?«

»Ich zeig's dir.« Blackmore steuerte das gegenüberliegende Bistro de la Rivière an. Als er die Tür öffnen wollte, wurde sie von innen aufgestoßen, und er konnte gerade noch ausweichen, da ein etwa fünfzigjähriger vierschrötiger Mann heraustrat.

Ashley unterdrückte ein Grinsen. Wandelnde Klischees besaßen schon einen gewissen Charme.

Der Mann trug einen roten Pullover mit schwarzen Querstreifen, der oben zu weit war, so dass ein faltiger Hals zu sehen war, und unten zu kurz, so dass der behaarte, durchaus beachtliche Bauch zur Geltung kam. Die ehemals blaue Jeans war verblichen. Im linken Mundwinkel hing eine erloschene Zigarette, und auf seinem wilden Haarschopf klebte eine schwarze Baskenmütze.

»Was gibt's?«, fragte er.

»Och«, sagte Ashley auf Französisch. »Eigentlich nichts Besonderes. Aber ein Espresso täte uns gut.« Sie zeigte auf zwei Plastikstühle vor einem der unbesetzten Resopaltischchen, das auf dem ungepflasterten Boden etwas schief stand.

Die anderen Gäste sahen kurz auf, wandten sich dann aber wieder der jeweiligen Unterhaltung zu.

Der Mann machte kehrt und ging ins Café zurück, während sich die beiden Engländer setzten.

»Auf die Dauer macht das mein Herz nicht mit«, sagte sie, »so viel Koffein ...«

Ein paar Minuten später kam der Mann zurück und stellte ein Tablett mit zwei nicht mehr ganz sauberen Espressotassen und zwei ungleich gefüllten Gläsern mit Wasser auf den Tisch. Für sich selbst hatte er einen Pastis mitgebracht, den er aber in der Hand behielt, nachdem er das Glas hochgenommen hatte. »Sie sind aber nicht zum Kaffeetrinken hierhin gekommen, oder?«

Blackmore nickte. »Sind wir nicht.«

»Dann gehören Sie sicher zu dem internationalen—«, der Mann hielt inne, nahm die Mütze ab und kratzte sich am Hinterkopf, »genau: *Ermittlerteam* für den Mord an Paul.« Sein Englisch besaß die Sprachmelodie des Franzosen, außerdem viele Betonungen auf den falschen Silben.

Der Detective nickte. »Tun wir.«

»Haben Sie denn schon einen Verdächtigen? Wobei das doch für Sie bestimmt schwer ist, wenn Sie kein Franzose sind, hier Leute zu verhören.«

»Überhaupt nicht.«

»*Pas du tout*«, sagte Ashley. »Das Wenige, was der Kommissar nicht weiß und daher nicht fragt, weiß ich und frage es daher. Und das obendrein in Ihrer Sprache. Wo waren Sie am Samstagabend?«

Der Mann lachte. »Im Bistro natürlich. Sie können gerne den halben Ort fragen.«

Jetzt hatte ihn Blackmore dort, wo er ihn haben wollte. »Und die andere Hälfte des Ortes war dann gegenüber, im Café du Fleuve, nicht wahr?«

»Nein, da geht keiner hin. Zu modern, zu teuer, und außerdem stammt Renée aus Paris.«

Das sei tatsächlich ein No-go hier im Süden, erklärte Ashley rasch ihrem Freund.

»Aber warum hat sie dann so viel investiert, wenn eigentlich klar war, dass sie hier kein Bein an den Boden bekommen würde?«

Ashley holte ein kleines Schreibheft aus ihrer Handtasche und schob es zu Blackmore. »Willst du dir nicht Notizen machen?«

Er nickte gehorsam und holte einen älteren, bestoßenen Kugelschreiber hervor.

»Ich vermute«, sagte der Wirt gedehnt und trank einen ausgiebigen Schluck, »dass es sich bei dem Café um das übliche Boutiquen-Modell handelt – wie andernorts in Europa auch.«

Auf den fragenden Blick der beiden Engländer sagte er: »Na ja, einer verdient so viel Geld, dass er es lieber in Außen- und Inneneinrichtungen von Geschäften verbrennt, statt es dem Finanzamt zu überlassen.«

»Und Sie meinen, das sei bei René der Fall? Er arbeitet, und sie gibt alles wieder aus?«

»Eine Rollenverteilung, die sich in vielen Ehen bewährt hat.«

»Also hören Sie mal!« Wenn sie wütend war, war Ashley nicht zu bremsen.

Blackmore verfolgte amüsiert den Disput.

»Das mag vielleicht in den sechziger Jahren richtig gewesen sein, aber heutzutage, wo beide verdienen müssen, um einigermaßen über die Runden zu kommen, da stimmt das einfach nicht mehr.« Die junge Engländerin funkelte den Wirt an. »Die Frauen haben schon immer gearbeitet, früher bei der Kindererziehung und im Haushalt, heute bei der Kindererziehung und im Haushalt und obendrein noch in ihrem Beruf!«

»Schon gut, schon gut«, sagte der Mann, stellte das inzwischen leere Glas aufs Tablett zurück und hob beschwichtigend die Hände. »So habe ich es auch nicht gemeint. Nur – bei den beiden von gegenüber stimmt es. Renée hat zu viel Geld zum Ausgeben, und René steht auch nicht schlecht da, wenn man von seinen beiden Autos aufs Einkommen schließen will.«

»Was fährt er denn?«, fragte Blackmore.

»Als waschechter Franzose einen Bentley.« Der Wirt konnte auch sarkastisch sein. »Und einen Ford-Kastenwagen.« Er verzog den Mund zu einem mokanten Grinsen. »Als waschechter Franzose«, fügte er hinzu.

Ashley lachte.

»Die Inneneinrichtung des Cafés hat übrigens eine halbe Million gekostet.« Der Mann sah die beiden triumphierend an. »Hat mein Cousin gesagt; seine Frau ist eine Verwandte des Innenarchitekten. Und da sie keinen Mäzen hat, die gute Renée, stammt der Schotter bestimmt aus dunklen Quellen. Banküberfälle, Juwelendiebstähle und dergleichen.«

»Können Sie denn etwas zu einem roten Jaguar sagen?«

Der Mann nickte. »Der gehört auch einem Engländer.« Er nahm die Mütze wieder ab, kratzte sich ausgiebig im Haar und setzte sie wieder auf. »Oder Franzose. Inzwischen. Vielleicht.«

»Könnten Sie eventuell etwas mehr über ihn berichten?«, fragte Ashley.

»Kann ich. Miller, der Fahrer des roten Autos, ist auch Antiquitätenhändler, aber aus Saint-Rémy. Jedenfalls hat er das mal gesagt, als ich ein paar Worte mit ihm gewechselt habe. Aber so, wie seine Kleidung aussah – bestimmt maßgeschneidert –, hat der auch noch andere Einnahmequellen.«

Blackmore schrieb eifrig mit. Dann stutzte er und überlegte. »Das hilft uns aber beim Mord an Paul Gascoigne nicht weiter.«

»Vielleicht doch«, sagte der Mann. »Es hieß immer, Paul würde unter dem Tisch auch mit Edelsteinen handeln, von wo auch immer die stammten. Die offizielle Herkunft der Steine hat ihn nie interessiert.«

Bonn 1984: Ein mörderischer Sommer

F*reitag, 21. September.* Am Chlodwigplatz, der letzten Haltestelle vor dem Kaiser-Karl-Ring, stieg Krüger aus der Straßenbahn. Die Linie 1 war pünktlich vom Bonner Hauptbahnhof abgefahren, hatte aber hinter dem Landgericht kurz vor dem Petit Poisson anhalten müssen, weil ein größerer Lieferwagen rückwärts in die Alexanderstraße einparkte. Wahrscheinlich hatte er eine Lieferung frischen Fischs für das Feinschmeckerrestaurant an Bord.

Krüger sah sich um. Hinter ihm lagen ein paar Gründerzeithäuser etwas verloren neben einem Nachkriegsbau, einem schnell hochgezogenen, gesichtslosen und im Erdgeschoss verklinkerten Fünfziger-Jahre-Haus. Die Tür des Lottoladens im Erdgeschoss gegenüber stand trotz des kühlen Wetters Ende September offen, die Tür der Reinigung links daneben war geschlossen. Der junge Mann holte einen Zettel hervor: *Kölnstraße Nr. 493* hatte er mit seinem Füllfederhalter auf einem DIN-A6-Blatt vermerkt.

Langsam überquerte er die Straße. Ein Taxi, das von rechts kam, hupte. Von Hamburg war Krüger aber ganz andere Verkehrsteilnehmer gewohnt und überhörte daher die Störgeräusche.

Die schwarze, mit Schrammen versehene Haustür schien älter zu sein; drei über dem senkrecht in der Mitte verlaufenden Fensterschlitz aufgeklebte Ziffern (Schwarz auf Gold) bildeten die Hausnummer.

Krüger drückte auf die zweitoberste Klingel, neben der in einer ungelenken Mädchenschrift *Richter* stand. Er trat einen Schritt zurück und sah an der Fassade hoch: zwei Geschosse über dem Lottoladen, das dritte Stockwerk ein Stück zurück. Im Dach schien es auch noch eine Wohnung zu geben; jedenfalls waren links zwei Erker zu sehen. Ein Fenster war geöffnet; auf dem Fensterbrett hatte jemand tiefrotes Bettzeug deponiert.

Der Summer ertönte.

Krüger drückte die Tür auf und stolperte drinnen beinahe über einen größeren Kinderwagen, der den Zugang zur steinernen Treppe versperrte. Rechter Hand versuchte ein Fahrrad, den Weg in den Garten – man konnte ein ungepflegtes Rasenstück durch das Fenster der rückwärtigen Tür erkennen – ebenfalls zu verstellen. Alles sah nach einem Studentenhaus aus, in dem sich niemand für die Ordnung außerhalb der eigenen vier Wände als zuständig erachtete.

»Dritter Stock«, rief eine helle Mädchenstimme.

Krüger stieg langsam nach oben. In der ersten Etage hing an einer der beiden, nebeneinander liegenden Wohnungstüren ein großes Che-Guevara-Poster. 1968 angefertigt, dachte der junge Mann. Das galt doch jetzt schon als Nostalgie, oder?

Der zweite Stock war unauffällig; vielleicht wohnten hier aber auch nur »normale« Ehepaare seit den fünfziger Jahren. Der Treppenabsatz in der Etage darüber sah schon etwas studentischer aus, jedenfalls so, wie Krüger die Umgebung von Studenten kannte: unter der ins Dachgeschoss führenden Holztreppe standen leere Bierkisten, lag ein Stapel alter Zeitungen und vergammelte ein Koffer, dessen braunes Leder schon verblichen war.

Rechter Hand wartete Heike. »Da bist du also.«

»Da bin ich also«, sagte Krüger verlegen. Er blieb stehen und sog förmlich Heikes Aussehen ein: fast schulterlange schwarze Haare, ein goldener Ohrring links, Bluse mit Pullunder, Jeans, flache Schuhe. Und an jeder Ecke eine Kurve, bei deren Beschreibungen die Mathematik versagen würde. So hatte es jedenfalls ein Polizist auf der Davidswache an der Reeperbahn formuliert, als Krüger nach dem Abitur wegen eines Praktikums gefragt hatte. Schon damals missfiel ihm die Wortwahl; aber auch er konnte nicht umhin, die Schönheit des anderen Geschlechts zuerst von außen wahrzunehmen. Was würde er denn über Heikes Figur sagen? *Barock* stimmte nicht, und *mollig* würde sie bestimmt zurückweisen. Innerlich entschied er sich für das schöne und simple *hübsch.*

»Willst du nicht reinkommen?«

»Doch, schon.« Er stellte seine kleine Reisetasche unter der Garderobe ab, die an der Wand des winzigen quadratischen Flurs hing.

»Rechts«, sagte Heike, »ist die Dusche et cetera. Komm mal mit.«

Sie stieß die linke Tür auf und führte den jungen Mann in ein relativ großes Zimmer, dessen Fenster zur Straße ging. An der Wand zur Nachbarwohnung stand ein halbhoher Schrank mit Gläsern, die leise klirrten, als sich unten die nächste Straßenbahn wieder in Bewegung setzte. Ein Teppich von IKEA, ein einfaches Bett mit einer Tagesdecke und ein Reisballon, der wahrscheinlich eine ansonsten nackt bleibende Glühbirne umhüllte, vervollständigten das Mobiliar.

»Das ist dein Reich während deines Besuchs.« Ein undefinierbarer Blick folgte.

Krüger war sich nicht sicher, ob Heike seine Anwesenheit doch nicht recht war, obwohl sie sich schon lange verabredet hatten.

Gegenüber der Wohnungstür lag ein Multifunktionszimmer: eine ausziehbare Couch, eine elektrische Orgel, darüber Wandregale mit Büchern, rechts, vor dem Fenster zum Garten, ein überladener Schreibtisch mit Medizinbüchern, daneben eine schmale Tür, wohl eine Art Speisekammer, und nochmal rechts eine kleine Kochnische. An der Wand ein Esstisch mit vier Stühlen.

»Hübsch hässlich hast du's hier.«

Aber Heike schüttelte nur den Kopf. Vielleicht kannte sie den alten Rühmann-Film nicht.

»Du mit deinen dummen Sprüchen und Zitaten. Geändert hast du dich ja in der kurzen Zeit wirklich nicht. Obwohl man das doch sicher noch mit Anfang zwanzig tun kann, oder?« Wieder ein undefinierbarer Blick.

Vielleicht war es ein Fehler gewesen, nach Bonn zu fahren, dachte Krüger. So hatte er sich den Beginn einer wunderbaren Freundschaft nicht vorgestellt.

Die Tür zum zweiten zur Straße gelegenen Zimmer der kleinen Wohnung öffnete sich, und ein junger Mann mit dunkelbraunen, bis zu den Schultern reichenden Locken trat neben Heike.

»Das ist mein Freund«, sagte Heike.

»Rolf Beaumont«, sagte Rolf Beaumont. »Und das ist meine Freundin, noch.«

Heike wurde rot. »Wir wollen nämlich heiraten.«

Davon hätte sie auch etwas sagen können. Krüger überlegte, was er jetzt nun tun sollte. Generalfeldmarschall von Gneisenau hätte wahrscheinlich einen geordneten Rückzug angeordnet, den man nachher mit einer geordneten Hotelsuche verbinden könnte, falls die knappe Barschaft dafür reichte.

»Du kommst auf jeden Fall auch zur Hochzeit«, sagte Heike gerade. »Und falls mal Kinder am Horizont auftauchen«, das Wangenrot vertiefte sich entschieden, »wirst du Patenonkel.«

Das klang jetzt doch wieder nach Freundschaft. Krüger gab sich einen Ruck. Ein Gentleman verlor stets mit Anstand. »Gratuliere, gratuliere. Wir sollten das begießen; findet ihr nicht?«

»Genau«, sagte Rolf. Er drückte seiner Freundin einen Kuss auf die Wange. »Gehen wir doch zur Pinte in der Breite Straße. Da kannst du dann auch von dem verschwundenen Jungen berichten, liebe Heike.«

»Also, erzähl mal. Wo habt ihr euch eigentlich kennengelernt?« Rolf schob das Bierglas zurück und betrachtete Krüger, einen schmächtigen jungen Mann, der eigentlich nicht Heikes Geschmack entsprach. Die Haare müssten mal wieder geschnitten werden, dachte er; die Lederjacke hatte schon bessere Tage gesehen, und das Schwarz der Jeans war einem leichten Anthrazit gewichen.

»Zum Friseur kann ich zur Zeit nicht gehen«, sagte Krüger. »Der hat sich nämlich den Arm gebrochen. Die Lederjacke habe ich von meiner Hamburger Patentante bekommen; die reift nämlich mit dem Alter, also die Lederjacke, nicht die ...«

Heike grinste.

»Und die Jeans hält noch ein paar Wäschen durch, bevor ich mir eine neue kaufen muss.«

»Mann, hast du eine Beobachtungsgabe«, sagte Rolf. »Was willst du denn mal werden?«

»Detektiv.«

Rolf war sich nicht sicher, ob das Ironie sein sollte, beließ es aber dabei.

Krüger nippte an seinem Wein. Dem Ortsgetränk namens *Kölsch* hatte er nichts abgewinnen können und das nur halb geleerte Glas zurückgegeben, was die Kellnerin mit einem Hinweis auf »Düsseldorfer und Konsorten« und einem Kopfschütteln quittiert hatte. Und warum die Pinte ›Pinte‹ hieß, erschloss sich ihm auch nicht. Das war genauso merkwürdig wie der Name der Gasse, in der sich die Kneipe befand – *Breite Straße*. Er räusperte sich.

»In Bremen«, sagte Heike.

»Ausgerechnet«, sagte Krüger und trank einen weiteren großen Schluck.

Pause.

»Ist das Nordlicht immer so einsilbig?«, fragte Rolf.

»Das waren vier Silben«, sagte das Nordlicht. »Aus-ge-rech-net.« Ein neuer Schluck.

Pause.

»Beim Konzert von Joe Cocker«, sagte Heike. Sie warf Krüger einen Blick zu. »Pass mal auf, dass du nicht zu viel redest. Du gerätst sonst noch ganz außer Atem.«

Der Inhalt vom Weinglas ging bedenklich schnell zur Neige.

»Wann wa'n das?« Rolf war beim vierten Kölsch, was die Akzentuiertheit seiner Sprache geringfügig verschlechterte.

»April 1984«, sagte Heike. »Das war schon'n tolles Konzert. Mir ist nach wie vor das eine Stück von Bob Dylan in Erinnerung geblieben, das Cocker gecovert hat.«

»Das hieß *Watching the River Flow*«, sagte Krüger schon etwas langsamer und undeutlicher. »Und es gab zwei hübsche Sängerinnen im Hintergrund.« Er sah versonnen an die Decke.

»Vor fünf Monaten war das. In der Hansestadt Bremen. Deswegen fiel es Krüger nicht so schwer, *seine* Hansestadt zu verlassen.«

»Bre'm«, sagte Krüger.

»Sag' ich doch«, sagte Rolf. »Einsilbig.«

Heike kicherte.

»Warte mal.« Rolf hatte die Finger zum Zählen zu Hilfe genommen. »Heike sagte, du seiest jetzt im dritten Semester. Dann hast du 1983 Abitur gemacht, oder?«

Der Angesprochene nickte und betrachtete traurig sein leeres Glas.

»Das ist jetzt etwa anderthalb Jahre her. Aber was war denn dann mit der Bundeswehr?«

»Un-taug-lich«, sagte Krüger, überraschend klar zu verstehen. »Drei Silben. Wir Hamburger sind selten einsilbig.«

»Und wie lautete dein Leiden zwecks Untauglichkeitserschleichung?« Rolf wollte es genau wissen.

»Kyphose«, sagte Krüger. »Drei—«

»Silben, ich weiß«, sagte Rolf. »Ich bin durchaus noch zur Addition in der Lage.« Er winkte der Kellnerin. »Noch'n Bier.«

Krüger nickte. »Ich auch. Also Wein, meine ich. Denselben bitte.«

»Dreizehn«, sagte Heike.

Die jungen Männer sahen sie irritiert an.

»Silben, meine ich«, sagte Heike. »Dreizehn waren das gerade. Hamburger reden wie ein Wasserfall.«

Krüger konnte durchaus auch kichern. Aber plötzlich wurde er wieder ernst. »Ich erzähle das nur einmal. Mit *Kyphose* bezeichnet man einen krummen Rücken, was aber heilbar ist. Genauer formuliert hatte ich eine *Adoleszentenkyphose*, wie sie bei Heranwachsenden auftreten kann.«

»Acht Silben«, murmelte Rolf.

»Gemeinhin *Scheuermann*«, murmelte Heike.

»Drei Sil—«, begann Rolf, sah aber auf ein derart finsteres Gesicht seiner Freundin, dass er die zweite Silbe von *Silben* lieber unter den Tisch fallen ließ.

Unbeirrt fuhr Krüger fort: »Ich habe immer zu viel und zu lange gelesen, oft am Schreibtisch, und jetzt besonders, wenn ich Akten durchsehen muss. Also hat mich der Musterungsarzt wieder nach Hause geschickt. Ich gehöre ja auch zu den geburtenstarken Jahrgängen; möglicherweise kann die Bundeswehr uns alle gar nicht unterbringen. Vielleicht sah ich dem Mediziner aber auch nur zu schlank aus. Und mit einigen Streck- oder Dehnübungen bekommt man das Leiden wieder weg.« Er überlegte. »Oder in den Griff. Je nachdem.«

Inzwischen stand das nächste volle Glas vor ihm, und Krüger nahm einen großen Schluck.

»So konnte ich direkt studieren, mit Neunzehn. Aber jetzt zu etwas ganz anderem. Du wolltest doch von einem verschwundenen Jungen erzählen, Heike, nicht wahr?«

Krüger gähnte. Er hatte zu kurz und zu schlecht geschlafen. Es war gestern noch ziemlich spät geworden. Nach einer Prügelei am anderen Ende der Pinte hatten die drei fluchtartig das Etablissement verlassen und waren in die Südstadt weitergezogen.

Die Kerze in der Königstraße hatte natürlich auf, trotz der späten Stunde, und mit der dortigen Spezialität, einer deftigen, mit Käse überbackenen Zwiebelsuppe, waren die drei rasch wieder nüchtern geworden. Ein Wort gab das andere, und so gingen die drei erst nach zwei wieder nach Hause. Aber über den verschwundenen Jungen hatten sie nicht gesprochen.

Die Kellerkneipe hatte Krüger sehr gefallen. Urig sah es dort aus: Schmiedeeiserne, verzierte Stützen schienen die niedrige Holzdecke zu halten, die Wände hingen voller Bilder und gerahmter Fotos, darunter das eine oder andere Veranstaltungsplakat, und einer der Tische mit Stühlen stand auf einem kleinen Podest. Die Räume waren verwinkelt, was, wie Rolf erklärte, daran lag, dass die Gewölbekeller zweier Häuser miteinander verbunden worden waren. Der junge Mann aus Hamburg hatte eine krause Nase gezogen.

»Ist was?«, hatte Heike gefragt.

»Der Geruch. Zigaretten, Zwiebeln, Deos – schon etwas gewöhnungsbedürftig. Aber urgemütlich.«

»Und jetzt?«, fragte sie freundlich. »Tee oder Kaffee?«

»Gerne«, sagte er. »Du weißt doch, eine Oderfrage—«

Aber heute kam er mit derlei Bemerkungen nicht weiter.

»Hör doch mal auf mit deinem grammatischen Unsinn«, unterbrach ihn Heike. »Das nervt wirklich.«

Krüger biss verbissen einen Bissen von seinem Brötchen ab. Undeutlich sagte er: »Sorry, kommt wieder vor.« Aber Freundschaften waren nicht wert, dass man sie mittels *Duden* und anderer Stilwörterbücher aufs Spiel setzte. Er streckte sich, so dass irgendwo in seinem Rücken etwas knackte, und sah Heike freundlich an. »Kaffee bitte, damit ich wieder wach werde.« Er wartete, bis ein dampfender Becher vor ihm stand, und sagte: »Was war jetzt mit dem verschwundenen Jungen?«

»Ach das«, sagte Heike. Sie setzte sich an den Esstisch und tat erstmal drei Löffel Zucker in ihren Tee.

Krüger sah kritisch zu. »Ach, ich verstehe; sonst schmeckt der Tee so durch.«

Heike lachte.

Das war das Lachen, das es Krüger schon während und nach dem Bremer Konzert angetan hatte, ein Lachen, das er nie wieder missen wollte und das durch die beiden sich schräg stellenden Augenbrauen noch unterstrichen wurde. Aber jetzt durfte ein anderer, wenn er sich *ans-tändig* betrug, es sein Leben lang hören. Ein Seufzen konnte er nicht unterdrücken.

»Alles in Ordnung?« Sie sah ihn an.

Krüger nickte. »Ein etwas schwerer Kopf. Aber das gute Gebräu wird dem gleich abhelfen.«

Mit einem Blick auf die über der Kochnische hängende Uhr sagte sie: »Neun Uhr ist einfach zu früh für Rolf. Egal.«

»Der verschwundene Junge«, sagte Krüger. »Nicht ablenken. Endlich passiert mal etwas in eurem verschlafenen Nest, oder?«

»Och, hier passiert genug. Erst vor wenigen Wochen, im August, gab es in Bornheim – das ist nur etwa zehn Kilometer entfernt – einen Mord; eine Ulrike Hingkeldey war das Opfer. Bis heute hat man keinen Täter gefunden. Lies mal nur die hiesigen Tageszeitungen, alle paar Jahre ein Mord oder eine verschwundene Frau, vieles davon im Sommer.«

»Wie immer und überall«, sagte Krüger. »Seit Jahrhunderten. Nur heute weiß man's schneller dank der modernen Medien.«

»Du wolltest doch etwas über den Jungen wissen. Ich muss ein wenig ausholen.«

Ein Schluck Tee.

Ein kleiner Zeitgewinn, bevor es ernst wird, dachte er.

»Meine beste Freundin«, fuhr Krügers zur Zeit beste Ex-Freundin fort, »ist Anne Armstrong. Wir kennen uns schon seit Schulzeiten. Ihre Mutter, eine Engländerin namens Linda Armstrong, aus Kent stammend, soviel ich weiß, hat vor langen Jahren, nachdem ihr Mann bei einem Unfall ums Leben gekommen ist, neu geheiratet und ist dadurch an einen ungeratenen Stiefsohn geraten.« Heike guckte erfreut ob des gelungenen Wortspiels, womit sie Krüger endlich einmal ausgestochen hatte. »Und dieser Stiefsohn ist von einer Reise mit einigen Kumpels im Mai nicht zurückgekehrt. Selbst sein Vater war froh, dass der Junge weg war.«

»Na, hör mal«, sagte Krüger. »Der eigene Vater.«

Heike nickte. »Anne, die zu jedermann stets und immer freundlich ist, macht das aber schon zu schaffen. Der Stiefbruder verschwunden. Die Eltern haben zwar die Polizei eingeschaltet, aber die hat nur halbherzig ermittelt, zumal besagte Reise ins Ausland gegangen war. Und ich dachte jetzt …«

»… da du einen versierten Kriminalbeamten am Frühstückstisch sitzen hast …«

»Genau. Dass du vielleicht einmal nachforschen könntest.« Sie sah Krüger unsicher an und fuhr sich verlegen mit der linken Hand durchs Haar. Die rechte hielt die Teetasse fest umklammert.

»Selbstverständlich. Dann sollten wir mit der Familie anfangen.«

Die Poppelsdorfer Allee, seit der Flower-Power-Zeit Ende der sechziger Jahren auch *Pop-Allee* genannt, verband als grüne Lunge der Stadt das kurfürstliche Schloss, in dem die Universität residierte, mit dem Poppelsdorfer Schloss. Eine Einbahnstraße führte zu ihm hinauf; auf der anderen Seite des breiten Grünstreifens zwischen den doppelreihigen

Kastanienbäumen lief die andere bis fast zu den Bahngleisen wieder hinab.

Heike und Krüger standen vor der Häuserreihe aus der Gründerzeit, ein Haus zuckerbäckriger als das andere: verzierte Fassaden mit Girlanden aus Stein, bärtige Gesichter, die verdächtig nach Göttervater Zeus mit einem wuchtigen Bart aussahen, eckige Balkons mit unterbrochenen, runde Balkons mit geschlossenen Geländern, steinerne Kulissen, die bei einigen Dachgeschossen ein Fenster umschlossen. Und die Farben: weiß, beige, altrosa und Ähnliches. Fehlte nur die Sahne darauf. Alle Häuser besaßen kein Parterre – wie in den besseren Stadtteilen von Hamburg: Die erste Etage war stets nur über eine kleine Steintreppe zugänglich, so dass die im Keller wohnenden Dienstboten nicht ganz im Dunkeln saßen und wenigstens etwas Tageslicht hatten. Wobei aus den Dienstboten inzwischen mittellose Studenten geworden waren, für deren Mietzahlungen reiche Eltern einstanden.

»Das da ist übrigens eine Fledermausgaube«, sagte Heike und zeigte in die Luft.

Krüger, der nach den kleinen possierlichen Fliegern Ausschau hielt, sah nichts.

»Da oben, im Dachgeschoss. Der halbrunde Bogen über dem Fenster.«

»Aha«, sagte der angehende Detektiv, der noch nicht wusste, dass er auch Architekturkenntnisse für seinen späteren Beruf benötigen würde.

»Du Dösbaddel!« Heike kannte einige Elb-Epitheta, auch wenn sie nicht wusste, was sich hinter diesem Schimpfwort verbarg. »Eigentlich müsstest du das aus Norddeutschland kennen: Die Form wurde zuerst bei mit Schilfrohr gedeckten Dächern benutzt; eine Öffnung bekam man durch ein halbes Wagenrad, das das Stroh hochhielt.«

»Aus dem *Handbuch des nutzlosen Wissens*, oder?«

Heike schwieg beleidigt, ging die sechs Stufen vor der Haustür von Nr. 204 hinauf und betätigte die Messingklingel. »Wir sind's«, sagte sie, als die Gegensprechanlage nur ein knarrendes Geräusch von sich gab.

Von drinnen hörte man Schritte; dann öffnete eine große schlanke Frau mit einem modischen Kurzhaarschnitt die Tür. Sie trug einen knielangen bunten Rock mit floralem Muster, eine farblich dazu passende Bluse und eine lindgrüne Strickjacke, das Outfit einer höheren Tochter. Jedenfalls vermutete Krüger das.

»Heike! Wie schön«, sagte sie. »Komm rein.« Sie musterte den jungen Mann und reichte ihm mit einem zweifelnden Lächeln die Hand, als wolle sie sagen, so jung, aber vielleicht doch schon so welterfahren, dass er jeden Fall lösen würde.

»Krüger«, sagte Krüger und drückte ihre Hand ein wenig zu fest. Er war unsicher, ob er bei diesem »Fall« überhaupt würde helfen können.

»Kein Vorname?«, fragte die Frau.

»Kein Vorname«, bestätigte Krüger.

Ein riesiges Treppenhaus schien die gesamte Breite des Hauses einzunehmen. Eine dunkelbraune Treppe mit ausladenden Stufen führte nach oben. Mahagoni? Krüger beschloss, sich bei der nächsten Gelegenheit doch einmal mit außen- und innenarchitektonischen Fragen zu beschäftigen. Wenn er demnächst Mordschauplätze aufsuchen würde, wäre es bestimmt hilfreich, das entsprechende Fachvokabular zu beherrschen.

Das Wohnzimmer war genau so riesig wie das Treppenhaus. Manche Häuser waren innen wohl größer als außen. Krüger trat an das bodentiefe Fenster und sah in den Garten. Hohe alte Bäume mit dichten Blätterdächern versperrten die Sicht auf den Boden und auf die gegenüberliegende Häuserzeile. Und es war ruhig. Den Verkehr auf der Poppelsdorfer Allee hörte man hier überhaupt nicht mehr.

»Nehmen Sie doch Platz«, sagte Frau Armstrong.

Krüger folgte der Anweisung der Gastgeberin und setzte sich neben Heike auf ein Biedermeier-Sofa. Er nahm seinen Notizblock in die Hand – hochkant –, klappte den ledernen Deckel nach hinten, schlug einige Seiten ebenfalls nach oben um und holte den Montblanc-Füller aus der Brusttasche seines Hemds.

Beide Frauen zogen gleichzeitig ihre Augenbrauen hoch, sagten aber nichts.

»Dann erzählen Sie mal!«, sagte Krüger. »Wenn ich das so sagen darf.«

Er wurde unterbrochen, weil Heikes Freundin ins Zimmer kam, sich kurz vorstellte und sich dann mit verschränkten Armen neben dem Kamin an die Wand lehnte.

Wenig später hatte er die ganze Geschichte in groben Zügen gehört: Kurz vor Semesterbeginn im April eine Exkursion nach London mit einer Gruppe von Anglistik-Studenten, ein Tag in Oxford, Rückkehr der Gruppe ohne den Stiefbruder. Der war schon nicht mehr mit nach London zurückgefahren; die eine Hälfte der Kommilitonen hatte angenommen, er sei schon vorgefahren, die andere, er habe noch in Oxford bleiben wollen. Da alle volljährig waren, hatte der begleitende Dozent nur die Achseln gezuckt. Der junge Mann würde schon wissen, was er mache, hatte er später der Polizei gesagt.

»Und ihr habt auch nichts unternommen?«, fragte Heike etwas entgeistert. »Nichts in den fünf Monaten seitdem?«

Frau Armstrong glättete ihren Rock. »Ehrlich gesagt, war ich ganz froh, dass sich das Problem, das der Stiefsohn darstellte, so elegant gelöst hatte.«

Elegant gelöst schrieb Krüger auf und *Stiefsohn = Problem.* Innerlich schüttelte er den Kopf. Etwas Mitgefühl konnte man doch einem Mitmenschen entgegenbringen, oder? »War er denn wirklich so furchtbar?«

»War er. Tierquälerei – irgendwann einmal warf er Annes Meerschweinchen aus dem Fenster –, Diebstahl – ich habe schnell aufgehört, mein Portemonnaie offen herumliegen zu lassen –, Täuschungsversuche und kleine Erpressungen in der Schule, Autoaufbrüche mit zweien seiner ›Kollegen‹ und so weiter. Mein Mann hat nichts ausrichten können. Er war schon so weit, dass er ihm zwei Jahre in Amerika finanzieren wollte, nur damit er nicht mehr bei uns wohnte.«

»Auf der anderen Seite«, Anne hatte sich inzwischen gesetzt und knetete unaufhörlich die Hände im Schoß, »bis auf die Geschichte mit dem Meerschweinchen hat er mich immer freundlich behandelt.« Sie sah Krüger an. »Könntest du nicht ...«

»Nach England fahren? Nee, bestimmt nicht. Außerdem muss ich studieren.« Krüger hob die linke Hand entschuldigend. »Aber ich möchte noch ein paar Sachen fragen. Gründe fürs Abhandenkommen vielleicht.« Er sah Frau Armstrong freundlich an.

»Dann fragen Sie bitte.«

»Erstens. Wenn man alle Brücken abbricht, brennt man möglicherweise mit seiner Freundin durch.« Er wartete.

»Bei uns jedenfalls hatte er keine Freundin. Jedenfalls nicht, dass ich wüsste.«

»Zweitens. Als Buchhalter kann man eine größere Summe Geldes unterschlagen und sich nach Südamerika absetzen. Haben Sie denn mal sein Konto kontrolliert?«

»Haben wir. Aber dort gab es keine größeren Transaktionen.«

»Drittens. Straftaten hier, deretwegen er verschwinden musste?«

Frau Armstrong und ihre Tochter verneinten.

»Viertens.« Krüger holte tief Luft. »Das ist mir jetzt unangenehm. Vielleicht ist Ihrem Stiefsohn auch etwas zugestoßen.«

»Das haben wir auch überlegt. Aber weder die englische Polizei noch die deutsche hat etwas in Erfahrung bringen können, was zu Moritz' Verschwinden gepasst hätte.«

»Fünftens.« Krüger arbeitete immer genau. »Zugestoßen worden.«

»Ein Mord?« Heike begriff als erste. »Der müsste dann aber ohne Leiche sein, und man müsste schon einen Verdächtigen haben, den man damit konfrontieren könnte.«

»Hm.« Krüger überlegte. »Mehr fällt mir aber nicht ein. Unbefriedigend. Wenn das mein erster Fall ist, dann muss er ungelöst bleiben. Tut mir sehr leid. Aber danke für Ihre Zeit und Ihr Vertrauen!« Er sah an die Decke. Dann zuckte er mit den Schultern und sagte: »Tja, da kann man nichts machen. Den Fall lege ich zu den Akten. Also – wenn ich schon irgendwo welche hätte.«

Heike verkniff sich ein Lächeln.

Krüger klappte den Notizblock zu, öffnete ihn jedoch sofort wieder und fixierte Frau Armstrong. »Wenn Ihr Stiefsohn aus der ersten Ehe Ihres Mannes stammt, hat er auch einen anderen Nachnamen, oder?«

»Hat er«, sagte Frau Armstrong und stand auf. Vom Kaminsims nahm sie ein gerahmtes Foto herunter und reichte es Krüger. »Ich habe meinen Mädchennamen behalten, mein Mann hat zur Heirat mit mir den seinen abgelegt.«

Der angehende Kommissar betrachtete einen etwa gleichaltrigen jungen Mann, dessen dunkle Augen ein wenig zu dicht beieinander standen. Ein spitzes Kinn, bartlos, verlängerte den Mittelscheitel, der leicht schief durch die schwarzen Haare verlief.

»Sein Sohn«, sagte Frau Armstrong, »heißt Moritz von Eller.«

Tote tragen keine Karos

Sonntag, 25. September 2016. Der Untersuchungsrichter setzte sich an einen der Ausstellungstische und klappte den kleinen Schreibblock auf, auf dem er lieber etwas notierte als auf dem Handy. Bei elektrischen Sachen wusste man ja nie, wie lange sie funktionieren würden. Bonnefoy musste sich erneut räuspern; das meiste Reden hatte er bisher den ausländischen Kollegen überlassen. »Also, dann erzählen Sie mal, was es mit der dunkelhaarigen Frau auf sich hat.«

Monsieur Simon sah René Roux hilfeheischend an. »Was genau soll ich denn erzählen?«

»Du könntest zum Beispiel mit der höflichen Begrüßung und dem anschließenden lautstarken Streit beginnen.«

»Paul hat die hübsche Frau höflich begrüßt«, sagte der Antiquitätenhändler, »und anschließend haben sich die beiden laut gestritten.«

René grinste.

Bonnefoy versuchte, seine Untersuchungsrichtermiene beizubehalten: gefurchte Stirn, als genüge ihm das vom jeweiligen Gegenüber Berichtete keineswegs, schmale Lippen, als sei er über die Untaten der Welt im Allgemeinen verstimmt, und ein Blick aus stahlgrauen Augen, der bisher jeden in die Knie gezwungen hatte. Über dieses schöne schiefe Bild musste er dann doch grinsen. »Seien Sie mal nicht so schüchtern. Sie sind hier nicht der Angeklagte, und ich sammle nur Informationen, die bei der Suche nach dem Täter hilfreich sein können.« Er nickte ihm freundlich zu. »Fangen Sie doch bitte mit der Beschreibung der Frau an.«

Monsieur Simon hustete. Begegnungen mit Vertretern des Staats war er bisher aus dem Weg gegangen. Jede Art von Obrigkeit machte ihn schon seit Schulzeiten nervös. Er überlegte. Dann beschrieb er unter Zuhilfenahme der Hände die junge Frau.

Modelmaße notierte Bonnefoy. *Üppiges Dekolleté* setzte er darunter. *Grauer Rock, enger Pullover, Seidenschal* folgte. *Ende Zwanzig, Anfang Dreißig* schließlich. Und noch *dunkle Stimme*. Er hob den Kopf.

Der Antiquitätenhändler sah ihn gespannt an. »Reicht das?«

»Das reicht. Wie ging es dann weiter?«

Ein weiterer Blick auf René, der aber abwinkte. »Den Rest musst du schon selber berichten.«

Monsieur Simon fuhr sich mit der Zungenspitze über die Oberlippe. »Also, Paul hat der Frau einen Kaffee angeboten, ihn eingeschenkt und auf einen Satz von ihr den Kopf geschüttelt. Dann hat die Frau gesagt, das sei doch nicht sein Ernst, und mit der Faust auf den Tisch geschlagen, so dass die Kaffeetassen klirrten.«

»Das klingt aber noch nicht nach einem Streit«, sagte der Untersuchungsrichter.

»Nee, der fing danach erst richtig an. Paul hat ihr nämlich gesagt, er habe das Geld nicht, jedenfalls nicht heute, und sie solle am Sonntag wiederkommen. Mit einem Blick auf mich hat er noch hinzugefügt, Sonntag seien genug Touristen hier, dass er ordentlich Umsatz machen würde und sie hinterher bezahlen könne.«

Bonnefoy machte sich Notizen. »Und weiter?«

»Dann ist die Frau aufgestanden, hat geschrien, sie habe ja auch ihre Verpflichtungen, und sie müsse ihren Lieferanten schließlich ebenfalls entlohnen.«

»Singular oder Plural?«

»Keine Ahnung, wie der hieß«, sagte Monsieur Simon.

René grinste.

»Hat sie einen Lieferanten gemeint«, präzisierte Bonnefoy, »oder mehrere?«

»*Ihren Lieferanten* hat sie gesagt. Das habe ich laut und deutlich gehört.«

»Wissen Sie denn, um wen es sich handelt?«

»Nee, keine Ahnung. Aber ich weiß, worum es sich handelt.« Simon sah den Untersuchungsrichter triumphierend an, schwieg aber.

Bonnefoy beendete die aktuelle Zeile auf seinem Block. »Nämlich?«

Monsieur Simon guckte leicht beleidigt, da sein dramaturgischer Effekt nicht zur Geltung kam. »Um Edelsteine. Die hat Paul unter der Hand gekauft, manchmal in billige Armbänder eingesetzt zwecks teuren Weiterverkaufs, manchmal aber auch mit Aufschlag weitervertickt.«

Weitervertickt schrieb Bonnefoy und malte ob der Wortwahl des Antiquitätenhändlers einen Smiley dahinter.

»Paul musste mir also gar nicht sagen, dass er erst am Sonntagabend genügend Geld eingenommen hätte, um von seinem wahren Geschäft abzulenken. Der ganze Markt weiß doch, womit Paul seinen Unterhalt bestreitet. Das Wort *Hehler* für seine Tätigkeiten hat er aber stets vehement zurückgewiesen. Er sprach lieber von ›Zwischenhandel‹, ›Preisaufschlag‹ und ›Endkunde‹.«

Bonnefoy lächelte. Wenn er das seinen deutschen Freunden erzählte, wüssten die bestimmt etwas zu erfolgreich angewendetem Schulstoff zu sagen, Sozialkunde und so. »Vielen Dank. Das war sehr aufschlussreich.« Nachdenklich betrachtete er René. »Und woher stammen *Ihre* monatlichen Einkünfte?«

»Aus dem Drogenhandel. Woher denn sonst wohl hier in der Provence?«

Carmens Schrei hatte Krüger Angst und Bange werden lassen. Er rannte hinter de la Tour her. Nach dem grellen Sonnenlicht draußen konnte er im Halbdunkel des Antiquitätenladens nichts ausmachen; erst allmählich gewöhnten sich seine Augen an die Lichtverhältnisse.

De la Tour hatte schneller begriffen und die Taschenlampen-App seines Handys eingeschaltet. Der Lichtkegel fiel auf eine leichenblasse Carmen, die sich auf einen Tisch stützte, und auf einen Toten, der ihr zu Füßen lag. In seiner Brust steckte—

»Echt jetzt?«, fragte Krüger, den als Hamburger so schnell nichts aus der Ruhe bringen konnte. »Der nächste Mord mit einem Brieföffner?«

»Nee«, sagte Carmen mühsam und konnte dabei ein Schluchzen nicht unterdrücken. »Das ist ein Offiziersdolch mit siebenundzwanzig

Zentimetern Gesamtlänge. Von der Wehrmacht. Steht auf dem kleinen Schildchen am Griff.«

De la Tour beleuchtete den schwarzen Schaft des Messers, der aus der Brust des Toten ragte.

»Die Klinge ist übrigens fünfzehn Zentimeter lang«, sagte Carmen, die allmählich die Fassung wiedergewann. »Steht da ebenfalls.«

Das Licht der Taschenlampe wanderte langsam den Brustkorb des Toten hoch. Als das Gesicht erreicht war, fing das Handy an zu zittern.

»Das ist, das ist ...« De la Tours Stimme versagte fast. »Mist!« konnte er nur noch flüstern.

»Peter Miller, nicht wahr?«, fragte Krüger.

»Ja.« Der Hotelier löschte das Licht wieder. »Sonst ist der Akku gleich leer.«

Carmen holte ihr Mobiltelefon hervor und beleuchtete die Leiche weiter. »Ich dachte, Verblichene haben keine karierte Kleidung«, sagte sie.

Millers hellgraues Tweedsakko war verrutscht, zeigte aber ein auffälliges Muster mit breiten grauen Längs- und sehr schmalen waagerechten Querstreifen.

Krüger, der den alten Schwarzweiß-Film kannte, musste wider Willen grinsen. Er holte einen dünnen Gummihandschuh hervor, den er für Gelegenheiten wie diese immer bei sich trug, zog ihn über und fühlte am Hals nach dem Puls. »Kein Puls«, sagte er. »Miller ist tot.«

»Das hätte ich dir auch so sagen können.« Carmen sah ihn angriffslustig an. »Und die richtige Zeit für Witze ist das auch nicht. Dass er tot ist, sieht doch ein Blinder.«

»Wie kann der denn etwas sehen?«, fragte de la Tour niemand Bestimmten.

»Aber er ist noch warm«, sagte Krüger. »Miller ist also gerade mal ein, zwei Stunden tot.«

»Dann läuft der Täter hier noch frei herum.« De la Tour wurde blass. »Ich glaube, ich muss mich setzen.« Er sah sich um und entschied sich für eine mittelgroße Truhe, auf die er sich schwer fallen ließ. Die Truhe ächzte, als passe ihr der Missbrauch als Sitzmöbel nicht.

»Ich geh' mal an die frische Luft«, sagte Krüger. »Und rufe mal Bertrand an, damit der dann das Übliche veranlassen kann. Die Routine hat er ja nach Paul Gascoignes Ableben.«

Bonnefoys Handy klingelte. *Krueger* erschien auf dem Display. »Moin«, sagte der Untersuchungsrichter fröhlich, Krügers Hamburger Herkunft eingedenk, wurde aber sofort wieder ernst, als er vom Mord an Peter Miller erfuhr. »Und wo bist du jetzt? – Könnt ihr den Tatort absperren? – Aha, kein Absperrband; ich verstehe. – Okay, dann zieht die Tür zu und bleibt davor stehen; ich kann in etwa einer Dreiviertelstunde bei euch sein. – Meinetwegen. Ich rufe einen der Gendarmen an, der euch ablösen kann.«

Krüger kam in den Laden zurück. Fast hätte er sich die Hände gerieben, unterließ es aber gerade noch rechtzeitig, bevor Carmen sich darüber lustig machen konnte. Sie wusste nur allzu gut, was es ihm bedeutete, mit einem etwas komplizierteren Rätsel bedacht zu werden, dessen Lösung seine gesamten grauen Zellen beanspruchen würde. *Zwei* Leichen, nicht nur eine! Und das noch in den Ferien, deren Tage er vorher als völlig ereignislos verstreichend vermutet hatte! Zweimal der gleiche Tatort, ein Antiquitätenhandel, zweimal die gleiche Tatwaffe, ein spitzes Messer, zweimal der gleiche Tote, männlich, ähnlich alt, ähnlich gekleidet, dieselbe Nationalität – falls Gascoigne und Miller nicht schon länger zu den Franzosen konvertiert waren.

Carmen hatte inzwischen einen Lichtschalter gefunden, und zwei hässliche Neonröhren, die zudem leise summten, tauchten den Raum in ein gelbliches Licht.

Krüger ließ den Blick über die Einrichtung schweifen: flache Tische, auf denen älter aussehende Gegenstände ausgebreitet waren, einige von der Decke herabhängende, unterschiedlich scheußliche Lampen, ein paar vollgestopfte Regale, ein davor lehnender Stapel Bilder und dergleichen mehr.

Eigentlich sah es aus wie in jedem Geschäft, in dem mit aussortierten Dingen gehandelt wurde: Sachen, die aus Haushaltsauflösungen stammten, Sachen, bei denen die Erben nicht wussten, warum der Verstorbene sie noch aufbewahrt hatte, Sachen, bei denen der Erblasser nicht wusste, ob er sie noch vererben konnte, und Sachen, die – wenn überhaupt – vielleicht noch »ein paar Mark fuffzig« auf dem örtlichen Flohmarkt erbracht hätten.

Was, um Himmels Willen, machte eine alte Wärmflasche hier?

De la Tour saß betroffen auf der Truhe und rührte sich nicht.

Carmen winkte Krüger zu. »Ich brauche, glaube ich, jetzt mal etwas Stärkeres. Hast du noch den Whisky?«

»Habe ich.« Er griff in die Innentasche der Lederjacke und reichte seiner Freundin das Erbetene, eine flache, leicht gewölbte silberne Taschenflasche, die einer dringenden Politur bedurfte.

Carmen schraubte den Verschluss ab und genehmigte sich einen großen Schluck. Ohne zu husten, verschloss sie die kleine Flasche wieder und steckte sie wortlos ein. »Und jetzt?«

»Jetzt warten wir auf Verstärkung. Bonnefoy sagte, er komme *demnähx.*« Ganz konnte Krüger nicht verleugnen, dass er schon länger in Bonn wohnte und täglich von der Sprache der dortigen Eingeborenen umgeben war.

»Und was machen wir solange? ›Ich sehe was, was du nicht siehst‹ spielen?«

»Wir sollten eher überlegen, warum ein zweiter Zeitgenosse zu Tode gekommen ist. Monsieur de la Tour?«

Der Hotelier schreckte auf. »*Oui?*«, sagte er gedankenverloren.

»Wussten Sie, dass Peter Miller hier einen Laden besaß?«

»Wusste ich. Seit seinem Besuch bei mir in Villeneuve.«

»Was wollte er denn überhaupt bei Ihnen? Oder möglicherweise sogar von Ihnen?«

»Keine Ahnung. Vielleicht unsere alte Freundschaft auffrischen.«

»Wie lange ist das jetzt hier?« Carmen schlüpfte wieder in die Rolle als Co-Ermittlerin, nachdem der erste Schreck verflogen war. Wie bei ähnlichen Ereignissen würde sie eine unruhige Nacht haben und etwa fünf Alpträume in den anschließenden Nächten. Danach hätte sie aber wieder Ruhe. Bis zum nächsten Mord.

De la Tour rechnete nach. »Etwa dreißig Jahre«, sagte er schließlich. »1984 war das.«

»Mathe ist nicht Ihre Stärke«, sagte Carmen. »Oder? 1984 bis heute, 2016, das sind–«

»Zweiunddreißig«, sagte Krüger, der als Student früher, als es noch keine Scannerkassen bei Aldi gab, den Inhalt des Einkaufswagens im Kopf schneller addiert hatte als die Kassiererin.

»Ja, ja, *etwa dreißig*«, stichelte Carmen. »Das ist genauso präzise wie ›Zwei und zwei ist circa fünf.‹«

Krüger gluckste.

De la Tour sah ihn strafend an. »Da hinten liegt immer noch mein ehemaliger Freund, und Sie beide machen Witze? *I don't get it.*«

»Ich bekomme es nicht«, übersetzte Carmen mit Absicht falsch.

Der Kriminalhauptkommissar aber hörte mal wieder nicht zu. Er nahm sein kleines Moleskine-Büchlein aus der Tasche und blätterte, bis er das Gesuchte gefunden hatte. Dann sagte er: »Paul Gascoigne – tot. Peter Miller – seit heute ebenfalls tot. John Blackmore – vermutlich noch am Leben. De la Tour – ebenfalls noch vorhanden.«

»Und Harry«, sagte de la Tour leise. »Auch wenn der nicht mehr hier ist.«

»Das sind aber dann fünf.« Carmen hatte mitgezählt. »Fünf Freunde. Klingt nach Enid Blyton. Aber die sind ja nie zu Tode gekommen.«

»Was ist denn jetzt mit diesem Harry?«, fragte Krüger.

»Der hat sich von einem der Universitätstürme in Oxford gestürzt, 1984 war das, und John hat ihn damals identifiziert, soviel ich weiß.« Rasch erzählte er von Alice' Tod und den Folgen.

»Das ist schon merkwürdig«, sagte Carmen. »Einer Ihrer Freunde kommt vor dreißig Jahren—«

Krüger und de la Tour wollten sie beide unterbrechen, aber sie winkte ab.

»Weiß ich doch. Jedenfalls stirbt dieser Harry, und auf einmal sind Sie alle in der Provence wieder vereint. Schon merkwürdig. Als hätten Sie alle das ›perfide Albion‹ so schnell wie möglich verlassen wollen.«

»Um dann ausgerechnet zum Erzfeind überzulaufen«, sagte Krüger spitz.

»Na, hören Sie mal«, brauste der Hotelier auf. »So ist das nun gar nicht. Das Essen hier unten ist deutlich besser, das Wetter auch, die Leute sind nett und die allgemeine wirtschaftliche Lage in Frankreich, jedenfalls was uns ›Expats‹ angeht, auch noch.«

»Von – wenn auch ehemaligen – Patrioten würde ich ja nicht sprechen«, sagte Carmen. »Wie ich Sie einschätze, kommt bei Ihnen Ihr eigenes Wohl immer an erster Stelle, oder irre ich mich da?«

Krüger versuchte, die aufgebrachte Stimmung zu glätten, und sah de la Tour an: »Meine Freundin meint es gewiss nicht so; der Schock von der Auffindung des Toten …«

»Schon gut«, sagte der Hotelier. »Wer mit seiner Meinung nicht hinter dem Berg hält und nicht immer alles hinunterschluckt, bekommt auch keine Magengeschwüre.«

»Also nochmal.« Krüger fixierte de la Tour. »Wer hat ein Interesse an Ihrer aller Ableben?«

»Wir müssen das jetzt abkürzen«, sagte Bonnefoy und steckte das Telefon wieder ein. »Über Ihren Drogenhandel können Sie mir später etwas erzählen.«

»Moment mal.« Roux protestierte. »Das war nur ein Witz. Wollen Sie nicht wissen, womit ich mein Einkommen verdiene?«

Der Untersuchungsrichter schüttelte den Kopf. »Nein, nicht wirklich. Wahrscheinlich mit Wein oder mit Gemüse oder mit Andenken für die Provence-Liebhaber, oder?«

»Nein, nein und nein. Aber Sie interessiert es ja nicht.« Roux machte kehrt und verschwand in einer der Nebenstraßen.

Bonnefoy sah ihm etwas verblüfft nach, aber verdenken konnte er dem Mann seine Reaktion nicht. Er beschloss, Roux' Frau im Café du Fleuve aufzusuchen, von dem der Antiquitätenhändler vorhin erzählt hatte. René und Renée – er hätte das vielleicht beim ersten Treffen ganz lustig gefunden, aber sein ganzes verheiratetes Leben Witze darüber hören zu müssen, das war doch etwas viel. Aber jetzt galt seine ganze Aufmerksamkeit dem neuen Mordfall. Der zweite Engländer, der innerhalb zweier Tage ins Gras gebissen hatte. Wenn das so weiter ging, würde er Verstärkung holen müssen. Aber zwei Tote, das schaffte er noch ganz gut alleine. Und wenn Blackmore und Krüger jeweils einen der Abgelebten übernahmen, hatte er sowieso die Hände frei, um im Hintergrund die Fäden ziehen zu können.

Oxford 2016 – Das Auge

Dienstag, 3. Mai. Konspirative Treffen waren schon etwas Besonderes. In der Regel begann die Konspirativität schon bei der Verabredung: Man konnte unauffällig einen Zettel bei der Kaffeemaschine im Büro liegen lassen; man konnte das Stück Papier aber auch in die Mantel- oder Anoraktasche des möglichen Gesprächspartners stecken und hoffen, dass der Angesprochene der schriftlichen Aufforderung nachkam. Oder man rief über ein Wegwerf-Handy ohne Kennung an, äußerte zwei knappe Sätze und legte wieder auf.

Hatte man das genannte Ziel erreicht, durfte man unter keinen Umständen auffallen. Man schlenderte also in Ruhe zur Theke und orderte ein Pint Ale oder ein Glas Weißwein – Letzteres, um als Angehörige des weiblichen Geschlechts dem Klischee von am Vormittag Weißwein trinkenden Frauen im Fernsehen zu entsprechen. Oder man setzte sich auf die annoncierte Parkbank, die am besten etwas abseits der Hauptwege stand, vorzugsweise im Schatten, so dass eventuelle Fotos unterbelichtet bleiben und die Beteiligten nicht verraten würden. Und man wartete. Es gehörte sich nämlich, bei Treffen dieser Art stets vor dem Auftraggeber anwesend zu sein.

Die junge Frau bog hinter der Seufzerbrücke in die schmale St Helen's Passage ein. Zu beiden Seiten standen die alten Häuser so dicht, dass der Weg über das unebene Kopfsteinpflaster selbst an einem Sommertag im Schatten lag. Nach knapp hundert Metern hatte sie ihr Ziel erreicht. Die Eingangstür hielt ihr ein Gast auf, der Oxfords ältesten Pub gerade verließ.

Die Turf Tavern stammte angeblich aus dem vierzehnten Jahrhundert, wie alles andere in dieser Universitätsstadt auch. Ursprünglich eine Hinterhof-Kaschemme und eine Art mittelalterliches Spielcasino, hatte sie sich in den letzten Jahrzehnten zu einer angesehenen Studentenspelunke hochgearbeitet. Nur innen sah es immer noch wie vor siebenhundert Jahren aus: ein misslungener Kaninchenbau, dessen Anlage der Lehrling des Baumeisters zu verantworten hatte, verwinkelt und vollgestellt. Der Thekenbereich stammte aus dem siebzehnten Jahrhundert, wie einem kurzen historischen Abriss an einer Wand zu entnehmen war. Das Bier allerdings war frisch und angeblich das beste in Oxford.

Die junge Frau bestellte ein Glas Weißwein und begab sich auf den kleinen ummauerten Außenbereich, wo die üblichen Pubtische und -bänke zu finden waren. Mehrere Sonnenschirme boten Schutz vor der viel zu warmen Maisonne.

An einem der Tische stand ein älterer Mann auf und winkte Ashley zu sich heran.

Blackmore saß etwas fassungslos vor Assistant Chief Constable Louise Duck, die vor zwei Jahren ihre Vorgängerin abgelöst hatte. Duck hatte natürlich rasch den Spitznamen *Sitting Duck* erhalten: In der Tat ähnelte sie mit ihren gelben Locken, die in merkwürdigen Winkeln vom Hinterkopf abstanden, und ihrer kaum wahrnehmbaren Körpersprache einer bewegungslosen Ente, die ein leichtes Ziel darstellte – im Falle der ACC ausschließlich für Spott über ihre Inkompetenz, was Führungsqualitäten anging. Alle Bemerkungen jedoch schienen an ihr abzuperlen wie Wasser an den Federn des Wassergeflügels. Aber wer legte sich auch gerne mit der Inhaberin des dritthöchsten Rangs in der Hierarchie der Kriminalpolizei an?

»Sie wollen also nichts dazu sagen?«, fragte Duck.

»Steht alles in meinem Bericht«, sagte der DCI, der nicht einsah, warum er es seiner Vorgesetzten erleichtern sollte. Er hatte angenommen, dass auch nach über fünfundzwanzig Jahren im Dienst der Kriminalpolizei in Oxford keinerlei Zweifel an seinen Qualitäten bestanden. Sein eigentlicher Chef – Sitting Duck war ja nicht wirklich ernstzunehmen –, James Thorowgood, war leider seit Monaten krank geschrieben, und Thorowgood hatte ihm, Blackmore, stets blind vertraut.

»Sie sind also der Meinung, korrekt gehandelt zu haben?«

Das war nun wirklich keiner Antwort würdig.

»Ich fasse dann mal kurz zusammen.« Duck strich sich über die Haare, was aber alles nur verschlimmerte. Jetzt sah es aus, als klebe ein Nest am Hinterkopf.

Blackmore bemühte sich, nicht zu grinsen, und fixierte daher einen imaginären Punkt an der Wand hinter Duck, den er sich als Zielscheibe vorstellte.

»Sie haben im Mordfall Robert Brown, der im vergangenen Jahr in Milton Common erschossen worden ist, nach immerhin vierzehn Monaten endlich einen Verdächtigen ermittelt, Simon Hill-Schuster, der sich aber Ihrem Zugriff mehrfach entziehen konnte. Schließlich haben Sie ihn doch noch festnehmen können.«

Blackmore studierte betreten seine Schuhe. Er wusste, was jetzt kam.

»Leider handelte es sich dabei um den Tory-Abgeordneten Simon Hill, der nicht einmal den Doppelnamen mit dem Gesuchten gemein hatte.«

»Bei einem Labour-Abgeordneten wäre es doch schlimmer gewesen«, verteidigte sich der DCI sehr leise und sehr lahm. Aus seinen linken Ansichten hatte er nie einen Hehl gemacht.

»Und Simon Hill-Schuster läuft immer noch frei herum.« Duck sah ihn triumphierend an.

»Tut er«, sagte Blackmore und versuchte, nicht allzu kleinlaut zu klingen.

»Ich ziehe Sie also von diesem Fall ab.« Duck zog die vor ihr liegende Akte heran, nahm ein Blatt heraus und überflog es. »Sie mögen doch Herausforderungen, oder?«

Wider Willen nickte Blackmore. Was kam jetzt?

»Dann können Sie sich nämlich mit den Cold Cases beschäftigen, die im Zuständigkeitsbereich von DI Ronald Thompson liegen.« Duck blätterte ein paar Seiten um. »Ein Fall liegt mir nämlich besonders am Herzen.«

Blackmore fragte sich, wo Enten das Herz hatten.

»Eine alte Dame hat sich nämlich nach ihrem vor Jahrzehnten in Oxford zu Tode gekommenen Neffen erkundigt, einem gewissen Harold Morrison. Sie sprach allerdings nur von einem Harry.«

Der ältere Mann hatte ein großes Glas White Horse Ale vor sich stehen, hob das Glas und prostete Ashley zu. »Danke, dass Sie gekommen sind.«

»Mich interessiert alles Außergewöhnliche, Sir.«

»Förmliche Anreden lassen wir jetzt erst einmal weg. Sie wissen, um wen es geht?«

»DCI John Blackmore.« Ashley grinste verlegen. »Tut mir leid mit der Anrede, Sir, aber da wir uns ja im Alltag—«

»Ich war bisher der Meinung, ich müsse Ihnen nichts zweimal sagen, Ms Davies.«

»Keine Namen, dachte ich eigentlich. Wenn wir uns schon hier treffen …«

»Jetzt haben Sie recht. Tut mir ebenfalls leid. Also, fangen wir noch einmal von vorne an.« Der ältere Mann hob das Glas und proteste Ashley zu. »Danke, dass Sie gekommen sind.«

»Mich interessiert alles Außergewöhnliche, Sir.«

Er lachte. »Also, Blackmore. Den Namen müssen wir jetzt aber schon erwähnen. Ihnen ist sicher nicht entgangen, dass er sich bei seinem letzten Fall etwas unglücklich verhalten hat und dass ihn Sitting Duck …«

Ashley zog die Augenbrauen hoch.

»Dass Ms Duck ihn also zu den Cold Cases versetzt hat.«

Die junge Frau nickte. »Ich habe davon gehört, auch wenn ich nicht bei der Kriminalpolizei arbeite.«

»Es gibt aber noch eine zweite Sache, die ich nicht an die große Glocke gehängt habe. Auch Sie haben im vergangenen Jahr von dem großen Juwelen-Diebstahl in London gehört, dem ›Hatton Garden Heist‹, oder?«

»Gelesen. Extern, in der Boulevard-Presse, intern, weil doch DCI Blackmore—«

»Einen der sechs Diebe zufällig im Zug gesehen und verhaftet hat, nicht wahr?«

Ashley nickte.

»Was aber nicht in der Zeitung gestanden hat, ist Folgendes: Das Säckchen mit Edelsteinen, das der Dieb angeblich mit sich geführt hat, jedenfalls hat er das überzeugend ausgesagt, ist seit der Verhaftung verschwunden.« Der ältere Mann machte eine bedeutungsvolle Pause.

Ashley sah ihn überrascht an. »Sie glauben doch nicht etwa, dass DCI Blackmore …«

»Glauben und Wissen sind zwei völlig verschiedene Sachen. Aber ich wüsste gerne, ob unser verehrter DCI etwas damit zu tun hat. Ich möchte Sie also bitten, in den kommenden Wochen Tag und Nacht als Blackmores Schatten und als unser Auge zu dienen. Vielleicht fällt Ihnen ja auch etwas dazu ein, wie Sie sich ihm nähern können, ohne sich gleich verdächtig zu machen.«

»Und wenn er wegfährt? Wochenend-Ausflüge, Ferien und so?«

»Dann versuchen Sie mitzufahren.«

Der ältere Mann trank den letzten Schluck aus seinem Glas, stellte es leise wieder auf den Tisch und schob einen brauen Umschlag zu Ashley hinüber. »Hier finden Sie die Unterlagen, nach denen Sie gefragt haben. Ich habe alles zusammensuchen lassen, was mit John Blackmore zu tun hat.« Er grüßte und ging.

Blackmore blätterte lustlos in dem Stapel Akten mit den ungelösten Fällen aus dreißig Jahren, den Ronald Thompson ihm gegeben hatte. Ihrer beider Schreibtische standen einander gegenüber, und eigentlich war der DCI froh, dass er mit Thompson wenigstens einen der netteren Kollegen hatte zugewiesen bekommen – wenn es auch eigentlich umgekehrt war. Zudem kannte er ihn vom Fall der zu Tode gekommenen Theologen in Bonn und Oxford. Auf einen der karrieregeilen Absolventen der Hochschule, der sich permanent auf der Schnellspur aufhielt, konnte er nämlich gut verzichten.

»Was Interessantes dabei?«, fragte Thompson.

»Ich glaube, nicht. Außerdem sind die doch sowieso schon alle tot.«

Der junge Mann lachte. »Das ist aber der falsche Ansatz, Sir.«

»John«, sagte Blackmore. »John reicht.«

»Ronnie«, sagte Thompson. »Eigentlich Ronald, aber inzwischen benutzen alle Kollegen den Kindergartennamen.«

»Hast du den Stapel denn mal durchgesehen?«

»Habe ich. Aus meiner Sicht kannst du dir irgendeine Akte herausnehmen und mit der Lektüre beginnen.«

Blackmore seufzte. Aktenstudium, wunderbar. Das konnte er auch noch irgendwann tun, wenn seine Knochen Kälte nicht mehr vertragen und er sich nicht mehr an die frische Luft wagen würde. Sein Domizil hätte er dann schon längst im Queen's Head aufgeschlagen, seinem Leib- und Magen-Pub, nur einen Steinwurf von seinem Haus in Horspath entfernt.

»John, aber du solltest doch eigentlich ...« Thompsons Stimme verlor sich in der Kaffeetasse, die er gerade zum Mund führte.

»Die Akte zu Harold Morrison ansehen, nicht wahr? Du kennst die Geschichte?«

»Nein, nur den Namen. Ich wollte die wenigen Seiten gerade lesen, als du hereingekommen bist.« Mit einem Schwung flog die Akte quer über die beiden Tischflächen und stoppte exakt vor Blackmores linker Hand.

»Kannst du auch Darts so gut spielen?«

Thompson lachte, verneinte aber.

»Pass auf, ich erzähle dir die Geschichte. 1984. Oxford. Fünf Jungs, ein Mädchen. Eine unzertrennliche Clique. Bis das Mädchen vom Magdalen Tower fällt und vier Jungs ein Alibi haben. Der fünfte im Bunde war nämlich ich, und ich hatte mich zur fraglichen Zeit gerade mit dem späteren Superintendent Strange getroffen. Wenige Tage später ist einer der anderen vier Jungs tot. Dieses Mal war es der Carfax Tower mitten in der Stadt, von dem er heruntergefallen ist, vermutlich, weil er am Tod des Mädchen nicht ganz unschuldig war und ihn das schlechte Gewissen plagte. Ich habe ihn damals, weil keine Verwandten aufzutreiben waren, identifizieren müssen. Ist alles ziemlich lange her. Wenn ich's genau überlege, über dreißig Jahre. Was soll ich also ermitteln? Ich war doch dabei.« Er machte eine kleine Pause. »Mehr oder minder.«

»John, Sitting Duck sagte, die Tante des Toten habe nie an einen Unfall geglaubt.«

»Die muss doch inzwischen uralt sein.«

»Na ja, es gibt auch jüngere Tanten, wenn man zu Beginn der Tantenschaft zwanzig Jahre alt ist. Die alte Dame ist jetzt siebenundsechzig.«

»Bei dem jugendlichen Alter wird sie hartnäckig bleiben. Vielleicht sollte ich doch mit der Akte anfangen, damit sie wieder Ruhe gibt.« Blackmore mochte keine Leute, die einem im Nacken saßen und einen nicht ruhig seine Arbeit erledigen ließen. Er zog den braunen *Faszikel* heran, wie es Thorowgood immer genannt hatte, und klappte den Deckel nach links um. Auf wenigen mit Schreibmaschine ausgefüllten Seiten lag ein kleiner Stapel mit Fotos und Zeitungsausschnitten. Das oberste war ein Porträtfoto von Harry, und Blackmore wunderte sich nur, wie jung der Dargestellte aussah und wie unfertig, irgendwie. Wahrscheinlich hatte er damals genauso ausgesehen. Die nächsten Bilder zeigten die Leiche aus verschiedenen Blickwinkeln. Das Gesicht war nach dem Aufprall aus großer Höhe nicht mehr zu erkennen.

Der DCI, dem sein toter Freund doch etwas naheging, wollte die Bilder schon zurücklegen, als ihm etwas auffiel. Eine Zeitungsmeldung mit einem Foto stand auf dem Kopf. Er drehte es um und erstarrte.

Ashley schlug unschlüssig die Seiten des erhaltenen Materials um: ein paar ältere Porträtfotos von Blackmore, Kopien seiner Zeugnisse seit Schulzeiten, eine Liste seiner ersten Karriereschritte bei der Metropolitan Police in London und dann sein Aufstieg bei der Thames Valley Police in Oxford. Außerdem ein paar Auszeichnungen. Sie wunderte sich wirklich, warum ihr Auftraggeber sie auf ihn angesetzt hatte.

Und wo sollte sie anfangen?

Was der ältere Mann aus der Turf Tavern nicht wusste und auch nicht wissen sollte: Das war ihre erste Observierung. Sie hatte bisher – nach Abschluss ihres Studiums als Volkswirtin – bei einer Versicherung gearbeitet, war dann zur *Oxford Mail* als Korrespondentin für das Wirtschaftsressort gewechselt und hatte sich schließlich mit *Davies & Partner. Focus Security* selbstständig gemacht. Eine klassische Eine-Frau-Firma. *Und Partner* war ebenfalls sie. Als erste bezahlte Arbeit nach der Gründung zum 1. April 2016 bereits einen Auftrag der Polizei zu erhalten, hieß schon etwas. Warum allerdings die *Internal Affairs*, inzwischen mit dem bei weitem blumigeren Namen *Independent Office for Police Conduct (IOPC)* versehen, sich ausgerechnet an eine Zivilistin gewandt hatten, um etwas über jemanden aus ihren eigenen Reihen zu erfahren, erschloss sich ihr nicht. Vielleicht konnte man alle Verantwortung von sich weisen, falls Blackmore unschuldig war und das verschwundene Diamantensäckchen bei jemand anderem aus der Polizeihierarchie gelandet war …

Aha. Ein handschriftliches Blatt listete Blackmores Gewohnheiten auf. Wenn es irgendwie ging, stoppte er auf dem Nachhauseweg abends bei The Missing Bean in der Turl Street. Vielleicht ergab sich dort eine Gelegenheit, ihn näher kennenzulernen, ohne dass er misstrauisch wurde. Sie sah auf die Uhr. Kurz nach sechs. Die Kaffeebar war nur zwei Minuten zu Fuß entfernt. Ashley machte sich auf den Weg.

Mehr als ein Schnappschuss war das Foto nicht, dass in der *Oxford Mail* in einem grieseligen Grau abgedruckt war. Es zeigte einen jungen Mann vor dem Schaufenster eines Geschäfts – die Straße sah nach der High Street aus – und war so raffiniert fotografiert, dass die Spiegelung im Glas ebenso gut auch ein zweiter junger Mann sein konnte, der neben dem ersten stand.

Blackmore griff zur Lupe und hielt sie über das Foto.

Kein Zweifel: Der abgebildete junge Mann war Harry aus seiner damaligen Clique.

Und der zweite?

Nochmal Harry, aber gespiegelt?

Oder ein Doppelgänger.

Der DCI sah genauer hin. Er fixierte die Spiegelung.

Täuschte er sich oder war der dort zu sehende junge Mann etwas kleiner geraten? Und was war mit seinen Ohren? Ein Defekt, da das linke Ohrläppchen etwas asymmetrisch gearbeitet worden war? Oder eine Verzerrung der Aufnahme?

Meine Güte, was für eine Vielzahl an Fragen. Blackmore mochte diese Art von Befragungen nicht, denn bei ihnen war er gezwungen, sich selbst zuzuhören und an den richtigen Stellen sinnvolle Antworten zu geben. Bei den Cold Cases – falls es sich nicht um Entführungen handelte, die sich dann zum Guten wendeten – konnte in der Regel keiner mehr selbst antworten.

Und Doppelgänger gab es sowieso nicht. Fast alle waren literarische Fiktion, wenn man mal von den mehr als schlecht geratenen Doppelgängern der aktuellen Politiker absah, die meist aus Sicherheitsgründen eingesetzt wurden, wenn wieder einmal ein neues Kernkraftwerk zu eröffnen war.

Blackmore sah Thompson an. »Das wird hier nichts mehr. Habe ich vorhin schon gesagt und wiederhole es nach der vollständigen Durchsicht der Akte gerne: Keine neuen Erkenntnisse. Niemand zu befragen.« Er klappte mit Verve den »Faszikel« wieder zu.

Außerdem konnte er dem jungen Kommissar schlecht sagen, dass ihn plötzlich Zweifel beschlichen hatten, ob er vor zweiunddreißig Jahren den korrekten Toten identifiziert hatte.

Ashley stocherte etwas lustlos in ihrem dritten Cappuccino herum. Das würde bestimmt eine schlaflose Nacht bedeuten – so viel Koffein. Sie sah zum wiederholten Male auf die Uhr. Schon Viertel nach sieben. Heute würde Blackmore nicht mehr kommen. Sie beschloss, den Becher stehen zu lassen und sich nach Hause aufzumachen.

Fast gleichzeitig mit ihrem Entschluss öffnete sich die Tür, und der DCI trat ein. Er ließ seinen Blick einmal durch den Raum schweifen und ging, nachdem er nichts Beunruhigendes entdeckt hatte, zur Theke, um seinen üblichen doppelten Espresso zu bestellen.

Ashley zog die aktuelle Ausgabe der *Oxford Mail* heran und tat so, als ob sie läse, beobachtete aber aus den Augenwinkeln den DCI, der sich mit dem Espresso in einer Ecke des Missing Bean niederließ. Innerlich seufzte die junge Frau aus der Beobachtungsbranche. Wie sollte sie es nur anstellen, dem Observierten näherzukommen, ohne dass er das merkte?

Ragtime

Sonntag, 25. September 2016. Blackmore sah sich interessiert um. Im Gegensatz zu Avignon auf der gegenüberliegenden Rhône-Seite, das er schon ein wenig kannte, war das kleine Städtchen Villeneuve-lès-Avignon neu für ihn. Krüger hatte ihm zwar vom dortigen Hotel Atelier vorgeschwärmt, aber nichts von der Schönheit dieses mittelalterlichen Ortes gesagt: Hoch über dem Ort thronte das Fort Saint-André; die Kartause Notre-Dame-du-Val-de-Bénédiction bot seit Jahrhunderten für gestresste Großstädter Ruhe und Erholung an; vor Villeneuve hatte Anno irgendwann ein schöner König den Turm Philippe-le-Bel errichten lassen, um sich die Zolleinnahmen der – heute nur noch halb vorhandenen – Brücke über den Fluss zu sichern. Dazu kamen Stadthäuser, kleine Paläste, einst von Kaufleuten und Kardinälen bewohnt, und Plätze, auf denen man den ganzen Tag mit einem Pastis verbringen konnte. Natürlich gehörte bei einem waschechten Franzosen, wie Bonnefoy ironisch angemerkt hatte, eine Packung Gauloises dazu; wie überall sonst auch, durfte man jedoch nur noch die frische Luft draußen mit dem Rauch von Zigaretten füllen.

Der Tatort in Saint-Rémy-de-Provence war inzwischen weiträumig abgesperrt, der Fotograf hatte seine Arbeit beendet, und der Tote war nach Avignon ins Leichenschauhaus verbracht worden, wo der Rechtsmediziner seine Arbeit leisten würde. Bonnefoy hatte auf einer sofortigen Obduktion bestanden, um zügig weiter nach dem Täter suchen zu können. Oder mehreren.

Jetzt aber saßen die drei Ermittler samt der beiden Frauen auf dem Place Jean Jaurès unter dem grünen Blätterdach der alten Bäume und ließen es sich auf der Außenterrasse des Restaurant La Salamandre gut gehen. Es war halb acht abends, es war warm, und der Schock vom zweiten Toten hatte sich angesichts des guten Essens verzogen.

»Franzosen können doch immer alles vergessen, solange nur das Menü stimmt, *hein*?« Auch Carmen hatte sich wieder beruhigt und ihre leichte Urlaubsbräune zurückgewonnen.

Bonnefoy lachte. »Das ist eine sehr gute Frage, *ma chère.*«

Sie guckte geschmeichelt. *Ma chère* war doch entschieden besser als *Liebschen* auf dem Bonner Wochenmarkt.

»Ich kann die Frage, glaube ich, beantworten, *dear*«, sagte Blackmore zu ihr.

Wie schön, die Komplimente wurden mehrsprachig, dachte Carmen und sah ihren Freund auffordernd an. »Hast du nicht auch noch etwas Nettes zu mir zu sagen?«

»Was meinst du denn, Frau Rasche?«

Die Angesprochene guckte gespielt beleidigt zur Seite.

»Wir könnten doch alle«, Blackmore war der geborene Diplomat, wenn es sein musste, »alles über allem vergessen, wenn wir nur wollten.«

»Genau«, sagte Krüger, »nichts ist wirklich wichtig.« Das Leben sollte entschieden mehr aus Zensprüchen bestehen, fand er.

»Viel zu schade zum Essen.« Carmen betrachtete den halb angegessenen, aber noch kunstvoll arrangierten Steinbutt mit in Honig karamellisierten Pastinaken auf ihrem Teller. »Der sieht so hübsch aus.«

»Bei weitem besser«, sagte Blackmore, »optisch, meine ich, als das verbrannte Schwein hier.«

»Geschmorte.« Ashley zeigt mit ihrem Messer auf seinen Teller. »Außerdem hast du schon vier Fünftel davon gegessen. Dann ist vom ursprünglichen Kunstwerk mit der grünen Sauce aus Argentinien über dem handgedrehten knusprigen Gebäck sowieso gar nichts mehr zu sehen.«

»*Back to business*«, sagte Bonnefoy. »Ich darf zusammenfas—«

»Nee, darfst du nicht«, unterbrach ihn Carmen. »Es ist vielleicht besser, wenn ich als Außenstehende das tue, dann seht ihr nämlich, ob das Publikum auch alles verstanden hat.«

Ashley nickte und holte den kleinen Block hervor, auf dem sie sich schon in den vergangenen Tagen häufiger Notizen gemacht hatte.

»Also«, sagte Carmen, trank aber erst noch einen großzügigen Schluck des exzellenten Rotweins aus Vacqueyras, den Bonnefoy ausgesucht hatte, einen 2013er Côtes du Rhône Villages. Wie alle guten Germanisten und alle schlaueren Straftäter beherrschte sie die Kunst der Verzögerung, unabhängig davon, ob sie selber fragte beziehungsweise erzählte oder befragt wurde.

Die Herren sahen sie gespannt an.

Innerlich musste Carmen grinsen: Es sah fast aus, als ob die drei mit ihren Hufen scharrten, so sehr hingen sie ihr an den Lippen. »Also«, sagte sie ein zweites Mal. »Dann hebe ich mal an: In Oxford gab es sechs Freunde, wenn ich es richtig behalten habe, vor langen Jahrzehnten, als ich kaum das Licht der Welt erblickt hatte.«

Das war jetzt ein Fehler, denn Blackmore und Bonnefoy begannen sofort, ihr Alter auszurechnen, wie sie den Fingern und dem Runzeln beider Stirnen entnahm.

Rasch fuhr sie fort. »1984 war das. John Blackmore, Paul Gascoigne, Peter Miller, Harold Morrison und Frederick de la Tour machten Alice Montague den Hof.«

»Ich nicht«, sagte Blackmore rasch und warf Ashley einen Blick zu. Sie sollte nur nicht auf die Idee kommen, ihn mit dem Begriff *Schürzenjäger* zu versehen. Aber Ashley schrieb in ihrer kleinen Handschrift, die über Kopf schon gar nicht zu entziffern war, eine weitere Zeile.

»Stimmt«, sagte Carmen. »Du warst doch in die Kleine vom Bootsverleih verschossen.«

Bonnefoy grinste.

»Dann kommt Alice zu Tode – wie, das habt ihr damals nicht herausbekommen –, und eure Freundschaft löst sich in Wohlgefallen auf, zumal einige Tage später Harold …«

»Harry«, sagte Blackmore leise.

»Morrison es ihr nachtut und ebenfalls aus luftiger Höhe herunterfällt. Stimmt doch, oder?«

»Stimmt.« Blackmore räusperte sich und fragte sich gleichzeitig, warum ihm die Geschichte nach so langer Zeit immer noch nahe ging. »Auch seinen Tod haben wir nicht aufklären können. Das heißt, ich war nur aus der Ferne beteiligt, weil ich mich ja noch in der Ausbildung befand.«

»Okay«, sagte Carmen. »So weit, so gut.« Sie nahm die Finger zur Hand und zählte. »John – sitzt mir gegenüber. Frederick de la Tour – war vorhin noch ziemlich lebendig. Paul Gascoigne – erdolcht. Peter Miller – ebenfalls erstochen.«

»Stellt sich die Frage«, fuhr Krüger mit Carmens Überlegungen fort, »wann ihr beiden an der Reihe seid.« Ein ziemlich schmutziges Grinsen folgte.

»Drei Gläser Rotwein oder schon vier?«, fragte Carmen.

Ihre Stirn hatte sich ohne Zutun in parallele Falten gelegt, und einmal mehr sah sie wie die Direktorin aus der Grundschulzeit aus, vor der er eine Heidenangst gehabt hatte. Krüger erinnerte sich genau.

»Wir haben ja immer noch«, nahm Bonnefoy den Faden auf, »die Gendarmerie und die *Police nationale*. Die passen immer auf alles auf.«

»Und das Militär«, sagte Blackmore. »In Frankreich sind wir also sicher. Bei uns dagegen …«

»Ich dachte, die Gendarmerie sei das Militär«, sagte Carmen.

»Nein.« Ashley war wie immer informiert und hatte sich vor der Urlaubsreise vollständig über alle wichtigen Dinge im Reiseland informiert, Wirtschaft, Kultur, Politik, was es da so gab. »Seit 1791 ist die Gendarmerie – *les gens d'armes*, die mit Waffen versehenen Jungs – Bestandteil der französischen Streitkräfte. Dienstherr ist seit 2009 zusätzlich das Innenministerium.«

»Dann brauchen die ja nicht zu gehorchen, wenn erst das Verteidigungs- das eine und anschließend das Innenministerium das andere anordnet.« Carmen hatte sofort die Schwachstelle in der Struktur der Polizeitruppe entdeckt.

»Bei uns dagegen«, pflichtete ihm Krüger bei, »wird an allen Ecken und Enden gespart, so dass selbst der Polizist an der Ecke schon länger nicht mehr aufzufinden ist.«

Bonnefoy überging das Geplänkel und zeigte ans Ende des Platzes, wo inzwischen ein unbeleuchteter Polizeiwagen stand. »Ich habe veranlasst, dass de la Tour und du rund um die Uhr bewacht werdet.«

»Moment mal!« Ashley protestierte. »Nachts bin ich doch da.« Als alle lachten, merkte sie, was sie gesagt hatte, und lief rot an. »Tut mir leid.« Sie schob Carmen das leere Glas hinüber. »Bitte nachfüllen. Fürs Protokoll: Mein drittes.«

»So, weiter im Text.« Der Inhalt von Carmens Glas neigt sich ebenfalls bedenklich dem Ende zu. »Zwei tote Antiquitätenhändler, beide Engländer.«

»Oder Halbfranzosen«, sagte Bonnefoy. »Oder Viertel. Der Akzent, sagte Monsieur Simon vorhin, war doch noch stark ausländisch.«

»Warum bringt jemand harmlose Halb-Ausländer um?« Carmens Glas war wieder voll, und sie trank sofort einen großen Schluck. »Lecker. Das Zeug müsste verboten werden, so gut ist es. Wieso trinkt ihr das nicht von morgens bis abends?«

»Tun wir doch«, sagte Bonnefoy. »Jedenfalls meine Generation. Und mindestens dauernd abends. Manchmal.«

Krüger grinste. Auch zu Hause genoss er ein tägliches Gläschen Rotwein. Er beschloss, diverse Kisten prozentuellen Inhalts mit nach Hause zu nehmen.

»Es gibt zwei Möglichkeiten«, sagte Carmen, »warum die beiden Engländer ins Gras beißen mussten. Die eine: Jemand Halbseidenes von 1984 fürchtet, dass etwas ans Tageslicht gelangen könnte.«

»Die zweite«, sagte Krüger, »die beiden haben hier dunkle Geschäfte geführt, die im Verborgenen bleiben sollen.«

»Die dritte«, sagte Carmen, »die italienische Camorra. Der gesamte Antiquitätenhandel hier bei euch im Süden dient doch bloß als Deckmantel für dunkle Unternehmungen.«

Die Zahl der leeren Flaschen hatte sich bedeutend erhöht, und Carmen überlegte, ob sie den heutigen Abend morgen früh bereuen würde. Aber Feiern waren nur dann wirklich gut, wenn man sich hinterher nicht mehr an sie erinnerte. In der Provence gehörte die eine oder andere kleine Portion Rotwein einfach dazu. Und zu teuren Cocktails oder gar zu Wassern teurerer Provenienz überzugehen wie viele der jungen Leute, das war nun wirklich das Letzte. Wer außer der Grande

Nation konnte denn noch das Fähnlein der letzten Winzerkunden in Europa aufrechterhalten, wenn allerorts woanders schon die Gesundheitsapostel und sonstigen Bedenkenträger, die am liebsten alles für alle entscheiden und anschließend verbieten würden, täglich an Zahl gewannen?

Der Kellner am Eingang des Restaurants gähnte etwas lauter als beabsichtigt, nahm jedoch fast Haltung an, als Bonnefoy ihn heranrief und für alle einen starken Kaffee bestellte. »Und bitte noch einen Limoncello dazu. Auch für jeden.« Er wandte sich wieder den Freunden zu. »Ihr werdet sehen, Kaffee und Zitrone werden Wunder wirken und euch leichten Kopfes nach Hause kommen lassen.«

»Aber mit schweren Füßen«, sagte Krüger, ausnahmsweise nicht um einen Kalauer verlegen.

Carmen kicherte dankbar.

»Also, wie geht's morgen weiter?«, fragte Blackmore, der sehr offensichtlich überlegte, ob er seinen Gläsern Rotwein ein weiteres hinzufügen sollte. Er beschloss aber, die Entscheidung darüber erst nach dem Kaffee zu treffen.

»Ja, wie geht's morgen weiter?« Krüger trat seinem Freund etwas ungeschickt zur Seite, da er nicht mehr so gut zu verstehen war.

Carmen sah ihn missbilligend an. »*Zwei* Kaffees für diesen Herrn, bitte«, sagte sie und deutete auf ihren Freund, als der Kellner mit einem Tablett voller Tassen an den Tisch kam. »Damit er graden Schritts wieder ins Hotel kommt.«

Krügers Blick war finster. Schließlich hatte er Durst und keine Lust, auf die Gefahren der alkoholischen Gärung hingewiesen zu werden.

Der einsame Kellner ging zurück und drehte die im Hintergrund leise dudelnde Jazzmusik lauter. Anscheinend wollte er die Drei-Länder-Truppe, die seinem Dienstherrn zwar eine enorme Summe einbringen, ihn selbst aber dennoch todmüde zurücklassen würde, mit der auf die Dauer monotonen Klaviermusik von Scott Joplin vertreiben.

Krüger horchte auf. »Wann ist das denn? *The Entertainer*? 1870?«

Blackmore lachte. »Nicht ganz; das ist der *Maple Leaf Rag*. Die frühesten Ragtime-Sachen waren erst oder schon 1895 zu hören. Ehe ihr jetzt fragt: Ich musste in der Schule mal einen Aufsatz darüber schreiben.«

»Diese ewigen Rückblenden seit Tagen habe ich jetzt satt«, sagte Carmen und stellte ihr Weinglas mit Schwung wieder ab. »1970, 1984, 1895 – wer soll denn da noch durchblicken? Könnt ihr nicht mal geradeaus schauen, auf morgen zum Beispiel? Was haltet ihr von einem kleinen Ausflug nach Arles, damit wir mal auf andere Gedanken kommen?«

Krüger nickte beifällig. »Wir haben ja schließlich Urlaub.« Er versah Bonnefoy mit einem freundlichen Blick. »Du kannst ja mitfahren. Soll doch die Polizei die Arbeit machen.«

Der Untersuchungsrichter sah ihn voll Missfallens an, halb im Ernst, halb im Spaß. »Du meinst also, ohne meine Aufsicht funktioniere die Gendarmerie auch?«

»Genau«, sagte Carmen. »Irgendwann muss Marius, dein Adlatus, ja lernen, etwas Sinnvolles zu tun.«

Bonnefoy hatte wieder zu seinem überaus freundlichen Gesichtsausdruck gewechselt. »Nee, lass mal. Ich bleibe lieber in der Nähe. Und Marius wird morgen früh ohnehin unausgeschlafen sein, so dass ich die Arbeit wieder alleine machen muss.« Er zeigte auf den Peugeot der Gendarmerie am Ende des Platzes, in dem der Angesprochene saß.

Marius hatte das wohl mitbekommen und blendete zweimal das Fernlicht auf.

»Außerdem kann ich euch bei wichtigen Dingen per Handy kontaktieren. Fahrt ihr mal schön allein nach Arles.«

Alle standen auf, um sich zu verabschieden. Blackmore und Ashley gingen zwecks Mitfahrt zum Hotel in Avignon mit Bonnefoy zu dessen Auto; Krüger und Carmen wanderten zum Atelier zurück.

Aus dem Eingang der Post an einer Seite des Platzes löste sich ein Schatten, sah auf die Uhr und verschwand wieder, eng an den Häusern entlang schleichend, in Richtung des Forts Saint-André.

Oxford 2016 – French Connection

Mittwoch, 17. August. Unweit der Folly Bridge, die den Süden Oxfords mit der Innenstadt verband, lag der perfekt gepflegte Rasen des Brasenose College, der sich bis zum ehemaligen Treidelpfad am Fluss erstreckte. Um der heißen Sonne zu entgehen, saß Ashley im Schatten der alten Bäume am Ufer der Themse, deren Verlauf um die halbe Stadt herum Isis genannt wurde, und kaute auf ihrem Kugelschreiber. Fast sah das Schreibwerkzeug so aus, als habe es ein aufgebrachter Dackel zwischen den Zähnen gehabt, bevor er doch lieber den Besitzer biss. Sie zermarterte sich den Kopf, wie sie an Blackmore herankäme, ohne in irgendeiner Weise aufzufallen. Und mit diesen Überlegungen war sie keinen Schritt weitergekommen als zu Beginn ihrer Observation. Zwei Monate, zwei ganze Monate waren ins Land gegangen, ohne dass sie ihrem Auftraggeber auch nur das kleinste Ergebnis hatte vermelden können. Nichts hatte sich der Detective zu schulden kommen lassen, kein Vergehen, kein Parking Ticket, nichts. Zwar war regelmäßig die vereinbarte Summe auf ihrem Konto eingegangen, aber sie bezweifelte, dass sie noch einen einzigen Penny für ihre Dienste erhalten würde, wenn auch noch der August ohne eine verwertbare Information blieb. Ziemlich leer sah die Seite auf ihrem Block mit den Notizen zu ihrem ersten »Fall« aus.

Sie seufzte abgrundtief.

Blackmore saß etwa fünzig Meter weiter in der Nähe des Gedenksteins für Colin Cox, einer der Verantwortlichen für die Bootsrennen der Colleges Oriel, Queen's und Lincoln, und aß ein Stück Quiche. In den letzten Wochen hatte er von Ashley keine Notiz genommen, so schien es ihr. Aber jetzt stand er plötzlich auf und kam auf sie zu. Er grüßte freundlich, während er sich die rechte Hand an einem sauberen Stofftaschentuch abwischte.

»Blackmore«, sagte er. »Ich arbeite drüben in der St Aldate's Police Station. Und Sie heißen?«

»Davies«, sagte Ashley überrumpelt. Damit hatte sie nun überhaupt nicht gerechnet. Wie kam sie nur aus dieser Situation wieder heraus?

»Wo arbeiten Sie denn, wenn ich das fragen darf? Dann nämlich, wenn Sie mich nicht mehr, eher schlecht als recht, observieren?«

Ashley wurde rot und biss sich auf die Zunge. So offensichtlich sollte das gewesen sein?

»Das war keineswegs so offensichtlich, wie Sie denken. Aber da ich Ihrem Geschäft selber schon etwas länger nachgehe, nämlich Leute zu beobachten, ohne dass sie das gleich bemerken, waren Sie mir relativ rasch aufgefallen. Ende Mai war das doch, nicht wahr?«

Seine Freundlichkeit war echt, nicht aufgesetzt, und Ashley nickte. »Im Missing Bean.«

»Ich weiß; ich war ja dabei.« Jetzt folgte sogar ein leises Lächeln. »Sie stachen schon beim ersten Mal aus den Anwesenden hervor, als Sie gerade gehen wollten.«

Mann, hatte der DCI ein Gedächtnis. Die junge Frau beschloss – falls dazu Gelegenheit bestünde –, ihn irgendwann nach seinen mnemonischen Tricks zu fragen.

»Ich bin freiberuflich tätig und arbeite gerade an meinem zweiten Kriminalroman.« Ashley überlegte, ob der DCI ihr das abnehmen würde, aber schließlich gewann ja der, der etwas wagte.

»Und wie hieß der erste?«

Sie geriet ins Schwimmen. Wenn sie jetzt entgegnete, *Nachts im Nebel an der Themse* oder, noch schlimmer, *Keine weiteren Fragen*, dann klänge das nur an den Haaren herbeigezogen und wäre furchtbar schlecht gelogen.

Blackmore schaute sie offen an. »Sie sind gar keine Autorin, oder?«

Eine Träne stieg ihr ins rechte Auge. Dass eine Beschattung so schwer sein könnte – vor allem, wenn man dabei auffiel –, hätte sie nicht gedacht. Und nun? Der DCI sah nicht so aus, als ginge er dunklen Geschäften nach. Wahrscheinlich war sich auch ihr Auftraggeber darüber so unsicher gewesen, dass er nicht den offiziellen Weg – polizeiintern über die zuständigen Stellen – gewählt, sondern mit Absicht jemanden von außen genommen hatte.

»Na, na«, sagte Blackmore und nahm ein zweites blütenweißes Taschentuch aus seinem Jackett. Mit weinenden Frauen konnte er nicht gut umgehen. »Sie haben doch nichts angestellt!« Er reichte ihr das Stück Stoff. »Und ich schon gar nicht, auch wenn mir neulich im Dienst ein dummer Fehler unterlaufen ist.«

Ashley lächelte zaghaft und wischte sich die Träne weg. Sie deutete neben sich. »Setzen Sie sich doch.«

Der Detective kam der Aufforderung zögernd nach und sah sie fragend an.

»Und jetzt erzählen Sie bitte. Dann kann ich mir das mühevolle Recherchieren sparen.«

Wider Willen lachte Blackmore. »Daraus bestehen eigentlich neunzig Prozent unserer Arbeit, gerade bei Kapitalverbrechen. Das heitere Erraten von Motiven, bekannt aus Rundfunk und Fernsehen, das stammt nur aus den Köpfen der Drehbuch- und Groschenroman-Autoren. Wo soll ich anfangen?«

Während der sich stetig verlängernden Mittagspause hatte Blackmore Ashley von einigen für ihn interessanten Stationen seines Berufes berichtet, Kommissar Krüger aus Deutschland nicht unerwähnt gelassen, mit dem er die beiden interessanten Fälle in Bonn und Oxford aufgeklärt hatte, und sogar einen zarten Hinweis auf Julie Bolton – ohne Namensnennung –, seine alte Liebe, gegeben. Der Detective war einem unbestimmten Gefühl gefolgt und hatte mit offenen Karten gespielt; er glaubte nicht, dass die junge Frau unlautere Absichten hatte, auf ihn angesetzt war oder ihn sogar zu einem Gesetzesverstoß der größeren Art verleiten sollte. Nein, sie machte nur ihre Arbeit und das mehr als gut. »Sie haben eigentlich alles richtig gemacht«, sagte er. »Sie sind nie zweimal in derselben Kleidung aufgetaucht; Sie haben jedes Mal eine andere Frisur und einmal sogar eine Perücke getragen; Sie sind darüber hinaus an denselben Orten aus verschiedenen Richtungen aufgetaucht.«

»Dann hätten Sie mich ja gar nicht erkennen können!« Ashley war neugierig. »Was habe ich denn falsch gemacht?«

»Nur die schwierigeren Dinge. Wenn man es übt, kann man die eigene Stimme verstellen, sie beispielsweise heiser werden lassen, wenn man in der Öffentlichkeit reden muss.«

»Okay. Das ist eine Sache. Noch etwas?«

»Das Wichtigste vielleicht.« Blackmore wandte sich von ihr ab und entfernte sich langsam.

Sie verfolgte seine Schritte.

Abrupt blieb er stehen, drehte sich aber nicht um und ging dann weiter.

Plötzlich sah sie es.

Ganz leicht hinkte er mit dem linken Bein.

Nach etwa zwanzig Metern schritt er einen imaginären Halbkreis ab, immer noch hinkend, und kam dann auf sie zu, jetzt wieder normalschrittig. Er grinste breit.

»Na gut«, sagte Ashley. »Wenn ich Sie beim zweiten oder dritten Mal nur von hinten gesehen hätte, hätte ich Sie vielleicht übersehen. Oder umgekehrt Sie mich.«

»Eben.« Blackmore stand vor ihr und bückte sich, als ob er seinen Schnürsenkel binden wollte. Dann richtete er sich wieder auf, stand nun aber schief vor ihr: Eine Schulter war deutlich höher als die andere; der linke Mundwinkel hing etwas herunter.

Ashley lachte. »Vielleicht wäre ja sogar die BBC an Ihnen interessiert für eine Neuverfilmung des *Glöckners von Notre Dame*.«

Blackmore hatte wieder sein freundliches Gesicht aufgesetzt. »Jetzt sind aber wirklich Sie an der Reihe.«

»Wollen wir einen kleinen Weg machen? Dabei redet es sich leichter, finde ich.«

Eine Viertelstunde später standen die beiden am Bootshaus des University College und sahen auf die gegenüberliegende Flussseite, wo beim Bootshaus des Magdalen College drei Studenten dabei waren, ein kielüber liegendes Regattaboot zu lackieren. Anscheinend waren sie sich in die Haare geraten, denn einer der drei fuchtelte mit einem roten Farbpinsel herum, woraufhin das blütenweiße T-Shirt seines Gegenübers in Mitleidenschaft gezogen wurde. Die Auseinandersetzung nahm an Hitze zu, ließ die beiden Beobachter jedoch kalt.

»Den Stand der Dinge wollten Sie doch wissen, Sir, oder?« Ashley war sich unsicher, ob sie ihn beim Vornamen nennen solle, wie es im Geschäftsleben fast überall üblich war, beließ es aber beim Nachnamen und dem Sir.

Blackmore nickte, sagte aber nichts. Wenn man nicht redete, redeten immer die anderen, weil Stille so schwer zu ertragen war. Auf diese Art und Weise erfuhr man oft mehr, als der Redende eigentlich preiszugeben bereit war. Eine bewährte Verhörtechnik.

»Ihre Chefin hat Sie strafversetzt und Ihnen eine Schreibtischtätigkeit zugewiesen. Sie sollen sich nämlich einiger Cold Cases annehmen.« Die junge Frau sah den älteren Mann von der Seite an.

»Nicht ganz. Auch bei den Altfällen muss man manches Mal nach draußen, um neuen Spuren nachzugehen. Aber *strafversetzt*, das kann man durchaus sagen.« Ein verbitterter Zug huschte über sein Gesicht.

»Strafversetzt, weil Ihnen bei einer Verhaftung eine Namensverwechslung unterlaufen ist, nicht wahr?«

»*Festnahme*. Sonst stimmt es, aber woher wissen Sie das? Eigentlich ist die Information unter Verschluss.«

»Ich hab's auch niemandem weitergesagt.«

Ein kleines Grübchen erschien um ihre Mundwinkel, und Blackmore fragte sich, ob er nicht zu alt für Anfälligkeiten seitens des schönen Geschlechts war. Mit Grübchen sah die junge Frau noch hinreißender aus.

»Aber statt Sie strafzuversetzen, hätten Sie doch mit der Festnahme des korrekten Verbrechers die Scharte auswetzen können.«

Blackmore überlegte, wie ein *korrekter Verbrecher* aussah, und grinste. »Hätte – könnte – würde«, sagte er, nun wieder ernst. »Das erschien der Hierarchie wohl zu wenig. Vielleicht war auch noch eine Rechnung offen. Einem Staatsanwalt vom Crown Prosecution Service habe ich mal zu viel Arbeit gemacht.«

»Fällt Ihnen denn jemand ein?«

»Nein, auch nicht, wenn ich länger überlege, weil ich finde, dass man die Arbeit, die anfällt, zügig abarbeiten muss. Mal ist es mehr, mal ist es weniger.«

Das klang nach dem protestantischen Arbeitsethos. Ashley sah es ähnlich. Was man rasch erledigte, war rasch erledigt, so dass der Schreibtisch wieder leer war.

»Und was hat es mit dem fehlenden Juwelensäckchen auf sich?«

Blackmore sah sie durchdringend an. »Auch das wissen Sie? Gibt es denn gar keine Geheimnisse mehr auf der Welt?«

Jetzt lachte Ashley. »Doch, die wichtigen. Und einige, aber oft auch löchrige Staatsgeheimnisse.«

Der DCI überlegte. »Ich hab's, glaube ich. Sie haben sich mit Deputy Chief Constable George Bailey getroffen.«

»Keine Ahnung«, sagte Ashley. »Er hat keinen Namen gesagt.«

»Schon älter, militärisch kurz geschnittene, etwas angegraute Haare, keine Glatze, ein kleiner melierter Schnurrbart, teure Stoffhose, wahrscheinlich grau oder dunkelblau.« Er dachte nach. »Hellblaues Oberhemd und in einem Pub bestimmt ein eleganter Pullover dazu, kein Sakko. Die typische Uniform für den zweithöchsten Dienstgrad. Für unsereinen reicht ja ein einfacher Anzug.«

Die junge Frau nickte. »Klingt nach dem Mann, von dem ich den Auftrag erhalten habe.«

Blackmore seufzte erleichtert. »Das erklärt, warum Sitting Duck mich in den letzten Tagen keines Blickes mehr gewürdigt hat. Sie muss davon Wind bekommen haben, dass der DCC schützend seine Hand über mich hält.«

»Klingt fast nach Kindergarten, Sir.«

Blackmore lachte wieder. »Könnte man so sagen. Aber manchmal tut es gut, wenn andere Leute für einen denken oder einen in eine bestimmte Richtung lenken.«

»Was hat es denn jetzt mit den Juwelen auf sich?« Ashley ließ nicht locker.

Das Handy des DCI klingelte.

Blackmore nahm den Anruf entgegen und sagte nach einem Blick auf die Uhr: »In zwanzig Minuten kann ich wieder im Büro sein.« Er nickte und wollte losgehen.

»Keine Antwort also?« Ashley hatte den Kopf schief gelegt und sah ihn offen an. »Jedenfalls jetzt nicht?«

»Jetzt nicht, aber später. Ich bin ab morgen ein paar Tage unterwegs. Sagen wir nächsten Mittwoch? Gleicher Ort, gleiche Zeit?«

Ashley nickte und fragte sich gleichzeitig, warum ihr Herz einen Schlag ausgelassen hatte. Für Herzrhythmusstörungen war sie eigentlich viel zu jung.

Mittwoch, 24. August. Unweit der Folly Bridge, die den Süden Oxfords mit der Innenstadt verband, lag der perfekt gepflegte Rasen des Brasenose College, der sich bis zum ehemaligen Treidelpfad am Fluss erstreckte. *Déjà vu,* dachte Ashley. Alles schon mal dagewesen. Um erneut der für die Jahreszeit immer noch viel zu heißen Sonne zu entgehen, saß sie wieder im Schatten der alten Bäume am Ufer der Themse und sinnierte über die Klimakatastrophe, deren Realität mit jedem Jahr augenfälliger wurde. Sie schreckte auf, als Blackmore sich neben sie setzte.

»Eine Fortbildung in Glasgow«, sagte der DCI zur Begrüßung. »Jedenfalls gab es guten Whisky.«

Ashley lachte. »Das Thema: Neue Möglichkeiten zur Überführung von Straftätern mittels Zuführung von Alkohol.« Noch ein schönes Lachen.

Er überlegte, wie er es anstellen sollte, dieses Lachen noch möglichst oft in seinem Leben zu hören. Die fünf Tage in der schottischen Stadt hatten sich gezogen; es schien dort fast eine Ewigkeit zu dauern, bis er endlich wieder in Oxford sein und die junge Frau wiedersehen konnte.

»Lassen wir das. Sie wollten doch etwas über Juwelen wissen, nicht wahr?«

Die Stimme des DCI klang nach der üblichen Bürobesprechung, wie Ashley sie sich vorstellte. »Wollte ich.«

»Vom großen Diebstahl in Hatton Garden in London muss ich wohl nichts berichten, oder?«

»Nein, das stand ja alles in der Presse. Auch die Ergreifung der sechs älteren Täter war beim *Mirror* über mehrere Seiten ausgewalzt worden.«

»Sie lesen dieses Käseblatt?«

»Von Lesen kann man da ja nicht reden. Aber die haben die meisten Fotos; dann muss der Reporter nicht so viel schreiben.«

Wieder dieses Lachen.

»Also.« Blackmore räusperte sich. »Wir hatten einen zuverlässigen Tipp bekommen, dass einer der Senioren auf der Flucht den Eilzug der First Great Western von London nach Oxford bestiegen hatte. Wir haben den Zug dann vor Reading anhalten lassen, durchsucht und den Verdächtigen tatsächlich festnehmen können. Juwelen hatte er jedoch nicht bei sich; aber auf den CCTV-Aufnahmen der Kameras in den Straßen bei Hatton Garden war er eindeutig als am Raub Beteiligter zu identifizieren.«

»Und wieso werden Sie dann verdächtigt, ein Säckchen an sich genommen zu haben?«

»Werde ich das? Interessant.« So leicht war Blackmore nicht aus der Ruhe zu bringen.

»Das hat jedenfalls Ihr Vorgesetzter gesagt.«

»Na, alles weiß er ja auch nicht. Wir haben jedenfalls aus dem Wagen 42559, in dem der Dieb gesessen hatte, alle Zeugen befragt. Ein einziger hat genau beobachtet und ausgesagt, dass der Räuber einem älteren, gut gekleideten Herrn unbestimmten Alters rasch etwas in die Hand gedrückt hatte, bevor er abgeführt worden ist. Dieser Mann Nr. 2 tauchte dann rasch in der Menge unter.«

»Also eine erloschene Fährte«, sagte Ashley leicht dramatisch. In ihrer Jugend hatte sie zu viele Bücher von Enid Blyton gelesen.

»Nicht ganz. Dank der modernen Technik – CCTV, Gesichtserkennung und so – hat einer meiner Mitarbeiter diesen Herrn rasch identifizieren können. Es handelt sich um einen Franzosen namens Pierre Meunier, wahrscheinlich ein Pseudonym. Oder um jemanden, der ausgewandert ist. Er soll irgendwo auf der anderen Seite des Kanals eine Firma haben.«

»Dann müssen Sie ja nur noch alle im französischen Telefonbuch aufgelisteten Herren mit dem Namen Pierre Meunier finden.«

»Eigentlich.« Blackmore seufzte. »Es waren, letzter Stand, 1.487 Personen.«

Ashley lachte. »Dann können Sie die ja bis zu Ihrer Pensionierung durchsehen. Routinearbeit beruhigt, habe ich mal gelesen.«

»Das Problem ist eher, glaube ich, dass wir wie immer zu wenig Personal haben, um kurzfristig fündig werden zu können.«

Sie überlegte. »Was macht man mit einem Sack Juwelen? Man fährt nach Amsterdam zwecks Umtauschs.«

»Bestimmt. Da der Dieb das auch denken wird, macht er gerade das nicht. Wir können uns also den Besuch der europäischen Diamanten-Metropole sparen.«

»Die Zweitwahl, Belgien, fällt auch flach, denke ich. Mit dem gleichen Argument der Offensichtlichkeit.« Ashley zog die Stirn kraus. »Und auch die entsprechende Straße in Paris.«

Blackmore nickte und freute sich gleichzeitig über das Pingpong-Spiel gegenseitiger Argumente.

»Was würde ich denn machen?« Die Anzahl der Falten auf der Stirn vergrößerte sich. »Ich würde Urlaub machen.«

»Wie das? Und wo?«

»In Südfrankreich«, sagte Ashley mit Nachdruck. »Marseille hat einen Haufen an Läden, wo man hochkarätige Diamanten erwerben kann. Und auch verkaufen.«

»Und woher wissen Sie das?«

»Eine frühere Liaison«, sagte Ashley zögernd und war gleichzeitig von ihrer Offenheit überrascht. »Wir haben damals die ganzen Läden abgeklappert, nur um zu staunen. Außerdem besitzt die Stadt einen riesigen Hafen, von dem aus man sich absetzen kann.«

»Klingt überzeugend«, sagte der Detective langsam. »Ist zumindest eine interessante Überlegung.« Er musterte Ashley, als überlege er, ob er die nächste Frage stellen dürfe.

»Sie dürfen«, sagte sie. »Ich kann Gedanken lesen.«

Blackmores Stimme war heiser geworden. Und leise. »Wollen wir nach Südfrankreich fahren und sehen, ob wir gemeinsam etwas herausfinden?«

Grasgeflüster

Montag, *26. September 2016.* Ein paar Vögel waren zu hören, und man konnte im Sonnenschein das Frühstück auf der Hotelterrasse genießen, was Krüger und Carmen auch taten. Heute hatten sie Gäste: Blackmore war mit seiner Freundin gekommen, um sich nach dem Petit déjeuner den beiden anzuschließen. Zu viert wollte man den besprochenen Ausflug nach Arles unternehmen.

»Wie habt ihr euch eigentlich kennengelernt, du und Ashley?« Carmen hatte hastig den letzten Bissen des belegten Baguettes heruntergeschluckt, um fast akzentfrei Englisch reden zu können. Die aktuelle Ausgabe von *La Provence* lag noch ungelesen und halb zusammengefaltet neben ihrem Teller.

»Über einer verlorenen Bohne«, sagte Blackmore mit unbewegter Miene. Er trug heute einen hellgrauen Sommeranzug und zupfte vorsichtshalber am Kragen des Jacketts, bis der wieder parallel zum zartrosa Oberhemd saß. Die beiden obersten Knöpfe waren offen, was wohl das Äußerste an Laissez-faire war, das der DCI seinem Äußeren gestattete.

Ashley grinste. »*In* einer verlorenen Bohne, wenn ihr es genau wissen wollt.« Sie nahm die Tageszeitung vom Tisch auf.

Carmen guckte verständnislos, was sie selten tat. Meist hatte sie vor allen anderen das Geflecht der aktuellen Ereignisse durchschaut.

Krüger schaltete dieses Mal eher als seine Freundin. »Missing Bean, John, war das nicht diese schicke Espresso-Bar in deiner Stadt, in der der Mord vor sechs Jahren passiert—«

»*Neben* dem Kaffee-Café«, präzisierte Blackmore. »*Über* dem Antiquariat, von dem ich dir damals erzählt habe.«

»Stimmt«, sagte Krüger. »Das war diese komische Geschichte, bei der dann schließlich ein Bonner Testament—«

»Keine Spoiler«, sagte Carmen. »Nicht alle kennen die Geschichte ja bereits.« Sie warf Ashley einen freundlichen Blick zu, der aber an der jungen Frau vorbeirauschte, da sie gerade die Überschriften auf der Titelseite las.

»Hey, habt ihr das gesehen?« Ashley zeigte auf das Blatt.

Stahl im Herzen – Blut auf der Weste lautete der Aufmacher.

»Soll ich übersetzen?«

Fünfzig Prozent der Anwesenden nickten.

Carmen und Ashley warfen sich einen Blick zu. *Männer*, hieß das nur. *Schon in der Schule nicht aufgepasst. Dabei ist die Kenntnis von Fremdsprachen so wichtig.*

»Also«, sagte Ashley. »Obacht!« Sie las vor; das Übersetzen vom Französischen ins Englische ging ihr flüssig von der Zunge.

Gestern Abend traf es einen weiteren beliebten Mitbürger. Nach dem Samstagsmord an Paul Gascoigne in L'Isle-sur-la-Sorgue musste nun am Sonntag Peter Miller, seines Zeichens ebenfalls Antiquitätenhändler, aber aus Saint-Rémy-de-Provence, der Tatsache seines vorzeitigen Ablebens ins Auge schauen. Fast ist man versucht zu schreiben: Wie gewohnt steckte auch dieses Mal die Mordwaffe wieder im Leib – aber das wäre dann doch zu makaber. Also beschränken wir uns auf die Mitteilung, dass der Tod auch dieses Mal durch eine Stichwaffe verursacht worden ist, einen alten Heeresdolch der deutschen Wehrmacht. Handelt es sich um eine Abrechnung mit dem Franzosen, wenn auch Generationen später? Und wer ist der nächste Händler, der eine Begegnung mit einem scharfen Gegenstand nicht überlebt?

»Mein Güte«, sagte Carmen. »Das war wohl der Praktikant, an dem ein Autor mit Stilblüten verlorengegangen ist. Und ein doppeltes *auch dieses Mal.* Außerdem: Wie soll der Tote denn etwas oder jemandem ins Auge schauen können? Na ja, vielleicht waren die Augen hinterher noch offen.«

Ashley schüttelte sich. »Das reicht. Wir sollten lieber über etwas anderes nachdenken. Hier ist erneut nur ein unscharfes Foto des Verfassers des Artikels zu sehen. Wir müssen also in der Redaktion nachfragen, wer das ist, denn merkwürdigerweise fehlt auch hier der Name daneben. Aber was mich am meisten interessiert: Woher stammen die präzisen Angaben zur Tatwaffe? Und wann hat *La Provence* überhaupt Redaktionsschluss? Haben die vielleicht irgendeine Late-Night-Deadline, damit sie diesen aktuellen Bericht noch unterbringen konnten?«

»Du stellst vielleicht Fragen«, sagte Carmen. »Kann das nicht alles Marius machen und sich um die Antworten kümmern? Ruf doch einer mal den Gendarmen oder mindestens den Untersuchungsrichter an. Wir alle haben schließlich Ferien. Ich würde nämlich jetzt gerne losfahren. Nachher ist Arles schon geschlossen, wenn wir ankommen.«

Krüger lachte als einziger.

Auf der Fahrt in Krügers Qashqai von Villeneuve-lès-Avignon nach Arles, die etwa fünfzig Minuten dauerte, unterhielt Carmen die kleine Reisegruppe mit Auszügen aus einem alten *Guide Bleu*. Der blaue Reiseführer, von Krüger mühsam auf Ebay ausfindig gemacht und als Reisegeschenk für seine vielsprachige Freundin erworben, war im Jahre 1920 gedruckt worden, wies aber schon auf alle Sehenswürdigkeiten an der Strecke hin. »Die meisten Sachen stammen sowieso von den Römern«, sagte sie, »da hat sich in den knapp hundert Jahren seit Erscheinen des Buches bis heute auch nicht viel geändert.« Sie blätterte ein paar Seiten zurück. »Das hier, das ist ein wunderbarer Satz: *Arles besitzt archäologische Sehenswürdigkeiten ersten Ranges, und in den wenig belebten Straßen trifft man noch immer auf hübsche Arlesierinnen vom griechischen Typ, deren anmutige Tracht mit dem weißen Schultertuch und der schwarzen Samtkappe ihre klassische Schönheit hervorhebt.* Das muss man sich mal auf der Zunge zergehen lassen: nur sechs einsame Wörter über die großartigen Bauwerke in Arles, dafür vier Zeilen über die dortigen Frauen!«

Trotz des Motorengeräuschs war der Knall beim Zuklappen des Buches auch vorne beim Fahrer zu hören.

»Gerade haben wir übrigens die Abzweigung zur Abtei von Montmajour verpasst.« Carmen sah aus dem Fenster. »Und vorhin wolltet ihr auch nicht zur Mühle von Alphonse Daudet fahren, von der aus er seine Briefe geschrieben hat.«

»Klingt nach furchtbarer Schullektüre«, sagte Blackmore. »Ähnlich wie bei uns *Tess of the d'Urbervilles* von Thomas Hardy. Dadurch musste ich mich als Sechzehnjähriger quälen. Nur Landschaft und Bauern. Sonst ist nichts passiert.«

Ashley mischte sich ein. »Die Verfilmung von 2008 hast du aber nicht gesehen, oder? Die heiße Liebesgeschichte zwischen Tess und–«

»Achtung!«, rief Carmen. »Links abbiegen.«

Gerade noch rechtzeitig bog Krüger in die Rue de l'Amphithéâtre ein und fand tatsächlich für sein Auto einen Platz zwischen einer Apotheke und einer Pizzeria. Die doppelte Bogenreihe der fast unversehrt gebliebenen römischen Arena und die zu ihr hinaufführenden breiten Stufen waren nur noch ein paar Schritte entfernt.

»Sag ich doch«, sagte er. »Ich bekomme immer einen Parkplatz vor der Tür.«

Vier Stunden später waren die Freunde rechtschaffen müde. Sie hatten einen Blick in das Amphitheater geworfen, dessen schiere Größe sie überwältigt hatte. Man konnte sich die wilden Tiere und die wilden Gladiatoren in dem großen Oval bestens vorstellen. Das Klappern der Ketten wurde nur durch den Sand gedämpft, den es immer noch gab, wenngleich auch Jahrtausende älter. Mehrfach im Jahr fanden hier heiße Kämpfe zwischen den Befürwortern und den Gegnern der Stierkämpfe statt, allerdings nur verbal.

»Weißt du noch, wo das Auto steht?«, fragte Carmen, als sie wieder vor dem Bauwerk standen.

»Nicht unbedingt«, sagte Krüger etwas ungenau. »Aber da in Arles alle Wege zur Arena führen, wird das kein Problem sein. Ist übrigens in Hamburg genauso: Alle Wege führen zum Volksparkstadion.« In Wahrheit führten dort keine Straßen zum Stadion, sondern nur daran vorbei; aber manchmal musste Wahrheit auch elastisch eingesetzt werden, vor allem, wenn sich daraus ein Bonmot ergab, fand der Kommissar.

Von den Arènes aus waren sie zum römischen Theater weitergewandert – »Im Theater in Orange ist die Akustik aber besser«, konnte Carmen sich nicht enthalten, einen Hinweis aus dem Reiseführer vorzulesen –, hatten einen Blick in den Kreuzgang von St. Trophîme mit seinem reichen romanischen Figurenschmuck geworfen und saßen jetzt unter großen Platanen am Boulevard des Lices im Grand Café Malarte, vor sich ein kühles Bier. Für den Monat September war es immer noch zu warm.

»Dann können wir uns Nîmes jetzt schenken«, sagte die Reiseleiterin und wedelte mit dem *Guide bleu*. »Dort sieht es genau so aus wie hier, vielleicht mit ein paar mehr Touristen. Die haben auch eine Arena, auch ein Theater und so weiter.« Sie hielt das Buch hoch. »Steht alles hier drin.«

»Aber dort gibt es einen komplett erhaltenen römischen Tempel«, sagte Ashley. »Hier nicht.«

»Das reicht jetzt«, sagte Blackmore, »glaube ich. Mir jedenfalls. Zu viel Kultur ermüdet auch die aufmerksamste Gehirnzelle.«

»Meine arbeiten längst an etwas anderem«, sagte Krüger und trank die zweite Hälfte seines Glases auf einmal aus. »Wollt ihr wissen, woran?«

Als niemand antwortete, fuhr er fort: »Erinnert ihr euch an den Antiquitätenmarkt in L'Isle-sur-la-Sorgue, wo der tote Gascoigne zwischen den beiden Truhen lag?«

Die drei nickten.

»Habt ihr auch den alten Tisch daneben gesehen, den mit der offenen Schublade?«

Kopfschütteln.

»Ich erinnere mich an loses bräunliches Pulver darin.«

»Rohrzucker«, sagte Carmen, die praktische Hausfrau. »Falls der Tisch aus einer Küche stammt.«

Ashley gluckste.

»Ich habe das auch gesehen«, sagte Blackmore. »Sicher Rauschgift, falls der Tisch aus einem Drogenlabor stammt.«

»Du meinst also auch«, sagte Krüger gedehnt.

»Tue ich«, sagte Blackmore.

Die beiden Frauen sahen sich an.

»Und ihr, die korrekten Staatsdiener, redet so unkorrekte Sätze«, sagte Carmen vorwurfsvoll.

»Rufst du an?«, fragte Krüger.

Blackmore nickte, holte sein Handy hervor, stand auf und entfernte sich ein paar Schritte.

Die beiden Frauen sahen sich erneut an.

»Ich kann das gerne erklären«, sagte Krüger jovial, »wenn ihr nicht folgen könnt.«

Blackmore telefonierte kurz und kam danach zurück. »*Brown Sugar*«, sagte er triumphierend.

»Sag ich doch«, sagte Krüger.

»Was hat der Song der Rolling Stones damit zu tun?«, fragte Ashley.

Die beiden Frauen standen auf.

»Wenn ihr nicht mit uns reden wollt ...« Carmen stellte sich mit verschränkten Armen vor ihren Freund. »Ashley und ich können auch shoppen gehen.«

»Klingt nach einer Drohung«, sagte Blackmore. »Aber so weit wollen wir es ja nicht kommen lassen. Setzt euch doch bitte wieder.« Er winkte dem Kellner. »Die nächste Runde übernehme ich.«

»Passt auf«, sagte Krüger. Und mit einem Blick auf den Detective fuhr er fort: »Darf ich? John hat eben Bertrand angerufen, und der hat ihm bestätigt, dass das braune Pulver aus der genannten Schublade tatsächlich kolumbianisches Heroin war.«

Die Frauen schwiegen betroffen.

»Das ist jetzt eine etwas andere Dimension«, sagte Carmen schließlich. »Mord, okay. Das kennt man ja. Aber jetzt noch Rauschgift? Dadurch wird die Tätersuche ja enorm erschwert. Weil jeder Junkie kommt doch in Frage, der nicht rechtzeitig genug beliefert worden ist.«

»Hast du mal über die Reihenfolge der Wörter in deinen Sätzen nachgedacht, liebe Carmen? In diesem Falle nach Kausalkonjunktionen?« Krüger hatte seinen *Duden*-Blick aufgesetzt, der schon manche Sekretärin hatte blass werden lassen.

Aber wie üblich reichte ein Rück-Blick von Carmen, der sofort sämtliche Grammatik- und Stilhinweise unterband.

Blackmore überlegte. »Paul Gascoigne kann ich mir eigentlich nicht als Rauschgifthändler vorstellen. Aber vielleicht ändern einen auch die Jahrzehnte, und schließlich habe ich ihn ja zuletzt vor dreißig Jahren gesehen.«

»Zweiunddreißig«, sagte Carmen.

Krüger gluckste.

»Muss es immer direkt Heroin sein?« Sie hatte diese Frage nur rhetorisch gestellt und fuhr fort: »Außer *Brown Sugar* kenne ich auch kein schönes Lied darüber. Wenn ich dagegen an das harmlose Haschisch denke, dass die Jungs in der Oberstufe schon rauchen durften, als es noch allgemein sowieso und für uns in der Mittelstufe nur aus olfaktorischen Gründen verboten war …«

Blackmore sah sie fragend an.

»Gras!« Ashley pflichtete ihr mit verklärten Augen bei.

»Versuch du mal«, setzte Carmen ihre Darlegung fort, »einen Duft für pubertierende Mädchen mit *weed* zu kombinieren – da kommt selbst katholischer Weihrauch nicht mit.«

Krüger verschluckte sich vor Lachen; Ashley klopfte ihm freundlich auf den Rücken, während sie breit grinste. Anscheinend hatte sie ähnliche Erinnerungen.

»Jedenfalls«, fuhr Carmen fort, »sind die Reggae-Lieder über Haschisch viel schöner.«

»*No Woman No Cry*«, sagte Blackmore verträumt.

Ashley sah auf die Uhr. »Wenn ihr mit der Musik fertig seid und falls ich euch noch zu einer Sehenswürdigkeit mitnehmen kann: Die *cryptoportiques* machen in einer knappen Stunde zu.«

»Könntest du bitte verständlich reden?«, sagte Blackmore. »Das Wort *kryptisch* habe ich schon verstanden, aber der Rest …«

»Säulengänge«, sagte Carmen. »Steht hier jedenfalls.«

Die Herren seufzten ergeben. Früher hatten sie gelegentlich mal Reiseführer gelesen, aber in der Regel nur, um das beste Restaurant / die beste Bar / den besten Nachtclub am Ort zu finden.

»Also, kommt ihr?« Ashley konnte auch ungeduldig gucken.

»Ich sitze hier eigentlich ganz gut«, sagte Krüger.

»Ich leiste Kruger Gesellschaft«, sagte Blackmore, der wie alle Engländer auch nach Jahren noch Schwierigkeiten mit den deutschen Umlauten hatte.

»Es lohnt sich«, sagte Ashley, sehr spitz und sehr bestimmt.

»Es wird euch leidtun, wenn ihr uns dafür einen Korb aus eurem Restbestand geben wollt.« Carmen war aufgestanden und hatte sich bei Ashley eingehakt. »Habt euch mal nicht so.«

»Wie weit ist das denn?« Krüger hatte sein aufsässiges Gesicht aufgesetzt.

»Etwa hundert Meter«, sagte Ashley. »Das römische Forum liegt wirklich nur um die Ecke. Also früher, als die Römer noch hier waren und das Teil nicht Republikplatz hieß. Obwohl – das hätte ja auch gepasst. Und wir bringen euch unter die Erde.«

»Also, hör mal«, sagte Krüger aufgebracht, »da gehören wir nun wirklich nicht hin. Es gibt gewisse Grenzen bei dummen Bemerkungen.«

Blackmore nickte.

»Wir können euch auch schieben«, sagte Carmen, die ihren Freund ignorierte. »Wobei ich damit eigentlich warten wollte, bis ihr über fünfzig seid.«

Krüger (52 J.) und Blackmore (55 J.) erhoben sich, stöhnten theatralisch und folgten den Frauen, die bereits um die Straßenecke gebogen waren.

Reise zum Mittelpunkt der Erde

M*ontag, 26. September 2016.* Mitten auf dem Place de la République stand der obligatorische Obelisk neben einem Brunnen. Kein einziger Baum spendete Schatten, so dass die Hitze von den Häuserfassaden, dem Bischofspalast und den einander gegenüberliegenden beiden Kirchenportalen tropfte. Carmen und Ashley steuerten zielstrebig auf den Eingang des Rathauses zu, kenntlich wie überall durch die französische Flagge, die über dem zentrierten Balkon angebracht war und heute nur schlaff herabhing. »Hier geht's hinein«, rief Carmen.

Die Herren beeilten sich, ihr zu folgen, zahlten im Vestibül ebenfalls den Eintrittspreis von drei Euro und stiegen eine stählerne Treppe hinunter, die ein wenig an eine stabilere Baustellenleiter erinnerte.

Unten blieben die vier erst einmal sprachlos stehen und staunten.

»Wie soll ich denn davon mal meinen Enkeln erzählen?«, fragte Ashley. »So, dass sie sich das vorstellen können? Die beiden Tunnelgänge im Halbdunkel?«

»Ich würde sagen: ›Zwei parallel verlaufende römische Tonnengewölbe mit einer Mittelwand aus Rundbogenportalen‹ trifft es ganz gut.« Wie immer schüttelte Carmen das nötige Wissen aus dem Blusenärmel.

»Dann sag es doch«, sagte Krüger. »Bisschen groß. Die Tunnel, meine ich.«

»Die Nord- und Südgalerien der Kryptoportale sind neunzig Meter lang; die Westgalerie, die sie verbindet, misst sechzig Meter. Ihre Breite beträgt fast zehn Meter.« Carmen hatte rasch die entsprechende Stelle in ihrem Reiseführer gefunden. »Alles in U-Form, wenn ihr es genau wissen wollt.«

Die beiden Kommissare standen mit ihren Freundinnen unter dem ehemaligen römischen Forum. Die beiden etwa fünf Meter hohen

Tonnengewölbe waren aus den üblichen gelbbraunen Ziegelsteinen gemauert worden; die sich zum Parallelgang im rechten Winkel öffnenden Durchgänge des Hauptgangs ruhten auf quadratischen, etwa anderthalb Meter hohen Quadern. Ungefähr alle sechs bis sieben Meter erhellten Wandstrahler den Weg. Irgendwo flackerte eine Lampe, die den entsprechenden Gangabschnitt in gespenstisches Licht tauchte.

Carmen griff unwillkürlich nach Krügers Hand, dem schon eine deplatzierte Bemerkung über Ängste auf den Lippen lag, ehe er sich gerade noch rechtzeitig selber den Mund verbot und lieber den Druck der schlanken Finger seiner Freundin erwiderte.

»Eine kleine Runde?«, fragte Blackmore und ging los. Auf die rechts von ihm liegende Mauer warf er einen langen Schatten, der sich zeitverzögert bewegte und dessen Unheimlichkeit, unschärfebedingt, an die Verfolgungsjagd zwischen Joseph Cotton und Orson Welles in der Kanalisation von Wien erinnerte.

»*Der dritte Mann*«, sagte Ashley begeistert und zitierte damit den Titel des Films.

Krüger pfiff die berühmte Zithermelodie von Anton Karas; das Harry-Lime-Thema gehörte längst zum popkulturellen Allgemeingut, dass es sogar ein Hamburger kennen musste.

Vor den Wänden lagen an einigen Stellen große Stücke ehemals intakter Säulen. An manchen Abschnitten hatten sich große Wasserlachen auf dem Boden gesammelt, die das Licht reflektierten, so dass es dort heller war. Über allem lag eine Aura des Düsteren: Licht und Schatten; Sand, der die Schritte knirschen ließ; irgendwo tropfte Wasser.

Ashley folgte ihrem Freund, nicht ohne den Speicherplatz ihres Handys mit weiteren Urlaubsfotos zu füllen.

»Fast zu kühl hier«, sagte Carmen. »Dabei dachte ich, dass es Richtung Erdkern ständig wärmer würde. Der besteht doch aus Lava, oder?«

»Keine Ahnung«, brummelte Krüger. »Da habe ich gefehlt, als wir das in Erdkunde durchgenommen haben.«

Plötzlich blieb Ashley stehen. »Wisst ihr, was ich gerade überlege?«

»Nein«, sagte Krüger. »Aber interessant zu hören, dass du beim Reden gleichzeitig denkst. Ich dachte, das eine läge vor dem anderen.«

»Bei dir vielleicht«, sagte Carmen, die Germanistin. »Heinrich von Kleist wusste davon schon zu Anfang des neunzehnten Jahrhunderts. Kannst du nachlesen: *Über die allmähliche Verfertigung der Gedanken beim Reden.*«

»Jetzt reicht's aber«, sagte Blackmore, der wieder herangekommen war, weil er zuvor das eine Ende des Gewölbes erreicht hatte. »Erst Musik. Jetzt Dichtkunst. Später wahrscheinlich noch Malerei; wie gut, dass wir wenigstens in keiner prähistorischen Höhle gelandet sind, denn dann würdet ihr ja pausenlos weiterreden. Könnt ihr euch nicht mal über etwas anderes unterhalten? Das Wetter vielleicht, die aktuellen Schwachköpfe in der Regierung bei euch wie bei uns oder das letzte richtig gute Fußballspiel? Stattdessen prahlt ihr die gesamte Zeit mit eurem geballten abendländischen Wissen, das in der Regel aus dem neunzehnten Jahrhundert oder von noch früher stammt und in der nächsten Generation ohnehin niemanden mehr interessiert.«

Carmen schwieg betroffen. So war sie zuletzt im Studium von einem Professor gemaßregelt worden, der ihr nicht abnehmen wollte, dass Brechts *Dreigroschenoper* ursprünglich eine Bearbeitung der englischen *Bettleroper* von 1728 war. Als sie ihm die entsprechenden Quellen zeigte, entschuldigte er sich nicht einmal. Alle Kenntnisse von allem schienen nur Material für nutzlose Handbücher abzugeben, dachte sie.

Ashley legte den Arm um sie. »Pst, John braucht das ab und zu. Zuzugeben, dass er nicht alles weiß, ist für einen allwissenden Kommissar, der immer alle Fälle aufgeklärt hat, ziemlich schwierig. Du hast doch zwei Ohren: links rein, rechts raus.«

Carmen lächelte zaghaft.

»Wenn ihr euch beruhigt habt«, sagte Blackmore, »könnt ihr mal mitkommen. Ich habe nämlich etwas entdeckt.« Er führte sie bis ans Ende der südlichen *cryptoportique.* »Mir war eben ein Euro hinuntergefallen. Also musste ich mich bücken.« Er beugte sich hinunter, griff hinter ein dort liegendes Säulenstück, dessen eines Ende im Schatten lag, und zog ein kleines Tütchen hervor.

»*Brown sugar!*«, sagte er triumphierend.

»Für mich nicht«, sagte Carmen, wieder mit der Welt versöhnt.

Zehn Minuten später waren sich die vier immer noch nicht einig, wie sie mit dem Fund verfahren sollten. Bonnefoy hatte schon genug mit den beiden Toten zu tun; ihn sich jetzt auch noch um Drogen kümmern zu lassen, erschien ihnen unfair. Und bis die örtliche Polizei hier eintraf – wenn man Marius' Arbeitsgeschwindigkeit als Maßstab zugrunde legte –, konnte es dauern.

Während ihrer Überlegungen waren sie das langgestreckte U der *cryptoportiques* bis zum anderen Ende gegangen. Schließlich sagte Carmen: »Mir wird kalt, ich bin müde, und außerdem habe ich Hunger.«

Krüger lachte. »Und wie weit ist es noch?«, fügte er hinzu.

»Wer ist noch für Tageslicht?«, fragte Ashley und hielt einen Arm hoch.

In diesem Moment hörten sie leise Schritte. Jemand kam die Treppe hinunter.

»Pst!«, sagte Krüger und legte den Zeigefinger an die Lippen.

Blackmore schlich bis zur Biegung in den zweiten Hauptgang und lugte vorsichtig hinein. Blitzschnell zog er den Kopf wieder zurück. »Zwei Leute«, sagte er leise. »Ein Mann und eine Frau. Beide mit Hoodies, beide mit dem Aufdruck *Daft Punk* auf dem Rücken und beide mit der Kapuze über den Haaren, so dass sie nicht zu erkennen sind.«

Ashley schob ihren Freund zur Seite. »Keine Panik«, flüsterte sie. »Die gehen in die andere Richtung.«

»Lass mich mal.« Krüger ging auf Zehenspitzen bis zum Neunzig-Grad-Winkel des Quergangs. »Die sind hinten bei der Drogentüte.«

»Plural«, sagte Blackmore. »Da waren mehrere.«

Die beiden Leute tuschelten und füllten währenddessen eine große Sporttasche mit der Aufschrift *FNAC* mit dem Rauschgift. Die Akustik war erstaunlich gut, so dass man auch aus neunzig Metern Entfernung fast alles verstehen konnte.

»Beeil dich«, sagte die Frau.

»Keine Sorge«, sagte der Mann. »Es ist gleich fünf. Die schließen oben und lassen niemanden mehr hinunter.« Er stopfte das letzte Tütchen in die Tasche. »Mit den fünf Kilos kommen wir erst einmal den nächsten Monat aus.«

»Und können zusätzlich ein paar Kunden versorgen.« Die Frau sah sich um. »Jetzt rasch nach Hause.«

Beide eilten zur Treppe.

»Jetzt oder nie!«, rief Ashley und rannte los. »*Police!* Stehenbleiben.«

Da das Englisch war, guckten sich die Angesprochenen nur verblüfft um, rannten aber weiter.

»Stop! *Police nationale!*« Carmen hoffte, dass die Police nationale auch so redete. Zumindest war es Französisch.

Der Mann warf ihr einen Blick zu, nahm sie allem Anschein nach aber nicht für voll und setzte das Rennen fort.

Ashley jedoch war schneller. Mit großen Schritten holte sie auf und erreichte die Frau des Drogenduos, als sie gerade auf die zweitunterste Treppenstufe trat. »*I got you!*« Die Engländerin packte die Französin an ihrer Jacke.

»Da fehlt ein Wort«, sagte Carmen leise zu Krüger, während beide das Geschehen aus sicherer Entfernung verfolgten, »*I got you babe.* Sonny & Cher, irgendwann in den Sechzigern.«

»Du weißt einfach zu viel«, sagte Krüger. »Aber das hilft uns jetzt nicht weiter.«

Ashley erhielt einen Fußtritt und stürzte mit einem Aufschrei zu Boden, während die Frau nach oben weiterrannte. Blackmore eilte herbei, während Krüger an beiden vorbei ebenfalls die Treppe hoch stürmte.

Carmen sah ihm bewundernd nach: »Wenn er will …«, sagte sie zu niemand Bestimmten.

Ashley war mit Blackmores Hilfe inzwischen wieder aufgestanden, löste sich von ihm, der seiner Freundin mittels eines Kusses Mut zusprechen wollte, und folgte Krüger.

Carmen ging seelenruhig hinterher und stieg wie eine Dame nach oben, einen Schritt nach dem anderen. Gleichzeitig hielt sie sich am

Treppengeländer fest. Sicher war sicher. Sonst würde sie als Vertreterin des zarten Geschlechts bei derlei turbulenten Ereignissen noch ohnmächtig werden.

Der Place de la République lag im Licht des Spätnachmittags verlassen da. Tatsächlich störte kein einziger Tourist die friedliche Szenerie. Das manchmal vor dem Rathaus stehende Auto der Gendarmerie war wohl in irgendwelchen Vororten unterwegs, und auch die beiden alten Frauen, die sich immer am Brunnen trafen, um die Ereignisse in der Nachbarschaft durchzugehen, hatten sich heute schon alles erzählt. Nur zwei graublaue Tauben saßen hoch oben auf dem Obelisken, beide mit der Erwartung, dass sie heute nichts mehr zu erwarten hatten.

Plötzlich öffnete sich die rechte der beiden Flügeltüren des Rathauses, und der Drogenträger kam eilig auf den Platz, gefolgt von der Frau, nur wenige Meter dahinter. Er sah sich zweimal nach Verfolgern um und rannte dann, als er niemanden entdecken konnte, in nördlicher Richtung weiter, die Rue de la Calade entlang. Er kannte sich aus; das sah man, wenn man seinen raumgreifenden Schritten folgte. Die Frau schien ebenso gut trainiert zu sein, denn mit seinem Tempo hielt sie mühelos Schritt.

Inzwischen hatte auch Krüger das Rathaus verlassen und japste nach Luft. Wie immer, nahm er sich auch dieses Mal vor, sofort nach der Rückkehr ins beschauliche Bonn mit regelmäßigen Lauftrainings zu beginnen. Aber als jemand, der inzwischen vor allen Abgründen des Lebens gestanden hatte, wusste er, dass auch dieser hehre Vorsatz nur ein weiterer Pflasterstein auf dem Weg zur Hölle war.

Ashley warf ihm einen mitleidigen Blick zu, als sie neben ihn trat, und rannte dann den Herrschaften mit den Drogen hinterher.

Blackmore und Carmen waren nicht außer Atem, als sie Krüger erreichten.

»Und jetzt?«, fragte sie. »Wolltest du nicht mal mit deiner Ertüchtigung anfangen?«

Nach wie vor verliefen alle Unterhaltungen auf Englisch, um den Detective nicht außen vor zu lassen.

»*No*«, sagte Krüger, machte sich aber in Richtung der Davongelaufenen auf.

»*No sports*«, sagte Blackmore. »Ich halte mich an Churchill: Zigarren und Whisky reichen, um einundneunzig Jahre alt zu werden.« Er trottete Krüger hinterher.

»Und ich«, sagte Carmen zu sich selber, »rufe jetzt die Gendarmerie an.«

Sie griff zum Handy, das im selben Moment aber schon klingelte.

»Ach, du bist's, Ashley. Wie geht's denn so? – Keine Witze; okay. – Oh, live von der Verfolgungsjagd? Wo seid ihr denn? – In irgendwelchen Gassen der Altstadt, aha. Gibt's da keine Straßenschilder? – Also nicht. Aber alle Wege führen zur Arena. – Gut, dann kommen wir nach, das heißt, die Herren sind schon unterwegs.« Sie steckte das Telefon wieder ein und verfiel in einen leichten Trab.

Weiter vorne waren Krüger und Blackmore zu sehen. Sie rannten tatsächlich.

»Irgendwann muss man etwas für seine Gesundheit tun«, sagte Carmen laut und sah zu, dass sie die beiden einholte. Leichtfüßig schaffte sie die hundert Meter in fünfundzwanzig Sekunden. »Wo sind die Drogentütenträger?«, fragte sie, als sie die beiden Ermittler eingeholt hatte.

»Wahrscheinlich demnächst beim Amphitheater«, sagte Krüger, der ziemlich außer Atem war.

Und Blackmore ergänzte: »Alle Wege führen zum Stadion.« Was die Luftnot anging, stand Blackmore dem deutschen Kollegen in nichts nach.

Inzwischen hatten sich die ersten Zuschauer an den Straßenrand gestellt und feuerten die Läufer an. Zwei standen lässig gegen einen alten Jeep gelehnt, ein Bier in der Hand und lobten die Haltung der Sportler. Allerdings bemängelten sie gleichzeitig das Fehlen jedweder Startnummern über der Brust. Drei kleine Mädchen mussten unbedingt zwischen Krüger und Blackmore die Straße überqueren, wodurch beide Ermittler aus dem Tritt gerieten und eher dankbar die kleine Verschnaufpause annahmen, bis die Kinder auf der anderen

Seite angelangt waren. Eine junge Mutter riss gerade noch rechtzeitig den Kinderwagen mit einer Hand zurück, da die andere mit einer Zigarette und einem quäkenden Handy bereits gefüllt war.

Unter den Verfolgern lag Ashley immer noch in Führung und holte langsam, aber stetig auf. Mehrfach sah sich der Träger der Sporttasche nach ihr um, rief unruhig der Frau neben sich etwas zu und rannte weiter.

Carmen hatte inzwischen die beiden ältlichen Kommissare überholt und schloss zur jungen Engländerin auf.

Plötzlich blieb Krüger stehen, stützte beide Hände auf die Knie und schnaufte noch lauter als ohnehin.

Blackmore stoppte und drehte sich um. »Geht's dir nicht gut?«, fragte er besorgt.

»Doch, schon«, antwortete Krüger mit einer nichtssagenden Floskel. »Aber ich glaube, wir sollten jetzt mal die Frauen gewähren lassen. Ich bin für so etwas entschieden zu alt.«

»Apropos alt.« Blackmore sah seinen Kollegen sinnierend an. »Wie alt sind dann wohl die beiden Drogenhändler?«

»Keine Ahnung.« Der Deutsche hatte keine Lust zu Spekulationen. »Jung jedenfalls, so wie sie laufen. Sind Straftäter nicht immer achtzehn?«

Der Engländer grinste. »Da ist etwas Wahres dran.«

»Kaum zu glauben, wie Carmen rennen kann. Guck mal.«

Blackmore folgte Krügers ausgestrecktem Zeigefinger.

»Meter um Meter holt sie auf, siehst du?«

»Aber ich finde, wir sollten sie nicht ganz aus den Augen verlieren.« Blackmore rannte wieder los.

Krüger blieb nichts anderes übrig, als ihm zu folgen. Mitgehangen – mitgefangen, dachte er.

Wenige Minuten später hatten die Läufer den Vorplatz des großen Amphitheaters erreicht.

Als Ashley und Carmen, noch etwa dreißig Meter hinter den Drogenhändlern, den Abstand verkürzen wollten, ließ der Mann die Tasche fallen, drehte sich mit einer fließenden Bewegung um und hielt plötzlich einen Revolver in der rechten Hand. Mit der linken zog er den Hoodie tiefer in die Stirn. »Keinen Schritt weiter«, sagte er. Seine Stimme hallte, als ob die Arena hinter ihm die Wirkung seiner Worte verstärken wollte.

Krüger und Blackmore hatten sich instinktiv geduckt, so dass sie sich außerhalb des Blickfeldes des Gangsters befanden.

Der Deutsche griff nach seinem Mobiltelefon und versuchte, den Untersuchungsrichter zu erreichen, musste das Gerät aber unverrichteter Dinge wieder einstecken. »Kein Empfang«, sagte er.

»Wahrscheinlich steht das Amphitheater im Weg.« Blackmore betrachtete das Display seines Handys. »In der Tat: null Balken.«

»Stehenbleiben oder ich schieße.« Das war der Drogenhändler auf Französisch.

Krüger reimte sich den Inhalt des Satzes mehr oder minder zusammen. Aber eigentlich war das auch egal, da die Situation eindeutig war: Der Revolver war mit ausgestrecktem Arm nach wie vor auf die beiden Frauen gerichtet – eigentlich nur auf eine, denn Ashley stand vor Carmen.

»Lenk ihn ab«, flüsterte Carmen. »Ich will etwas versuchen.«

Ashley rief in ihrem besten Französisch: »Sollen wir nicht vor dem Schießen erst einmal reden? Das ist eigentlich die übliche Reihenfolge.«

»Keine Spielereien.« Der Mann war anscheinend fest entschlossen, Arles mit Sporttasche und Freundin oder Frau zu verlassen, ohne dass ihm ein paar dämliche Touristen in die Quere kamen.

»Sie sollten mal nach oben schauen«, sagte Ashley. »Im zweiten Stock der Arènes haben inzwischen schon ein paar Polizisten Position bezogen.«

Der Mann sah tatsächlich nach oben.

Den Moment nutzte Carmen und sprintete los.

Das Laufgeräusch der Schuhe auf dem staubigen Asphalt, das Zertreten eines trockenen Astes und ein angestrengtes Atmen ließen den Mann seinen Blick wieder auf die beiden Frauen richten.

Er zielte mit der Waffe auf eine der beiden Frauen und drückte ab.

Ein hässliches Plopp war zu hören – anscheinend wurde ein Schalldämpfer verwendet, dachte Krüger, der wieder aufgestanden war und fassungslos das Geschehen verfolgte –, gleichzeitig schrie Carmen auf, fasste auf ihre Brust und sank zu Boden, wo sie regungslos liegenblieb.

Oxford 2016: Was vom Tage übrig blieb

Mittwoch, 31. August. Ashley saß wieder auf derselben Parkbank wie bei den bisherigen beiden Treffen mit dem DCI; dieses Mal war sie sogar eine Viertelstunde vor der verabredeten Zeit gekommen. Sie überlegte, ob das das gleiche Zeichen wie bei einer hoffnungslos in den jeweiligen Referendar verschossenen Teenagerin war oder nur ihre angeborene Höflichkeit, niemanden warten zu lassen. Viel wichtiger war jedoch die Überlegung, ob das neue Gefühl vom letzten Mal, endlich den Richtigen getroffen zu haben, noch galt. Oder ob das nur in Hoffnung umgemünzte Einsamkeit gewesen war.

Blackmores Gang hatte sich verändert. Nicht etwa, weil er sich auf das Wiedersehen mit seiner Freundin in spe freute – noch hatte er keinen Terminus parat, der groß genug war, um ihren Status nach den beiden Begegnungen angemessen zu beschreiben, auch wenn sie ihm sehr wohl signalisiert hatte, dass sie ähnlich empfand wie er –, sondern weil er sein genaues Alter vergessen hatte. Mit weit ausholenden Schritten, die eher zu einem jüngeren Mann gepasst hätten – aber machte Liebe egal in welchem Alter nicht jünger? –, kam er den Weg am Fluss entlang auf sie zu.

Sie überlegte, ob sie aufspringen und ihm entgegenlaufen sollte, fand das dann aber doch zu undamenhaft. Also blieb sie sitzen.

»Beim nächsten Mal«, sagte der DCI, »wenn wir uns verabredet haben, kannst du ruhig aufspringen und mir entgegenlaufen. Wenn ich dich dann im richtigen Moment bei den Hüften fasse, kann ich dich ein- oder zweimal um die eigene Achse schwenken.«

Ashley lachte.

»Auf diese Weise kannst du deine *Vor*freude auf das nächste Treffen mit mir – die sehe ich dir nämlich an der Nasenspitze an – in Freude beim Schwenken umwandeln.«

Noch ein Lachen.

Blackmore grinste und freute sich insgeheim, dass seine über die Jahre angerosteten Witze vielleicht doch noch etwas taugten. Er setzte sich neben Ashley, behielt aber den Sicherheitsabstand eines im öffentlichen Dienst stehenden Beamten von fünfundsiebzig Zentimetern zur Nachbarperson bei. Man wusste ja nie, ob nicht der Lautsprecher aus der Polizeiwache in Form von Constable Chatterbox hier nur zufällig deswegen vorbeikäme, weil er wissen wollte, was der DCI in seiner Mittagspause so alles anstellte.

»Hast du schon Vorbereitungen für Frankreichs Süden getroffen?« Ashley war etwas näher gerutscht, weil sie nicht so laut reden wollte.

»Du meinst, wegen der Invasion zweier Engländer?«

Ein drittes Lachen.

Er musste aufpassen, dass die Mittagspause nicht mit Albernheiten vorüberging. »Noch nicht«, sagte er daher betont ernsthaft. »Ich muss noch zwei Sachen abwarten.«

»Als da wären?« Ashley war noch etwas näher gekommen, so dass Blackmore etwas abrücken musste.

»Es gibt jemanden sehr Neugieriges da drüben«, sagte er mit einem Kopfnicken Richtung St Aldate's Police Station. »Der muss nicht alles wissen und schon gar nichts von dir.«

Ashley nickte und setzte sich kerzengerade auf. Dann zog sie den Schreibblock aus der Handtasche, schlug ein paar Seiten um und nahm einen Kugelschreiber in die Hand. »Ich tue mal so, als ob ich mir etwas Wichtiges notieren muss, deine private Telefonnummer beispielsweise.«

»Fünf-drei-neun-sechs-sieben«, antwortete er. »Festnetz. Vorwahl für Horspath vorher wählen. Aber da geht nie jemand ran. Und meine Handynummer hast du. Ist dieselbe, privat und dienstlich. Als ob ich zwei Geräte mit herumschleppen würde.«

»Okay. Und die beiden Sachen, die vor unserer Reise noch zu erledigen sind?«

Hatte sie eben *unsere* gesagt? Blackmores Vorfreude war in Freude umgeschlagen.

»Die eine betrifft meine aktuelle Vorgesetzte, Ms Duck.«

Ashley gluckste. »Ich dachte, du arbeitetest in Oxford und nicht in Entenhausen.«

»Den kannte ich schon; aber der Witz hat ja durchaus seine Berechtigung, wenn der Obererpel eine Ente …« Er verstummte.

»Und die zweite?«

»Eine Besprechung mit James Thorowgood, der wieder unter den Lebenden weilt.«

»Was hatte er denn?«

»Eine simple Auszeit, hieß es. Vielleicht erzählt er etwas, wenn ich ihn treffe.«

»Das heißt, wir können jetzt noch gar nichts Definitives besprechen?«

»Och, Definitives geht immer. Nur anderes Definitives. Ein Abendessen zum Beispiel.«

»Im The Head of the River?« Ashley sah ihn fragend an.

»Neunzehn Uhr?« Ebenfalls ein fragender Blick.

Beide nickten gleichzeitig und grinsten.

Blackmore sah auf die Uhr. »Mit dir vergeht die Zeit immer viel zu schnell. In zehn Minuten treffe ich den Chief Constable. Danach weiß ich mehr.«

Das Büro von CC James Thorowgood lag im ersten Stock der St Aldate's Police Station, natürlich am Ende des Gangs im Seitenflügel an der Floyds Row, so dass die Untertanen einen längeren Weg zum König vor sich hatten, und mit Blick auf die hohen Bäume vor dem Gebäude der Fakultät für Musik gegenüber.

Blackmore klopfte an, wartete die Aufforderung zum Eintritt ab, öffnete die Tür und versuchte, in dem durch eine Zigarre verursachten dichten Qualm seinen Chef ausfindig zu machen. Zwar war als Folge des Gesundheitsgesetzes von 2006 ein allgemeines Rauchverbot in allen öffentlichen Gebäuden Großbritanniens am 1. Juli 2007 in Kraft getreten, aber Thorowgood hinderte das nicht, weiterhin seine geliebten Romeo y Julieta Exhibición No. 4 zu rauchen, die ihm – angeblich

– beim Denken halfen. Nach zwei halbherzigen Versuchen seiner Vorgesetzten, das Laster zu unterbinden, hatten sie klein beigegeben und vermieden weitere Besuche im Büro des Chief Constable.

»Bitte nimm Platz, John.« Sein Chef stand auf und öffnete sogar das große Fenster, dessen Fläche mittels hölzerner Quer- und Längsstreben in viele kleine Quadrate unterteilt war. »Das erinnert mich immer an unsere Fälle«, sagte er und zeigte auf eines der Quadrate. »Zuerst haben wir nur ein Quadrat hier unten, wenn wir beispielsweise eine Leiche finden. Dann kommen zwei Quadrate hier oben dazu, wenn wir Namen und Wohnort der oder des Toten wissen, und sehr langsam finden wir die fehlenden Quadrate, so dass wir zum Schluss, meistens jedenfalls, das vollständige Bild vor uns haben.«

»Eine schöne Metapher für unseren Beruf«, sagte Blackmore. »Sir, wenn ich etwas anderes sagen darf: Im Winterhalbjahr sehen Sie sich doch zuerst selber, wenn Sie vor dem Fenster stehen und es draußen schon Abend wird, oder?«

Thorowgood nickte. Er ahnte, worauf sein bester Mitarbeiter hinauswollte.

»Wir sehen jetzt durch einen Spiegel in einem dunklen Bild; dann aber von Angesicht zu Angesicht.«

»Genau.« Der CC zündete sich die nächste seiner jeweils zwölf Pfund teuren Zigarren an.

Blackmore überlegte, ob er probeweise husten sollte, unterließ es aber lieber.

»Die Bibel, der Erste Brief an die Korinther – Ihr Zitat eben.« Er sog ein paar Mal, die Zigarrenspitze glühte auf, dann folgte ein tiefer Zug. »Das ist mir auch häufig gegenwärtig, eigentlich bei fast jedem Fall. Wir suchen uns doch oft selber bei unseren Ermittlungen. Manchmal helfen die Einsichten in das eigene Leben bei der Aufklärung. Und oft, leider sehr oft, starren wir, wenn wir den Täter überführt haben, in unserer eigenes Gesicht.«

Philosoph? Zenmeister? Pragmatiker? Blackmore war sich nicht sicher, was besser auf Thorowgood passte. Wahrscheinlich von allem ein bisschen.

»Aber deswegen bist du ja nicht gekommen, John.« Thorowgood ging um den Schreibtisch herum und setzte sich wieder. Aus einer tiefen Schublade holte er eine Flasche Bowmore hervor und zwei passende Gläser.

Alkohol im Dienst, hm … Der Detective überlegte. Andererseits war es mit fünfzehn Uhr schon fast Spätnachmittag, und einen achtzehn Jahre alten Whisky von der zu Schottland gehörenden Hebriden-Insel Islay lehnte man nicht einfach so ab.

Der CC schenkte großzügig ein und schob ein Glas über den Schreibtisch. »Ich denke, du wirst mir gleich zustimmen, dass es etwas zu feiern gibt. *Sláinte!*«

»*Sláinte!*« Blackmore setzte das Glas wieder ab. Das bernsteinfarbene, leicht nach Torf und Rauch duftende Getränk schmeckte wirklich großartig. Vielleicht sollte er doch einmal ein paar Pfund mehr investieren und hochwertigere Alkoholika erwerben … Aufmerksam sah er seinen Chef an.

»Zwei Sachen«, sagte dieser. »Beide positiv. Welche zuerst? Person oder Land?«

Als ob der CC nicht genug Rätsel zu lösen hätte … Jetzt machte er noch selber welche. *Person* – ob er befördert werden würde?

»Person, Sir.«

Thorowgood schob ihm eine Pressemitteilung hinüber.

Blackmore überflog das Blatt mit zwei Dritteln Text und grinste, als er fertig war. »Wunderbar. Eine Sorge weniger.«

»Stimmt. Da alle Enten irgendwann wieder wegfliegen …«

»… ist es nur folgerichtig, dass Sitting—« Gerade noch rechtzeitig hielt er inne. »Ms Duck zur Metropolitan Police nach London wechselt.«

»Bei den vielen Tauben vor St Paul's und den vielen Enten auf, an oder in der Themse fällt dort ein Vogel mehr oder weniger ja auch nicht auf.« Thorowgood sah sehr zufrieden aus. »Wer weiß, vielleicht landet Ms Duck ja auch irgendwann in der Downing Street.«

»Fliegen Enten so hoch, Sir?«

Beide lachten.

»Also, John«, der CC zündete die erloschene Zigarre wieder an, »damit bist du rehabilitiert. Fehler macht jeder mal. Was für eine schwachsinnige Idee, dich die Altfälle aufarbeiten zu lassen. Deine Fähigkeiten sind im Alltagsgeschäft viel besser eingesetzt. Ist denn eigentlich einer der *Cold Cases* wieder gelöst worden?«

»Leider nein, Sir.«

»Das kann dann einer der Quereinsteiger von der Universität übernehmen.« Thorowgood zog an der Zigarre und inhalierte den Rauch tief.

Wahrscheinlich besteht er längst aus Asbest, innen, dachte Blackmore. Damit perlte auch das Nikotin von seinen Lungenflügeln ab, und er konnte uralt werden. Wie hieß noch mal dieser deutsche Bundeskanzler, der von Mentholzigaretten gelebt hatte und erst im vergangenen Jahr hochbetagt gestorben war? Müller? Meier? Schmidt?

»Hörst du mir überhaupt zu?«

Blackmore schreckte aus seinen Gedanken auf.

»Du jedenfalls, das habe ich gerade gesagt, du bekommst ein paar Tage Urlaub nach dem Ärger mit Sitting Duck. Bezahlten Urlaub, John.«

Blackmore sah ihn sehr erfreut an. Vor seinem inneren Auge erschien Ashley.

»Schlagen Sie denn auch vor, wo ich den Urlaub ableisten soll?«

Thorowgood lachte. »*Ableisten* – das klingt, als säßest du lieber an deinem Schreibtisch.«

»Meistens, Sir, meistens.«

»Und was das Land angeht …«

Ashley stand an der Theke der Turf Tavern und wartete darauf, dass sie an der Reihe war.

»Das Übliche, Miss, äh?« Der Student hielt schon eine Flasche Weißwein in der Hand.

»Bitte«, sagte Ashley knapp und hoffte, dass ihre Miene verschlossen genug aus sah. Zum einen wollte sie sich nicht coram publico anbaggern lassen, zum anderen war der Knabe viel zu jung für sie.

Mit dem Glas in der Hand begab sie sich zu ihrem gewohnten Platz auf der Außenterrasse und wartete auf ihren Auftraggeber. Bisher hatten ihre wenigen Treffen wie die zweier Geschäftsleute oder zweier Bekannter gewirkt, das hoffte sie jedenfalls. Als sich die wieder bestens für den heutigen Anlass – zwanglos/außen/informell – gekleidete Gestalt näherte, stand sie auf. »Guten Tag, Mr. Bailey. Ihr Pint Shandy habe ich schon besorgt.«

»Vielen Dank.« Deputy Chief Constable George Bailey grüßte ebenfalls freundlich und setzte sich. »Hat er also geredet, der liebe John.«

»Hat er, Sir.« Ashley hob das Glas Weißwein. »Zum Wohl.«

Bailey nickte knapp. »Und er ist wieder dort, wo er sein soll: an seinem Schreibtisch, mit aktuellen und nicht mit erkalteten Fällen befasst.«

Ashley fiel ein Stein vom Herzen. Zwar hatte Blackmore nicht verzweifelt gewirkt, nachdem er weggeordert worden war, aber sehr frustriert. Er wusste ziemlich genau, wo seine Stärken lagen, und er konnte sicher sein, dass alle anderen das ebenfalls wussten – alle außer Sitting Duck.

»Fein, Sir«, sagte sie nur.

Bailey lachte. »Gut, zu viel Enthusiasmus der Hierarchie gegenüber ist auch nicht vonnöten. Ich habe übrigens mit Thorowgood – der Name sagt Ihnen doch etwas? – ausgemacht, dass John eine kleine Belohnung erhält, nachdem Ms Duck weggelobt, Entschuldigung, uns leider hat verlassen müssen.«

Ashley grinste.

»Thorowgood und ich wollen das Angenehme mit dem Nützlichen verbinden. John soll nach Frankreich fahren, ein paar Tage ausspannen und sich danach um eine Diebstahlsangelegenheit kümmern. Vielleicht wird er vor Ort ja fündig.«

»Hatton Garden, Sir?«

Bailey sah sie überrascht an. »In diesem Land bleibt auch nichts geheim.«

»Bei mir schon.«

Der DCC studierte aufmerksam ihr Gesicht. Was er sah, gefiel ihm. »Sie haben ja bisher gute Arbeit geleistet, auch wenn sie, zum Glück, ergebnislos geblieben ist. Aber das ist ja auch ein Ergebnis. Wollen Sie weiter für mich arbeiten?«

Ashley nickte ohne nachzudenken. »Selbstverständlich, Sir. Wobei das etwas überraschend kommt. Zivilistin und so.«

Bailey lachte. »Da machen Sie sich mal keine Sorgen. Quereinsteiger gibt es nicht nur in Schulen, sondern auch bei uns. Wenn jemand richtig gut ist ...«

Ashley errötete. »Danke, Sir. Aber so viel habe ich doch gar nicht gemacht.«

Ihr neuer Chef ging darauf nicht ein. »Dann möchte ich Sie also bitten, morgen in mein Büro zu kommen und eine Verschwiegenheitserklärung zu unterzeichnen. Anschließend mache ich Sie mit einigen noch nicht für die Öffentlichkeit bestimmten Ermittlungsergebnissen bekannt.« Er sah auf die Uhr und stand auf. »Ich muss los.«

Sein Getränk hatte er nicht angerührt.

Um neunzehn Uhr klopfte Ashley zaghaft an die Tür von Blackmores altem Haus in Horspath, dem *Rentnerdorf* im Osten von Oxford, wie der DCI es schon mehrfach genannt hatte. Sie war nervös und überlegte, ob sie mit dem Make-up und dem verwendeten Parfum – Ganymede von Barrois – nicht übertrieben hatte.

Der DCI schien hinter der Tür gestanden zu haben, denn parallel zum Klopfen öffnete er schon. »Komm herein«, sagte er.

Unsicher standen die beiden voreinander, nicht wissend, ob sie einander schon umarmen oder es lieber noch unterlassen sollten. Schließlich drehte Blackmore sich um und ging ins Wohnzimmer durch.

Die junge Frau folgte ihm und sah sich erfreut um. Was für ein wunderbares Haus, dachte sie. Zweistöckig, Bruchsteinmauern, wahrscheinlich achtzehntes Jahrhundert, irgendwann, drinnen schwere schwarze Deckenbalken in ungefähr zwei Meter zwanzig Höhe – fast schien es ihr, als müsse der großgewachsene Detective den Kopf einziehen, wenn er sich hier bewegte –, eine stoffbezogene Sofagarnitur, ein schmaler niedriger Tisch davor, Zeitungen, Zeitschriften, Bücher und Akten darauf, ein alter, verglaster Bücherschrank an der Wand zum Nachbarzimmer, ein offenes Bücherregal daneben, zwei Stiche von Oxford, untereinander aufgehängt, ein modernes, ihr fast zu buntes Gemälde etwas weiter rechts, ein kleiner Klapptisch, der als Bar mit Flaschen und Gläsern diente, und ein Kamin, in dem ein kleines Feuer prasselte. Ein Lehnstuhl im Fünfundvierzig-Grad-Winkel davor mit einem altrosa-chamois gestreiften, viktorianisch anmutenden Bezug durfte natürlich nicht fehlen. Und ein schwerer Teppich.

Blackmore war ihren Blicken gefolgt. »Ein großer Teil davon gehörte meinen Eltern.«

War das jetzt positiv oder negativ zu werten, fragte sich Ashley. Manchmal tat ein Neuanfang, wenn man auf eigenen Füßen stand, ganz gut, ohne Ballast irgendwelcher Art, wie bei ihr. Manchmal aber war es auch gut, Bewährtes, Vertrautes um sich zu haben, zu dem man zurückkehren konnte, wenn man draußen den Widrigkeiten des Alltags ausgesetzt war. Wahrscheinlich war Letzteres hier der Fall.

»Setz dich doch«, sagte er. »Ich mache uns schnell einen Tee.«

Ashley ging zu den Büchern hinüber und studierte die Rückentitel.

Gleich darauf kam Blackmore schon zurück und reichte ihr einen Becher mit der Aufschrift *Keep calm and keep drinking*.

»Habe ich mal geschenkt bekommen«, sagte er entschuldigend.

»Solange das am Geschmack des Tees nichts ändert, stört es doch nicht.«

Er lachte.

»Hast du die eigentlich alle gelesen?« Sie deutete auf das Regalbrett mit mehreren Oxford-Krimis.

Blackmore schüttelte den Kopf. »Keinen einzigen. Ich habe nur dem jeweiligen Verfasser bei Fragen helfen können, deren Antworten er genauso gut bei Google hätte finden können. Nach Erscheinen gab's dann ein Belegexemplar.«

Ashley setzte sich und stellte den noch heißen Tee zwischen den Stapeln auf dem Couchtisch ab. »Wir fahren übrigens *offiziell* nach Frankreich.«

»Aha. Hat der Boss das also bestätigt. Thorowgood ging zwar davon aus, wollte aber noch Rücksprache halten.«

»Morgen soll ich in Baileys Büro kommen und eine Verschwiegenheitserklärung unterschrieben. Dann bekomme ich auch die Akten!«

Ihre Augen blitzten, und Blackmore fragte sich, warum nicht alle Mitarbeiter so motiviert sein konnten.

Ashley blätterte in ihrem Handy und rief den Kalender auf. »Wir legen jetzt mal die Reisedaten fest, dann kann ich die Fähre buchen.«

Blackmore überlegte. »Hm, Oxford—Marseille. Hast du dir mal die Entfernung angesehen? Das sind fast eintausenddreihundert Kilometer, wenn mich meine bescheidenen geographischen Kenntnisse nicht täuschen. Such doch lieber einen Flug heraus; dann nehmen wir unten einen Leihwagen.«

Unten klang nach Australien, dachte Ashley, sagte aber nichts, sondern nickte nur.

Blackmore zog einen abgegriffenen Block aus seinem Jackett, schlug ein paar Seiten um und fragte: »Was hältst du von einem Ferienwochenende, bevor wir montags mit den Ermittlungen beginnen? Ich dachte an den 24. September, Samstag. Dann kann ich mich noch um ein paar wegen Sitting Duck liegengebliebener Dinge kümmern.«

»Gerne.« Ein wohliger Schauer lief Ashley über den Rücken, von dem sie ihrem Gegenüber lieber nichts sagte. Aber die Aussicht auf eine Auszeit mit Blackmore, und wenn es nur zwei Tage vor ernsthafter Arbeit waren, bedeutete ihr nach den Reinfällen mit anderen Herren der Schöpfung sehr viel.

»Und jetzt mache ich dich mal mit der Juwelengeschichte bekannt, der hinter den Kulissen nämlich.« Er setzte sich ihr gegenüber. »Was wir bisher wissen: Der im Zug von London nach Oxford festgenommene Dieb schweigt eisern.«

»Dann wisst ihr bisher also nichts«, sagte Ashley mit todernster Miene.

»Warte doch mal. Wie haben uns dann mit der Logistik und der Finanzierung des großen Raubs in London befasst. Eines der anderen Bandenmitglieder, der eine Spur zu redselig war, sagte, man könne mit Drogengeschäften deutlich bessere Geschäfte machen, als der Arbeit der bürgerlichen Mitte nachzugehen. Hat er wörtlich gesagt. Wir haben uns dann in den einschlägigen Kreisen der Rauschgiftkartelle umgehört – also die Kollegen von der Met in London haben das getan – und tatsächlich zwei der Diebe auf Überwachungskameras identifizieren können. Das Heroin, das sie verkauft haben, stammt aus einer großen Lieferung nach Marseille.«

»Wie habt ihr das denn herausbekommen?«

»Da musst du die Kollegen aus der entsprechenden Abteilung fragen. Zusammensetzung des Stoffes—«

»Der Barcode draußen drauf«, warf Ashley ein.

Blackmore gluckste. »Und das Preisschild aus Medellin.«

»Dann«, Ashley sprach das Wort langsam und fast zweisilbig aus, »liegt es doch nahe, dass irgend jemand die Angelegenheiten koordiniert. Die Unterwelt arbeitet doch immer effizient. Wenn man also Transport- und Verkaufswege aus beiden Handelszweigen, Pulver und Steinen nämlich, verbinden kann, spart man viel ein. Womöglich gibt es daher irgendwo eine Zentrale. Wenn ich Ganove wäre«, sie überlegte, während Blackmore ihr dabei zusah, »würde ich die irgendwo in einem sonnenbeschienenen Urlaubsland einrichten, von wo ich im Bedarfsfall rasch wegkönnte. Gutes Essen, guter Wein, viel Kultur – alles spricht doch für die Provence, wenn man Franzos' ist, oder?«

Der Spätnachmittag verwandelte sich in einen frühen Abend; die beiden aßen zusammen, und um halb neun gähnte Ashley.

»Ich muss jetzt, glaube ich, nach Hause.«

Blackmore versuchte, nicht enttäuscht auszusehen, was ihm auch gut gelang. Morgen war auch noch ein Tag. Und danach gab es einen weiteren. Und anschließend noch einen. Und alle wohl mit Ashley. Das hoffte er zumindest.

Eine halbe Stunde später schloss die junge Frau die Tür zu ihrer kleinen Wohnung in Oxfords Stadtteil Jericho auf. Sie hängte die Handtasche wie immer an einen Garderobenhaken, zog die Pumps aus, ging auf Strümpfen in die Küche und goss sich ein Glas Wasser ein.

Was war von der erneuten Begegnung mit dem distinguierten DCI jetzt am Abend noch vorhanden? Ashley trank einen Schluck und überlegte. Doch so viel mehr als bloß das schöne Gefühl einer kleinen Liebelei, eines netten Zeitvertreibs, eines kurzweiligen Abschieds vom Alltag. In seiner Gegenwart musste sie keine Rolle spielen, welche auch immer. John Blackmore war wohl wirklich der Mann, mit dem zusammen sie alt werden wollte. Vielleicht besser gesagt: älter, bei dem Altersunterschied. Und wenn John sich anstrengte, konnte er auch fünfundneunzig werden. Falls *er* wollte.

Auf der Jagd nach dem grünen Diamanten

Montag, *26. September 2016*. Der Untersuchungsrichter saß in seinem Büro im dritten Stock des Betonkomplexes am Boulevard Limpert in Avignon und fragte sich zum wiederholten Male, warum die Erbauer des Justizpalasts im Osten der Stadt ausgerechnet den Brutalismus als Architekturstil genommen hatten: Die Gebäude, vor allem die drei achteckigen Türme am Rand, besaßen außen nur wenige Fenster und hatten in Hell-Beige »eine vorgehängte hinterlüftete Natursteinfassade« bekommen, wie es der Architekt bei der Einweihung genannt hatte. Das klang dermaßen gekonnt, dass man die Ahnung, die der Fachmann versprühte, förmlich riechen konnte. Innen war man hermetisch von der Außenwelt abgeschottet und konnte fast als Verbrecher in einem Hochsicherheitstrakt durchgehen. Außerdem war die Atmosphäre, die der Justizpalast aufbot, größtenteils kafkaesk, trotz des pausenlosen Sonnenscheins draußen. Wer hier arbeitete, musste schon ziemlich verzweifelt sein; vor allem, wenn man nur ein kleiner Untersuchungsrichter war und die großen Tiere ohnehin dauernd alles besser wussten und einem Steine in den Weg legten, die man beiseiteschieben musste, damit man vorwärts kam. Windmühlenflügel und so.

Eine gewisse Bitterkeit auch im aktuellen Fall konnte Bertrand Bonnefoy nicht verhehlen – zwei Tote und noch immer kein Täter in Sicht, auch wenn er eine hervorragende Unterstützung in Form seiner beiden auswärtigen Kollegen hatte. Er beschloss, sich zusammenzureißen und weiter die wenigen, inzwischen vorhandenen Puzzlestücke neu zu arrangieren. Vielleicht wurde ja irgendwann ein Bild daraus, das Sinn ergab.

Wenigstens war in einer solchen Stimmungslage ein Gedanke an den Namen der kleinen Straße, die hinter seinem Arbeitsplatz verlief, etwas hilfreich. Die hieß nämlich nach dem französischen Komiker Jacques Tati, und die bloße Erinnerung an diesen großen Künstler zauberte wieder ein Lächeln auf Bonnefoys Gesicht und ließ ihn für einen Moment die Trübsal des Alltags vergessen. Allein der Film *Traffic*, in dem der Autowahnsinn der Wirtschaftswunderjahre nach dem Zweiten Weltkrieg karikiert wurde, war es wert, mehrfach gesehen zu werden. Oder, noch besser: *Die Ferien des Monsieur Hulot*, der eigentlich nur aus den Beobachtungen der Feriengäste und ihrer täglichen Rituale am Strand bestand. Der Richter grinste und beschloss, die DVD am Abend ein weiteres Mal anzuschauen. Er warf einen Blick auf die einzige allmählich verdurstende Zimmerpflanze und sah seine Notizen erneut durch.

Was verband die beiden Toten? Denn dass es einen Zusammenhang zwischen den beiden ermordeten Engländern geben musste, lag doch auf der Hand. Andererseits: Wenn sie sich vor dreißig Jahren in Oxford gekannt hatten und sogar miteinander befreundet gewesen waren, wie John Blackmore gesagt hatte, hieß das noch lange nicht, dass sie sich auch hier über den Weg gelaufen waren.

Wo wäre denn ein Ansatzpunkt zu finden?

Was war übrigens aus Peter Millers rotem Jaguar geworden? Wo stand der überhaupt?

Bonnefoy wollte zum Telefonhörer greifen, als der Apparat schon von selber klingelte.

»*Oui?*«, fragte er nur knapp, hörte eine Zeitlang zu und legte dann den Hörer wieder auf die Gabel. Das Telefon schien noch aus den siebziger Jahren zu stammen, mit Wählscheibe, und bekam in diesem Neubau sein Gnadenbrot. Aber es funktionierte, was man vom Aufzug nicht immer sagen konnte.

So, der Wagen sollte also aus dem Halteverbot in Saint-Rémy-de-Provence abgeschleppt werden, was einer der zwölf zum Tatort geschickten Beamten intelligenterweise verhindert hatte. Der Mann stammte aus dem Ort und kannte Miller wie auch dessen Auto. Bonnefoy überlegte. Vielleicht sollte er sich selbst ein Bild machen.

Eine halbe Stunde später hielt der Untersuchungsrichter seinen nagelneuen Peugeot neben dem Wagen des toten Antiquitätenhändlers an und stieg aus. Sogar ein Streifenpolizist war abgeordnet worden, um das Fahrzeug zu bewachen.

Bonnefoy angelte aus einer Jackentasche ein paar Einmalhandschuhe und streifte sie über.

»Haben Sie eigentlich auch den Autoschlüssel?«

»Natürlich. Hat Marius aus dem Laden mitgebracht.«

Der Richter wunderte sich – der Gendarm dachte selber? Möglicherweise hatte ihm aber auch einer der Kollegen einen Tipp gegeben, wie er sich in den Augen der Hierarchie besser darstellen konnte.

Geräuschlos ging die Fahrertür auf, und Bonnefoy bückte sich, um ins Innere zu sehen. Es sah auch dort so aus, wie Oldtimer eben aussehen: bestens gepflegt; die Ledersitze schienen vor nicht allzu langer Zeit gereinigt worden zu sein, da sie wie neu glänzten, und das Armaturenbrett wie auch die Windschutzscheibe waren blitzblank poliert. Ein ganz normaler Wagen also, von einem Liebhaber hervorragend versorgt. Nur dass der Liebhaber wohl eher in Unterweltskreise als auf Oldtimer-Treffen gehört hatte.

Gewohnheitsmäßig sah der Richter auch unter die Sitze, aber weder vorne noch hinten war etwas zu finden. Oldtimer-Liebhaber saugten wohl auch *unter* den Sitzen, was ihm selbst bisher nie eingefallen war. Genau deshalb würde er beim nächsten Werkstattbesuch mal ein Wort mit dem Inhaber reden und nach jeder zukünftigen Inspektion um eine Reinigung bitten, die das Wort auch verdient hatte. Es wäre doch gelacht, wenn sein Neuwagen nicht auch so glänzen könnte wie Millers Altwagen.

Auf der Beifahrerseite wollte Bonnefoy die Tür schon wieder schließen, als ein Sonnenstrahl etwas Weißes zwischen den Sitzen reflektieren ließ. Er bückte sich erneut und zog dann mit der stets in der linken Jacketttasche befindlichen Pinzette einen kleinen Notizzettel hervor. Eilig hatte jemand eine handschriftliche Liste mit Edelsteinnamen angefertigt:

Rubin 12
Topas 23
Saphir 5
Smaragd 11
Diamant (1 Säckchen mit 25 g, darunter ein grüner Diamant)
Opal 3
Alexandrit 14
Kunzit 8

Da hinter den Bezeichnungen zusätzlich Zahlen standen, vermutete Bonnefoy, dass es sich um einen Lieferschein handelte, wenn auch ohne Datum, fortlaufende Nummer und ähnlichen Steuerschnickschnack. Auch stand unter der Aufreihung eine unleserliche Unterschrift, der man beim besten Willen keine Buchstaben entnehmen konnte.

Leider fehlten die Steine.

Bonnefoy richtete sich zu seiner vollen Größe auf und zeigte dem Streifenpolizisten das auseinander gefaltete Blatt. »Wissen Sie, ob die Spurensicherung am Tatort Edelsteine, Juwelen und sonstige Diamanten gefunden hat?«

»Weiß ich«, sagte der Mann, schwieg aber wieder. Er nahm sein Handy zur Hand, suchte darin herum und zeigte dem Richter schließlich das Display.

Jemand hatte die Steine sortiert und sie säuberlich untereinander aufgereiht. Das Foto war so scharf, dass Bonnefoy zählen konnte.

3 Rubine, 1 Topas, 2 Smaragde und das 1 Säckchen à 25 g fehlten.

»Wissen Sie, ob jemand Gelegenheit gehabt haben könnte, die nicht abgebildeten Juwelen zu stehlen?«

»Wissen Sie«, entgegnete der Polizist, »wie die häufigste, von Passanten gestellte Frage lautet? Nein? Ich sage es Ihnen gerne: *Wissen Sie, wo die Kathedrale/der Strand/das Michelin-Restaurant oder Ähnliches sich befindet?* Früher haben die Leute, als sie noch lesen konnten, die Straßenkarten oder die Hinweisschilder beachtet. Heute wird immer das Publikum befragt. Oder ich.« Er schwieg leicht verstimmt.

Bonnefoy musste sich ein Grinsen verbeißen, um den erst am Anfang seiner Karriere stehenden Mann nicht weiter zu verärgern. Er sagte also nur vorsichtig: »Können Sie zu der eventuellen Möglichkeit eines Diebstahls etwas sagen?«

Der Mann schüttelte den Kopf.

Bonnefoy dankte ihm, steckte den gefundenen Zettel ein und begab sich zu Fuß auf den kurzen Weg zu Millers Antiquitätenladen.

Absperrbänder schienen nie lange zu halten. Auch dieses Mal hatte sich das auf der linken Seite des Schaufensters festgeklebte Band gelöst und hing mit seinem anderen Ende erst rechts der Tür wieder auf der gewünschten Höhe. Bonnefoy hielt es kurz hoch und ging darunter ins Geschäft.

Marius war mit der Abnahme von Fingerabdrücken beschäftigt und bepinselte in Seelenruhe die gesamte Fläche eines Tisches aus Kirschbaumholz. Er schreckte auf, als der Richter ihm freundlich auf die Schultern klopfte. »*Monsieur le juge*«, begann er, wurde aber sofort unterbrochen.

»Keine Formalitäten«, sagte Bonnefoy. »Etwas Neues?«

Der Gendarm schüttelte den Kopf. »Nichts. Kein Täter in Sicht.« Er überlegte. »Auch keine Täterin.«

»Okay, dann gebe ich mal Ruhe.«

Bonnefoy wanderte durch den ganzen Laden und sah sich aufmerksam um. Den Toten hatte man längst abgeholt; eine Kreidezeichnung gab es natürlich nicht. Stattdessen waren Schilder aufgestellt worden, um die Szenerie an den wichtigen Stellen zu kennzeichnen. Erfreulicherweise besaß seine Abteilung eine der modernen 3D-Kameras, mit der die Stelle, an der sich ein Verbrechen ereignet hatte, mit Einsen und Nullen festgehalten wurde. Auf diese Weise erzeugte man einen »digitalen forensischen Zwilling« – so hatte es jedenfalls der Verkäufer der Ausrüstung genannt –, mit dem jeder auf diese Art und Weise »eingefrorene« Raum immer wieder untersucht werden konnte; am realen Schauplatz des Mordes war dann schon längst der Tatortreiniger tätig gewesen.

Eigentlich ein schöner Fortschritt, dessen war sich der Richter sicher. Es reichte heutzutage aus, wenn er in seinem Büro saß und auf dem übergroßen Monitor – den er auf eigene Kosten angeschafft hatte – die Bilder des aktuellen Falls auf sich wirken ließ. Sich draußen aufzuhalten, sich gar irgendwo hinzubegeben, geschweige denn auch noch auf Knien herumzurutschen, um etwas zu untersuchen – das alles war nun hinfällig geworden.

Andererseits würde er, wenn er die theoretischen Möglichkeiten praktisch umsetzte, immer umfangreicher werden, vor dem Computerbildschirm von Pizza und anderen Süßigkeiten leben und schließlich an Diabetes und anderen griechischen Krankheiten eingehen.

Außerdem lebte er schließlich mit voller Absicht in der Provence. Die Landschaft: Lavendelfelder, alte Dörfer, in ihrer Mitte immer ein Brunnen, noch ältere Städte mit mehr oder minder intakten Mauern, kleine Flüsse, schiefe Brücken, einige Berge, viele Kirchen, die eine oder andere Burg, 1 Papstpalast; das Essen: unter anderem Rotbarben, Mandelkrokant, Bouillabaisse – Fischsuppe gab es auch in Avignon, nicht bloß am Mittelmeer –, die *fougasse*, sein Lieblingsbrot mit Oliven, Kräutern und Speck; der Wein: *Côtes du Rhône Villages*, aus den Dörfern Gigondas, Vacqueyras, Rasteau, oder – sein Lieblingsgetränk im Sommer, leicht gekühlt – der 2014er *Quatre Tours Rosé* von den Côteaux d'Aix-en-Provence. Warum um alles in der Welt sollte er das Leben hier nicht in vollen Zügen genießen, draußen, beispielsweise unter einem Maulbeerbaum am Fluss?

Krüger würde zwar sagen, alle genannten kulinarischen Spitzfindigkeiten bekomme man auch bei Jacques' Weindepot in Bonn-Endenich, aber das würde dort anders *schmecken* – das glaubte Bertrand Bonnefoy, Untersuchungsrichter aus Avignon / Vaucluse, im schönsten Teil von Frankreich, der Provence nämlich, felsenfest.

Marius fiel ein Werkzeug auf den Boden, und der Richter schreckte aus seinen Gedanken auf. Bis auf die Wände hatte er inzwischen das gesamte Ladeninnere in Augenschein genommen, so dass er jetzt systematisch mit der Vertikalen die Untersuchung fortsetzte. Über mehrere Gemälde strich sein Blick, und er wollte sich schon der nächsten Wand zuwenden, als er optisch über etwas stolperte. Ein Rahmen schien etwas schief zu sitzen und besaß vor allem in der oberen linken Ecke eine Art kreisrunde Ausbuchtung.

Bonnefoy trat näher, zog eine kleine Trittleiter heran und stieg die drei Stufen hoch, um das Gemälde abzunehmen. Er legte es vorsichtig auf ein halbhohes Regal und drehte es um.

In der Tat.

Hatte die Spurensicherung doch etwas übersehen.

Und hier würde auch die beste 3D-Aufnahme nichts nützen, die er in seinem Büro in jeder beliebigen Vergrößerung angucken könnte. Auf die Rückseite von Objekten konnte die Kamera nämlich nicht fotografieren.

Die kreisrunde Ausbuchtung war eine klassische Spionagekamera, sehr klein, sehr handlich und sehr neu. Dennoch war sie so groß, dass eine handelsübliche Micro-SD-Karte hineinpasste.

Bonnefoy nahm sie vorsichtig heraus. Immerhin besaß sie einen Speicherplatz von 128 GB, die für ein paar Aufnahmetage ausreichen würde. Prima; vielleicht war darauf ja der Mord zu sehen.

Der Richter marschierte mit der SD-Karte zu seinem Auto zurück, setzte sich auf den Beifahrersitz und platzierte sein Notebook auf die Knie. Er fuhr den Rechner hoch, schob die SD-Karte ein und wartete, bis sich das Videoprogramm automatisch öffnete.

Das Aufnahmedatum oben rechts zeigte Freitag, den 23. September 2016. Mittels schnellem Vorlauf näherte sich Bonnefoy dem ungefähren Zeitpunkt des Mordes, Sonntag, dem 25. September 2016, etwa 15:00 Uhr. Er ließ die Maus los, und der Film der Überwachungskamera lief in normaler Geschwindigkeit weiter, gestochen scharf und in Farbe. Auf dem Bildschirm war Peter Miller zu sehen, der an einem der Tische in seinem Geschäft saß und die Juwelen sortierte. Er schien die Ordnung nach Farben zu bevorzugen. Oben lag eine Reihe roter Steine, dann kamen weiße, danach einige grüne, als viertes die blauen und zum Schluss ein großer grüner Diamant.

Bonnefoy stoppte den Film und glich das Standbild mit seiner Liste ab. Sie stimmte: Alle dort aufgeführten Steine lagen vor Miller auf dem Tisch. Ein erneuter Klick mit der Maus, und der Film lief wieder weiter.

Plötzlich öffnete sich die Ladentür, und eine völlig schwarz gekleidete Gestalt kam herein. Auch dem Standbild war nicht zu entnehmen, ob unter der Kleidung ein Mann oder eine Frau steckte, da die Kapuze des Hoodies tief ins Gesicht gezogen war.

Der Ankömmling baute sich vor Miller auf und hielt ihm ein Papier unter die Nase. Ein Ton fehlte leider; gar zu gerne hätte Bonnefoy gewusst, ob die Gestalt eine Frauen- oder eine Männerstimme besaß. Aber das wäre auch zu einfach gewesen, denn dann hätte man ja nur noch die Aufnahme der Stimme veröffentlichen müssen, und schon hätte man den Täter gehabt. Er seufzte. Nichts ging von selber.

Miller war inzwischen aufgestanden und hatte sich, so sah es zumindest nach seiner Körpersprache aus, drohend vor dem ungebetenen Gast aufgebaut. Dieser zeigte zum wiederholten Male auf das Blatt. Der Antiquitätenhändler schüttelte den Kopf.

Der Schwarzgekleidete schien zu insistieren.

Miller zeigte auf die Tür und sagte energisch etwas.

Jetzt war es an seinem Gegenüber, den Kopf zu schütteln. Er legte das Papier auf den Tisch und sah sich suchend um.

Miller stand mit verschränkten Armen daneben und wartete ab – ein Fehler, wie sich rasch herausstellte.

Die Figur mit dem Hoodie hatte nämlich inzwischen den Offiziersdolch auf der Wandkommode entdeckt, ihn hochgenommen und mit einer einzigen, fließenden Bewegung in Millers Oberkörper gerammt.

Der Antiquitätenhändler versuchte noch etwas zu sagen, fiel dann aber der Länge nach um und kam zwischen Mahagonitisch und Wandkommode zu liegen.

Der Hoodie-Träger griff nach einer kleinen Silberschale und fegte mit der linken Hand die Juwelen hinein. Weil er es eilig hatte, fielen aber diverse Steine auf den Boden.

Dann schien den Täter oder die Täterin etwas zu stören. Die Gestalt drehte sich um und sah zur Tür. Im Hintergrund des Films ging ein Paar langsam an der Schaufensterscheibe des Ladens vorbei.

Der Täter warf einen letzten Blick auf den Tisch, auf dem noch einige Steine lagen, steckte den grünen Diamanten auch noch in die Silberschale und verließ in Seelenruhe das Geschäft.

Den auffälligen Edelstein wieder loszuwerden, war wahrscheinlich schwierig; ihn mal so eben unter der Ladentheke an den Mann zu bringen, würde nicht gehen – dafür war er zu groß. Vielleicht fände sich aber auch ein Sammler. Bonnefoy beschloss, seine Kollegen vom Einbruchsdezernat zu fragen, wo man am besten die Edelsteine verhökerte.

Jetzt musste er schon Dreierlei nachjagen: den Tätern aus den beiden Mordfällen und dem Juwel.

Auf dem Film ging wenig später die Ladentür erneut auf, und Carmen kam herein.

Bonnefoy stoppte die Wiedergabe; den Rest der Geschichte kannte er.

Aber wie sollte er jetzt den Mörder finden?

Oder die Mörderin?

Plötzlich fiel ihm etwas ein.

Er ließ den Film langsam zurücklaufen und fror das Bild ein, als die Gestalt mit dem Hoodie sich zur Tür drehte, um den Laden wieder zu verlassen. Sie ging sehr schnell, so dass das Standbild leider unscharf war.

Er beschloss, wieder in sein Büro zu fahren. Auf dem großen Computer Bildschirm dort war bestimmt mehr zu erkennen, vielleicht auch der Schriftzug auf der Rückseite des Hoodie, der, bedingt durch die Falten des Kleidungsstücks, nur teilweise zu lesen war.

Das Mädchen und der Kommissar

Montag, *26. September 2016.* Die Sonne brannte erbarmungslos vom wolkenlosen Himmel; auch an diesem Tag passte die Temperatur nicht zu einen normalen September in der Provence. Und in Arles war es ohnehin immer ziemlich warm.

Carmen lag bewegungslos auf dem Asphalt.

Ashley hatte die Verfolgungsjagd Verfolgungsjagd sein lassen und war zurückgeeilt, nachdem sie den Schuss gehört hatte.

Blackmore stand betroffen neben ihr und starrte, ohne wirklich etwas zu sehen, auf seinen deutschen Kollegen und dessen niedergeschossene Freundin.

Krüger kniete neben Carmen und streichelte unablässig ihre Wange. »Mein wunderbares Mädchen«, flüsterte er. Er weinte, aber schämte sich seiner Tränen nicht. Die große Liebe seines Lebens – sie war hier zu Ende gegangen.

Blackmore hatte immerhin *Mädchen* verstanden und überlegte in einem etwas vernebelten Bereich seines Gehirns, was er in einem solchen Fall zu Ashley sagen würde. *My lovely girl?* Wirklich? Seine Freundin war doch eine erwachsene Frau, aber *girl* traf es irgendwie besser. Vielleicht, weil mit der Verjüngung der Angesprochenen in der Anrede gleichzeitig sein Beschützerinstinkt zum Tragen kam. Hm, eine schwierige Frage; Stil und Takt waren gefragt, wenn er darüber nachdachte. Carmen, die um alle Nuancen aller Sprachen wusste, konnte er dazu ja leider nicht mehr befragen. Seine Augen wurden feucht, und er holte ein großes Taschentuch hervor, um sich geräuschvoll darin zu schnäuzen.

Die junge Engländerin war die einzige, die noch einigermaßen Herrin ihrer Sinne war. Sie ging auf die kleine Menschenmenge zu, die sich inzwischen in einem Halbkreis um die vier Touristen versammelt hatte und leise miteinander redete. »Hier gibt es nichts zu sehen«, sagte sie energisch auf Französisch. Das war der Standardsatz der Polizei aller Herren Länder gerade dann, *wenn* es etwas zu sehen gab, die Leute aber nur störten, weil sie ständig im Zaum gehalten werden mussten und nicht näher an das jeweilige Geschehen herangehen sollten. Ashley wusste das, aber in Notsituationen wie dieser hier war etwas Bekanntes fürs Publikum immer das Beste. »*S'il vous plaît*«, fügte sie schnell hinzu.

Widerwillig kam man ihrer Aufforderung nach.

»Die Gendarmerie ist bereits informiert«, sagte sie noch, bevor sie sich wieder ihren Freunden zuwandte.

Krüger stand auf, weil sein linker Fuß eingeschlafen war. Er drehte ihn mehrfach hin und her und trat danach zweimal heftig auf den Boden, um die Durchblutung wieder anzuregen.

»Nicht so laut«, sagte Carmen. »Du weckst ja alle schlafenden Geister.« Sie erhob sich mühsam und stöhnte. »Das Epitheton *Mädchen* akzeptiere ich übrigens ausnahmsweise«, fügte sie hinzu.

Krüger taumelte und musste von Blackmore gestützt werden.

Ashley stand mit offenem Mund daneben.

»Man wird ja noch eine kleine Pause machen dürfen.« Carmens Ader für Galgenhumor war hinreichend bekannt, so dass selbst Blackmore ein Schmunzeln nicht unterdrücken konnte. Ihr Englisch schien ebenfalls nicht gelitten zu haben, obwohl sie ziemlich blass aussah.

»Aber, aber …«, stotterte Krüger. »Einen Moment dachte ich, du seiest erschossen worden und tot.«

»Das ist dasselbe«, sagte Carmen, die selbst in Notsituationen ihre Stilkritik nicht außen vor lassen wollte. »Von *Hendiadyoins* will ich gar nicht erst reden. Kannst du im Internet nachschlagen. Google und Konsorten.«

»Dafür, dass du eben ziemlich tot warst, bist du jetzt ziemlich lebendig«, sagte Krüger. »Was ist denn eigentlich passiert?«

Jetzt begannen Carmens Beine doch zu zittern, und Ashley nahm sie bei einem Arm und ließ sie sich vorsichtig auf die Bordsteinkante setzen.

»Man hat auf mich geschossen«, sagte Carmen, »und getroffen.« Sie zeigte auf ein Einschussloch in der Jacke in Höhe ihres Herzens. »Das war meine Lieblingslederjacke!« Den Vorwurf in ihrer Stimme hörte man noch am Ortsausgang.

»Das ist sie doch immer noch, allerdings jetzt als Unikat.« Ashley konnte es in punkto Schlagfertigkeiten mit ihrer neuen Freundin aufnehmen.

»Und warum bist du nicht tot?«, fragte Krüger und fragte sich gleichzeitig, wann er zuletzt eine dermaßen dumme Frage gestellt hatte.

»Ganz einfach«, sagte Carmen und holte tief Luft. »Pass auf.« Sie griff in ihre Lederjacke. »Innen ist eine kleine Tasche angebracht, in die man einen Lippenstift stecken kann, wenn man eine Klischeefrau ist und mit einem solchen, im Auto vor einer roten Ampel sitzend, im Rückspiegel die Lippen nachziehen zu müssen meint. Man kann aber auch—« Sie machte eine Pause und ließ die rechte Hand im Inneren der Jacke bewegungslos ruhen. Ein liebevoller Blick galt Krüger, der diese Art Blicke bereits kannte; sie waren immer mit einer Spur Spott verbunden.

»Du weißt doch«, begann er.

»Dass du an einer Diakopenphobie leidest«, fuhr Carmen fort. »Ich weiß.« An Blackmore und Ashley gewandt, erklärte sie: »Die Angst vor Pausen und anderen Unterbrechungen.«

Der DCI grinste.

»Also«, setzte Carmen ihre Rede fort. »Ich will da mal ein Einsehen haben und das wunderbare und gar erschröckliche Geschehen erläutern. Die Lederjacke, nicht wahr? Außen. Und die Tasche. Innen. Man kann dort auch eine Whiskyflasche aufbewahren. Nämlich die, die du mir in Millers Antiquitätenladen gegeben hast. Allerdings mit …« Sie zog die Hand wieder hervor und hielt eine kleine Taschenflasche hoch. »Mit einer ziemlichen Delle, seht ihr?«

»Und die Kugel?«, fragte Blackmore.

»Steckt noch«, sagte Carmen. »Allerdings hat die Flasche dort auch noch ein Loch, und mein Lieblingskleidungsstück wird nun nicht mehr nur nach der Alterspatina, sondern auch noch nach Whisky duften.«

Ashley lachte. »Das Parfum solltest du dir patentieren lassen: Leder, Whisky und Schwarzpulver.«

Carmen musste auch lachen. »*Vapeur de poudre d'Arles – Pulverdampf von Arles.* Fünfzig Milliliter einhundertneunundfünfzig Euro achtzig.«

»Das ist jetzt genug.« Krüger ließ nicht immer mit sich spaßen. Manchmal war er auch Kommissar mit Leib und Seele. »Gib mal her. Das ist nämlich ein Beweisstück. Und eigentlich müsste ich den Tatort absperren lassen.«

»Und ich bin dann auch ein Beweisstück und muss hinter dem Zaun sitzenbleiben, bis die Spurensicherung fertig ist?« Carmen ließ sich von Ashley hochziehen, stöhnte aber auf. »Das tut doch noch weh, und ehe ihr fragt: Nein, ich brauche keinen Arzt, und den blauen Fleck, Bluterguss u. dergl. kann sich Krüger nachher im Hotel ansehen.« Sie reichte ihm die Flasche.

Der Kommissar beäugte das Gefäß misstrauisch. »Seht ihr, wie das abblättert? Das ist, wenn überhaupt, nur *ver*silbert, und darunter scheint Kanonenstahl zu liegen. Ansonsten wäre die Kugel nämlich durchgeschossen und in deiner—«

»Das reicht«, sagte Carmen. »Meine Anatomie im Besonderen und alle sie betreffenden Worte im Allgemeinen sind nur für mich und ganz manchmal auch für dich.«

Ashley kicherte und warf Blackmore einen fröhlichen Blick zu. »*Same here*«, sagte sie leise.

Blackmore warf einen fröhlichen Blick zurück.

Krüger wischte die Hand an seiner Jeans ab, da aus der Taschenflasche noch etwas Whisky auf die Straße tropfte.

»Ärgerlich«, sagte Carmen. »Der schöne Whisky! Was war das überhaupt? Der Glendronach für sonntags?«

»Nein«, antwortete Krüger. »Der teurere Laphroig Quarter Cask für die Ferien.«

Die kleine Touristengruppe schlenderte nach dem überstandenen Schreck – man konnte ja nicht zugeben, dass das Ereignis weitaus größer gewesen war – zum in der Rue de l'Amphithéâtre abgestellten Auto zurück. Von den beiden Gangstern war nichts mehr zu sehen, so schien es. Also konnte man auch zu rennen aufhören; levantinische Eile hatte noch nie jemandem genützt.

Als Krüger gerade die Türen des Qashqai entsperrt hatte, trat plötzlich aus der Pizzeria vor dem Stellplatz das gesuchte Paar auf die Straße, jeder der beiden mit einem dampfenden Kaffeebecher aus Togo in der Hand, beide allerdings auch noch mit der Kapuze über dem Kopf, so dass das Gesicht weiterhin zu zwei Dritteln verdeckt war. Wie vom Donner gerührt, schien der Mann Carmen anzustarren, die gerade einsteigen wollte.

»*Merde!*«, rief er. »*Ces putains de touristes!*« Der Fluch, den er danach ausstieß, war wirklich nicht zitationsfähig. In keiner Sprache. Er klang ungefähr so: »🕷 🕸 💣 ☠ ✞.«

Ashley übersetzte wie gewohnt: »*These bloody tourists.*« Auch am französischen Fluch versuchte sie sich, glättete ihn allerdings etwas für die empfindlichen Ohren ihres Freundes: »🚹 🗣 ♥ 👽 ♿.«

Blackmore versuchte, sich dem Paar in den Weg zu stellen, wurde aber grob beiseitegestoßen.

Krüger erging es nicht besser. Als er dem Mann ein Bein stellen wollte, war das die passende Gelegenheit, selber zu fallen, da der Drogenhändler einen Treffer mit seiner Sporttasche gegen das andere Bein landete.

»*Partons d'ici!*«, rief der Mann der Frau zu.

»Nichts wie weg!«, übersetzte Carmen automatisch, während Ashley ihren Freund mit einem »*Let's get out of here!*« versorgte.

Die beiden Kriminellen rannten, was ihre Beine hergaben, stoppten allerdings nach wenigen Metern und stiegen in einen weißen Kastenwagen von Ford. Der Motor heulte auf, das Fahrzeug setzte sich in Bewegung und verschwand mit jaulenden Reifen Richtung Süden, touchierte zuvor jedoch noch zwei Fahrräder, die daraufhin die hinter ihnen aufgereihten weiteren dreizehn Drahtesel zu Fall brachten.

»Hast du die Nummer notiert?«, fragte Ashley und sah ihren Freund auffordernd an.

»Womit denn?«

»Hast du sie dir wenigstens gemerkt?«

Blackmore sah zu Boden, wie immer, wenn die Lehrerin einen mit ihren Aufgaben überforderte.

»Hinterher!« Krüger setzte sich in sein Auto, der DCI nahm auf der Beifahrerseite Platz, nachdem er zuerst die seiner Ansicht nach richtige, aber hier auf dem Kontinent falsche Fahrzeugseite gewählt hatte, während sich die Frauen im Fond niederließen.

Der deutsche Kommissar konnte ebenfalls Motor aufheulen wie auch Reifen quietschen lassen und raste dem Fluchtwagen hinterher.

Der Besitzer der Pizzeria stand etwas fassungslos vor der Eingangstür und fuhr sich mit einem sauberen Geschirrhandtuch über die glänzende Stirn. Den aufgestiegenen Staub der Straße wedelte er beiseite und sagte zu seinem Koch, der ebenfalls hinausgekommen war: »Wir sollten hier Eintritt nehmen wie in Venedig oder wo das war. Das hält dann wenigstens die Touristen der billigeren Sorte fern, die nur Lärm und Dreck hinterlassen.«

Der weiße Ford fuhr mit unvermindertem Tempo am Rathaus vorbei und bog, während der Fahrer mit angezogener Handbremse die Kurve nahm, in die Rue de la République ein. Zwei Passanten konnten gerade noch rechtzeitig zur Seite springen; einer schüttelte die Faust, der andere brachte seinen linken Mittelfinger ins Spiel.

Etwa fünfzehn Sekunden später passierte Krüger die gleiche Stelle mit dem gleichen Fahrmanöver; mit angezogener Handbremse und raschem Ein- und Auskuppeln behielt er fast eine konstante Geschwindigkeit in der Neunzig-Grad-Kurve bei. Spätere Generationen würden sich über schwarze Reifenspuren auf der Straße wundern, die nach einem »Viertel-Doughnut« von professionellen Rennfahrern aussahen.

»Willst du nicht lieber die Reifen abmontieren?«, fragte Carmen von hinten. »Dann könnten wir sie nachher wieder aufziehen und müssten keine neuen für den Rest des Urlaubs kaufen.«

Blackmore saß angespannt neben dem Rennfahrer am Steuer, lachte aber, obwohl er sich vorsichtshalber am Handgriff über der Innentür festhielt.

Ashleys Gesichtsfarbe hatte einem etwas ungesunderen Beige Platz gemacht; Autorennen auf dem Bildschirm zu verfolgen, war doch etwas anderes, als dasselbe im wirklichen Leben zu tun.

»Wo hast du eigentlich so zu fahren gelernt?«, fragte der DCI. »Bei uns im Königreich könntest du es nicht einmal üben, da dem die Überwachungskameras an jeder Hauswand entgegenstünden.«

»Youtube«, sagte Krüger. »Die Seniorenkurse.«

Carmen hatte wieder ihren alten Reiseführer hervorgekramt und den Stadtplan von Arles aufgeschlagen. »Wie es aussieht, wollen die auf die andere Seite der Rhône fahren, über die Brücke nach Trinquetaille.«

»Und dann weiter in die Camargue, um dort mit den Drogen von Saintes-Maries-de-la-Mer aus in See zu stechen und nach Algerien zu schippern«, sagte Krüger, während er mit Verve die nächste Kurve nahm.

»Aber da kommt das Zeug doch her!«, sagte Carmen. »Das ist komplett sinnlos.«

Ashley gluckste. Vielleicht sollten sie und Blackmore jeden Frühherbst in der Provence verbringen; für Unterhaltung war jedenfalls gesorgt.

Krüger bremste scharf, weil vor ihm ein alter Mann mit Baskenmütze und Rollator die Straße überquerte, ohne im Geringsten auf den Verkehr zu achten.

»Ehe du etwas sagst«, sagte Carmen, »warte lieber ab, wieviel du vom Leben um dich herum und überhaupt noch mitbekommst, wenn du mal sechzig bist.«

Das hatte gesessen. Krüger zog seine in Unterweltskreisen gefürchtete schmale Lippe hinzu und schwieg. Allerdings musste er sich gleichzeitig aufs Fahren und Verfolgen konzentrieren, so dass ihn seine angespannten Muskeln rasch wieder verließen und dem üblichen freundlich-interessierten Gesichtsausdruck wieder Raum gaben.

Bei der Bar Sarto verbreiterte sich die Straße und erhielt auf der rechten Seite ein Geländer, da die dortige Häuserreihe fast eine Etage tiefer lag – eine sinnvolle Entscheidung der Stadtverwaltung, da auf diese Weise bei einem Rennen keiner der Teilnehmer herabstürzen konnte, sondern höchstens den rechten Kotflügel / die rechte Fuhrwerksseite / die rechte Satteldecke *whatever* beschädigen würde.

Krüger sah auf den Tacho. Fast achtzig. Er hoffte nur, dass es hier entweder keine Verkehrskameras oder keine Polizisten gab, die sein ehrenhaftes Verhalten – rasch den Drogenhändlern hinterher, um ihnen das Handwerk zu legen – nicht honorieren, sondern im Gegenteil ahnden würden.

Nach einer langgestreckten Linkskurve wechselten die beiden Rennautos auf die Brücke zur Vorstadt gegenüber.

Der weiße Ford hatte erneut Gas gegeben und seinen Vorsprung leicht vergrößert. Auf der anderen Flussseite musste er scharf abbremsen, weil ein Müllauto rückwärts in eine Seitenstraße hinein zu rangieren versuchte. Gerade noch rechtzeitig schaffte der Drogenkurier es, vor dem Laster und einer Hauswand sich durchzuquetschen. Allerdings verlor er dabei den linken Kotflügel, der hinter ihm, sich drehend, über die Straße schleuderte und ein weiteres unschuldiges Fahrrad zu Fall brachte.

»Fehlen noch der rechte Kotflügel und vier Türen«, sagte Carmen. »Dann zieht's beim Fahren, den Leuten wird's zu kalt, und sie steigen aus, so dass ihr sie verhaften könnt.«

Blackmore beschloss, zukünftig auf Wiederholungsfolgen der Komikertruppe Monty Python im britischen Fernsehen zu verzichten und stattdessen lieber Carmen bei ihren Welterklärungen zu lauschen.

Mit unverminderter Geschwindigkeit setzten die beiden Autos, der amerikanische, beziehungsweise in Frankreich hergestellte Ford und der deutsch-japanische Qashqai, ihre Verfolgungsjagd fort. Den Zebrastreifen am Institut de Beauté ignorierten beide Fahrer trotz zweier dort wartender Passanten, was ihnen sicher Minuspunkte eingebracht hätte, wäre auch nur ein einziger Gesetzeshüter in der Nähe gewesen.

»Wenn man sie braucht«, bemerkte Carmen, »sind sie nie da. Leute in Uniform, meine ich. Überlegt mal, wie viel Schotter die eingenommen hätten, wenn sie nur hinter euch hergefahren wären.«

»Tun sie doch«, sagte Ashley, die sich kurz nach hinten umgedreht hatte.

Ein etwas älterer Citroën der Gendarmerie und ein nagelneu glänzendes Motorrad der Police nationale versuchten, mit den beiden Rennfahrern Schritt zu halten. Der Wagen hatte seine Sirene eingeschaltet, die allerdings mit regelmäßigen Aussetzern zu kämpfen hatte.

»Wenn jetzt noch einer einen Text dazu macht, kann man das als Polizeirap an die Jugend verkaufen«, sagte Carmen. »Heulende, taktlose Sirenen, das Kreischen der Reifen und—«

»Festhalten«, sagte Krüger, der genauso scharf rechts einbog, wie es der von ihm Verfolgte soeben getan hatte.

Ashley drehte sich bei einem kreischenden Bremsgeräusch um. »Tja, muss er wohl noch mal ein paar Fahrstunden nehmen.«

Der Motorradfahrer hatte den Abbiegungsvorgang nicht mitbekommen und war stattdessen geradeaus in das blumen- und skulpturbestückte Rondell gefahren.

»Und umgefallen«, sagte Ashley.

Dafür hatte der Wagen der Gendarmerie aufgeholt und zusätzlich zur Sirene die Lichthupe eingeschaltet.

»Das kostet aber nur Benzin«, sagte Carmen, die ebenfalls aus dem Rückfenster sah, »wenn er tagsüber das Licht einschaltet.«

»Könnt ihr jetzt bitte mal still sein?«, fragte Krüger. »Ich muss mich konzentrieren. Schließlich bin ich hier ortsfremd.«

Drei oder vier scharfe Rechts- und Linkskurven später erreichte der weiße Kastenwagen die braune Schutzmauer vor der Rhône und fuhr eine Rampe hinunter, die beim Restaurantschiff La Péniche endete. Im Hintergrund war die Brücke nach Arles zu sehen, über die Verfolger und Verfolgte vor wenigen Minuten gerast waren.

Krüger schaffte es gerade noch, weil dieses Mal die Geschwindigkeit seines Autos wirklich zu hoch war, einen Zusammenstoß mit zwei vor der Mauer parkenden Wagen zu vermeiden, und ebenfalls die

Rampe hinunterzubrettern. Mit einer Vollbremsung und quietschenden Reifen brachte er den Qashqai etwa zwanzig Zentimeter hinter dem Ford zum Stehen.

»Alles aussteigen, bitte!«, sagte Carmen und folgte ihrer Aufforderung sofort.

Die beiden Drogenhändler hatten inzwischen das Hasenpanier ergriffen und rannten zu einem der kleinen Landungsstege, an dem zwei Rennboote ankerten. Ihr Abstand zu den vier Verfolgern – Blackmore und Ashley waren ebenfalls ausgestiegen – betrug knappe fünfzig Meter.

»Eine Hacker Craft«, sagte Blackmore begeistert und zeigte auf das mit Mahagoniholz gebaute Rennboot, auf das Paar gerade sprang. »Für diese Art Zweisitzer habe ich tatsächlich eine Fahrerlaubnis!«

Daneben ankerte ein identisches Boot, das genauso rasant aussah, allerdings zwei rote Längsstreifen direkt über der Wasserlinie besaß.

Krüger rannte, war aber nach wenigen Metern erneut außer Atem und blieb stehen, die Hände wieder auf seine Knie gestützt. »Nee, dafür bin ich heute zu alt«, sagte er.

Inzwischen hatte auch die Gendarmerie im Citroën die Ausflugsgruppe erreicht.

Carmen begrüßte sie freundlich, deutete auf Blackmore wie auf Krüger und sagte ein paar rasche Worte auf Französisch – Ashley glaubte das Wort »Bonnefoy« zu verstehen –, woraufhin die beiden Gendarmen nickten, mittels kleinem Finger und Daumen am Ohr ein Telefon imitierten und wieder zum Auto zurückgingen.

»Geht doch«, sagte Carmen. »Sie benachrichtigen die Kavallerie und werden irgendwo eine Straßensperre errichten, denke ich. Wobei, wenn ich genauer darüber nachdenke, die Straßensperre vielleicht sinnlos ist, wenn die Pferde bei der Verfolgung darüberhüpfen müssen …«

»Das denkst du nur«, sagte Krüger. »Eine Straßensperre auf der Rhône oder wie?«

Blackmore lachte.

Die Gangster schalteten den Motor des blau gestrichenen Rennboots ein und machten sich flussaufwärts davon.

»Ihnen nach«, sagte der englische Kommissar zu seiner Freundin. »Wir nehmen das mit den roten Streifen.«

»Echt jetzt?«, fragte Krüger.

»Tatsächlich«, antwortete Blackmore. »Fahr du man ins Hotel zurück, ruh dich aus und lies ein gutes Buch. Das Genre *Kriminalromane* soll ganz gut sein, nach allem, was ich so höre. Oder mach Urlaub.« Er zog Ashley mit sich, deutete auf einen älteren Mann, der am Boot lehnte und mit einem Schlüssel spielte. »Erklär ihm mal, dass wir zu polizeilichen Zwecken das Fahrzeug ausleihen müssen.«

Ashley tat, wie ihr geheißen, woraufhin der Mann salutierte und den Schlüssel übergab.

»Was hast du gesagt?«, fragte Blackmore.

»Dass wir Filmaufnahmen machen und sein Boot in einer ausführlichen Szene benötigen. Und ihn auch.«

»Komparsen im Film, Nebenfiguren in Romanen«, murmelte der DCI.

»Na ja«, Ashley legte ihren Arm liebevoll um Blackmores Schulter, wozu sie sich ein wenig recken musste, »nicht jeder ist zum Helden geboren wie du.«

»Und Krüger«, sagte Blackmore.

Speed

Montag, 26. September 2016. Manchmal, fand Krüger jedenfalls, musste man auch ausländischen Mächten gehorchen. Er ging also, wie von Blackmore befohlen, mit Carmen langsam zu seinem Auto zurück, stieg ein und ließ den Kopf erst einmal gegen das Lenkrad sinken. »Mann, bin ich müde«, sagte er und schloss die Augen.

»Soll ich fahren?«, fragte Carmen.

»Nichts da!« Er war sofort wieder hellwach. »Knapp dem Tode Entronnene müssen sich zuvorderst einmal ausruhen. Mach du ruhig die Augen zu; ich chauffiere dich gekonnt und sicher in unser Feriendomizil zurück.«

»Mit geschlossenen Augen sehe ich aber nichts von der Landschaft«, sagte Carmen aufsässig, ließ demonstrativ das Fenster herunter und lehnte den Arm hinaus.

Krüger betätigte einen Schalter, woraufhin das Fenster auf Carmens Seite wieder hochglitt, nicht ohne ihrem Ellbogen einen ungünstigen Winkel vor dem Herunternehmen zu geben.

»Die Dominanz des Mannes«, sagte sie, »verwandelt jede Frau irgendwann in eine Domina. Von Furie will ich jetzt nicht reden.« Sie gähnte, schloss die Augen und schlief sofort ein.

Umsichtig, schonend und rücksichtsvoll, wie es seine Art war, wenn er ein Fahrzeug bewegte, steuerte Krüger das Auto auf der rechten Rhôneseite zurück nach Avignon. Beaucaire umfuhr er, nicht ohne Bedauern, weil er gerne einen Blick auf das quadratische Schloss von Tarascon geworfen hätte, das mit seinen mächtigen Türmen aus dem fünfzehnten Jahrhundert die gegenüberliegende Flussseite beherrschte. Aber morgen war ja auch noch ein Tag.

Die Sonne hatte er glücklicherweise im Rücken, aber auch so war es ihm warm genug, wozu gewiss auch die sich überstürzenden Ereignisse des Tages beigetragen hatten: die zufällige Entdeckung der Drogenhändler, ihre Flucht und der Schuss auf Carmen.

Die bloße Erinnerung daran ließ seine Hände zittern. Nur gut, dass Blackmore die weitere Verfolgung übernommen hatte. Wie es ihm wohl ergehen mochte?

Dem englischen Ermittler erging es gerade ausnehmend gut. Eine Wasserstraße unter seinen Füßen und als Kapitän auf einem schnelleren Boot als auf einem lahmen Achter in Oxford, wobei er das natürlich dort niemandem jemals sagen würde – was sonst sollte er sich vom Leben wünschen?

Seiner Hacker-Craft schienen ein paar PS mehr als der zweiten zur Verfügung zu stehen, wodurch das Boot langsam, aber stetig den Abstand zu den Drogenhändlern verkürzte. Blackmore steuerte es gekonnt mit der linken Hand, was ihm an diesem Nachmittag einen Hauch von Weltläufigkeit verlieh; das Sakko hatte er ausgezogen und Ashley zum Zusammenfalten überreicht. Vorbei ging die Fahrt an Feldern und Industriebauten; große Schilder wiesen auf die Sehenswürdigkeiten am Flussufer hin: *Bétons Arles*, *Mistral Industries*, *Provence Compost* und Ähnliches.

Wäre Carmen mitgefahren, hätte sie sicher aus dem alten Reiseführer berichtet und das Alter der Dörfer und Städtchen am Fluss betont, die manchmal bis auf die Zeiten der Römer zurückgingen. Aramon beispielsweise war schon in der Jungsteinzeit gegründet worden und hatte sich bis 1920, dem Erscheinungsjahr des *Guide bleu*, zu einem blühenden Dorf mit 2.557 Einwohnern entwickelt. Außerdem besaß es ein Schloss, dessen Erwähnung auf den schon vergilbten Seiten jedoch nicht weiter vertieft wurde.

Kurz vor Tarascon schien sich die Rhône zu gabeln: In der Mitte des Flusses tauchte plötzlich eine Landzunge auf, die sich zu einer mehrere Kilometer langen Insel streckte. Das blaue Rennboot war plötzlich verschwunden, und der DCI musste sich rasch entscheiden, ob er links oder rechts des Stückchens Land weiterfuhr. Er entschied sich für links, dort, wo seit Jahrzehnten sein Herz schlug.

»Wenn das man kein Fehler ist«, sagte Ashley, die die Augen zusammenkniff und nicht nur metaphorisch den Horizont absuchte.

Es war ein Fehler.

Einen halben Kilometer weiter nach Norden endete die Fahrt an einer wasserüberspülten, felsigen Staustufe, über die gerade ein paar Kajaks flussabwärts schlitterten. Flussaufwärts aber gab es für das Boot logischerweise kein Weiterkommen.

»*Merde!*«, sagte Blackmore aus tiefstem Herzen, der sich an das hier gesprochene Idiom gewöhnt zu haben schien. Er fuhr einen eleganten U-Turn, umschiffte flussabwärts das Ende der Insel und nahm, nun auf der korrekten Seite des Flusses, die Verfolgung wieder auf. Immerhin lag die Höchstgeschwindigkeit des Bootes bei englischen 75 mph, was auf dem Kontinent europäischen 120 km/h entsprach, wie Ashley der vorhandenen Betriebsanleitung entnommen hatte.

Sie fuhren am Schloss von Tarascon vorbei, ohne zu ahnen, dass Krüger dort ebenfalls vorbeigekommen war, und bogen bei Vallabrègues in die langgezogene Nordostkurve der Wasserstraße ein. Das blaue Rennboot war ihnen jetzt nur noch einen knappen Kilometer voraus.

»Noch zwei Minuten«, sagte Blackmore, »dann haben wir sie.«

Als sie aber fast in Rufweite waren, drehte sich der Fahrer des streifenlosen Bootes um und hielt – wohl nur, um die Windrichtung zu prüfen – seinen Mittelfinger in die Höhe.

Fast meinte das englische Paar, noch »*Ces putains de touristes!*« zu hören.

Dann gab der Franzose Gas und vergrößerte den Abstand erneut.

Eine halbe Stunde später passierte der Bonner Qashqai den Turm von Philippe-le-Bel am Ortseingang von Villeneuve-lès-Avignon und verringerte seine Geschwindigkeit – allerdings erst, als Carmen darauf hinwies, dass das große Wettrennen vorbei sei.

»Weißt du«, sagte sie, »zu einem Rennen gehören immer zwei Teilnehmer; sonst wäre es ein einsamer Lauf gegen sich selbst, und da man ja die Uhr zurückstellen könnte – um zu schummeln, wenn man das

Ziel erreicht hat –, gewönne man ja immer, was auf Dauer sterbenslangweilig wäre.«

Krüger nickte gehorsam und bugsierte sein Auto in eine eigentlich zu klein geratene Parklücke, etwa hundert Meter vom Hotel entfernt. Dabei wandte er die einigen einheimischen Autofahrern abgeschaute Methode an (*méthode française*), indem er vorsichtig, unter sorgfältiger Benutzung von Kupplungs-, Brems- wie auch Gaspedal in der richtigen Reihenfolge, das hinter ihm stehende Fahrzeug nach hinten und das vordere nach vorne schob. Die französischen Wagen besaßen ohnehin schon genug Dellen, so dass auch die eine oder andere touristisch verursachte nicht weiter ins Gewicht fallen würde.

»Geht doch!«, sagte der Kommissar, nachdem er die Türverriegelung betätigt und den Schaden an den französischen Parkteilnehmern begutachtet hatte. Sein Qashqai machte einen stoischen, verschlossenen Eindruck wie immer.

Carmen schob die schwere Holztür zum Hotel Atelier auf. Aus dem Augenwinkel sah sie noch das Einschussloch der im Holz steckengebliebenen Kugel aus dem Vorjahr, die der französischen Grafikerin Élodie Marin gegolten, sie aber glücklicherweise verfehlt hatte.

Krüger folgte seiner Freundin, blieb aber an der Rezeption stehen, weil er den Hotelier um einen starken Kaffee bitten wollte. Aus dem Innenhof waren zwei gedämpfte Männerstimmen zu hören.

Carmen, die Investigativreporterin, schlich leise in den Frühstücksraum, aus dem man auf den Hof treten konnte.

Die beiden Männer stritten sich.

»Das ist doch wohl nicht dein Ernst«, sagte de la Tour aufgebracht. »Mich so auflaufen zu lassen! Wo soll ich denn jetzt meine Ware herbekommen?«

Sein Gesprächspartner sprach so leise, dass Carmen nur ab und zu ein Wort auffing, das isoliert aber ohne Sinn blieb.

Krüger war inzwischen neben sie getreten und lauschte ebenfalls.

De la Tour redete sich gerade in Rage. »Erst die Sache in L'Isle-sur-la-Sorgue und jetzt die zweite in Saint-Rémy. Wie stellst du dir denn einen weiterhin reibungslosen Warenverkehr vor?«

Jetzt erhob auch der zweite Mann seine Stimme. »An der Geschichte im zweiten Antiquitätenladen bin ich unschuldig.«

»Was? Wer soll das denn sonst gewesen sein? Du statuierst doch immer so gerne ein Exempel, damit die Leute spuren, Ha—«

Genau in diesem Moment begann draußen ein wildes Hupkonzert, so dass Krüger und Carmen den Namen des Angesprochenen nicht verstehen konnten.

Krüger eilte auf die Straße, weil er befürchtete, einen der Eingeborenen mit seinem Parkmanöver von vorhin vor den Kopf gestoßen zu haben. Aber es waren nur zwei übergroße Peugeots, die sich um die letzte vorhandene Parklücke stritten, in die keiner der beiden Wagen hineingepasst hätte, auch nicht, wenn er sich Krügers Schiebungen zum Vorbild genommen hätte.

Der Kommissar ging wieder zurück, wurde aber im dunklen Eingangsflur unsanft von einer Gestalt zur Seite geschoben, die in Richtung Rhône verschwand. Leider hatte er keine Gelegenheit, das Gesicht zu erkennen. Etwas missmutig setzte er seinen Weg zum Frühstücksraum fort.

Aus dem Innenhof kam ihm de la Tour entgegen, der etwas blass um die Nase war. Auseinandersetzungen taten niemandem gut, dachte Krüger. De la Tour sah deutlich älter als noch im vergangenen Jahr aus; aber damals hatte vielleicht einfach die Beleuchtung nicht ausgereicht oder der Hotelier war nicht so übermüdet gewesen wie heute. Neununddreißig Jahre hatte der Kommissar als de la Tours Alter in Erinnerung; aber das war definitiv falsch. Neunundfünfzig hätte eher gestimmt. Aber möglicherweise hatte er, Krüger, 2015 auch einfach nicht ordentlich zugehört.

»Etwas Neues?«, fragte de la Tour knapp.

»Leider nein«, antwortete Krüger freundlich. »Wir tappen im Dunkeln.« Manchmal halfen Floskeln, das Gegenüber auf Distanz zu halten. »Der Mörder ist immer noch flüchtig.«

De la Tour sah ihn unsicher an. »Sie meinen also, dass ich auf der Hut sein soll?«

»Wer muss das nicht heutzutage?«

»Sie wissen doch, was ich meine. Von uns Sechsen von vor dreißig Jahren in Oxford sind inzwischen vier tot, Alice, Paul, Peter und Har—«

»Die Geschichte haben wir schon mehrfach gehört.« Manchmal konnte der deutsche Kommissar auch ein wenig grob sein.

»Merkwürdigerweise lebt aber noch der Polizist«, fuhr de la Tour fort.

»Und der Hotelier«, sagte Krüger sachlich. »Vielleicht sollte ich mal Ihr Alibi überprüfen.«

De la Tour schien sich bei Streitigkeiten wohler zu fühlen, wenn er lauter wurde. »Dazu sind Sie überhaupt nicht befugt. Sie haben keinerlei Jurisdiktion hier.«

»Ich kann ja den Untersuchungsrichter anrufen«, bot Krüger an. »Der ist bestimmt froh, wenn er in den Mordgeschichten endlich weiterkommt.«

Der Hotelier sah ihn böse an. Dann fiel ihm etwas ein, und er grinste, besser: Er verzog seinen Mund zu einem schiefen Lächeln. »Vielleicht möchten sich die Herrschaften für den Rest ihrer Ferien eine andere Bleibe suchen?«

»Nein«, sagte Krüger, »möchten sich die Herrschaften nicht. Ach ja, einen starken Kaffee bitte. Für beide Herrschaften.« Er ließ de la Tour stehen und ging nach draußen, wo Carmen an einem der Tischchen saß, vor sich eine Orangina.

Der Hotelier sah dem deutschen Kommissar nach, schüttelte den Kopf und ging in die Küche hinter der Rezeption, wo er die Kaffeemaschine anwarf.

»Haben die beiden Streithähne noch etwas Wichtiges gesagt?« Krüger setzte sich seiner Freundin gegenüber.

»Nee, vor allen Dingen waren sie abgelenkt durch die Huperei draußen. Auch ein Franzose benötigt gewisse Ruheräume zur Konzentration.«

»Blöd, dass wir den Namen nicht gehört haben.« Krüger fuhr sich durchs Haar, vielleicht ein Ablenkungsmanöver, weil er die Sackgasse sah, in die bisher alle Ermittlungsversuche geführt hatten.

»*Ha-*«, sagte Carmen nachdenklich. »Das kann alles heißen, von einem Nachnamen über einen Ort oder einen Autotyp bis zu …« Sie rieb mit dem linken Zeigefinger ihre Nase, eine unbewusste Geste, wenn sie nachdachte.

»Aber nicht, wenn de la Tour seinen Besuch geduzt hat. Dann müsste es eigentlich ein Vorname sein. Ich habe da so eine Vermutung.« Krüger sah zufrieden aus und glättete, wie zur Beschwichtigung, mit einer gegenläufigen Bewegung wieder sein Haupthaar.

Blackmore überlegte, ob das Rennboot ein Autopilot-System besaß, denn dann könnte er das Steuerrad festbinden, wie man das aus diversen Filmen kannte, und sich der Hauptdarstellerin zwecks Küssens zuwenden, während das Schiff unbeirrt seinen Kurs beibehielt. Die Idee scheiterte allerdings daran, dass es kein Seil an Bord gab.

Ashley saß neben ihrem Freund und versuchte, sich bei der rasanten Fahrt irgendwo festzuhalten. Schließlich legte sie die rechte Hand auf die Bootskante, während Blackmore souverän die Hacker-Craft steuerte. »Wo die wohl hinfahren«, sagte sie; mehr eine rhetorische Frage, und eine andere Antwort als »Geradeaus!« erwartete sie ohnehin nicht.

Der DCI tat ihr jedoch nicht den Gefallen. »Kannst du mal eben Bonnefoy anrufen und ihm kurz Bericht erstatten?«

Ashley nickte. »Yes, Sir, yes!« Das Salutieren unterließ sie aber, da sie dazu hätte aufstehen müssen und Gefahr laufen würde, eventuell das Gleichgewicht in einer Kurve zu verlieren. Sie nahm Blackmores Handy, wählte und gab in präzisen Sätzen die Ereignisse des heutigen Tages durch.

Blackmore nickte beifällig. Seine Chefs hatten gut daran getan, die junge Frau in ihre Dienste zu übernehmen.

»Jetzt sind wir irgendwo vor Avignon«, sagte Ashley. »Mal sehen, wo die Drogenfritzen hinwollen. Könnt ihr nicht die Garde am Ufer aufziehen lassen und sie verhaften, wenn sie aussteigen?«

Blackmore grinste und stellte sich Bonnefoys fröhliches Lachen vor.

»Okay; wir sagen Bescheid, wenn wir oder die anderen wieder an Land gehen.«

Die anderen befanden sich zwar ein gehöriges Stück vor den Engländern, schafften es aber nicht mehr, den Abstand zu vergrößern.

Wenig später fuhren Blackmore und Ashley an der Mündung der Durance vorbei, die die Grenze der beiden Departements Vaucluse und Bouches-du-Rhône bildete.

Ashley studierte den Bildschirm des Handys. Sie hatte inzwischen Google Maps eingeschaltet und verfolgte das rasche Fortkommen des Bootes auf der Rhône. »Noch fünf Kilometer, dann erreichen wir Avignon.«

»Hoffentlich die Endstation«, brummelte der DCI. »Ich bekomme nämlich langsam eine lahme linke Hand.«

»Du musst ja nicht alles mit links machen, auch wenn du allmählich hier auf dem Wasser wie Alain Delon aussiehst. Der hat auch nur eine Hand zur Bootsführung benutzt; in der anderen hielt er regelmäßig eine Zigarette.«

»Dem können wir abhelfen, falls du zufällig eine solche bei dir führst.«

Manchmal, fand Ashley, klang ihr Freund doch nach dem Handbuch zur Anfertigung von Berichten im Polizeidienst.

Weiter vorne heulte plötzlich der Motor der Drogenhändler auf, stotterte und ging dann aus. Das Paar sah sich hektisch um, während Blackmore mit der Hacker-Craft allmählich aufschloss.

Der Mann im blauen Boot hieb mit der Faust auf das Armaturenbrett, woraufhin tatsächlich der Motor wieder ansprang.

»*Percussive maintenance*«, sagte Blackmore.

Ashley lachte. »Meinst du, auf etwas zu hauen, sei sinnvoll? Dann halten die Dinge doch nicht so lange.«

»Sollen sie auch nicht. Die Drogenleute müssen es doch nur bis zum rettenden Ufer schaffen.«

Inzwischen hatten beide Sportboote die steinerne halbe Brücke vor Avignon umfahren.

»Wusstest du«, fragte Ashley, »dass die Pont Saint-Bénézet im siebzehnten Jahrhundert durch mehrere schwere Hochwasser zerstört worden ist? Nur vier Bögen stehen ja noch.«

»Nee; aber es wundert mich nicht. Die Klima-Katastrophe hat sich ja über Jahrhunderte angekündigt.«

»Achtung!« Die junge Frau war doch aufgestanden und hielt sich mit einer Hand, leicht gebückt an der Reling fest. »Siehst du, was die vorhaben?«

»Sehe ich«, sagte Blackmore ruhig. »Die wollen an Land gehen. Wahrscheinlich haben sie das Boot nur für eine Stunde gemietet.«

Das Rennboot ohne Streifen fuhr auf die Anlegestelle unterhalb des Rocher des Doms zu, des großen Felssporns, auf dem im vierzehnten Jahrhundert der Papstpalast gebaut worden war. Es gab ein hässliches Geräusch, als die Hacker-Craft den mit Metallstreben verstärkten Steg rammte. Das Gangsterpaar sprang an Land und rannte los, natürlich *mit* der Gymnastiktasche voller Drogen.

Blackmore stoppte sein Boot etwas ruhiger und vertäute es, während Ashley dem Untersuchungsrichter die aktuelle Position übermittelte.

Von der Uferstraße her waren quietschende Reifen zu hören.

Ashley war schneller als der DCI und erreichte die Straße nur wenig später als das kriminelle Paar. Etwas verdutzt sah sie, wie gerade eine größere dunkle Limousine hielt, die beiden Verfolgten einstiegen und der Fahrer wieder Gas gab.

Leicht außer Atem trat Blackmore neben seine Freundin.

»Kennzeichen?«, fragte er, nach Luft suchend.

»Muss jedes Fahrzeug haben«, sagte sie. »Falls du übrigens ganze Sätze benutzen möchtest, kann ich dir vielleicht auch eine etwas umfassendere Auskunft geben.« Sie legte den Kopf schief. »Das sind doch tolle Ferien, oder?«

Wider Willen musste er lachen. »In der Tat. Und ja: Magst du mir eventuell das gesamte Kennzeichen mitteilen, vom linken bis zum rechten Rand?«

Ashley grinste. »Würde ich ja gerne. Kann ich aber nicht.«

Blackmore sah sie verständnislos an. »Und warum nicht?«

»Es gab keins.«

»Dann können wir wieder von vorne anfangen.«

»Nicht ganz. Geistesgegenwärtig, wie wir junge Frauen nun einmal sind, habe ich bereits beim Loslaufen vom Bootssteg mein Handy eingeschaltet und so die Ankunft wie auch die Abfahrt des Wagens filmen können. Vorne war nämlich ein Nummernschild.«

»Großartig.« Der DCI war begeistert. Endlich mal jemand, der vorausschauend denken und handeln konnte. »Dann sollte Bertrand das ganz schnell übermittelt bekommen.«

»Hat er schon.« Ashley warf sich in die Brust. »Ich kann nämlich vorausschauend denken und handeln.«

Ehe Bonnefoy dazu kam, sich näher mit dem Aufdruck auf dem Hoodie des Täters zu beschäftigen, klingelte sein Mobiltelefon, das kurz zuvor den Eingang einer Signal-Nachricht angekündigt hatte.

»Ich bin's«, sagte Blackmore.

»Ich weiß«, sagte Bonnefoy. »Du besitzt das einzige Handy, dessen englische Nummer ich eingespeichert habe.«

»Und was ist mit Ashleys Nummer? Die hat auch eine englische Nummer.«

»Die hast du doch, oder? Warum fragst du mich danach?«

»Wieso? Möchtest du sie haben?«

»Warum?«

»Wer jetzt?«

Auf Blackmores Seite schien jetzt Ashley dazwischenzureden. »Ja, ja, ich komme schon zur Sache. Sagt dir das Kennzeichen etwas? Du müsstest vorhin ein Kurzvideo überspielt bekommen haben.«

»Moment.«

Der Untersuchungsrichter schaltete auf die Videoapp des Handys um, betrachtete den Film, gab rasch das Kennzeichen der dunklen Limousine in seinen Computer ein und ließ die Datenbank danach durchsuchen.

»Fehlanzeige«, sagte er. »Haben wir bisher nicht erfasst.«

»Schade«, sagte Blackmore. »Das wäre vielleicht auch zu einfach gewesen: Du findest den Halter in deinem Rechner, fährst zur angegebenen Adresse und nimmst ihn fest.«

»Dabei waren die Drogenkuriere schon an der richtigen Stelle angekommen: Wer konnte schon ahnen, dass das Paar unterhalb des ehemaligen Gefängnisses Saint-Anne an Land gehen würde? Vor fünfzehn Jahren noch hätten wir die Gangster dort direkt einbuchten können, und sie hätten ihre eintönigen Tage nur durch einen täglichen Rundgang im großen Oval des Innenhofs etwas abwechslungsreicher gestalten können.«

Blackmore lachte. »Und was ist heute dort?«

»Immer noch das Gefängnis. Allerdings heißt es jetzt anders, nämlich *Cour des Doms*, in Anlehnung an den Felsen, der das Gelände überragt, und es wird nach der Sanierung hip sein, dort zu wohnen – das passende Ambiente für noch nicht straffällig gewordene Politiker.«

»Lass das man die noch nicht straffällig gewordenen Politiker nicht hören.«

»Bestimmt nicht. Aber die hören sowieso nie zu; die reden ja nur dauernd.«

»Und jetzt?« Blackmore überlegte, was er zu Hause in Oxford tun würde, wenn er nicht mehr weiterkam. Wahrscheinlich würde er einen Pub aufsuchen und ein Ale trinken; dabei kam man immer auf neue Gedanken.

»Keine Ahnung«, sagte der Richter ehrlich. »Wahrscheinlich würde ich nach Hause gehen und alles überschlafen; dabei kommt man immer auf neue Gedanken. Und du?«

Blackmore sagte es ihm.

»Hm. Vielleicht auch eine gute Idee. Wo seid ihr denn gerade?«

»Noch unten am Fluss bei der Anlegestelle. Aber zu Fuß. Mein Mercedes steht ja beim Hotel in Villeneuve.«

»Dann bin ich in zehn Minuten da und fahre euch. Vielleicht sind ja Krüger und Carmen auch schon wieder vorhanden.«

Blackmore tuschelte kurz mit Ashley. Dann sagte er: »Danke. So machen wir's.« Von seiner Befürchtung, dass auch heute – wie bei jedem abendlichen Treffen mit dem deutschen Kommissar bisher – die Vernichtung ungeheurer Mengen an Alkohol drohte, sagte er lieber nichts.

Der Rausch

Dienstag, 27. September 2016. Ausnahmsweise war der Himmel wolkenverhangen, was der Stimmung der vier Leute im Auto ähnelte. Ein unbeteiligter Beobachter hätte vielleicht die Vermutung geäußert, dass sich das Fahrzeug auf dem Weg zu einer Beerdigung befand: Alle schwiegen, guckten ernst drein und zeigten auch sonst keinerlei Regungen. Ein anderer Beobachter hätte möglicherweise dem Verdacht Raum gegeben, dass hier Wachspuppen in die Pariser Niederlassung von Madame Tussaud transportiert wurden – was allerdings an den Haaren herbeigezogen war, denn wer hätte dann am Steuer gesessen? Ein dritter Beobachter wäre eventuell auf das Naheliegendste gekommen; zur Untermauerung seiner Ansicht hätte er jedoch eine Analyse der Luft im Wageninneren hinzuziehen müssen: Der Anteil an Alkohol wäre höher als 0,2 % gewesen.

Blackmore versuchte, einen klaren Gedanken zu fassen, und überlegte, ob seine Rechnung stimmte: Wenn bei einer Person 0,2 Promille gemessen werden konnten, dann mussten es doch bei vier Personen 0,8 Promille sein. Oder etwa nicht?

Und mit *dem* Alkoholgehalt im Blut durfte ohnehin niemand mehr fahren.

Moment.

Das Blut konnte doch gar kein Alkohol enthalten. Der landete doch beim Trinken im Magen, wenn er nicht vorher schon verdunstet war.

Und wie sollte man ohne Blutprobe den Alkoholwert berechnen? Zu viele Fragen.

Blackmore gähnte, legte seine Kopf gegen Ashleys Schulter und schlief wieder ein.

Auf dem Beifahrersitz hielt sich Carmen krampfhaft am über der rechten Seitenscheibe angebrachten Griff fest und versuchte, nicht geradeaus zu sehen, sondern die Augen nur auf ihre Knie zu richten, da sich die Welt sonst noch schneller bewegen würde.

Neben ihr jonglierte Krüger das Steuer. Wenigstens drehten sich nur noch die Räder und nicht mehr sein Gehirn. Ein pechschwarzer Kaffee – schwärzer als die Region der Schwarzen Felsen bei *Jim Knopf*, in der alles Licht verschluckt wurde –, vermischt mit einem Gläschen sehr sauren Zitronensafts, hatte nach dem Frühstück die schlimmsten Folgen des gestrigen Gelages am Abend verscheucht. Eigentlich waren es wunderbare Stunden gewesen.

Montag, 26. September 2016. Bonnefoy war ausgesprochen gut gelaunt, was in direktem Gegensatz zu seiner Stimmung im Büro zuvor stand. Aber ein Treffen mit dem kauzigen Engländer und dem schrägen Deutschen samt den beiden hübschen Frauen war immer etwas Besonderes, selbst wenn sie sich anscheinend nur trafen, nachdem kurz zuvor irgendwo eine Leiche aufgetaucht war. Vielleicht sollte er die vier einfach mal so einladen; sein Haus war mit drei Gästezimmern groß genug. Spätestens im nächsten Herbst, 2017, falls nicht früher jemand zu Tode kam, dessen Vorgeschichte international untersucht werden musste. Er bremste einige hundert Meter hinter dem Ortseingang von Villeneuve-lès-Avignon, bog am Ende des großen Parkplatzes Charles-de-Gaulle nach links auf ihn ein und fuhr bis fast zum Kreisel zurück, wo er das Fahrzeug unter einem großen Baum abstellte. »Nur noch ein paar Meter bis zum Restaurant, John«, sagte er und zeigte auf das schief stehende Schild von La Grande Fourchette. »Schon halb acht; wir kommen genau pünktlich zum Abendessen.«

Krüger und Carmen hatten nur ein paar Meter vom Hotel aus zu laufen und waren fast gleichzeitig mit den anderen eingetroffen.

»Prima; wir können draußen sitzen.« Carmen ging auf einen der hübsch eingedeckten Tische zu und setzte sich mit dem Rücken zum Parkplatz. Die beiden Kommissare würden mit dem Rücken zum Lokal sitzen, um alles im Blick behalten zu können. Als Blackmore und Krüger ihr gegenüber Platz nahmen, grinste sie. Männer berechnen zu können, war immer gut. Sie lenken zu können, noch besser.

Ashley zog den Stuhl neben Carmen hervor. »Noch frei?«

Von der Seite angesprochen zu werden, ging gar nicht. Also schwieg sie.

Bonnefoy stand mit verschränkten Armen etwas abseits und betrachtete die vier Touristen, als habe er eine Versuchsanordnung vor sich. Auf dem Gesicht der Deutschen war die leise Belustigung zu sehen, als ihr Freund wie erwartet den »Regiestuhl« eingenommen und neben sich den DCI aus Oxford platziert hatte. Obwohl Krüger kleiner als Blackmore war, schien er doch eine leise Autorität auszustrahlen.

»Wie alle Hamburger«, sagte Carmen und bedachte den Untersuchungsrichter mit einem freundlichen Blick.

Bonnefoy grinste. Schade, dass die Deutsche mit ihrer großartigen Beobachtungsgabe nicht in seiner Abteilung arbeitete. Er setzte sich an ein Tischende und zog die Speisekarte heran, die er überflog. »Hier, das wäre doch etwas: *Carré d'agneau de Provence cuit rose, jus au raifort et légumes, accompagné d'un gratin de pommes de terre au céleri et aux panais.*«

»Das klingt auf Französisch richtig gut, ziemlich lecker jedenfalls; ich habe allerdings nicht alles übersetzen können.« Ashley sah Blackmore zweifelnd an.

»Ich schon«, sagte Carmen. »Also auf Deutsch.«

»*Ins* Deutsche übersetzen«, sagte Krüger, der es wieder nicht lassen konnte.

»Ruhe«, sagte Carmen. »*Auf* Deutsch klingt es fast besser: *Rosa gekochter Lammrücken aus der Provence mit Meerrettich-Jus und Gemüse, dazu Kartoffelauflauf mit Sellerie und Pastinaken.*«

»Leg mal die Karte zur Seite«, sagte Krüger. »Wir machen das heute anders.«

»Wenn ich das so sagen darf«, murmelte Carmen.

»Paëlla«, fuhr Krüger fort, ohne auf die Einwendungen von den billigeren Plätzen einzugehen. »Für alle. Dann fallen schon einmal die Überlegungen weg, wer Fisch und wer Fleisch essen möchte. Außerdem haben wir dann alle dieselbe Grundlage für den Wein. Einverstanden?«

Bonnefoy nahm das allgemeine Schweigen als Zustimmung, winkte dem Kellner und orderte nach der Bestellung des Essens zwei Flaschen 2012er Vacqueyras der Domaine du Canard assis.

Blackmore begann schallend zu lachen, als Ashley ihm den Namen des Weinguts übersetzt hatte. »Ist das dein Ernst jetzt? Der Laden heißt tatsächlich *Sitting Duck*?«

»Was ist daran so lustig?« Bonnefoy sah ihn irritiert an.

»Die Ente ist nach zu viel Wein sternhagelvoll und bleibt lieber sitzen?« Carmens Vorschlag überhörte wirklich jeder.

Blackmore berichtete von seiner Interimsvorgesetzten vom Frühsommer, die schneller wieder abberufen worden war, als alle gehofft hatten. »Wir können ja auf ihr Wohl trinken. Das richtet dann zumindest mein Karma wieder etwas her. Auf *Sitting Duck*.«

»Auf *Sitting Duck*«, wiederholten die anderen.

Bonnefoy stellte das Glas wieder ab. »Aber wir sind ja nicht zum Vergnügen hier, sondern zum Arbeiten. Dann kann ich nämlich die Essensrechnung als dienstlichen Bewirtungsbeleg bei uns einreichen.«

Carmen guckte skeptisch, bis ihr einfiel, dass die Handhabung von derlei Quittungen wohl in der Bürokratie aller Länder gleich war.

Die Arbeit jedoch ließ auf sich warten. Erst nach Vorspeise, Zwischengang, Hauptgericht, Zwischengang 2 und Dessert – nebst diversen Flaschen Wein – feuchtete Bonnefoy seine Kehle mit einem weiteren Schluck aus dem neu gefüllten Glas an und räusperte sich. »Die Vermerke auf der Bewirtungsquittung sollten wenigstens einen kleinen Wahrheitsgehalt haben. *Alors?*« Er sah sich um.

Krüger war in das Studium des aktuellen Weinflaschenetiketts vertieft.

Blackmore wischte über den Bildschirm seines Handys.

Ashley suchte etwas in ihrer Handtasche.

Nur Carmen grinste den Untersuchungsrichter vergnügt an.

Bestimmt war sie früher eine aufmerksame Schülerin gewesen. Bonnefoy räusperte sich erneut. »*Any ideas?*« Englisch beherrschte er ja auch.

»Etwelche Gedankenblitze?«, übersetzte Carmen für die, die kein Englisch konnten, die beiden kurzen Worte etwas zu weitschweifig.

Schweigen.

»Wollt ihr nicht oder könnt ihr nicht?« Bonnefoy begann tatsächlich, die Geduld zu verlieren.

»*Sorry*«, flüsterte Blackmore. Und trank einen weiteren großen Schluck.

»Prost«, sagte Krüger und tat es ihm nach.

Bonnefoy stellte sein Glas mit solcher Wucht auf der Tischplatte ab, dass die anderen vier zusammenzuckten und ihn ansahen.

»Betragt euch doch mal«, sagte Carmen, die Vermittlerin zwischen den Ermittlern. Mit imitiertem Kölsch fuhr sie fort: »*Irjendwann isset auch mal juut.*« Sie nickte dem Richter zu, was dieser als Aufforderung auffasste.

»Dann berichte *ich* mal, was meine Mitarbeiter und ich herausgefunden haben.« Bonnefoy nahm sein Handy zwecks gedanklicher Unterstützung zur Hand, während er redete. »Wir haben Millers Mobiltelefon verschiedentlich orten können. Einmal hat er ein Weingut in Vacqueyras aufgesucht, ein anderes Mal mitten in Avignon die Redaktion von *La Provence.* Ebenfalls haben wir ihn einer Oldtimer-Reparaturwerkstatt südlich der Stadt zuordnen können, einer Firma namens *Dumartin & Fille.*«

»Wein, Papier und Öl«, sagte Krüger nachdenklich. »Was sagt uns das jetzt?«

Der Richter fuhr unbeirrt fort. »Auf der Überwachungskamera in seinem Antiquitätengeschäft ist tatsächlich der Mord festgehalten. Leider hat der Täter wie alle Kriminellen sein Gesicht unter einer großen Kapuze versteckt. Aber …«, ein zufriedenes Grinsen folgte, »ein Teil eines Schriftzuges auf dem Rücken des Pullovers war zu lesen, ein F, ein T, danach etwas Abstand zum nächsten Wort, wieder eine Stofffalte, am Ende ein K.« Ein kleiner Schluck Wein folgte.

»Das kann ja alles heißen«, sagte Krüger. »*Saftschrank*, zum Beispiel.«

»Das ist jetzt ziemlich dada«, sagte Carmen.

»Wieso, da kommt ein F und ein T und ein K drin vor. In dieser Reihenfolge.«

»Welche Farbe hatte denn der Pullover?«, fragte Blackmore. »Ich habe da nämlich eine Idee.«

»Grau«, sagte Bonnefoy. »Die Überwachungskamera hat nur in Schwarzweiß aufgezeichnet.«

Ashley gluckste.

»Wie wäre es«, der DCI machte eine dramatische Pause, »mit *Daft Punk*?«

»Du meinst den Pulloveraufdruck der Drogenhändler?«, fragte Carmen. »Einer der beiden soll für Millers Tod verantwortlich sein?«

»Könnte doch sein.«

Bonnefoy nickte langsam. »Möglicherweise. Aber ich bezweifle es. Drogen und dann auch noch Juwelen? Das sieht eher nach zwei verschiedenen Branchen aus.«

»Vielleicht haben die Gangster ihre Drogen mit Juwelen bezahlt. Könnte doch sein.« Carmen schob Krüger eine volle, bereits geöffnete Flasche Wein hinüber.

»Danke.« Der Hauptkommissar goß sich großzügig ein. »Oder es ist umgekehrt: Juwelen nur gegen ein halbes Pfund braunen Zuckers.«

»Raten hilft aber nicht«, sagte Ashley. »Du sagtest doch, du habest Edelsteine in Millers Geschäft gefunden?«

Bonnefoy nickte und holte den kleinen Zettel mit der Auflistung der Juwelen hervor.

Die Engländerin überflog ihn und gab ihn zurück. »Das sieht aber sehr beliebig aus. Etwas von allem. Wie bei Lidl.«

»Seid wann kennst du dich denn bei Lidl aus?«, fragte Blackmore. »Ich dachte, du kauftest nur bei Waitrose ein.«

»Nee, die sind mir oft zu *posh*«, sagte Ashley. »Manchmal sind auch die billigen Dinge gut.« Es klang nach einer Lebensweisheit.

»Zu *vornehm*«, flüsterte Carmen Krüger zu.

»Wie bei uns in Bonn«, sagte Krüger. »Entweder kaufst du deine Nahrungsmittel bei Aldi oder du gehst in die Gourmetabteilung von Galeria Kaufhof.«

»Nicht ablenken.« Bonnefoy steckte das Papier wieder ein. »Wie gehen wir weiter vor?«

»Hat jemand die Konten von Paul Gascoigne und Peter Miller überprüft?«

»Haben wir.« Der Richter verschluckte sich; gleichzeitig zu reden und zu trinken funktionierte nicht immer. Nach einer kleinen Pause, die er mit Husten überbrückte, fuhr er fort: »Nichts. Die üblichen unregelmäßigen Zahlungen für einen Selbstständigen bei beiden Antiqui—«

»*Zwei* Selbstständige«, sagte Carmen, hustete ebenfalls und spülte den Mund mit einem ordentlichen Schluck Rotwein.

Bonnefoys Augenbrauen bewegten sich unruhig, während er weiterredete. »—tätenhändler; keine großen Guthaben; keine Safes. Ein Jedermann war Miller und war Gascoigne.«

Carmen überlegte, ob man bei zwei Leuten *Jedermänner* zu sagen hatte, unterließ aber einen grammatischen Hinweis mit einem Blick auf Bonnefoys Gesicht. Der Richter konnte anscheinend ebenfalls Gedanken lesen, denn er nickte ihr fast unmerklich beifällig zu.

»Vielleicht haben die beiden sich über Paypal bezahlen lassen.« Ashley sah Blackmore an. »Könnte doch sein?«

Der DCI, der seit Jahrzehnten alle Rechnungen bar beglich, sah sie nervös an. »Wie meinst du?«

»Na, überleg doch mal: Welche Alternativen zur Bezahlung gibt es denn? Kunde 1 bestellt einen Sack White Pepper oder wie das Zeug heißt, erhält eine Rechnung mit Mehrwertsteuerausweis und überweist den Betrag innerhalb der üblichen zehn Tage mit zwei Prozent Skonto auf das Bankkonto des Verkäufers.«

Blackmore sah sie irritiert an. »Und?«

Carmen kicherte leise vor sich hin.

Krüger gluckste.

»Zum einen kann er den Wareneinkauf nicht von der Steuer absetzen; zum anderen wären ihm Bank und Finanzbehörde wie auch die örtliche Polizei rasch auf der Spur, so offensichtlich, wie er mit seinen Daten um sich schmeißt.«

Der DCI nickte langsam.

»Eine Barzahlung entfällt auch. Denn wie soll er das vorher von den Drogenabhängigen säckeweise erhaltene Geld unauffällig zum Großhändler bringen?«

»Stimmt. Also Bezahlung mittels von Juwelen.«

»Die bei der Ausbeutung der Dritten Welt wahrscheinlich auch früher oder später zur Neige gehen.« Krüger beteiligte sich wieder an der Unterhaltung. Allerdings war der Inhalt der Flasche auch gerade zur Neige gegangen, und er wartete auf Nachschub.

»Bleibt also nur noch Paypal übrig.« Bonnefoy war geneigt, diese *eine* gute Idee vom heutigen Abend mit nach Hause zu nehmen.

»Dann aber bitte ›Für Freunde und Familie‹ anklicken«, sagte Carmen. »Sonst überprüft Paypal über den Käuferschutz die erfolgte Transaktion.«

Ashley grinste und stellte sich gerade vor, wie die emsigen Mitarbeiter des Geldtransitunternehmens, die wahrscheinlich im Homeoffice irgendwo auf der Welt am Strand saßen, die Verwendungszwecke durchsahen: *500 g Amethyste aus Amsterdam, ½ Kilo Lapislazuli aus Lima, 300 g Geschmeide aus Glasgow.*

»Für Paypal benötigt man doch eine E-Mail-Adresse, oder?«, fragte Krüger.

»Pro Paypal-Konto eine«, sagte Carmen, die versierte Buchhalterin.

»Und wie wollt ihr die herausfinden?« Er sah seine Freundin an; nicht nur diese Sparte der Technik war ihm stets ein Buch mit sieben Siegeln geblieben. Immerhin konnte er im Dienst stets seinen Kollegen Kaul fragen, den versiertesten Hacker südlich des Silicon Valley, und zu Hause oder in den Ferien Carmen.

»Simpel«, sagte sie. »Forensische Untersuchung des Mobiltelefons oder mehrerer derselben, falls er mehrere derselben besitzt. Das Gleiche für seinen Computer oder mehrere, falls er—«

»Den Rest kann ich mir denken«, sagte Bonnefoy. »Und wir sind dran.«

»Das«, sagte Carmen spitz, »ist ein Euphemismus für *Wir haben zu viel zu tun.*«

Krüger hielt wie immer, wenn er bei der Arbeit war – also nachdachte –, sein Weinglas bewegungslos in der Hand. Momentan schwebte es über Carmens zu groß geratener Portion Mousse au chocolat, deren Rest er zu sich herangezogen hatte. Er konnte, unabhängig vor der Menge genossenen Alkohols, stets klar denken. Manchmal wurde nur seine Sprechweise langsamer, als ob der Wein die Muskeln nicht ölte, sondern im Gegenteil Sand ins Getriebe streute.

»Einen in Frage kommenden Täter habt ihr aber nicht so richtig, oder?«, fragte er plötzlich in eine Gesprächspause herein.

Bonnefoy schüttelte den Kopf. »Noch nicht.«

»Dann würde ich vorschlagen, dass wir uns de la Tour vorknöpfen.«

»Freddy?«, fragte Blackmore entgeistert. »Der ist zwar merkwürdig, aber harmlos.«

»Na ja, immerhin hat er deutlich *Mist* gesagt«, sagte Carmen, »als ich den toten Miller entdeckt hatte. Das muss schon irgendetwas bedeuten.«

»Eventuell ist ihm ja eine Handelsquelle weggebrochen«, sagte Krüger. »Entweder die Edelsteine oder das Rauschgift.«

»Paypal«, sagte Carmen. »*Seine* E-Mail hast du doch, Bertrand, nicht wahr?«

Bonnefoy nickte. »Ich lasse das mal eruieren.« Er stand auf, holte sein Handy hervor, ging ein paar Meter weg und telefonierte. Als er zurückkam, skizzierte Blackmore gerade die morgige Unternehmung.

Carmen hörte nicht ordentlich zu. Sie suchte stattdessen etwas in ihrer Handtasche. Als sie fündig wurde, zog sie ein kleines, abgegriffenes Notizbuch hervor und schob es dem Richter zu. »Hier, hatte ich noch vergessen. Lag im Antiquitätenladen auf Millers Schreibtisch.«

»Und du hast es einfach an dich genommen?« Bonnefoy sah sie entgeistert an.

»Wieso«, verteidigte sie sich. »Ehe es verlorengeht.«

Krüger grinste.

Bonnefoy, der nur zu gut wusste, dass er gegen Carmens Rhetorikkünste nicht ankam, beließ es dabei. »Danke«, sagte er und blätterte das Büchlein auf. Dann pfiff er durch die Zähne. »Nett, wenn die

Gangster alles aufschreiben, was sie verbotenerweise tun. Eine Liste seiner, nun, Transaktionen – anscheinend Umschichtungen von kleineren Steinchen gegen größere Pulvermengen – und vor allem von Adressen.« Er blätterte weiter. Ein lauterer Pfiff folgte. »Sieh mal einer an. *R. und R. Roux.* Mindestens ein Indiz, wenn nicht sogar ein Beweis, wo das Vermögen des Leute herkommt. Oder *Dumartin & Fille.*« Er las konzentriert weiter. »Wobei nicht dabei steht, warum die hier aufgeführt sind.«

»Weil Miller bei ihnen sein Auto warten lässt?« Manchmal war das Nächstliegende das Richtige, dachte Carmen.

Blackmore war mit seinen Gedanken nicht ganz bei der Sache. »Wir vier fahren dann zum Weinhändler, bei dem Freddy auch gewesen ist, und beginnen dort unsere Ermittlungen. Aber bis dahin muss ja erst noch die lange Nacht vergehen. Gibst du mir mal die neue Flasche, Kruger?«

Der Kellner gähnte herzzerreißend und bemühte sich gleichzeitig, nicht allzu offensichtlich auf seine Armbanduhr zu schauen. Die vier Touristen und der französische Richter saßen immer noch zusammen. Fünf Leute, elf Flaschen Wein … Bisher. Es ging immer noch hoch her; anscheinend jagte, den Lachsalven nach zu urteilen, eine Anekdote die nächste. Erneut wünschte sich der junge Mann, in seinem Leben mehr als nur seine Muttersprache gelernt zu haben. Dann hätte er wenigstens die Gags auf Englisch und auf Deutsch verstehen können, was dem Richter wohl mühelos gelang. Nun ja, der stand, was den Stand anging, auch über ihm und konnte die deutschen und englischen Kriminellen in ihrer Muttersprache verhören, was dem Staat bestimmt eine Menge Geld für Dolmetscher sparte. Er gähnte erneut. Nicht einmal eine Flasche auf Kosten des Hauses, ein besonderer Dessertwein nämlich, der 2009er Château Dauphiné Rondillon aus Loupiac an der Gironde-Mündung, und somit ein deutliches Zeichen, dass das Abendessen vorbei war, hatte die Gäste zum Gehen veranlasst.

Auf den kleinen Kieselsteinen des Weges knirschten Schritte.

Der Kellner fuhr herum. »Ach, du bist's.«

»Halt die Klappe. Kein Wort oder du bist ein toter Mann.«

»Aber was ist denn lo—« Weiter kam der Angestellte nicht, denn der Angesprochene holte ein Messer aus seiner Hosentasche, ließ die Klinge aufspringen und fuhr ihm quer über die Kehle.

Mit einem gurgelnden Schmerzenslaut ging der Kellner zu Boden.

Die fünf Gäste hatten nichts mitbekommen. Vier sahen interessiert zu, wie der fünfte gerade die dreizehnte Flasche entkorkte.

Der Dialog

Dienstag, *27. September 2016.* Eine dreiviertel Stunde später erreichten Krüger und seine drei nach wie vor sehr schweigsamen Mitfahrer auf dem Weg zum Weingut in Vacqueyras das Örtchen Sarrians. Nachdem der Kommissar mehrfach vergeblich versucht hatte, eine Unterhaltung zu beginnen, hatte er aufgegeben. Mitten im Ort hielt er das Auto an und nötigte alle, auszusteigen und das am Straßenrand liegende kleine Café aufzusuchen. Landestypisch schien die Tür zu fehlen; sie war durch einen Vorhang aus bunten, überlangen Plastiksträngen ersetzt worden, die sich leicht im Wind bewegten und deren Enden auf dem Boden schleiften. Die Glastür dahinter war geöffnet.

Drinnen verhielt sich Krüger seiner Freundin gegenüber etwas unwirsch.

»Sag mal dem Herrn an der Kaffeemaschine, *ma chère* Carmen, er solle das Wasser weglassen und jedem von euch dreien ein derart starkes Getränk zubereiten, dass ein Löffel in den Brei nur schwer hineinzustoßen sei, auf dass ihr wach würdet und eure Redewerkzeuge wieder in Gang kämen. Weitere Trödeligkeiten verbäte ich mir nämlich, wenn man mich früge.«

Allein durch ihren aufgebrachten Freund war Carmen bereits fast gänzlich wieder nüchtern. Ansonsten hätte ihr Krügers Diktion dazu verholfen. Während sie noch überlegte, was *Brei* und *Redewerkzeug* auf Ausländisch hieß, hatte Ashley Krügers Gesten und Blick richtig interpretiert und dem Barrista schon das Gewünschte in ihrem fließenden Französisch mitgeteilt.

Kurz darauf standen vier dampfende Becher mit einer schwarzbraunen Flüssigkeit vor den Touristen – ein gewohnter Anblick für den Cafébesitzer, wusste er doch gerade bei Engländern um ihre angenommene Trinkfestigkeit, deren Folgen am nächsten Morgen eher kläglich aussahen und bei deren Beseitigung seine Kaffeemischung stets von Nutzen war.

Blackmore nahm einen Schluck, schüttelte sich und verschwand hinter der Tür am Ende der Theke, die mit einem schwarzen Herzen in Kurzsichtigengröße verziert war. Fast sofort kam er wieder und strich sich ein paar nasse Haarsträhnen aus der Stirn. »*That's better now*«, sagte er.

»Das ist besser jetzt«, übersetzte Carmen etwas holprig, der lebende Sprachcomputer mit gelegentlichen leichten Aussetzern. Anschließend trank sie mit einem einzigen großen Schluck ihren Becher leer und schüttelte sich ebenfalls.

»Die dunklen Rauchwolken aus deinen Ohren fehlen«, sagte Krüger freundlich, jetzt deutlich besser gestimmt.

Carmen ignorierte ihn und fragte stattdessen Ashley, wie es ihr gehe. »Du siehst nämlich ziemlich blass um die Nase aus.«

»Zu recht«, sagte die Angesprochene. »Hast du die Titelzeile nicht gesehen?« Sie zeigte auf die auf dem Tisch liegende aktuelle Ausgabe von *La Provence*. »Und ihr drei wollt versierte Ermittler sein?«

Kein Trinkgeld ist auch keine Lösung – dritter Toter in der Provence lautete die wie gewohnt reißerische Überschrift. Die beiden Paare beugten sich über die Zeitung.

Heute morgen wurde im Außenbereich von ›La Grande Fourchette‹, dem einzigen Gourmet-Lokal in Villeneuve-lès-Avignon, die ausgeblutete Leiche von Gabriel H., einem ortsansässigen Kellner, gefunden. Jemand hatte ihn kurz nach Mitternacht mit einem präzisen Schnitt von einem Ohr zum anderen aller Lebensgeister beraubt. Hatte vielleicht jemand eine Trinkgeld-Bitte des jungen Mannes etwas zu abrupt abgelehnt, als er die überreichte Rechnung zerschnipseln wollte, und deswegen zu weit ausgeholt hatte? Oder wollte jemand nur die Klinge seines nagelneuen Opinel-Messers am lebenden Objekt testen? (Das Schneidewerkzeug liegt im übrigen der Redaktion vor.) War womöglich im Rot- oder Blaulicht-Milieu noch eine Rechnung offen, wofür auch immer? Fragen über Fragen, deren

Antworten umso dringender werden, je länger die örtliche Justiz – und wir erwähnen jetzt nicht den zuständigen Untersuchungsrichter Bertrand Bonnefoy – braucht, den oder die Täter für nunmehr drei Mordopfer zu finden und dingfest zu machen. Wenn nicht bald etwas geschieht, geschieht bald etwas, nämlich eine Nummer Vier.

Wie immer stand das unscharfe Bild des Verfassers neben dem Artikel.

»Interessant«, sagte Carmen. »Kaum tot, schon in der Zeitung.«

»Er nimmt ja kein Blatt vor den Mund«, sagte Krüger.

»Das hast du schon am Sonntag gesagt«, sagte Carmen. »Wortwörtlich. Du hättest den Satz jetzt ja um der Abwechslung willen etwas variieren können. Sonst gerätst du, wie viele Herren bei anderen Damen, in den Ruch, sie wegen ständiger Wiederholungen zu langweilen. In der Regel wenden sie sich dann anderen Herren, äh: Dingen zu.«

»*Sorry, Ma'am*«, sagte der Gescholtene automatisch.

»Was aber wirklich interessant ist«, sagte Blackmore, »ist die Antwort auf die Frage, wann die Zeitung Redaktionsschluss hat. Mir erscheint die Zeit zwischen Mord und Drucklegung etwas kurz.«

»Du meinst«, fragte Ashley, »erst der Bericht, dann der Mord?«

»Genau so«, bestätigte Blackmore, der wieder komplett nüchtern war. »Deshalb schlage ich vor, dass wir uns aufteilen: Ashley und ich suchen die Zeitung auf und eruieren dort ein bisschen die Sachlage; Carmen und du, lieber Kruger—«

»Üb mal ein paar Üs, *mon cher*«, unterbrach ihn die deutsche Logopädin. »Es grünt so grün, wenn Spaniens Blüten blühen, und so. Kennst du doch. *My Fair Lady*.«

Blackmore schüttelte den Kopf. »Nope. Kenne isch nischt.« Letzteres war Deutsch.

Ashley grinste. »*The rain in Spain stays mainly in the plain, mon cher*.« Sie pfiff die Melodie leise.

»Das Gleiche auf Englisch«, sagte Carmen.

»*Utter rubbish*«, sagte Blackmore.

»Äußerster Müll«, übersetzte Carmen, kam damit aber nicht über das Fremdsprachenniveau einer Grundschulklasse hinaus.

»So, jetzt hört ihr aber mal vernünftig zu«, fuhr Blackmore fort. »Sonst wird das hier nichts mehr. Ich fahre also in die Redaktion dieses Revolverblatts mit der mir noch nicht Angetrauten …«

Ashley wurde rot.

»… während du, liebe Carmen, unsere Reise bis zum Weinhändler fortsetzt und diesen deutschen Beamten mitnimmst.«

»Gute Idee«, sagte Krüger bescheiden. »Hätte von mir stammen können.«

Blackmore sah dem Qashqai sinnierend nach. »Vielleicht war die Idee, uns zu trennen, doch nicht so gut. Immerhin ist unser Transportmittel jetzt weg.«

»Wir könnten doch laufen«, schlug Ashley halbherzig vor. Blackmore ging zwar gerne mit ihr spazieren, aber zu *wandern* stand außer Frage.

Der Inhaber des Cafés hatte den Aufbruch der beiden Deutschen mitbekommen und die anschließende Diskussion der beiden Engländer verfolgt, wenn er auch nicht alles verstanden hatte. »Sie wollen also in die Stadt der Päpste zurück?«, fragte er etwas umständlich in französischem Englisch. »Und dort die Redaktion von *La Provence* aufsuchen?«

Der DCI sah ihn irritiert an. »Wie kommen Sie darauf?«

»Nun, erstens: Ihre deutschen Freunde mit dem japanischen Auto haben in Fahrtrichtung vor meinem Café gehalten; Sie sind also auf der D 31 aus Süden gekommen. Im Süden gibt es zwar diverse schöne Orte, aber der Qashqai hatte einen Aufkleber von Villeneuve-lès-Avignon unten rechts an der Rückseite – die Annahme liegt also nahe, dass Sie dort irgendwo in einem Hotel residieren. Zweitens: Sie haben zu viert den heutigen Artikel über den dritten Toten aufmerksam gelesen. Und Ihnen, wie auch mir zuvor, ist die Diskrepanz zwischen dem Zeitpunkt des Mordes und dem Redaktionsschluss der Zeitung aufgefallen. Drittens: Ihr Freund ist doch der deutsche Kriminalist, der im vergangenen Jahr mit unserem Untersuchungsrichter hier in der Mordsache von Malaucène ermittelt hat, nicht wahr? Sein Bild war damals in der Zeitung, nachdem der Täter überführt worden war. Daher werden Sie wohl jetzt eine ähnliche Arbeit wie Ihr Kollege machen und die Journalisten von *La Provence* aufsuchen, um Näheres über diese dritte merkwürdige Reportage zu erfahren.« Etwas erschöpft schwieg der Franzose und trank das vor ihm stehende Wasserglas, das noch zur Hälfte gefüllt war, in einem Zug aus.

»Alle Achtung«, sagte Blackmore, »alles korrekt. Eine glänzende Beobachtungsgabe. Wollen Sie nicht mit nach Oxford kommen und bei mir anfangen?«

Der Mann lachte. »Eher nicht. Es gefällt mir hier bei uns sehr gut.«

»Avignon«, sagte Ashley. »Wie kommen wir denn dahin?«

»Sie könnten den Bus 905 nach Carpentras nehmen und dort in den nächsten nach Avignon steigen. Dauert ungefähr zwei Stunden. Oder Sie nehmen von dort den Zug. Dauert eine halbe Stunde weniger.«

Ashley rechnete. »Dann ist es Nachmittag, bis wir vor Ort sind.«

Blackmore sah unentschlossen aus. »Oder wir machen Ferien. Und tun zur Abwechslung mal nichts.«

Der Cafébesitzer lachte erneut. »Oder Sie kombinieren Ihren Urlaubstag mit einer dienstlichen Fahrt von mir nach Avignon. Ich wollte eigentlich ohnehin dorthin und ein paar Erledigungen machen. Wir brauchen etwa fünfundzwanzig Minuten, fünf mehr, bis ich Sie bei der Redaktion abgesetzt habe. *D'accord*?«

Die Zustimmung der beiden Engländer wartete er nicht ab, sondern drehte das Schild auf der Rückseite der Glastür um und schloss die Tür ab. *Fermé* war von außen zu lesen, nachdem man sich durch die Plastikbänder bis zur geschlossenen Tür vorgearbeitet hatte.

»Falls die Herrschaften mir folgen wollen …«

Zusammen mit Blackmore und Ashley verließ er das kleine Café durch die Hintertür und ging auf einen großen weißen Kastenwagen zu, der hinter dem Haus geparkt war.

Bereits zehn Minuten später erreichte Krüger die ersten Häuser von Vacqueyras. Carmen blätterte wieder im *Guide bleu* von 1920, klappte ihn jedoch enttäuscht zu, nachdem sie den Ortsnamen nicht im Register gefunden hatte. »Pah!«, sagte sie. »Jetzt haben die Franzosen schon eine der besten Weingegenden der Welt, und dann weisen sie nicht mal auf die entsprechenden Dörfer hin.« Sie warf das alte Buch auf die Rückbank, wo es einen verbeulten Erste-Hilfe-Kasten aus Blech traf, der leise schepperte.

Der Kommissar bewegte das Auto langsam durch den kleinen Ort, bis er schließlich das Ziel erreichte, die Domaine du Canard assis.

Das große Schild an der Einfahrt zeigte einen missratenen Geier mit Entenfüßen, der auf seinem Allerwertesten saß und eine Flasche Wein samt halbvollem Glas vor sich stehen hatte.

»Ich dachte bisher immer«, sagte Krüger, »die Franzosen seien große Maler – aber das hier …«

Carmen schüttelte den Kopf. »Hoffentlich schmeckt der Wein besser, als das Bild aussieht.«

Die beiden stiegen aus und näherten sich dem kleinen Holzgebäude zur Linken, das ein schiefes Schild mit der Aufschrift *Cave* besaß. Daneben hing eine kleine, bereits vergilbte Preisliste, die mit *2014* überschrieben war. Eine leere Weinflasche ohne Etikett lehnte an der Wand, ein leerer Karton mit dem Namen der Domaine lag in der Nähe. Alles wirkte so, als sei der Betrieb bereits vor einigen Jahren aufgegeben worden, dabei hatte Bonnefoy noch gesagt, man produziere ein sehr gutes »Gesöff« dort. Das entsprechende französische Wort klang sympathisch; wahrscheinlich schmeckte der Wein sogar.

»Denkst du, was ich denke?«, fragte Carmen.

Krüger nickte. »Tue ich. Das Ganze sieht aus wie ein Mafia-Frontend für amerikanische Touristen, denen es egal ist, wie das Ambiente ist, Hauptsache, der Fusel ist preiswert.«

»Höre ich da irgendwelche Vorurteile?«

Er legte die rechte Hand hinter sein Ohr. »Ich höre gar nichts.«

Carmen schmunzelte.

Aber bevor sie etwas entgegnen konnte, fuhr mit zu großer Geschwindigkeit für die schmale Einfahrt ein weißer Kastenwagen auf den Hof.

Carmen seufzte. »Es gibt in diesem Land, in dem die Götter nicht nur das Essen, sondern auch einige der besten Autos der Welt geschaffen haben, Renaults, Peugeots, Citroëns …« Sie überlegte. »Alle bunt, alle unterschiedlich, alle irgendwie französisch.«

»Und Bugattis«, sagte Krüger, der das wiederum von Schneider wusste, da der sich für alle älteren Autos interessierte und auf eines dieser im Elsass hergestellten Fahrzeuge sparte.

»Echt jetzt? Eine italienische Karre?«

»In der Tat. Aber nur der Name. Der italienische Gründer habe in Frankreich seine Autos entwickelt, sagte Schneider.«

»Interessant«, fuhr Carmen fort, »aber hier, hier in der Provence gibt es nur weiße Kastenwagen, alle gesichtslos, alle gleich.« Sie zeigte auf das gerade eingetroffene Fahrzeug, das vorwärts neben Krügers Qashqai eingeparkt hatte.

»Das ist ein Ford«, sagte Krüger, »steht hintendran.« Er zeigte auf eine deutliche Delle am linken Kotflügel. »Haben wir das Lieferauto nicht schon mal irgendwo gesehen?«

»Keine Ahnung.« Carmen war nicht automobilaffin.

»Eines stand doch in L'Isle-sur-la-Sorgue neben unserem Auto, bevor wir Blackmore getroffen haben. Eines kam uns mit hoher Geschwindigkeit in Saint-Rémy entgegen, als de la Tour uns zur Autowerkstatt chauffiert hat. Eines haben die Gangster in Arles gefahren. Und eines parkt jetzt hier.«

»Vier Autos«, sagte Carmen, die mitgezählt hatte.

»Oder eines«, sagte Krüger nachdenklich.

Die Fahrertür des Kastenwagens öffnete sich, und ein untersetzter, bulliger Mann stieg aus, nicht viel größer als Krüger. Er warf dem Deutschen einen finsteren Blick zu und drehte sich um. »Isabelle? Beeile dich bitte; ich habe keine Lust, mein ganzes Leben lang immer auf dich zu warten.«

Von der Beifahrerseite her kam eine junge Frau auf die beiden Deutschen zu; ihren Vater ignorierte sie.

»& Tochter«, sagte Carmen. »Die Autowerkstatt am Sonntag, weißt du doch. Dumartin & fille.«

Krüger nickte. Er hörte seiner Freundin nur mit halbem Ohr zu, weil er den Anblick der jungen Frau genoss. Vor einigen Monaten hatten er und Carmen sich tatsächlich etwas ernsthafter gestritten, weil er ihrer Meinung nach anderen Frauen allzu offensichtlich nachsah, sie manchmal auch allzu offensichtlich anstarrte. Er hatte sich mit einem Hinweis auf die großen Maler begnügt, die ihrerseits die Schönheit der Frauen – die sich ja nach Licht, Kleidung, Wetter, was auch immer, ständig änderte – einzufangen versuchten. Da er nicht zeichnen konnte und nicht fotografieren durfte, musste er sich auf sein Gedächtnis verlassen – und eben genauer hinschauen. »Der weibliche Körper ist schön«, hatte er gesagt. »Wirklich. Bei allen Frauen.« Carmen war geneigt, das gelten zu lassen, zumal Krüger ehrlich geantwortet hatte. Sie hatte ihn dann mit dem fast hanseatischen Satz beschieden: »Muss ja nicht dauernd sein.« Was wiederum den Kommissar in tiefes Nachdenken versetzt hatte. Was genau? Das Hinsehen? Das Staunen? Das Schön-Sein?

»Du kannst den Mund wieder zumachen«, sagte Carmen. »Das Thema hatten wir schon mal.«

Sie fand, dass & Tochter aber auch ansehenswert war: Ihre in der Mitte gescheitelten dunkelbraunen, fast schwarzen Haare fielen in leichten Locken bis auf die Schulter. Die ebenfalls fast schwarzen Augenbrauen saßen über dunkelbraunen Augen, die die beiden Deutschen fast spöttisch musterten. Sie trug ein ausgeschnittenes rotes T-Shirt, darüber eine offene dunkelblaue Jeansjacke und einen kurzen Rock zu einer Art knöchelhoher, geschnürter Kampfstiefel. Eine schmale Silberkette mit Anhänger zierte ihr nicht gerade kleines Dekolleté.

»Isabelle Dumartin«, sagte sie freundlich. »Und Sie? Sie waren doch schon in der Werkstatt vorgestern, oder? Haben Sie die Juwelendiebe denn inzwischen fassen können?«

»Kriminalhauptkommissar Krüger aus Bonn«, sagte Carmen.

»Frau Rasche, ebenfalls aus Bonn«, sagte Krüger.

Beide zeigten mit dem Zeigefinger aufeinander und mussten dann lachen; wahrscheinlich sah es für die junge Französin ziemlich albern aus.

»Mein Vater«, sagte Mademoiselle Dumartin und nickte knapp in seine Richtung, was als Vorstellung genügen musste.

Der Werkstattbesitzer – fettige Haare, blaurot kariertes Baumwollhemd, ausgeleierte schwarze Handwerkerhose, vielleicht einen Meter siebzig groß – bedachte die Deutschen mit einem weiteren finsteren Blick und verschwand in dem kleinen Holzgebäude. Wenig später kam er mit zwei Weinkartons heraus, die er zum Lieferwagen trug und hinter der Hecktür abstellte. Eine Stimme rief ihm von drinnen etwas Unverständliches hinterher.

Krüger, Carmen und die junge Französin sahen ihm dabei zu, wie er weitere Kartons aus dem Schuppen holte und bei seinem Fahrzeug niedersetzte.

Schließlich erbarmte sich Krüger und ging dem Mann zur Hand. Zwei Kisten zusammen besaßen schon ein ordentliches Gewicht. Sechs Weinflaschen wogen etwa viereinhalb Kilo ohne das Glas; eine Kiste kam daher bei der Dicke der französischen Flaschen bestimmt auf sieben Kilo. Ungefähr. Das Etikett auf dem Karton zeigte die Geierente und die Jahreszahl 2015.

Der Werkstattbesitzer war schneller als Krüger und schon auf dem Weg zurück zum Schuppen, während der Kommissar noch die nächsten Kisten hinter dem Lieferwagen abstellte. Carmen verfolgte, wie ihr Freund zu seinem Auto ging und etwas im Kofferraum zu suchen schien, die Tür aber ergebnislos wieder zuklappte. Sie sah ihm sinnierend nach, während er die nächsten Kisten holte. Der leere Karton, der in der Gegend herumgelegen hatte, war verschwunden.

Zehn Minuten später hatten alle Kisten den Weg zum weißen Lieferwagen gefunden.

»Merci«, sagte der untersetzte Mann.

»Da nich' für«, sagte Krüger, was Carmen vor unlösbare Übersetzungsprobleme stellte. Schließlich sagte sie: »*Aussi merci*«, was der Tochter eine hochgezogene Augenbraue abnötigte.

Isabelle Dumartin trat einen Schritt näher und fragte: »Warum sind Sie eigentlich hier? Bisher haben Sie ja keinerlei Anstalten gemacht, Wein zu kaufen.«

»Sie haben doch bestimmt von den drei Mordfällen hier in der Gegend gehört?« Krüger verwendete bei der Gegenfrage seine Verhörstimme.

Die junge Frau nickte.

»Nun, eines der Mordopfer, Peter Miller, ist der Freund eines Kollegen gewesen. Sein Mobiltelefon ist nicht nur hier geortet worden, sondern … «, ein strenger Blick folgte, »auch bei Ihnen, in der Autowerkstatt.«

Mademoiselle Dumartins Gesichtsausdruck hatte sich von *freundlich* zu *kühl* geändert. *Mir kannst du gar nichts*, hieß das. »Und?«

»Der zuständige Untersuchungsrichter, Monsieur Bonnefoy, hat mich beauftragt, mit Ihnen wie auch den Herrschaften hier vor Ort eine kleine Unterredung zu führen. Wenn Sie mir nicht antworten wollten, sei er gerne bereit, Sie in sein Dienstzimmer nach Avignon einzuladen.«

Oha, dachte Carmen, Krüger läuft ja zu voller Form auf.

Die Tochter des Werkstattbesitzers hatte inzwischen die Arme verschränkt.

Ihr Vater hatte die letzten Sätze gehört und trat neben sie. »Hat Monsieur Bonnefoy inzwischen so wenig Personal, dass er auf Touristen zurückgreifen muss?«

»Hat er.« Carmen holte einen Block aus ihrer Handtasche und begann, sich Notizen zu machen.

»Also nochmal.« Krüger streckte sich zu seiner vollen Größe von eins dreiundsiebzig, was ihn aber nicht gefährlicher machte. »Uns interessiert, was Peter Miller sowohl bei Ihnen in der Werkstatt im Speziellen als auch ganz zufälligerweise hier im Allgemeinen zu tun hatte.«

»Das wüsste ich auch gerne.« Dumartin wippte mit den Fußspitzen. »Keine Ahnung. Also, was er hier gemacht hat. Was er bei uns in der Firma gemacht hat, kann ich Ihnen schon sagen.« Ein kühler Blick folgte, der wohl mit *Gebt Ausländern keine Rechtsbefugnisse* zu überschreiben wäre.

»Nämlich?« Carmen konnte ebenfalls kühl gucken. »Ich höre?«

»Er hat sein Auto reparieren lassen, einen roten Jaguar, Mark II von 1960.«

Krüger fand ja nach wie vor, dass solche Bezeichnungen eher nach einem Autoquartett klangen, bei dem *Mark II* mehr wert war als *Mark III* und die niedrigste Jahreszahl die höchste Punktzahl brachte.

»Was war denn kaputt?«

Interessant, dachte & fille, die Sekretärin führt wieder das Verhör.

»Das Übliche bei Oldtimern aus der Zeit. Dauernde Fehlzündungen; der Motor läuft nicht mehr rund; kein sauberer Leerlauf. Aber das lässt sich mit links durch eine Feinjustage des Vergasers wieder beheben.«

Isabelle Dumartin hat Ahnung, dachte Krüger. »Vielen Dank! Und es waren wirklich keine Juwelen im Kofferraum?«

»Keine«, bestätigte die junge Frau und lachte wieder.

»Der Kofferraum war also leer?«

Sie nickte.

»Wie viel passt denn da überhaupt hinein? Das ist doch immerhin ein Oldtimer.«

»Einiges; Sie würden sich wundern.« Mademoiselle Dumartin sah sich um. »Bestimmt sechs bis acht von den Kisten, die Sie eben freundlicherweise mitgetragen haben.«

Krüger nickte befriedigt. Genau das hatte er wissen wollen.

Vater Dumartin bedachte ihn mit einem sehr finsteren Blick aus einem wohl unerschöpflichen Repertoire der gleichen, nur wenig voneinander abweichenden Blicke.

»Aber wir wissen dann immer noch nicht«, sagte Carmen und sah Vater wie Tochter nachdenklich an, »was Miller hier in Vacqueyras gewollt hatte. Außer Wein zu kaufen vielleicht.«

»Doch, das wissen wir«, sagte Krüger, grüßte die etwas verblüfft aussehenden Werkstättler und zog die nicht minder verblüffte Carmen zu seinem Auto.

Deadline

Dienstag, 27. September 2016. Aufgrund eines Feuerwehreinsatzes erreichte der Barbesitzer mit dem englischen Paar im Fond erst nach einer Stunde die Redaktion von *La Provence* in der Rue de la République in Avignon. Wie es sich für die Angehörigen eines Nachrichtenblattes gehörte, das auf die Schnelligkeit seiner Angestellten angewiesen war, gab es auch einen sehr schnellen Imbiss in fußläufiger Nähe: Gegenüber lag eine Filiale von McDonald's, die es den Arbeitgebern der Journalisten ermöglichte, die Mittagspause auf fünfzehn Minuten zu verkürzen, inoffiziell. Offiziell war eine Dauer von dreißig Minuten vorgeschrieben, aber da niemand seine Arbeit verlieren wollte …

La Provence war, wie der Cafébesitzer auf der Fahrt erzählte, für das gute Arbeitsklima bekannt. Die Redaktion war nicht weit von den Sehenswürdigkeiten von Avignon, sprich: dem Papstpalast, entfernt; rasch gelangte man auch zu Fuß, falls man eine Verschnaufpause brauchte, ans Ufer der Rhône. Und die Räumlichkeiten lagen seit den siebziger Jahren im ersten Stock über der Wein- und Champagnerhandlung Nicolas, die 1998 unter die Redaktion gezogen war, in der weisen Annahme, dort die ersten und besten Kunden zu finden – womit die Inhaber recht behalten hatten. Der Dessousladen daneben war erst später als Mieter dazugekommen.

Der Cafébesitzer hielt auf dem Bürgersteig vor der Société Marseillaise de Crédit an und ließ die beiden Engländer aussteigen. Er hatte die gesamte Fahrt über das Fenster heruntergekurbelt, um den Duft seiner Zigarette nach außen ziehen zu lassen – wie jeder anständige Franzose hatte er mehrfach eine neue Gauloise ohne Filter an der fast aufgerauchten entzündet. Jetzt winkte er dem Paar salopp zu, ehe er Gas gab und davonfuhr.

Ashley reckte sich. Sie hatte auf dem mittleren Sitz in der zweiten Reihe sitzen müssen und die Beine nicht ordentlich ausstrecken können. So war das eben bei älteren amerikanischen Autos, die zudem noch mit Diesel betrieben wurden und auch im Innenraum danach rochen. »Und jetzt?«

Blackmore dehnte sich ebenfalls. Für einen fast einen Meter neunzig großen Kriminalbeamten war der Kastenwagen auch nicht geeignet. Eher für Bautrupps aus Osteuropa, für die das Fahrzeug ursprünglich mal gebaut worden war, wie er vermutete. »Jetzt fragen wir die Herrschaften in der Redaktion nach dem Besuch von Peter Miller.«

Ashley sah ihn überrascht an. »Ich dachte, wir fragen nach dem Artikelschreiber?«

»Auch. Aber erst als zweites.«

Die Tür neben dem Unterwäschegeschäft stand offen, so dass die beiden problemlos in den ersten Stock gelangten. Dort gingen mehrere Großraumbüros ineinander über. Namensschilder gab es weder an den Türen noch auf den Tischen.

Ein gut gekleideter jüngerer Mann – enge braune Hose von Devred, ein blassblaues Oberhemd mit dünnen grauen Streifen, darüber ein über die Schultern gelegter und vorn zusammengeknoteter blauer Pullover, Drei-Tage-Bart – drehte sich auf seinem Stuhl um. »Wie kann ich Ihnen helfen?«

Blackmores bloße Anwesenheit verschaffte ihm schon Autorität. »Ich bin Detective Chief Inspector John Blackmore aus Oxford und komme im Auftrag des Untersuchungsrichters Bertrand Bonnefoy. Wir ermitteln in den Ihnen wohlbekannten drei Mordfällen.«

Ashley murmelte leise: »Ich dachte, das sei erst das Zweite.«

»Ich habe mich umentschieden«, murmelte ihr Freund leise zurück.

Fast nahm der Redakteur ob so viel geballter Autorität Haltung an und stand auf. »François Fabre, Chefredakteur. Was möchten Sie wissen?« Nach einem Ausweis oder einer sonstigen Identifikation fragte er nicht.

»Verschiedenes. Wo ist zum Beispiel die Stichwaffe aus Artikel Nummer drei Ihrer Zeitung?«

»Hier.« Fabre hob das neben seinem Computerbildschirm liegende Messer hoch und reichte es dem Engländer.

»Keine Handschuhe?« Laien, dachte Blackmore. Dabei sollte man annehmen, dass inzwischen jeder Krimizuschauer wusste, wie man mit Beweisstücken umging.

»Nicht nötig. Wir haben das Messer im Briefkasten der Redaktion unten gefunden. Es ist so sauber, dass wir inzwischen annehmen, dass es sich nicht um das gereinigte Tatwerkzeug aus dem Zeitungsbericht handelt, sondern um ein baugleiches Messer.«

»Spurensicherung«, murmelte Ashley.

Beide Herren überhörten sie.

»Wann ist eigentlich Ihr Redaktionsschluss?«, fragte sie jetzt vernehmlicher.

»Zwanzig Uhr«, sagte Fabre. »Aber wieso …?« Dann wurde er leichenblass.

»Sie haben's jetzt also auch begriffen«, sagte Blackmore nüchtern.

Der Chefredakteur musste sich setzen und sank in sich zusammen »Wir waren froh, dass wir für den nächsten Tag Material hatten, dazu noch über einen Mord. Das steigert jedes Mal unsere Auflage. Und dann noch exklusiv …«

»Ist keiner von Ihnen auf die Idee gekommen, dass Sie mehr als bloß eine reißerische Reportage bekommen haben?«, fragte Ashley.

Fabre sah sich genötigt, die Ehre seines Hauses zu verteidigen. »Warum sollten wir? Der erste Artikel traf *nach* dem Mord an dem englischen Antiquitätenhändler in L'Isle-sur-la-Sorgue ein, ebenso erreichte uns der zweite einen Tag *nach* dem zweiten Mord in Saint-Rémy.«

»Und dann haben Sie den dritten Bericht nur noch gedruckt und nicht mehr nachgedacht, nicht wahr?« Blackmore konnte durchaus freundlich klingen.

Der Chefredakteur ließ den Kopf hängen. »Das simmt«, flüsterte er.

»Wie sind Ihnen denn die Zeilen überhaupt zugegangen?« Ashley hatte wieder einen Block in der Hand und machte sich Notizen.

»Per E-Mail. Drei verschiedene Absender.«

»Haben Sie denn mal den Header der E-Mail überprüft?« Ashley war durchaus versiert, was Computer-Zauberei anging.

Fabre schüttelte verständnislos den Kopf.

»Und wer ist der Provider?«

Der Mann sah immer noch nicht schlauer aus.

»Von welchem Telekommunikationsanbieter stammen denn die E-Mails?«

»Das zumindest kann ich Ihnen beantworten. Das war ja auch Französisch.« Er saß jetzt wieder mit durchgedrücktem Rückgrat auf seinem Stuhl. »*orange.fr* lautet die Adresse nach dem @-Zeichen.«

»Das erleichtert uns die Sache enorm«, sagte Blackmore. »Dann muss Bertrand nur einen richterlichen Beschluss unterschreiben, damit Orange uns sagt, von wo die E-Mails abgeschickt worden sind.«

»IP-Adresse und so«, sah sich Ashley noch hinzuzufügen genötigt.

»Wessen Bild steht eigentlich neben den drei Artikeln?« Der DCI trug wie immer alle dem jeweiligen Zeugen vorliegenden relevanten Informationen zusammen.

»Ach, das.« Der Chefredakteur winkte ab. »Das Foto zeigt unser Faktotum, einen Möchtegern-Journalisten, der aber an einer Lese-/Rechtschreibschwäche leidet, dessen Artikel also unbrauchbar sind, den wir aber von meinem Vorgänger übernommen haben. Caritas und so.« Er grinste schief.

»Und der Name daneben, beim jüngsten Artikel? Der ist ausgedacht, oder? Wer heißt denn schon«, Blackmore musste Ashleys Aufzeichnungen zu Rate ziehen, »Szczebrzeszyński?«

»Da uns kein Name vorlag, haben wir uns einen ausgedacht und ihn neben das Bild gesetzt. Nur drei Vokale«, sagte er stolz. »Den wird keiner überprüfen.«

»Da wäre ich mir ja nicht so sicher«, sagte Ashley. »Bonnefoy will immer alles bis aufs tz wissen.«

»Das tz also nicht?«, fragte der Chefredakteur, bar jeder Ironie. »*Szczebrzeszyński* spricht sich auch ohne t.« Er schwieg erschöpft, sagte dann aber rasch zwecks Ablenkung: »Ich lasse die drei E-Mails ausdrucken.« Gleichzeitig bedeutete er einer Kollegin, die das Gespräch gespannt verfolgt hatte, tätig zu werden. Wenig später reichte sie Blackmore drei Blatt Papier.

Fabre erhob sich. »Das war's? Wir müssen nämlich noch das morgige Blatt fertigstellen.«

»Nicht ganz«, sagte Ashley. »Sagt Ihnen der Name Peter Miller etwas?«

»Natürlich. Das ist doch das zweite Mordopfer, oder?«

Blackmore nickte. »Der war in der vergangenen Woche hier. Warum?«

Fabre schüttelte den Kopf. »Das kann nicht sein. Sie müssen einer Fehlinformation aufgesessen sein.«

»Das glaube ich nicht. Wir haben die Funkzellendaten seines Handys ausgewertet, und die weisen eindeutig auf dieses Gebäude.«

»Aber nicht zwingend in dieses Stockwerk.« Fabre überlegte. »Hier im Haus gibt es unten links den Weinladen, in der Mitte den Dessousbedarf und rechts daneben noch ein Klamottengeschäft. Vielleicht hat Monsieur Miller dort etwas gesucht?«

»Dessousbedarf, ts«, sagte Ashley. »Als ob man diese Stückchen Stoff für teures Geld kaufen *müsse*, weil man ihrer *bedarf*. Es geht doch auch ohne.«

Blackmore studierte das Gesicht seiner Freundin. Da sie Englisch geredet hatte, hatte Fabre nichts mitbekommen. Der DCI wartete.

Als der Groschen fiel, errötete sie. »Ich meinte ja bloß, es gehe auch ohne Unterstützung des Kapitalismus.«

»Vielen Dank«, sagte Blackmore. »Monsieur Fabre, Sie haben uns sehr weitergeholfen. Ich weiß nämlich jetzt, was Miller hier gesucht hat.«

»Und du weißt wirklich, was Miller hier gesucht hat?« Carmen sah ihren Freund fragend an.

»Weiß ich«, sagte Krüger, während er die Autotüren entriegelte. »Aber erst einmal fahren wir zurück zu Bonnefoy.«

Am Ortsgang klingelte die Freisprechanlage.

»*Oui*, ich bin's«, sagte Krüger jovial.

»Ich auch«, sagte eine leicht verzerrte, aber bekannte Stimme.

»Bist du's, Bertrand?« Carmen beteiligte sich ebenfalls an der Unterhaltung.

»In der Tat. Ich dachte, euer Apparat würde sich mit der Anzeige meiner Telefonnummer und meines Namens melden.«

»Tut er wahrscheinlich auch«, sagte Krüger, »aber meine Augen sind fest auf die Straße gerichtet.«

»Nicht ganz«, sagte Carmen. »Manchmal wirft er mir Seitenblicke zu, von denen er annimmt, dass ich sie nicht sehe.«

»Wollt ihr nicht wissen, was ich weiß?«, fragte Bonnefoy.

»Wahrschleinich dasselbe wie wir«, antwortete Carmen. »Nämlich nur, dass es einen dritten Toten gegeben hat, wie wir eurem hiesigen Revolverblatt entnehmen konnten, und dass ein gewisser Untersuchungsrichter untätig ist.«

Der gewisse Untersuchungsrichter seufzte. »Das mag nach außen so aussehen, aber wenn wir immer alles der Presse mitteilten, was wir gerade tun, würden wir der Unholde ja nie habhaft werden, da sie dann ja immer über alle unsere Maßnahmen informiert wären.«

»Was machst du denn gerade?«, fragte Krüger, ärgerte sich aber gleichzeitig über sich selbst, weil er dem wortgewandten Bonnefoy damit einen willkommenen Anlass zu einer dummen Bemerkung geliefert hatte. »Telefonieren«, würde der wohl gleich antworten.

»Um jetzt *telefonieren* zu antworten«, sagte Bonnefoy, »müsste ich mich ja auf euer Unterhaltungsniveau begeben. Also lasse ich es lieber direkt. Ich fahre nachher zur Redaktion von *La Provence* und fühle den Herrschaften dort ein bisschen auf den Zahn.«

»Das kannst du dir sparen. Moment—« Krüger bremste scharf, um einem über die Straße eilenden Huhn auszuweichen. »Jetzt geht's wieder; da war nur Geflügel vor dem Kotflügel. Also, John und Ashley sind schon zur Zeitung unterwegs. Du hast ja schließlich eine internationale Ermittlertruppe, die dir unter die Arme greift, so dass du in Ruhe, hinterm Schreibtisch mit hinterm Kopf verschränkten Armen sitzend, das Leben genießen und auf die Resultate von uns vieren warten kannst.«

Bonnefoy lachte. »Das hatte ich auch gehofft. Gut, dann warte ich mal, womit unser freundlicher Engländer ankommt.«

»Jetzt du«, flüsterte sie.

»Jetzt ich«, sagte Krüger. »Wir kommen gerade aus Vacqueyras, wo ich eine interessante Begegnung mit einem Oldtimer-Reparateur hatte.« Er berichtete von Monsieur Dumartin und seiner Tochter und dem Verbringen der Kisten von A (Lager) nach B (Kastenwagen). »Allerdi-ings«, das Wort klang viersilbig, »ist versehentlich eine der Kisten in meinem Kofferraum gelandet, und bei Herrn Dumartin findet sich statt ihrer nurmehr eine leere.« Er schwieg.

Schalk blitzte in seinen Augen auf, als er seiner Freundin einen verschmitzten Blick zuwarf; sie wusste ein weiteres Mal genau, warum sie ihn liebte.

»Mach es nicht so spannend«, sagte Bonnefoy. »Was ist denn in der Kiste drin?«

»Das, liebe Zuhörer und -innen«, sagte Krüger, »erfahren Sie in der nächsten Folge von *Mit der Unterwelt auf Du und Du.*«

Carmen kicherte.

»Ich warte«, sagte Bonnefoy. »Du verschwendest nämlich gerade Polizeizeit, wie es John formulieren würde: *Wasting police time* kostet dich nämlich neunzig Pfund im Königreich. Oder einen kleinen Aufenthalt im Knast.«

»Und bei euch?«, fragte Krüger.

»Hier sieht es völlig anders aus. Wie du merkst, führe ich nämlich gerade eine telefonische Verkehrskontrolle durch. Das wird dann für dich teurer. Die Weigerung, einer Aufforderung der Polizei oder der Gendarmerie bei einer Verkehrskontrolle Folge zu leisten, wird bei uns als *Befehlsverweigerung* bezeichnet. Es handelt sich um ein Verkehrsdelikt, das mit einer Geldstrafe von 15.000 Euro, einer Gefängnisstrafe von bis zu zwei Jahren und dem Entzug von sechs Punkten in Artikel L233-1 der Straßenverkehrsordnung geahndet wird.«

»Seit wann seid ihr Flensburg angeschlossen?«, fragte Carmen. »Wegen Punkten und so. Und bei wie viel Punkten fangt ihr an, von denen dann welche bei Bedarf entzogen werden können?«

»Nicht hinhören«, sagte Krüger. »Eine Aufforderung deinerseits habe ich übrigens nicht wahrgenommen. Also kostet das auch nichts. Ich erbarme mich jetzt einmal deiner.«

»Hast du den Genitiv gehört?«, fragte die Germanistin. »Monsieur Krügér gehört nämlich zu den wenigen deutschen Beamten, die alle vier Fälle fehlerlos zu formulieren vermögen.«

»Die Kiste«, sagte Bonnefoy nur. Zwei Worte, in die er seine ganze Macht als Untersuchungsrichter gelegt hatte.

Der deutsche Kommissar gehorchte. »Mein dem Besitzer der Werkstatt Dumartin & Fille entwendeter Karton enthält etwa sieben Kilo – vielleicht waren es auch acht, ich habe den Kram noch nicht gewogen – in rechteckige, handliche braune Platten gepresstes Marihuana.«

»Interessant.« Bonnefoy pfiff durch die Zähne. »Der Straßenwert eines Kilos dürfte bei zehn- bis fünfzehntausend Euro liegen, je nach sozialem Umfeld des Verkäufers und geographischer Region des Käufers.«

Carmen pfiff durch die Zähne. »Vielleicht sollte ich meinen Beruf wechseln und auf *unehrlich* umschulen. Ist bestimmt lukrativer.«

»Aber irgendwann langweilig«, sagte Bonnefoy. »Dann nämlich, wenn du den Rest deines Lebens oder zumindest diverse Jahre hinter schwedischen beziehungsweise französischen Gardinen verbringen musst.«

Krüger dachte nach, während er sich langsam dem Dienstsitz des Untersuchungsrichters näherte. »Bertrand, jetzt mal im Ernst. Wenn du dich des Kistenwagentransportfahrers annimmst, wirst du berühmt, weil du einen Drogenkurier gefasst—«

»Und reich«, wurde er von der vorlauten jungen Dame neben ihm unterbrochen, »falls du den Kram selber verhökerst.«

»Reich und unlauter hatten wir schon«, sagte Bonnefoy.

Krüger umsteuerte elegant eine im Weg stehende Verkehrsinsel. »Aber mit der Festnahme des Herrn haben wir nichts gewonnen, was den Täter in den drei Mordfällen angeht. Für mich sieht das eher nach einem Nebenschauplatz aus.«

»Könnte sein«, sagte Bonnefoy zögerlich. »Was schlägst du vor?«

»Dass du Dumartin nur beobachtest. Vielleicht kommen wir damit weiter.«

»Okay. Dann bekommt Marius wieder etwas zu tun.« Er beendete das Gespräch, ehe Krüger sich noch von ihm verabschieden konnte.

»Wenn das man gut geht«, sagte Carmen. »Der umfangreiche Gendarm ist doch mit einer Überwachung völlig überfordert. Und wenn er darüber hinaus noch in die Gefahr gerät, jemandem nachrennen zu müssen …«

Krüger hörte nicht zu, da er gerade mit der freundlichen Frau in seinem Navigationsgerät redete. »Redaktion von *La Provence*, bitte.«

»Gerne«, sagte die freundliche Frau.

»Und du weißt wirklich, was Miller hier gesucht hat?« Ashley sah ihren Freund fragend an.

»Weiß ich«, sagte Blackmore, während die beiden die Treppe wieder hinuntergingen.

»Nämlich?«, setzte Ashley nach.

»Sich erkundigen, wo der Nachschub bleibt.«

»Wovon?«

»Drogen, denke ich.«

»Wie kommst du zu dieser Annahme?«

»Indem ich scharf nachgedacht habe.« In seiner Stimme war wie immer keinerlei Überheblichkeit zu hören. »Erinnerst du dich an den Überwachungsfilm vom Mord im Antiquitätenladen?«

»Erinnern ja, gesehen habe ich ihn nicht. Dafür war Bertrands Handybildschirm zu klein.«

»Er hat mir den Film geschickt, den ich mir inzwischen mehrfach angeschaut habe. In der Festeinstellung der Kamera ist ein Teil des Schreibtisches zu sehen, und auf der oberen rechten Ecke liegt ein längliches, braunes Paket mit der Aufschrift HP-2.«

»Cannabis«, sagte Ashley. »Vermute ich.«

Blackmore nickte, als sie auf die Straße traten. »Genau. Zuerst habe ich das Paket für ein Buch gehalten, eine Veröffentlichung eines Kleinverlags, aber nach mehrmaligem Betrachten denke ich, dass es sich um Rauschgift handelt.«

»Hm«, Ashley zögerte. »Vielleicht brauchte er Geld.«

»Wer braucht das nicht. Aber bei dem Plunder, den Miller in seinem Antiquitätenladen feilbot, glaube ich schon, dass er einen lukrativen Nebenverdienst zum Überleben nötig hatte.«

»Trotzdem.« Sie war noch nicht überzeugt. »Was hat Miller denn dann hier gewollt?«

»Vermutlich hat er sich zuerst in Vacqueyras nach einem eventuellen Nachschub an Drogen umgesehen. Was ist denn unverfänglicher als eine Weinkiste, wenn man etwas verstecken will? Als er dort jemanden oder niemanden getroffen hat – was genau, das wird uns sicher Kruger berichten –, ist er zum Zwischen- oder Endhändler nach Avignon gefahren.«

»Könnte sein«, sagte Ashley nachdenklich. »Du kannst ja mal hinter mir nachfragen.«

Blackmore drehte sich zur Weinhandlung Nicolas um. So bekam er nicht mit, dass Krüger seinen Qashqai nur wenige Meter entfernt auf dem kurzen Parkstreifen vor der Société Marseillaise de Crédit abstellte.

Bonnefoy überlegte, ob er nicht, ohne es zu wissen, bei Orange S.A. angestellt war, dem großen französischen Telekommunikationsunternehmen. Er hatte gerade das siebte Telefonat heute beendet und sah den Hörer des alten Apparats etwas verzweifelt an. Ein Anruf des Gerichtsmediziners hatte ihn darüber informiert, dass die beiden ersten Mordopfer erstochen worden waren. Bonnefoy hatte als Antwort nur gegähnt. Anschließend hatte sein Chef wissen wollen, warum er noch immer keinen Täter ermittelt hatte. Ein zweites Gähnen. Danach wollten ihm zwei Reporter ein Loch in den Bauch fragen, waren aber jeweils über den ersten Halbsatz nicht herausgekommen. Und so weiter. Er lehnte sich zurück und schloss für einen Moment die Augen.

Zwanzig Minuten später klingelte das Telefon erneut.

Der Untersuchungsrichter schreckte auf. Im Dienst schlafen? Er doch nicht.

»Orange France«, sagte eine freundliche Frauenstimme.

Bonnefoy war sofort ganz Ohr.

»Monsieur, Sie wollten doch wissen, ob wiederum wir wissen, woher die drei uns freundlicherweise aus Ihrem Hause übermittelten E-Mails stammen, nicht wahr?«

Bonnefoy war müde und nickte deswegen nur.

»Monsieur? Sind Sie noch da?«

»Entschuldigung, natürlich.«

Die freundliche Frauenstimme fuhr fort: »Aus Frankreich.«

Bonnefoy war heute nicht für Scherze zu haben. »Etwas genauer, wenn's geht.«

Leicht verstimmt fuhr die Frau fort: »Tatsächlich sehr aus der Nähe. Aus Villeneuve-lès-Avignon. Gewissermaßen gegenüber von Ihnen. Die andere Flussseite.«

»Oh, vielen Dank«, sagte er und wollte schon auflegen, als die Stimme fortfuhr: »Wir wissen es noch präziser. Die IP-Adresse des verwendeten Rechners – es war nämlich jedes Mal dieselbe, auch wenn die Absender unterschiedlich waren –, von der die E-Mails versandt worden sind, gehört zum Museum Pierre-de-Luxembourg.«

Verblüfft bedankte sich Bonnefoy und legte auf. So so, hatte sich der vermutliche Täter also die ganze Zeit über in der Nähe aufgehalten. Etwas huschte durch sein Gedächtnis, eine Art Schatten, aber es gelang ihm nicht, seiner habhaft zu werden. Irgendwo war ihm doch etwas aufgefallen, jemand, der sich an Häusern vorbeidrückte?

Boulevard der Dämmerung

D*ienstag, 27. September 2016.* Krüger näherte sich leise von hinten und legte, als er ihn erreicht hatte, Blackmore die Hand auf die Schulter. »*A very good evening, Sir*«, sagte er mit leicht vertiefter Stimme.

Der DCI zuckte zusammen, grinste dann aber, als er seinen Kollegen sah. »Meinst du, dass wir zu zweit den Täter eher schnappen?«

»Zu viert«, sagte Carmen. »Aber vielleicht schafft ihr das auch allein. Ashley und ich gehen jetzt erst einmal einkaufen. Und …«, sie versah ihren Freund mit einem leicht spöttischen, leicht verliebten Lächeln, »wer weiß, möglicherweise profitiert ihr auch davon.« Sie hakte sich bei der Engländerin unter und verschwand mit ihr im Unterwäschegeschäft Assam, wo man laut Plakat im Schaufenster den »3ème Soft Stretch« von Chantelle – was immer das war – für einen Euro erwerben konnte.

»Typisch«, sagte Blackmore. »Die Arbeit überlassen sie uns.«

»Na ja«, sagte Krüger, »immerhin war von Vergnügen später die Rede.«

Derlei Anspielungen überhörte ein zurückhaltender Engländer grundsätzlich. »*Let's go*«, sagte er daher nur und betrat über die beiden Marmorstufen am Eingang die Weinhandlung Nicolas.

Drinnen war es voll, sehr voll sogar. Selbst jeder freie Platz auf der Theke war mit Flaschen zugestellt worden. Überall standen Weinkartons, mit der Aufschrift zur Straße gedreht, so dass sich auch bei geschlossener, gläserner Eingangstür der Name des jeweiligen Weinguts lesen ließ. Holzfußboden, Holzregale, Holzrahmen mit handgeschriebenen Empfehlungsschildchen – alles sah sehr geschmackvoll aus, so dass hier in Avignon höhere Preise (gegenüber den normaleren in der Umgebung) für den Wein leichter akzeptiert werden würden.

Aber nicht von mir, dachte Krüger. »Sieh mal einer an«, sagte er und bückte sich. Etwas verschämt standen sechs Kartons der Domaine du Canard assis in einer Ecke nebeneinander, leicht verdeckt durch davor gestapelte Kisten anderer Weingüter.

Der Inhaber kam aus der Tiefe des Raumes, nachdem er das Interesse der beiden Touristen bemerkt hatte, die sich in einem ihm nur teilweise geläufigen Idiom unterhielten. »Suchen Sie etwas Bestimmtes?«

»In der Tat«, sagte Krüger, der weiterhin Englisch redete, um sein nur rudimentäres Französisch nicht bemühen zu müssen.

»*White or red?*« Der schwere französische Akzent verstellte fast den Sinn der Worte.

»*Yes*«, sagte Blackmore, der sich Krügers Antwort auf Oder-Fragen gestern von Carmen hatte erklären lassen.

Auf Späße von Touristen ging der Weinhändler grundsätzlich nicht ein. Er entkorkte eine Flasche Rosé und stellte sie zwischen zwei vollen Flaschen vor Blackmore auf die Theke. Darunter holte er zwei Gläser hervor und schenkte ein.

»*Touché!*«, sagte Krüger neidlos, der stets ein guter Verlierer war.

Blackmore grinste.

Die beiden stießen an, stellten nach einem vorsichtigen Schluck die Gläser wieder ab und sagten wie aus einem Mund: »*Vraiment délicieux!*« So viel hatten sie nach mehreren wirklich deliziösen französischen Menüs bereits gelernt. »Eine gute Übung für euer Kurzzeitgedächtnis«, hatte Carmen noch hinzugefügt.

»Eigentlich«, sagte Blackmore in langsamem, auch für Franzosenohren verständlichen Englisch, »sind wir aber nur hier, um eine Auskunft zu erhalten.« Er holte seinen höchst amtlich aussehenden Ausweis aus der Innentasche des Sommersakkos: ein Lederetui, das er aufklappte und das zur Linken eine Plastikkarte mit seinem Foto wie auch seinem Namen enthielt und zur Rechten ein Blechschild mit dem Wappen der Thames Valley Police zeigte. Er schob das Etui dem Weinhändler hinüber.

Krüger legte in Form einer Plastikkarte seinen Ausweis, der leider nicht beeindruckend aussah, daneben. »Ja, nur eine kleine Auskunft.«

»Sie können mir viel erzählen«, sagte der Weinhändler. »Ich glaube nicht, dass Sie hier überhaupt irgendeine Art von Autorität besitzen.«

»Unsere ist natürlich«, sagte Krüger. »Und angeboren.«

»Genau.« Blackmore schloss sich ihm an.

»Und, Monsieur«, Krüger hatte längst sein *Einschüchterungsgesicht*, wie Carmen es nannte, aufgesetzt, vor dem schon manch Verdächtiger kapituliert hatte, »wir sind hier im Auftrag von Monsieur Bertrand Bonnefoy, Untersuchungsrichter vor Ort.«

»Das können Sie beweisen?«

Der Mann war ja standfest, dachte Blackmore. Aber wahrscheinlich mochte er bloß keine Engländer. Wie alle Franzosen. Bis auf Bertrand, natürlich.

Krüger drückte auf eine Kurzwahltaste seines Mobiltelefons, stellte auf laut und erklärte die Situation auf Deutsch, nachdem Bonnefoy sich gemeldet hatte.

Ein kurzer französischer Satz des Untersuchungsrichters genügte, dass der Weinhändler blass wurde. »*Oui, Monsieur le Juge*«, sagte er, »*bien sûr. Naturellement.*«

»Ja, Herr Richter, natürlich, selbstverständlich«, übersetzte Krüger elegant ins Englische.

»Seid wann kannst du denn Französisch?«, fragte Blackmore. »Außerdem habe ich jedes Wort verstanden.«

»*Verstanden* im Sinne von *gehört* oder im Sinne von *begriffen*?«

Der DCI aber ignorierte seinen Freund und wandte sich an den Franzosen, der ihn etwas kleinlaut ansah. »Können Sie uns freundlicherweise eine Flasche Wein der Domaine du Canard assis öffnen? Die würden wir nämlich gerne probieren.« Er deutete auf die Reihe der sechs Kartons.

Die Gesichtsfarbe des Weinhändlers änderte sich von *blass* auf *ziemlich blass*. Er schien fieberhaft zu überlegen, was er antworten sollte. Dann hellte sich sein Gesicht auf. »Das ist zwar ein sehr guter Wein, den Sie da ausgewählt haben, aber …« Er drehte sich um und nahm eine Flasche aus dem Regal neben der Tür zum Hinterzimmer. »Dieser hier ist besser.«

Krüger schüttelte den Kopf und zog sein Taschenmesser aus der Hose. Er klappte es auf und näherte sich der ersten der sechs Kisten.

Nach *ziemlich blass* kam *sehr blass*. »Stopp«, sagte der Weinhändler verzweifelt. »Das ist Privateigentum.«

»Und das hier ist eine laufende Untersuchung«, sagte Krüger. »Wie immer ist Gefahr in Verzug.«

»Was wollen Sie denn wissen?« Der Mann rang die Hände.

Das Messer verharrte über den Kisten.

»Erstens«, sagte Blackmore, dem die Rolle als zweiter *bad cop* gut gefiel, »woher beziehen Sie das Rauschgift, denn darum handelt es sich doch, oder?«

Ehe der Mann nicken konnte, fuhr Krüger fort: »Zweitens: An wen liefern Sie?«

Der Weinhändler musste sich setzen. Da er nicht ganz leicht war, knirschten die beiden Kisten bedenklich, auf denen er sich niederließ. »Ich beziehe nichts, und ich liefere nichts.«

Blackmore: »Und die sechs Kisten?«

Krüger: »Alle aus Vacqueyras, nicht wahr?«

Blackmore: »Und alle für René und Renée Roux bestimmt, oder?«

Krüger: »Die wiederum in ausgesuchten Edelsteinen bezahlen. Stimmt's?«

Der Mann begann zu weinen. »Wenn Sie doch alles wissen, warum fragen Sie dann noch?«

Die Waffe verschwand wieder in der Hosentasche. »Wir wollten unsere Vermutungen bestätigt wissen«, sagte der Besitzer des Messers.

»Wann werden die Kisten denn abgeholt?« Blackmore hatte seinen Schreibblock hervorgeholt und hielt einen Kugelschreiber darüber.

Der Mann sah auf seine Armbanduhr. »In einer Stunde. Wenn es dunkel wird.«

»Und vom wem?«, fragte Krüger.

»Keine Ahnung. Der Chef schickt immer jemand anderen.«

Bonnefoy kaute auf einem Bleistift herum. Das beste Detektivgespann seit Holmes & Watson, Blackmore & Krüger natürlich, würde auch ohne sein Zutun sich bei wem auch immer durchsetzen. Er sah auf die Uhr. Viertel vor sechs. Dann war das Museum in Villeneuve bestimmt schon geschlossen. Nein, Unsinn. Heute war Dienstag. Da waren sowieso die meisten Museen in Frankreich zu. Er beschloss, die Museumsleitung zu kontaktieren; die Stadtverwaltung oder die Feuerwehr würden ihm anschließend eine Rufnummer für einen der Verantwortlichen im Notfall geben können. Und das war jetzt ein Notfall. Immerhin ging es um Mord. Moment. Es gab noch eine Möglichkeit, jemanden vor Ort zu erreichen. Er griff zu seinem Handy.

Carmen kam gerade aus der Umkleidekabine, als ihr Telefon klingelte. »Ja, ich bin's«, sagte sie, Krügers übliche Antwort übernehmend. Sie lauschte einen Moment. »Doch, das können wir machen. – Kommst du dann auch? – Okay. Bis später.«

Ashley sah sie fragend an. »Unsere Jungs sind doch nebenan. Wieso rufen die dann dich an, wer immer der beiden es war?«

»Nett, dass du denkst, dass John mich anrufen würde, wo er dich doch direkt sprechen könnte, wenn er nur herüberkäme. Nein, das waren nicht die uns nicht Angetrauten.« Sie schwieg. Von Krüger hatte sie ebenfalls die Fähigkeit übernommen, einen Dialog durch sinnvolle Gesprächspausen zu akzentuieren.

»Nun sag schon«, sagte Ashley. »Wer ruft dich mitten im Domizil der Damen an?«

»Da ich dir das Nachdenken ersparen möchte: Bertrand.«

Die nächste kleine Pause.

Ashley rollte mit den Augen. »Versierte Rhetorik ist irgendwann ermüdend.«

»*Sorry, Ma'am.*« Auch das stammte von Krüger, und daraufhin beschloss Carmen, ab sofort nur noch eigenes Denken zu verwenden. »Er will uns vor dem Museum in der Rue de la République treffen.«

»Wo ist denn hier ein Museum?«

»Nein, in Villeneuve-lès-Avignon. Dort heißt die Straße ebenfalls nach der hiesigen Republik. Wahrscheinlich gibt es so eine Namensgebung in jedem Dorf Frankreichs.«

»Hat er gesagt, worum es geht?«

Carmen schüttelte den Kopf. »Bertrand machte nur eine Andeutung, dass sich die Dinge jetzt beschleunigten.«

Blackmore nickte dem Weinhändler freundlich zu und verließ zusammen mit Krüger wieder die Getränkehandlung. Draußen fragte er: »Und jetzt? Sollen wir bis nach Einbruch der Dämmerung warten, um den Drogenkurier zu verhaften?«

Krüger grinste. »Würde mir zwar Spaß machen, aber da wir hier nicht so justiziabel wie zu Hause auftreten können – du nicht und ich auch nicht –, überlassen wir das lieber dem hiesigen Profi.«

Der DCI nahm die Anregung auf und pfiff die Melodie aus *Le Professionnel* mit Jean-Paul Belmondo. Den Film hatte er 1981 im studentischen Filmclub in Oxford im Original mit englischen Untertiteln gesehen; er hatte ihm gut gefallen, vor allem, weil es endlich mal kein Happy End gegeben hatte. Und die Musik war ebenso großartig gewesen und in seinem Ohr hängengeblieben.

Während Krüger mit Bonnefoy telefonierte und ihn über die neue Entwicklung in Kenntnis setzte, studierte Blackmore die Auslagen des Dessous-Fachgeschäfts. Er überlegte, ob Ashley dunkelgrün oder schwarz zu ihren fuchsroten Haaren besser stehen würde, wurde aber in seinem Nachsinnen unterbrochen, als die Imaginierte neben ihn trat.

»Na, schon etwas gefunden, was ich kaufen soll?«

Blackmore wurde rot. Während er noch versuchte, ohne Gesichtsverlust aufgrund einer dummen Antwort die Szene wieder verlassen zu können, kam Carmen ebenfalls dazu.

»Lass dich überraschen«, sagte sie freundlich und zeigte auf ihrer beider Papiertüten. »Für welche Farbe sich Ashley entschieden hat, tja, das wüsstest du wohl wirklich gerne, oder?«

Blackmores Rot vertiefte sich geringfügig. Er beschloss, nichts zu sagen und daher auch nicht zu fragen, woher Carmen schon wieder seine Gedanken erraten hatte.

Krüger steckte das Handy wieder ein. »Abfahrt«, sagte er. »Eine Observation. Erkläre ich euch gleich.«

»Du willst also nicht mehr zur Redaktion?«

Der Kommissar schüttelte den Kopf. »Kann John mir gleich von berichten.«

»Dein Deutsch scheint die Hitze des Südens nicht zu vertragen.« Carmen wiegte ihren Kopf bedenklich hin und her. »Wie willst du dann jemals wieder vernünftige Berichte schreiben?«

»Tue ich ohnehin nicht mehr. Macht doch seit dem letzten Jahr mein Kollege Schneider.«

»Wenn ich mich einmischen dürfte«, sagte John, der die aus Höflichkeit auf Englisch geführte Unterhaltung verstanden hatte, »sollten wir dann nicht los, wenn wir jemanden beobachten müssen?«

»*Avanti*«, sagte Krüger, der vielsprachige Ermittler, und marschierte zu seinem nur wenige Meter entfernt stehenden Auto. »Alles einsteigen.«

Zwei Staus – einer vor der Rhônebrücke, einer auf der anderen Flussseite vor dem Turm des Seigneur Philippe-le-Bel – und fünfundzwanzig Minuten später parkte Krüger den Qashqai in Villeneuve-lès-Avignon auf dem Platz am Zentralfriedhof und ging mit seinen Freunden die kurze Strecke zum Museum zurück.

Anders als erwartet, war die Rue de la République keine Prachtstraße, sondern nur eine Einbahnstraße mit Pollern, die auf beiden Seiten jeweils anderthalb Meter an Platz für Fußgänger ließen. Und Bäume standen nur um die Ecke am Place Jean-Jaurès, an dem die vier Kriminologen neulich schon zu Abend gespeist hatten. Selbst in der gerade einsetzenden Dämmerung sah die Fahrbahn keineswegs nach *Boulevard* aus, was besser zum großspurigen Namen gepasst hätte.

Vor dem Museum wartete schon Bonnefoy. »Wo wart ihr denn so lange?«

»Wieso bist du denn schon da?«, entgegnete Carmen.

»Taxi«, antwortete der Richter etwas einsilbig. »Die sind immer schneller, als jeder Tourist es jemals sein wird.«

»Ich würde es nicht auf ein Rennen ankommen lassen.« Krüger konnte durchaus selbstbewusst auftreten.

»Was machen wir denn jetzt?« Ashley wickelte ein Pfefferminzbonbon aus der Hülle und steckte es in den Mund.

Bonnefoy berichtete von der Ermittlung der IP-Adresse des Rechners, von dem die E-Mails versandt worden waren, durch Orange; der entsprechende Computer musste also im Museum stehen.

»Aber so alt ist der doch bestimmt noch nicht«, sagte Carmen, »als dass er museumsreif wäre.«

»Ruhe im Fußvolk«, war Krügers einzige Reaktion.

Die Eingangstür ging auf, und eine junge Frau steckte den Kopf hinaus. »*Monsieur le Juge*, wenn Sie bitte eintreten wollen ...«

»Auf *wenn* muss ein *dann* in vollständigen Sätzen kommen«, sagte Carmen mehr zu sich selber, »aber wer weiß so etwas heutzutage noch.«

Mit der jungen Frau an der Spitze gingen die fünf hinein. Drinnen zeigte sie auf einen beleuchteten Gang, der nach links abzweigte. »Der Verwaltungstrakt. Eigentlich stehen nur dort Computer.« Vor der zweiten Tür blieb sie stehen. »Hier arbeitet Kevin, sozusagen unser Mädchen für alles: Vor der Gestaltung der Flyer für unsere Ausstellungen über die Anfertigung von Plakaten bis zur Korrespondenz mit ausländischen Museen auf Englisch macht er sich eigentlich überall nützlich.« *Kevin* sprach sie Französisch aus, mit Betonung auf der zweiten Silbe.

»Wenn Sie die Tür bitte aufschließen wollen ...«, sagte Bonnefoy.

Dann dachte Carmen, *dann*!

»Wie heißen Sie übrigens?« Der Untersuchungsrichter versuchte, nicht allzu neugierig auszusehen, was ihm nur teilweise gelang.

»Laure«, sagte die junge Frau.

»Die Ruhmreiche«, übersetzte Carmen leise.

»Den Lorbeerkranz habe ich aber zu Hause gelassen.«

Bonnefoy grinste, während Laure keine Miene verzog.

Wahrscheinlich hatte sie den Witz schon mehrfach in ihrem Leben verwendet, dachte Krüger.

Drinnen sah es aus wie in allen Büros der Welt: ein zu voller Schreibtisch, ein überquellender Papierkorb, ein Stapel Bücher auf einem halbhohen Regal an der Wand, zwei längst abgelaufene Ausstellungsplakate rechts und links vom Fenster, deren Farben verblichen waren, und eine eingetrocknete Pflanze auf der Fensterbank. Nur der Rechner war nagelneu; er glänzte förmlich.

»Darf ich?«, fragte Carmen, die versierte Hackerin, und setzte sich ungefragt in einen altersschwachen Drehstuhl mit Rollen, die leise quietschten. Sie warf Bonnefoy einen Blick zu, der aber nur knapp nickte.

Krüger, Blackmore und Ashley stellten sich vor den Schreibtisch und verfolgten Carmens Bemühungen, die Passwort-Schranke des Geräts zu überwinden.

Die Computerspezialistin probierte Verschiedenes aus, hatte aber keinen Erfolg. Sie wollte schon aufgeben, als ihr noch etwas einfiel. »Wie heißt euer verstorbener Freund nochmal mit Nachnamen, damals in Oxford?«

»Meinst du Harold Morrison?«, fragte Blackmore. »Genannt Harry?«

Carmen nickte und tippte die beiden Worte auf der Tastatur.

Nichts.

Sie legte den rechten Zeigefinger an die Nase und sah nach oben. An der Zimmerdecke stand die Lösung aber auch nicht.

»Ein letzter Versuch«, sagte sie. »In welchem Jahr ist denn das Mädchen, das zu eurer Gruppe gehörte, zu Tode gekommen?«

»1984«, sagte Bonnefoy, der die Geschichte ebenfalls kannte.

Carmen tippte wieder.

»Bingo!«, sagte sie dann. »Wir sind drin.«

»Wie hieß denn nun das Passwort?«, fragte Krüger, der nie daran gezweifelt hatte, dass seine Freundin jede Verschlüsselung wo auch immer überlisten würde.

»19HARRY84morrison. Immerhin siebzehn Zeichen, darunter Zahlen und Groß- wie auch Kleinbuchstaben.«

Blackmore lachte. »Da haben die Leute schon mal einen nagelneuen Computer, und dann sichern sie ihn nicht einmal vernünftig.«

Bonnefoy stimmte ihm zu. »Ein gutes Passwort sollte mindestens zweiunddreißig Zeichen haben, oder?« Er sah Carmen an.

Die Kryptographiefachfrau nickte. »Und neben den eben genannten Glyphen auch Sonderzeichen, wie auch immer. Etwa so.« Sie schrieb schnell etwas auf einen Zettel und hielt ihn dann hoch.

~ý?t¿;Á·i'(tKÉ®Ï'ÿC%U-å5/ô.׳¥μō.

»Das kann sich doch niemand merken«, sagte Krüger und schielte auf die Zeile. »Lies mal vor. Wie sprichst du denn das auf dem Kopf stehende Fragezeichen aus?«

»*Signo de interrogación*«, sagte Carmen in fließendem Spanisch.

»Vorhin hast du auch *Password, 0000, 1234* und ähnlichen Unfug versucht?«

»Als erstes.«

»Wonach suchen wir eigentlich?«, fragte Ashley.

»Nach den drei E-Mails, die als Zeitungsartikel bei *La Provence* eingegangen sind und die die Morde zum Inhalt haben.«

»Hier«, sagte Carmen. Sie hatte Outlook geöffnet und bedeutete Bonnefoy, um den Tisch herumzukommen. »Das sind doch die drei Nachrichten, nicht wahr?«

Der Untersuchungsrichter zog seine Lesebrille aus der für ein Einstecktuch vorgesehenen Brusttasche des Jacketts und beugte sich vor.

»Das sind die Anhänge.« Carmen deutete auf das Büroklammer-Zeichen. »Ich öffne mal eine Datei.« Es klickte, dann las sie vor: *»Am gestrigen Abend starb unter bisher ungeklärten Umständen einer der beliebtesten Mitbürger unserer Stadt.«*

»Der erste Mord«, sagte Krüger leise.

Die anderen nickten.

»Dann müssen wir jetzt nur noch herausfinden, von wem die E-Mails stammen, dann haben wir den Täter.« Bonnefoy sah sehr zufrieden aus.

»Wer hat denn Zugriff auf den Rechner?« Ashley sah die junge Französin an.

Laure überlegte. »Eigentlich nur Kevin. Ich weiß ja nicht einmal sein Passwort.«

Krüger dauerte das alles zu lange. »Name? Vollständige Adresse? Telefon?«

Die Französin warf Bonnefoy einen hilfesuchenden Blick zu. Besaß der Tourist überhaupt irgendwelche Befugnisse hier?

Unerwarteterweise ergriff der Untersuchungsrichter aber Partei für den deutschen Kommissar. »Also?«, sagte er nur.

Laure überlegte. »Kevin Durand. Keine Ahnung, wo er wohnt. Er kommt immer mit seinem altersschwachen Moped zur Arbeit, einer Vélosolex.«

»Wie lange sind Sie denn schon Kollegen?«, fragte Carmen freundlich.

»Vier Jahre.«

»Und dann wissen Sie nicht, wo Monsieur Durand wohnt?«

Laure schüttelte den Kopf. Dann stutzte sie. »Moment; mir fällt da etwas ein.« Sie holte ihr Handy in einer rosafarbenen Hülle aus der Umhängetasche, tippte auf ein paar Icons auf dem Bildschirm und zeigte dann Bonnefoy ein Foto.

Auf einem altertümlichen Mofa saß ein junger Mann und grinste in die Kamera.

»Und?« Der Richter hatte keine Lust auf Ratereien.

»Oh. Entschuldigung. Moment.« Laure blätterte ein paar Fotos weiter und hielt dann das Mobiltelefon so, dass Bonnefoy den jungen Mann sehen konnte. Dieses Mal war er von hinten zu sehen, leicht unscharf. Dafür war das Kennzeichen überdeutlich zu lesen.

Bonnefoy betätigte eine Kurzwahltaste seines Handys und wartete. Als der Gesprächspartner sich meldete, sagte er: »Überprüf mal bitte das folgende Nummernschild.« Er diktierte die Zahlen und Buchstaben und fuhr dann fort: »Ruf bitte sofort zurück, wenn du die Adresse des Besitzers hast. *Compris*, Marius?«

»Das kann dauern«, sagte Carmen. »Hast du niemand anderen, der mal in den Verkehrscomputer gucken kann?«

Der Richter grinste. »Marius soll schon alle Polizeiarbeit lernen, die mit der, äh, Arbeit der Polizei verbunden ist.« Er schwieg etwas hilflos. Besonders schlau hatte der Satz nicht geklungen.

Carmen klopfte ihm freundlich auf die Schultern. »Es ist ja auch schon spät. Da muss man nicht mehr auf der Höhe seiner Intelligenz sein, oder, Krüger? Dir ergeht es ja ähnlich am Spätnachmittag.«

Der Kommissar starrte verbissen geradeaus. Dass seine Freundin ihn sehr gekonnt ab und an beleidigte, war ja in Ordnung – was sich liebt, das neckt sich –, dass sie ihre Sympathie aber jetzt noch auf die gerade anwesenden weiteren Herren der Schöpfung verteilte …

Bonnefoys Handy signalisierte eine eingetroffene Nachricht. Er las sie, schüttelte den Kopf und sah die anderen ratlos an. »Marius sagt, der Besitzer der Vélosolex wohne gegenüber.«

Carmen folgte seinem Blick und begann zu kichern. »Im Ernst jetzt? Der wohnt im Rathaus von Villeneuve?«

»Scheint so«, sagte der Richter. »Der Eigentümer des Mopeds ist der Bürgermeister – Marius hat mir gerade seine Adresse genannt.«

»Und der heißt Kevin Durand?«, fragte Ashley.

»Nein, natürlich nicht.« Bonnefoy begann, wütend zu werden. Er murmelte etwas, dass wie *Salaud* klang und sich anscheinend auf seinen Untergebenen bezog.

»*Bastard*«, übersetzte Ashley, die begonnen hatte, auf dieser Urlaubsreise einheimische Schimpfwörter zu sammeln.

Bonnefoy hatte inzwischen sein Handy am Ohr und bedachte das Gegenüber mit einer Schimpfkanonade; so klang es jedenfalls in den ungeübten Ohren der vier freundlichen Ermittler. »Ich warte.«

Das hastige Tippen auf der Tastatur in der Gendarmerie war für alle zu hören, da der Richter den Lautsprecher des Mobiltelefons eingeschaltet hatte. Dann kam mit leiser Stimme eine Adresse und eine Entschuldigung für den Zahlendreher, der eben die falsche Anschrift zur Folge gehabt hatte.

Ashley und Carmen hatten beide ihren Block gezückt und schrieben mit.

Ambulante Sekretärinnen sind doch etwas Wunderbares, dachte Krüger.

»Ambulante Sekretärinnen sind doch etwas Wunderbares«, sagte Blackmore.

Krüger kicherte, was dem DCI ein Stirnrunzeln entlockte.

»Danke«, sagte Bonnefoy. »Beim nächsten Mal bitte etwas mehr Mühe!« Er steckte das Gerät wieder ein.

»Auf geht's«, sagte Carmen. »Wir fahren nach Roussillon, Monsieur Durand besuchen.«

»Ich nicht«, sagte Bonnefoy. »Ich muss noch jemanden verhaften. Ihr könnt Marius mitnehmen.«

»Kann der nicht besser laufen?«, fragte Carmen. »Schlank kommt man leichter durch die Welt.«

Wie es sich für ein anständiges Hotel in Frankreich gehörte, stand die Eingangstür zum Atelier offen, so dass der Untersuchungsrichter nicht den altmodischen Klingelzug daneben betätigen musste. Er nickte freundlich einem japanischen Paar zu, das gerade herauskam, und ging dann mit festen Schritten zur Rezeption. Die Absätze seiner Stiefeletten klackten leise auf den Fliesen.

De la Tour lungerte hinter der Theke herum und schien nach seinem Tagwerk nichts Wichtiges zu tun zu haben. Vor ihm lag eine Ausgabe des *Canard enchaîné*, der bestinformierten, aber gleichzeitig satirischen Wochenzeitung, die seit 1915 ohne Rücksichten auf die jeweils amtierende Regierung Artikel veröffentlichte und in der Vergangenheit schon mit vielen Beiträgen Aufsehen erregt hatte, meist zum Missfallen der darin vorkommenden Personen des Zeitgeschehens.

»Na, steht etwas Interessantes drin?« Bonnefoy hatte seiner Stimme ein beruhigendes Timbre verliehen; man sollte ja nie die Pferde scheu machen beziehungsweise die Gangster vor ihrer Verhaftung warnen.

De la Tour schüttelte den Kopf. »Nur ein weiterer Folgebericht zu den Panama-Papieren. Stand aber alles im April schon im britischen *Guardian*.«

»Die Gazette ist mir durchaus geläufig. Sie lesen also noch Ihre Heimatzeitung?«

»Manchmal, wenn ich in Avignon im Maison de la Presse eine dann schon mehrere Tage alte Ausgabe erwische.« Er fixierte den Richter. »*Monsieur le juge*, was kann ich denn für Sie tun?«

»Oh, Sie können etwas für sich tun. Aber wollen wir uns nicht draußen hinsetzen? An der frischen Luft lässt es sich doch bestimmt noch aushalten.«

»Kaffee?«

Höflich war de la Tour ja nicht.

»Gerne.« Der Richter schon.

Der Hotelier schob mit einem Fuß etwas unter den Tresen und begab sich dann sehr langsam zur Kaffeemaschine. Fast sah es aus, als wolle er Bonnefoy damit provozieren.

Wenige Minuten später saßen der Untersuchungsgefangene *in spe* und der Untersuchungsrichter *in actu* draußen an einem der Bistrotische.

Bonnefoy zog sein kleines Notizbuch zu Rate und sagte: »Ich lese Ihnen jetzt mal ein paar Namen vor, und Sie sagen mir, was Ihnen dazu einfällt.«

»Ein Spiel?« De la Tour nickte aber.

»Miller.«

»Den hatten wir doch schon. Einer meiner Freunde in Oxford, falls Sie Peter Miller meinen. Jetzt leider verschieden.«

»Roux.«

Der Hotelier sah erfreut auf. »Den kenne ich. Also nicht vom Sehen, aber aus dem Fernsehen. Michel Roux, französisch-englischer Starkoch mit eigener Fernsehsendung, nicht wahr?«

»Nein, leider muss ich Sie enttäuschen. René Roux, Edelsteinhändler. Oder Renée Roux, mit Doppel-e, Edelsteinhändlerin.«

»Noch nie gehört.«

»Paul Gascoigne.«

»Jetzt enttäuschen Sie mich aber, *Monsieur le juge*, wenn Sie schon wieder einen Namen vorlesen, dessen Verbindung zu mir Sie bereits kennen.«

Bonnefoy verzog keine Miene. »Dumartin. Und Tochter.«

De la Tour tat so, als überlegte er. Dann schüttelte er den Kopf. »Keine Ahnung. Außerdem ist das ein Allerweltsname hier. Jeder dritte Weinhändler heißt doch so, oder?« Er kaute auf der Unterlippe, bis er merkte, was er tat. Daraufhin setzte er sich kerzengrade auf und faltete die Hände. »Weiter bitte; ich möchte eigentlich nicht den gesamten Abend mit Rätseln verbringen.«

»Kevin Durand.«

Der Hotelier zuckte zusammen.

Hatte er ihn jetzt? Bonnefoy beschloss, mit einem weiteren Namen nachzusetzen. »Harold Morrison.«

»Sie meinen doch nicht etwa meinen alten Freund Harry?«

Kaltschnäuzig war ja gar nichts, dachte der Richter. »Doch, genau den meine ich.«

»Aber der ist doch schon lange tot. Mitte der achtziger Jahre, glaube ich.«

Granit war ja Kaugummi gegen das, womit sich der Hotelier gegen Anwürfe jeglicher Natur absetzte. Dann musste eben ein Taktikwechsel her, vom netten zum bösen Richter. Er stand auf und ging zur Rezeption zurück.

De la Tour folgte ihm irritiert.

Bonnefoy ging hinter den Tresen und bückte sich.

»Hey, das dürfen Sie nicht; da haben Gäste nichts verloren.«

Der Richter tat, als habe er nichts gehört, und hob eine Weinkiste vom Boden auf. *Domaine du Canard assis* war auch für Schwerhörige gut zu lesen.

De la Tours Gesicht verfärbte sich.

Es wurde noch blasser, als der Richter mit seinem Taschenmesser den Karton öffnete und eines der inzwischen bekannten Päckchen braunen Pulvers herauszog. »Was'n das?«, fragte er betont salopp.

»Keine Ahnung. Das Paket ist hier abgegeben worden. Ein Gast soll es morgen abholen.«

»Das, *mon cher*, ist gelogen, an den Haaren herbeigezogen und entbehrt jeglichen Wahrheitsgehalts.«

Der Hotelier verschränkte die Arme. »Und Sie wollen mir beweisen, dass es mein Eigentum ist?« Er lachte höhnisch.

»Nicht direkt. Es ist ja nur ein Tauschpfand für einen viel kleineren Behälter.«

Unsicher sah ihn de la Tour an.

»Eine kleine Anzahl Juwelen nämlich.«

Die Gesichtsfarbe des Edelsteinhändlers tendierte inzwischen Richtung Weiß. Fast erschien es dem Richter, als könne er die einzelnen Adern unter der Haut sehen. Jetzt noch ein Bluff, dann hatte er ihn.

»Uns liegen inzwischen die Aussagen der eben genannten Personen vor, vom Ehepaar Roux und vom Weinhändler Dumartin samt seiner Tochter. Alle haben versichert, dass Sie derjenige sind, der das eine gegen das andere eintauscht, Pulver gegen Steine. Letztere gingen dann an Peter Miller weiter, der Sie großzügig bezahlt hat. Tja, die Einnahmequelle ist nun ja leider versiegt, wie Sie selbst gesagt haben. *Mist* hieß es dazu aus Ihrem Mund, oder? Das haben Sie doch gesagt, als die Freundin des deutschen Kommissars den Toten entdeckt hat.«

Woher der Richter das wohl nun wieder wusste. De la Tour musste sich setzen; fast fiel er in den Stuhl hinter der Rezeption. »Sie haben Recht«, flüsterte er. »Was wird jetzt werden?«

»Na ja, Hehlerei bezüglich der Juwelen, Drogenhandel, was den An- und Verkauf von Rauschsubstanzen betrifft, Steuerhinterziehung, was die Vorenthaltung der Mehrwertsteuer aus diesen Geschäften dem französischen Staat gegenüber angeht – da kommen schon ein paar Jahre zusammen. Und ob Sie sich dann das Hotel noch leisten können …«

Eine Träne rollte die linke Wage herab. Das sah nach einer echten und nicht nach einer Krokodilsträne aus.

»Sie wissen, dass Sie Ihre Aussage in meinem Büro wiederholen und unterschreiben müssen?«

Der Hotelier nickte verzweifelt. »Ich wollte doch nur … So viel wirft das Atelier auch nicht ab. Wegen Airbnb gibt es häufiger einen Tag, an dem niemand ein Zimmer gebucht hat. Und da habe ich es für einen Wink des Schicksals gehalten, als mein alter Freund auftauchte und mir ein todsicheres Geschäft vorschlug.«

Wie immer redete der überführte Straftäter wie ein Wasserfall. Bonnefoy hatte unauffällig die entsprechende App seines Handys eingeschaltet und nahm das Gespräch auf.

»Welcher Freund?«

»Moment noch. Der hatte jedenfalls ein lukratives Unternehmen im Hintergrund aufgezogen und erstickte fast in seinem Geld: Drogen, Geldwäsche, Autoschiebereien … Manchmal denke ich, er ist auch für die eine oder andere Mordgeschichte in unserer Gegend verantwortlich. Er kommt mir fast wie der Pate aus diesem amerikanischen Film vor, auch wenn er keineswegs so dick ist.«

»Würden Sie gegen ihn aussagen?«

»Kommt darauf an.« De la Tour witterte einen Deal. »Wenn für mich etwas dabei herausspringt.«

»Das können wir ja mal im Auge behalten. Wo wohnt denn Ihr Freund? Dann schicke ich nämlich sofort jemanden dorthin.«

»In Roussillon.«

Die 39 Stufen

Dienstag, *27. September 2016.* Nördlich des Lubéron-Massivs lag das Ockerstädtchen Roussillon. Aus dem zweitausendjährigen Schlaf seit der Zeit der Römer war es nur kurz zwischen 1921 und 1963 aufgewacht, als die Angestellten der Fabrik von Camille Mathieu jährlich tausend Tonnen Ocker abbauten. Kein Wunder, dass die Landschaft um den Hügel von Roussillon aus einer großen Anzahl verlassener, orange leuchtender Termitenhügel zu bestehen schien. Bis auf die Steilhänge direkt am Ort waren sie das Einzige, was vom Ocker übriggeblieben war. Die Tourismus-Industrie beutete die Sehenswürdigkeiten inzwischen mit einem Ocker-Rundweg aus und verlangte im Museum des Ortes zu hohe Preise für kleine Glasröhrchen mit unterschiedlichen Ockererden zum Malen.

Langsam näherte sich Krügers Qashqai dem Ort von Westen. Wenn er sich anstrengte und die Augen zusammenkniff, konnte der Kommissar am Horizont sogar den Mont Ventoux, die höchste Erhebung der Provence, mit seinen eintausendneunhundertundneun Metern über Normalnull sehen. Jetzt, am Spätnachmittag, sah die Landschaft fast unwirklich aus: Je näher man Roussillon kam, desto expressionistischer wurden die Farben: ein graublauer Himmel, goldene Sonnenstrahlen, grüne Bäume, rote Erde.

»Typisch für die Region sind auch der Buchsbaum, der mehrere Jahrhunderte alt werden kann, die Alaterne, der Krapp, die Kermeseiche, die Wattebauschzistrose und der Montpellier-Aphyllanthus.« Carmen klappte ihren Reiseführer wieder zu.

»Und schon wieder gibt es deutsche Worte, die ich noch nie gehört habe«, sagte Krüger und gab Gas, während er einen Traktor trotz Gegenverkehrs überholte. »Wattebauschzistrose, pfff. Klingt wie eine Hauterkrankung.«

Carmen kicherte.

»Habt ihr hier auf dem Kontinent keine Regeln für das Überholen bei Gegenverkehr?«, fragte Blackmore.

Passagiere sollten während der Fahrt den Mund halten, dachte Krüger. Er beschloss, eines der Schilder aus der früheren Linie 1 der Bonner Straßenbahnen demnächst in seinem Auto anzubringen: *Nicht mit dem Fahrer sprechen.*

Marius hatte unter heftigem Schnaufen im Fond Platz genommen, schwieg aber beharrlich auf jede freundliche Bemerkung von Carmen oder Ashley. Er war beleidigt, weil er hinten sitzen musste. Außerdem hatte er die Touristen noch vom letzten Jahr in schlechter Erinnerung. Eine seinem Gedächtnis inzwischen entfallene Episode war mit körperlicher Anstrengung verbunden gewesen. Der deutsche Kommissar hatte später vom »Großen Rennen« gesprochen. Warum sein Chef, der Untersuchungsrichter Bertrand Bonnefoy, an diesen Ausländern einen Narren gefressen hatte, war ihm bisher verborgen geblieben. Kannte man einen Ausländer, kannte man alle.

Die beiden Frauen hatten sich ob Marius' Schweigsamkeit von der Diskussion der Polizeiarbeit abgewandt und beschäftigten sich lieber mit Fragen der Freibeuterei: Beide sahen sehr gerne gut aussehende Männer mit Messern zwischen den Zähnen, die irgendwelche Schiffstakelagen hochkletterten. Piratenfilme waren gerade das angesagte Thema.

»Johnny Depp«, sagte Ashley.

»Nee, Burt Lancaster ist viel besser«, widersprach Carmen. »Außerdem hat er das breitere Gebiss; da passt der Dolch besser rein.«

Ashley gluckste, während die beiden Herren am Steuer und daneben sich ansahen und die Augen verdrehten.

»In fünfhundert Metern rechts abbiegen«, sagte die freundliche Frau im Navi und fügte nach fünfhundert Metern hinzu: »Sie haben Ihr Ziel erreicht.«

Krüger parkte das Auto neben einer Reihe anderer Fahrzeuge und stieg aus. Nach dem Ziel sah das nicht aus. »Wo wohnt Durand noch mal?«

»Rue de la Forge«, sagte Carmen, die studierte Geographin.

»Hast du auch den Längen- und Breitengrad parat?«, fragte Krüger spitz.

»Nee, grad nich'. Sind aber nur noch hundertfünfzig Meter. Etwa.«

Woher sie das wohl wieder wusste, interessierte den Kommissar nicht. Man konnte nicht jeden dauernd nach seinen Quellen fragen.

»Nicht so schnell.« Das war Marius, der mit den leichtfüßigen Touristen wieder nicht Schritt halten konnte.

»Wenn du uns aus den Augen verlierst«, sagte Carmen, »ruf einfach Bonnefoy an. Der hat unsere Nummern. Wenn man uns Bescheid sagte, blieben wir stehen und warteten auf dich.«

Ashley grinste.

Blackmore und Krüger gingen schneller. Beide wollten nicht warten, bis irgendwann das Fußvolk aufgeschlossen hatte.

Carmens Handy signalisierte eine eingehende Nachricht. »Durand fährt einen halben Oldtimer, schreibt Bonnefoy.«

»Nur zwei Räder?«, fragte Ashley.

Blackmore kicherte etwas un-DCI-haft.

»Hört doch erst mal zu Ende zu«, sagte Carmen. »Die Karre ist gerade zweiundzwanzig Jahre alt und damit kein echter Oldtimer. Und dazu noch ein Opel.«

»Und den besitzt ein Franzose?« Ashley guckte pikiert.

Die vier schritten um eine Straßenecke, gefolgt mit einigem Abstand von Marius, der sich gerade zum wiederholten Mal den Schweiß von der Stirn wischte.

»Da steht er doch!« Carmen deutete auf ein älteres, an der Beifahrerseite zerbeultes Fahrzeug. »Wie war das noch mit den Piratenfilmen? Der rote Corsa.«

Krüger lachte laut und musste etwas umständlich seinem englischen Kollegen Carmens neuen furchtbaren Kalauer erklären.

»Dann kann der Besitzer ja nicht weit sein«, sagte Ashley. »Und ihr meint, dass er der Verfasser der drei E-Mails ist?«

»Das glaubt zumindest Bonnefoy«, sagte Krüger. »Und nach dem, was die nette Museumsfrau erzählt hat, glaube ich das auch.«

Blackmore wiegte zweifelnd seinen Kopf. »Das sind doch nur Indizien und keine Beweise. Wir haben ihn beispielsweise nicht mit dem Bleistift in der Hand beim Schreiben der Meldungen ertappt.«

»Manchmal reichen Indizien für eine Verurteilung aus.« Krüger sah nachdenklich aus, als entfalte sich vor seinem inneren Auge der Ausgang eines entsprechenden Strafprozesses.

»Vielleicht hast du recht,« pflichtete der DCI ihm bei. »Der Mangel an Beweisen ist kein Beweis für deren Mangel. Ich kann nicht beweisen, was geschehen ist, aber ich kann ausschließen, was nicht geschehen ist. Tja, manchmal wird sogar ein Täter verurteilt, obwohl die Leiche fehlt.«

»Ehe ihr euch jetzt weiter in Hypotenusen ergeht oder wie das heißt«, die Germanistin sah einen Moment unsicher aus – vielleicht diente der Satz auch nur zur Auflockerung der Atmosphäre vor dem Showdown –, »gehen wir jetzt zur angegebenen Adresse und klingeln.«

De la Tour war in der Obhut der Gendarmerie von Villeneuve gut aufgehoben. Bonnefoy sah auf die Uhr. Kurz nach sechs. Vielleicht sollte er sich weiterer herumlaufender Gangster annehmen und die Straßen von ihnen befreien. Bis in den Süden Avignons zur Autowerkstatt von Monsieur Dumartin und seiner Tochter würde er knappe zwanzig Minuten brauchen, wenn er etwas zügiger fuhr. Er griff zum Telefon und rief die Gendarmerie noch einmal an.

Exakt neunzehn Minuten später bog der Untersuchungsrichter in den Hof der Werkstatt von Dumartin & Fille ein. Das Unternehmen lag in einer Sackgasse, was für eventuelle Fluchtwege günstig war. Also günstig aus Sicht des Gesetzes. Damit eventuelle Schwerverbrecher nicht auf die Idee kamen, das Grundstück über rückwärtige Ausgänge zu verlassen, hatte Bonnefoy einen Mannschaftstransportwagen samt Besatzung in die kleine Parallelstraße hinter der Werkstatt beordert. Vorbeugen war alles. Er stieg aus, nachdem er sein Auto – abfahrbereit wie immer – mit der Front zur Straße geparkt hatte, ging zum Wohnhaus hinüber und klingelte. Zwei Gendarmen hatten sich neben ihm aufgebaut.

Isabelle Dumartin öffnete und sah ihr Gegenüber überrascht an. »Gibt es ein Problem?«, fragte sie freundlich.

»Noch nicht«, sagte der Richter. »Wenn Sie beziehungsweise Ihr Herr Vater kooperieren. Wir würden gerne die Werkstatt besichtigen.« Er bemühte sich, nicht allzu offensichtlich in den großzügigen Ausschnitt der jungen Frau zu schauen. Das rote T-Shirt besaß vier Knöpfe, von denen alle geöffnet waren, wodurch ein Teil des schwarzen BHs zu sehen war. Fast hätte Bonnefoy den Kopf geschüttelt, um alle unlauteren Gedanken zu verscheuchen. Er räusperte sich. »Wir haben Anlass zu der Vermutung, dass in der Werkstatt Drogen gelagert werden.«

Mademoiselle Dumartin studierte den Ausweis, den der Richter ihr gereicht hatte. Langsam gab sie ihn zurück. »Das ist bestimmt ein Irrtum. Sie werden hier nichts Unlauteres finden. Wenn überhaupt, dann stehen in der Werkstatt einige Kisten Wein, die mein Vater ohne Rechnung erhalten hat und auch ohne Rechnung wieder abgibt.« Sie biss sich auf die Zunge. Für das Leben im Allgemeinen war sie einfach zu ehrlich. Wenn ihr Vater seine Geschäfte auf weitere illegale Bereiche ausgeweitet hatte, dann wusste sie wirklich nichts davon.

»Dürfen wir?«, fragte Bonnefoy und deutete auf den Schuppen. »Haben Sie einen Schlüssel dafür?«

»Ist immer offen. Hier hat noch nie jemand etwas geklaut.«

Im Haus waren Geräusche zu hören. Dann rief jemand »*Merde!*«, und weiter hinten wurde eine Tür lautstark zugeknallt.

Der Richter schritt mit den beiden Gendarmen zur Werkstatt und stieß die Tür auf. Einer der beiden Uniformierten schaltete das Licht ein, und Bonnefoy sah sofort, das er recht hatte: An der linken Wand standen etwa zehn Kisten der Domaine du Canard assis.

Die junge Frau war langsam gefolgt und sah nun ungläubig zu, wie der Richter mit seinem Taschenmesser einen Karton öffnete und mehrere Plastikbeutel mit braunem Inhalt herausholte.

»Das reicht für ein paar Jahre hinter ziemlich dicken Mauern«, sagte er. »Ihr kümmert euch dann mal um Monsieur Dumartin.« Die beiden Uniformierten salutierten knapp und traten ab.

Man konnte Mademoiselle Dumartin ansehen, wie sie mit sich kämpfte. Sollte sie zu ihrem Vater stehen und dem Untersuchungsrichter sagen, sie sehe das alles hier zum ersten Mal, und gestern sei der Multifunktionsraum noch leer gewesen? Oder sollte sie einen Schlussstrich ziehen, sich von ihrem Erzeuger lossagen, der sie immer nur als kostenlose Arbeitskraft gesehen und stets unfreundlich behandelt hatte, und ihn – wie hieß das noch in den billigeren Krimis, die sie ab und zu im Urlaub las? – »ans Messer liefern«?

Bonnefoy verfolgte ihr Mienenspiel und nickte beifällig, als sie zu einem Schluss gekommen war.

»Die hat mein Vater gestern aus Vacqueyras abgeholt«, sagte sie mit fester Stimme.

»Danke«, sagte er knapp.

Von draußen waren Geräusche zu hören, die denen eines Handgemenges entsprachen. Wenn ihn jemand gefragt hätte, hätte der Richter mit einer launigen Bemerkung geantwortet und »Sechs Hände!« gesagt. Vermutlich waren Dumartin und seine beiden Gendarmen aneinandergeraten.

Tatsächlich schleiften Gendarm 1 und Gendarm 2 den wütenden Vater vor die Werkstatt, der allerdings sehr kleinlaut wurde, als er die geöffnete Weinkiste sah.

»Sie sind vorläufig festgenommen«, sagte Bonnefoy. »Abführen!« Befriedigt holte er sein Notizbuch hervor und strich *Dumartin* energisch durch. Morgen würde er mit Roux und Roux weitermachen. Sollten die sich ruhig noch eine Nacht in Sicherheit wiegen. Dann griff er erneut zum Handy.

Während Marius inzwischen mehrere hundert Meter zurückgefallen war, standen die beiden Paare vor Nr. 64, einem unscheinbaren, anderthalbstöckigen Haus, das zwischen zwei höhere Gebäude gequetscht worden war und wohl schmäler aussah, als es tatsächlich war.

Carmens Handy klingelte. »Ich bin's«, sagte sie zur Begrüßung. »Ach, du bist's.« Dann lauschte sie konzentriert. »Nee, wir fahren nicht mehr. – Krüger willst du nicht sprechen? Auch gut. – Gerade stehen wir vor dem Haus in Rouissillon. – Okay, kann ich so weitergeben. Danke dir. – Ja, wir passen auf.« Sie steckte das Telefon wieder ein. »Bonnefoy war das. Er wünscht uns Glück.«

Da Blackmore und Krüger noch unschlüssig zu sein schienen, wer von ihnen die Klingel betätigen sollte, ergriff sie die Initiative. Entschlossen trat sie auf die oberste Stufe und ließ den messingnen Türklopfer in Form eines aggressiv aussehenden Löwen mit Verve gegen die Holztür fallen. »Seht ihr? Geht auch ohne Strom.«

»Das ist bestimmt eine importierte Haustür«, sagte Blackmore. »Irgendwo aus England.«

Als ob jemand hinter der Tür gelauert hatte, ging diese sofort auf, und der junge Mann vom Moped-Foto starrte die Besucher an. Dann besann er sich seiner Aufgabe und sagte höflich: »Durand. Guten Tag. Mögen Sie eintreten? Ich glaube, mein Chef erwartet Sie schon.« Er wartete, bis die vier hereingekommen waren, und schloss dann die Eingangstür wieder. »Wenn Sie mir bitte folgen wollen?«

Die vier Ermittler sahen sich drinnen überrascht um.

Das gutbürgerliche Haus, denn das schien es zu sein, hätte mit seinem Flair eher in die Bonner Südstadt gehört, dachte Krüger. Er bewunderte den gefliesten Fußboden, dessen Kachelmuster ihn ein wenig an seinen Hausflur in Poppelsdorf erinnerten. Wahrscheinlich waren die entsprechenden Formen und Farben in der Gründerzeit europaweit verbreitet gewesen.

Ashley studierte die an der Wand hängenden Stahlstiche aus dem neunzehnten Jahrhundert, die allesamt Szenen aus Oxford zeigten, so den Tom Tower, die Ratcliffe Camera oder die Magdalen Bridge, wie sie den Bildunterschriften entnehmen konnte.

Carmen betrachtete einen alten Garderobenständer aus Mahagoni, an dem tatsächlich ein Bowler hing. Der Hut passte eigentlich nicht nach Frankreich und schon gar nicht ins einundzwanzigste Jahrhundert. Außerdem gehörten mindestens ein langer schwarzer Regenschirm und die aktuelle Ausgabe der *Times* dazu, um das Klischeebild der Ausstattung eines der Londoner Börse zustrebenden Engländers zu komplettieren.

Blackmore zuckte zusammen, als er neben einem ovalen Garderobenspiegel ein gerahmtes Schwarzweiß-Foto entdeckte. Er beugte sich vor und konnte einen Überraschungslaut nicht unterdrücken. »Das, das sind ja wir!«, sagte er, wobei sofort klar war, dass er nicht die Anwesenden meinte.

Die beiden Frauen und der deutsche Kommissar traten neben ihn.

Das Foto war am Fluss aufgenommen worden. Die sechs jungen Leute blinzelten, weil sie anscheinend in die Abendsonne blicken mussten.

»Von links nach rechts«, sagte Blackmore heiser, »sind das Paul, Peter, Harry, Alice, Freddy und ich. Aber wieso …« Er schwieg verwirrt und überlegte. »Wenn mich nicht alles täuscht, sind das hier alles Sachen aus Harrys Wohnung. Aber, wenn er doch tot ist …«

»Vielleicht hast du dich damals aber auch getäuscht«, sagte Krüger mitfühlend. »Du standest doch erst am Anfang deiner Ausbildung. Und dann einen Toten zu identifizieren, der auch noch dein Freund war …«

»Freund, na ja. Aber möglicherweise hast du recht.«

Der junge Franzose hatte höflich im Hintergrund gewartet. Als alle schwiegen, sagte er: »Bitte kommen Sie mit.« Er drehte sich um und ging anscheinend davon aus, dass alle seiner Aufforderung nachkamen. Nach wenigen Schritten öffnete er auf der rechten Seite des Flurs eine Tür, nachdem er zuvor einen daneben angebrachten Lichtschalter betätigt hatte, dessen Signallämpchen nun verhalten rot leuchtete. »Vorsicht, Stufen!«, sagte er noch.

Krüger trat hinter ihn und betrachtete irritiert die Treppe. Sie führte nicht, wie er es eigentlich erwartet hatte, nach oben, sondern in einer leichten Kurve, deren Ende sich im Halbdunkel verlor, nach *unten*. Aber da gab es doch eigentlich nur den roten Felsen, oder?

Vorsichtig ging er hinter Durand her, nicht ohne sich dabei am zu tief angebrachten Handlauf festzuhalten.

Carmen und Ashley folgten; Blackmore bildete die Nachhut.

»Neununddreißig«, sagte Carmen, als sie unten ankamen. »Neununddreißig Stufen. Wie dieser Film von dem dicken Engländer.«

»Der Genitiv wird immer noch mit einem angehängten -s gebildet«, sagte Krüger. »Auch wenn alle inzwischen angefangen haben, *von* zu benutzen, weil dann muss man weniger nachdenken.« Kunstvoll hatte er den Nebensatz mit der absichtsvoll falschen Wortstellung zu Ende gebracht.

»Schätztest du es, dass ich dich verbesserte, ließest du mich denn?«, fragte Carmen und hatte aus ihrem Schatz unendlicher Blicke einen mit dem Etikett *aufsässig* hervorgekramt.

»Danke, nein«, sagte Krüger. »Ich bin wie immer fehlerfrei. Sprachlich zumindest.« Er fixierte einen fast unsichtbaren Fleck roten Weins auf seinem linken Ärmel, den die Flasche Rosé in der Weinhandlung beim Einschenken verursacht hatte. »Optisch nicht ganz.«

Aber Carmen hörte schon nicht mehr zu. Mit ihren Gedanken war sie noch beim Film.

»Dann hoffen wir mal«, sagte Blackmore, »dass die Auflösung, was wir hier unter der Erde sollen, nicht so an den Haaren herbeigezogen ist wie bei Hitchcock.«

Ashley lachte leise. Sie erinnerte sich nicht mehr an den Inhalt des Films, wohl aber daran, dass sie neben ihrem Freund im Kino gesessen und seine Hand gehalten hatte; sie war, eigentlich wie heute immer noch, auch damals nur glücklich gewesen.

Das kleine Stück Flur führte zu einer weiteren Tür, die Durand öffnete. »Bitte«, sagte er mit einer einladenden Handbewegung.

Folgsam traten die vier Freunde in einen großen, hellen Raum, dessen großes Panoramafenster die Landschaft gegenüber von Roussillon zeigte. Sprachlos blieben sie stehen.

»Falls Sie nachher noch speisen möchten«, sagte Durand und deutete auf ein auf der anderen Talseite nur undeutlich zu erkennendes Haus, bei dem schon einige Lampen leuchteten, »empfehle ich Ihnen Le Piquebaure gegenüber, das immerhin im *Guide Michelin* aufgeführt ist.« Er nickte und verabschiedete sich an der Tür, die zu den Stufen nach oben führte.

Die beiden Paare sahen sich unschlüssig an.

»Und jetzt?«, fragte Carmen, stets die Ungeduld in Person.

»Wir warten«, sagte Krüger. »Wir haben schließlich Ferien und gerade nichts Bestimmtes zu tun.« Er trat ans Fenster und sah hinaus. Ob man wohl auch in dieser Etage von außen ins Haus gelangen konnte?

Im Hintergrund lief leise Musik, die Krüger vage bekannt vorkam.

»*Upbeat funky music*«, sagte Blackmore. Auf einem teuer aussehenden Plattenspieler drehte sich eine echte Langspielplatte. »Der Sound ist wirklich gut. Kennst du die Band?«

Der Kommissar schüttelte den Kopf.

»Aber ich«, sagte Carmen. »Das Stück heißt *Get lucky*, wobei ich ja so meine Zweifel habe, ob der Besitzer der LP damit weiterkommt. Immer kann man im Leben nicht glücklich werden. Und die Band ist uns schon ein paar Mal über den Weg gelaufen.«

Die beiden Ermittler sahen sie überrascht an.

»Doch, doch.« Ashley hatte sofort gewusst, um wen es sich handelte. »Das sind Daft Punk. Bekannt durch ihre Pullover mit gleichlautendem Aufdruck.«

Krüger lachte. »Dann fehlt jetzt nur noch das Kleidungsstück, beziehungsweise sein Träger.«

Jemand klopfte.

Dieses Mal war es die zweite Tür, gegenüber dem Panoramafenster, durch die gleich jemand das Geschehen wieder in Schwung bringen würde.

»*Entrez!*«, sagte Ashley, die polyglotte Sekretärin.

»Tretet ein«, sagte Carmen und fügte leise hinzu: »wenn's kein Schneider ist.«

Krüger schüttelte den Kopf. Sprichwörter brachten einen auch nicht immer weiter.

Die Tür öffnete sich, und Blackmore erstarrte.

»Hi, John«, sagte der Mann mit den immer noch einigermaßen breiten Schultern.

»Harry?«, flüsterte der DCI, den noch nie seine Sprachfähigkeit verlassen hatte. Bis jetzt.

Marius hatte es tatsächlich nicht mehr geschafft. Als er schließlich zur Gruppe der vier Urlauber aufgeschlossen hatte – jedenfalls dachte er das –, sah er gerade noch, wie sich die Tür zum schmalen Haus hinter ihnen schloss. Auch gut, dann konnte er etwas früher Feierabend machen. Er sah auf die Uhr. Kurz nach sechs. Andererseits hatte Bonnefoy ihm nachdrücklich gesagt, dass er bei den Ausländern bleiben müsse.

Wieso waren die überhaupt zu dem zwielichtigen Franzosen in das Haus gegangen? Und Kevin Durand war beileibe nicht koscher, das hatte er zweimal am eigenen Leib erfahren müssen, als der Junge einmal falsch geparkt und ihn, die Verkörperung des Gesetzes, einfach zur Seite gestoßen hatte und davon gefahren war, als er ihn zur Rede hatte stellen wollen. Und das andere Mal? Keine Ahnung. Irgendwas mit zu viel Wein, aber Marius wusste nicht mehr, ob das bei ihm oder bei Durand der Fall gewesen war. Auch egal.

Er trat einige Schritte zurück und betrachtete das Haus.

Plötzlich fiel ihm etwas ein, aber da sein Gedächtnis nicht das beste war und mehrfach durch das stupide Auswendiglernen von Vorschriften überbeansprucht worden war, musste er länger seine Gedanken sortieren, bis er es hatte.

Der alte Monsieur Belmonte aus Villeneuve hatte ihm vor Jahren von einem Cousin berichtet, dessen Vorfahren in Roussillon ein Haus in den Felsen gebaut hatten. Statt drei Stockwerke noch obendrauf zu mauern, hatten sie drei Stockwerke untendrunter gesetzt. Der Ockergrund war leicht zu entfernen gewesen und hatte obendrein noch eine schöne Stange Geld eingebracht.

Das Haus gegenüber also mit seinem zart terracottafarbenen Anstrich.

Drei Etagen.

Wenn die vier Touristen nun irgendwelchen Gangstern in die Hände gefallen waren?

Gefangene brachte man doch immer in irgendwelche Verliese. Und die waren in der Regel unter der Erde. Also befanden sich die Freunde des Untersuchungsrichters im Keller des Hauses.

Wobei – Keller stimmte nicht ganz. Wenn er sich richtig erinnerte, hatte Monsieur Belmonte gesagt, dass man im untersten Geschoss nach draußen gucken konnte. Dann war es also kein Verlies, sondern eher ein normaler Raum mit einer Aussicht.

Und da war doch noch etwas.

Marius musste sich setzen und ließ sich auf einem kleinen Mäuerchen gegenüber nieder. Mit zitternden Händen griff er in eine Tasche seiner Uniformjacke und angelte eine Packung ziemlich zerknitterter Gauloises hervor, von denen er eine zwischen seinen leicht gelblich verfärbten Zähnen parkte und in Brand setzte.

Nach einem tiefen Atemzug dachte er weiter nach. Ab und zu sah er aufs Haus, in dem sich aber nichts tat. Jedenfalls nichts, was man von außen sehen konnte.

Marius ordnete die Gedanken in seinem Gehirn weiter. Wenn man mal die blöden Vorschriften wegließ, war dort eigentlich jede Menge Platz vorhanden …

Plötzlich hatte er es.

Der alte Monsieur Belmonte hatte von einem Außenzugang zum Felsenhaus erzählt, der kaum zu sehen und wohl hinter einem Spalier mit Weinranken versteckt war.

Marius stand auf, trat die nur halb aufgerauchte Zigarette aus und marschierte in die nach unten abzweigende Straße, um das unterste Geschoss des observierten Hauses zu erreichen.

Ziemlich beste Freunde

D*ienstag, 27. September 2016.* Die Zeit schien still zu stehen. Niemand bewegte sich; die Frauen unterhielten sich nicht mehr, und auch die beiden Männer im Mittelpunkt des Raumes und der Geschichte waren stehen geblieben, so dass Krüger in Ruhe zuerst den Neuankömmling und dann die Umgebung betrachten konnte.

Der *Harry* Genannte besaß im Verhältnis zu seinen langen Beinen einen breiten Oberkörper und breite Schultern. Er war salopp gekleidet: eine dunkelbraune Khakihose, ein zartblaues Polohemd, ein hellbraunes Leinensakko, beige Slipper, keine Strümpfe. Die Augen standen etwas zu dicht nebeneinander; das spitze Kinn wurde ein wenig durch einen dunklen Drei-Tage-Bart verdeckt. Die Haare des Mannes waren tiefschwarz; nur an den beiden Schläfen deuteten sich die ersten grauen Strähnen an. Wie in Frankreich üblich, war die Frisur seit Wochen nicht in Fasson gebracht worden; im Nacken ragten die Haare schon über den Hemdkragen hinaus.

Wie alt mochte er sein? Krüger schätzte ihn auf Mitte Fünfzig.

»Fertig?«, fragte Harry freundlich, und der Kommissar zuckte zusammen. Er warf Carmen einen dezent hilfesuchenden Blick zu, die aber nur grinste. *Und du willst der unauffällige Observator sein?*, hieß das wahrscheinlich. Er zuckte mit den Achseln und wandte sich lieber dem großzügig geschnittenen Raum zu.

Das Panoramafenster mit atemberaubendem Blick, der bestimmt auch die Aussicht aus einem Hochhaus auf den New Yorker Central Park in den Schatten stellen würde, nahm fast die gesamte Breite ein. Vor einer Wand stand ein halbhohes Bücherregal, das mehrere Gesamtausgaben zu enthalten schien, wie gleich gearbeitete Einbände zeigten. Krüger identifizierte die Crown Edition mit den Werken von Charles Dickens, kenntlich an der schmalen goldenen Krone auf dem roten Buchumschlag, wie er an einem vor das Regal gefallenen Exemplar sehen konnte. *Conan Doyle* stand auf acht anderen Büchern; auch hier schien also ein Sherlock-Holmes-Fan zu wohnen. Ein großes Ölgemälde über einem falschen Kamin zeigte den Carfax Tower in Oxford, ein anderes eine Flussszene mit mehreren Booten, in denen, der Kleidung nach zu urteilen, Sonntagsausflügler saßen. Der Kommissar taxierte die Entstehung der Bilder auf die 1930er Jahre. Neben einer der beiden Türen hing ein altertümlicher Säbel mit elfenbeinernem Griff. Die Schneide war poliert und reflektierte das große Fenster. Zwei schwere Orientteppiche, die jeden Schritt verschluckten, lagen auf dem Holzfußboden. Drei strategisch verteilte kleine Lampen gaben ausreichend Licht in der Dämmerung.

Blackmore räusperte sich. »Das kann doch nicht sein«, sagte er mit heiserer Stimme. »Ich habe mich doch selbst von deinem Tod überzeugt. 1984 war das, nicht wahr?«

»Vielleicht ist er ja wieder auferstanden«, flüsterte Carmen Ashley ins Ohr, woraufhin diese kicherte.

Ein strafender Blick seitens des DCI erstickte sofort weitere Geplänkel der letzten Bankreihe im Keim.

»Überrascht, nicht wahr?« Harry kam einen Schritt auf Blackmore zu, der daraufhin zurückwich. »Keine Sorge, ich tue dir nichts.«

Woran konnte er denn erkennen, dass tatsächlich der für tot Gehaltene vor ihm stand? Wie veränderte sich jemand in dreißig Jahren? *Zwei*unddreißig, verbesserte sich der Detective sofort, während er an Carmens Genauigkeit dachte. Wie weit hatte er sich selbst verändert? Eigentlich fand er, dass er seit Jahrzehnten morgens im Wandspiegel seines kleinen Badezimmers in Horspath immer gleich aussah. Na gut, vielleicht ein paar Falten mehr als noch im letzten Jahr. Und er hielt sich nicht mehr so gerade wie in jungen Jahren. Aber das sah man ja im Spiegel nicht. Und Harry? Blackmore erinnerte sich noch gut an die breiten Schultern, die er nicht für eine Veranlagung, sondern für das Ergebnis intensiven Sports gehalten hatte – bis Harry ihm anvertraut hatte, dass er seine Figur (»wahrscheinlich über eine genetische Rückkopplung«) vom Großvater väterlicherseits übernommen hatte, der vor dem Krieg Ringer gewesen war. Die eng beieinander stehenden Augen stimmten, ebenso die leicht heisere Stimme, an die er sich zu erinnern glaubte. Vielleicht sollte zuerst sein deutscher Freund etwas sagen; er musste erst einmal den Schock des Wiedersehens verkraften. Der DCI sandte eine stumme Aufforderung an ihn, die Initiative zu ergreifen.

Dieser nickte gehorsam und begann – wie Carmen es später nannte – mit seiner *Investigativ-Unterhaltung.* »Krüger«, sagte er freundlich. »Ein Freund von John und gleichzeitig bei der Kriminalpolizei tätig.«

»Wo denn?«, fragte Harry seelenruhig.

»In Hamburg«, sagte Krüger aus einem unbestimmten Gefühl heraus, das er erst auf Nachfrage im Nachhinein präzisieren konnte.

»Kein Vorname?«

»Nein, kein Vorname.«

»Ich muss mich setzen«, sagte Blackmore plötzlich. »Die Sonne heute Vormittag.«

»Und kein Hut«, erklärte Ashley.

Harry sah irritiert zu, wie Blackmore sich in einen der beiden großen Sessel am Kamin setzte und mit einem Taschentuch imaginären Schweiß von der Nase schob. »Früher warst du aber härter im Nehmen.«

»Das ist auch zweiunddreißig Jahre her«, sagte Carmen, die geborene Mathematikerin.

Harry schien nachzurechnen und nickte dann. »Stimmt«, sagte er.

»Nicht ablenken«, sagte Krüger. »Wollen Sie uns nicht erzählen, wie Sie den Sturz von einem dieser tausend Kirchtürme in Oxford überlebt haben?«

»Wollte ich eigentlich nicht. Aber sollte ich vielleicht.«

Nach zwei Schritten jedoch blieb Marius stehen. Einer gegen wie viele Gangster im Haus? Vier? Fünf? Oder noch mehr? Irgend jemand musste ja die vier Touristen festhalten – warum sonst waren sie schon so lange drinnen? Mindestens Kevin Durand, der Mopedfahrer, war ja dort, denn der wohnte da schließlich, falls man der Einwohnermeldekartei Glauben schenken durfte.

Der Gendarm kratzte sich am Kopf und überlegte.

Ehe er jetzt etwas falsch machte, rief er lieber die Obrigkeit an. Sicher war sicher. Etwas mühsam fischte er sein Handy aus der Außentasche der Jacke, in der die Zigaretten, aber auch zwei ziemlich angetaute Schokoladenbonbons steckten, wie er Schmuddelspuren an der Hülle des Telefons entnahm.

Marius drückte auf eine Kurzwahltaste.

»1984 also.« Harry hustete etwas und griff zu einem Glas Wasser, das auf dem kleinen Tischchen beim Bücherregal stand. Er trank die Hälfte und fuhr dann fort: »Das Jahr, in dem der britische Genetiker Alec Jeffreys den DNA-Fingerabdruck entdeckt hat. Das Jahr, in dem der Streik der Minenarbeiter seinen Höhepunkt erreicht hat. Das Jahr, in dem Deep Purple nach neun Jahren endlich eine neue Langspielplatte veröffentlichen konnten, *Perfect Strangers*.«

»Ausgerechnet die Scheibe«, sagte Krüger. »Das reichte doch nie im Leben, um an *Deep Purple in Rock* ranzukommen. Dafür hätten sie sich mehr anstrengen müssen.«

»Na ja«, sagte Blackmore, ein weiterer Aficionado der Hardrock-Kapelle, »das haben sie ja schließlich vor drei Jahren mit *Now What?!* geschafft. Und so schlecht ist *Knocking at Your Back Door* auf der 1984er Platte ja nun auch wieder nicht.«

»Wollt ihr euch jetzt über Musik unterhalten?«, fragte Ashley, die ein finsteres Gesicht aufgesetzt hatte. »Oder kommt noch etwas anderes? Ich habe nämlich allmählich Hunger.«

»Sie haben sich ja gut auf Ihren Auftritt vorbereitet«, sagte Carmen zu Harry, »so viel geballtes Wissen.«

Krüger gluckste.

»Darf ich jetzt vielleicht fortfahren?«, fragte Harry ungerührt, ohne auf die Bemerkung der Deutschen einzugehen. »Ja? Danke.« Die zweite Hälfte des Wassers folgte. »Im Mai 1984 war ich mitten in meinem Studium. Ab und zu traf ich meine fünf Freunde, Paul, Peter, Alice, Freddy und John.«

»*Freunde* – ich weiß ja nicht«, sagte Blackmore leise.

»Ich habe das gehört«, sagte Harry. »Und ich hätte immer geschworen, dass du zwar nicht mein bester, aber immer ein mindestens guter Freund gewesen bist.«

Blackmore schüttelte den Kopf und sagte leise zu Krüger: »Der hat immer etwas im Schilde geführt, wenn er anfing, den Anwesenden Honig um die Bärte zu schmieren.«

Harry nahm das Glas hoch, stellte es aber wieder ab, da es sich in der Zwischenzeit nicht automatisch wieder gefüllt hatte. »Am 17. Mai, ich weiß das Datum noch genau, traf ich einen deutschen Studenten, der mir im Aussehen ziemlich ähnelte.«

»Wie ein Ei dem anderen«, sagte der DCI zu Krüger.

»Möchtest du gerne weitererzählen, John?« Ein böser Blick folgte. Harrys lässige Haltung hatte sich plötzlich verändert: Jetzt sah er aus, als lauere er nur auf den nächsten Fehler seines Gegenübers. »Außerdem warst du überhaupt nicht dabei. Das ist jetzt bloß wieder eine der blöden Polizeibemerkungen, mit denen du deine Verhöre füllst.«

»Ist ja gut«, sagte Blackmore. »Ich bin ja schon wieder leise.«

Harry hustete wieder, was Carmen als Aufforderung ansah, das Glas aus der auf der anderen Raumseite stehenden Karaffe zu füllen. »Ich gehe mal davon aus«, sagte sie, »dass das Wasser ist und kein Wodka.«

Krüger grinste, während der Erzähler nur knapp nickte. »Danke.« Er trank einen großen Schluck, nachdem Carmen ihm das Glas gereicht hatte, und fuhr dann fort. »Wir haben uns jedenfalls angeregt unterhalten, während wir bei Debenham's Kaffee getrunken haben, und uns anschließend für den Abend beim Carfax Tower verabredet.«

»*Dem* Treffpunkt für jeden in Oxford«, sagte Blackmore zu Krüger, »der sich mit jemandem, äh, pünktlich treffen möchte. Wegen der Uhr, weißt du.«

»Weiß ich doch«, sagte der deutsche Kommissar. »Ich war doch schon mal da, nachdem die Theologieprofessoren aus den Fenstern gefallen waren. Einer bei euch, einer bei uns.«

»Gefallen worden waren«, sagte Blackmore. »Du musst das schon genau berichten.«

»Das könnt ihr mir mal in Ruhe erzählen«, sagte Harry, dessen Auftreten zu *jovial* gewechselt hatte. »Jedenfalls haben der Deutsche und ich uns abends dort wiedergesehen.«

»Seid ihr nicht verwechselt worden«, fragte Carmen salopp, »so ähnlich, wie ihr aussaht?«

»War ja keiner da, der uns verwechseln konnte«, sagte Harry.

Doch, ich wollte Blackmore sagen, besann sich aber gerade noch rechtzeitig eines Besseren.

»Aber wir waren uns schon verdammt ähnlich, gleiche Haarfarbe, gleiche Größe, ähnliche Kleidung – wir haben sogar einmal die Lederjacken getauscht. Beide passten uns wie angegossen.«

»Braun, nicht wahr?« Blackmore sah Harry freundlich an. »Die Jacke.«

»Nee, schwarz, wieso?« Er war überrumpelt, und das sah man ihm auch kurz an. Sofort hatte er sich aber wieder in der Gewalt. »Moment; ich muss mal eben überlegen.« Er zählte mit dem Zeigefinger der rechten an den Fingern der linken Hand ab. »Kann auch braun gewesen sein. Eine Lederjacke habe ich zum Studienanfang bekommen; die war, glaube ich, dunkelrot. Eine zweite später von einer Freundin, die war braun oder schwarz.«

»Die Freundin?«, fragte Carmen, bekam aber ohne Warnung einen Ellbogen von Ashley zwischen ihre Rippen.

»Die dritte schließlich – Lederjacke«, sagte Harry mit einem Blick auf die Deutsche, »haben mir ein paar Kollegen hier geschenkt, als ich 1985 nach Frankreich gekommen bin.« Er machte eine Pause und griff zum Glas.

»Carfax«, sagte Blackmore, um den Bericht wieder in die richtigen Bahnen zu lenken.

Harry tat, als habe er nichts gehört. »Um zwanzig Uhr also haben wir uns wieder getroffen, der Deutsche und ich, und sind zusammen auf den Turm gestiegen. Oben habe ich ihm die verschiedenen Colleges und Kirchen von Oxford gezeigt und bin dann wieder hinunter gegangen. Der Deutsche war die ganze Zeit über irgendwie traurig; er sagte, er habe die Trennung von seiner langjährigen Freundin noch nicht verwunden. Außerdem sei gerade seine Mutter gestorben, und das alles sei ein bisschen viel auf einmal.«

Carmen sah ihn ironisch an. »Und das hat dann gereicht, dass der Deutsche sich in die Tiefe gestürzt hat? Weil er musste ja unten landen, damit John ihn identifizieren konnte. Also ihn als dich.«

Krüger begann: »Weil er ja unten landen—«, wurde aber sofort durch eine Grimasse von Carmen in die Schranken gewiesen.

»Keine Ahnung«, sagte Harry und sah sie offen an. Lügen hatte er schon zu Schulzeiten perfekt beherrscht. »Wir hatten uns ja getrennt. Ich dachte, er wolle allein sein, und dergleichen respektiere ich immer. Was dann weiter oben passiert ist – keine Ahnung.«

»Das hört sich aber etwas zweifelhaft an«, sagte Ashley.

»Finde ich nicht«, sagte Harry. »Eine Zufallsbekanntschaft, mehr war das doch nicht.«

»Ist jetzt auch egal.« Krüger beschloss, in die Handlung einzugreifen. »Ist ja ewig her. Mindestens eine Generation.«

»Danke«, sagte Harry erfreut, »meine Rede. Sag ich doch. Vorbei ist vorbei.«

»Nun zu etwas völlig anderem.« Der deutsche Kommissar holte sein kleines Moleskine-Notizbuch hervor. »Wo waren Sie am vergangenen Samstag, dem 24. September 2016?«

Carmen wechselte ihr Standbein. Es hat ja auch lange genug gedauert, bis ihr Freund endlich die Initiative ergriff, dachte sie. Mal sehen, wann der Engländer ins Schwimmen geraten würde.

Bonnefoy hörte konzentriert zu, während er fortfuhr, den Schinken, den er für die abendliche Gemüsepfanne vorgesehen hatte, in kleine Würfel zu schneiden. Das Telefon hatte er laut gestellt, um beide Hände frei zu haben. »Und du meinst wirklich, dass da Not am Mann ist?«

»Überlegen Sie doch mal.« Marius schnaufte, was er immer tat, wenn er etwas zu anstrengend fand, beispielsweise einer körperlichen Tätigkeit nachzugehen oder einen schwierigen Sachverhalt zu erklären. »Die sind jetzt seit, Moment«, er sah auf die Armbanduhr, »vierunddreißig Minuten im Haus. So lange braucht man doch nie, um jemanden zu verhaften.«

»Und wenn der zu Verhaftende den Anwesenden nun einen Kaffee offeriert hat und selbigen gerade zubereitet?«

Der Richter könnte auch kürzere Sätze sagen und Worte verwenden, die auch das Fußvolk benutzte. »Nee, Kaffee trinken die nicht. Die stehen im Wohnzimmer, soweit ich das sehen kann, und reden.«

»Wie viele Ausgänge hat denn das Haus?«

»Einen oben, durch den Ihre Freunde hineingegangen sind. Unten kann ich keinen sehen, aber ich weiß von einem.« Rasch erzählte er dem Richter vom Spalier mit Weinranken.

»Interessant«, sagte Bonnefoy. »Aber ich glaube wirklich nicht, dass Sie mich brauchen. Ich schicke trotzdem zwei Leute zu Ihnen. Bleiben Sie, wo Sie sind.« Er legte auf und griff zu einer der drei vorgesehenen Schalotten.

Marius salutierte, bis ihm einfiel, dass das am Handy ziemlich sinnlos war.

»Am 24. September?«, fragte Harry. »Am Samstag? Hier. Ich bin eigentlich immer hier. Ich wohne nämlich hier. Fragen müssen Sie bloß Kevin, der kann das bestätigen.« Mit dem Daumen zeigt er an die Zimmerdecke.

»Zu Monsieur Durand kommen wir später noch.« Carmen fand, dass sie auch berechtigt war, sich am Verhör zu beteiligen.

Harry sah sie irritiert an, sagte aber nichts.

»Und wo warst du am Folgetag, dem 25. September?« Blackmore beschloss, obwohl er saß und sich damit in einer deutlich niedrigeren Position als Harry befand, auch ein paar Sätze zur Befragung beizusteuern.

»Am Sonntag?«

Der Befragte gewann stets Zeit, wenn er die ihm gestellten Fragen einfach wiederholte, und konnte sich so länger mit der Erstellung einer glaubhaften Antwort beschäftigen, die keine Zwischen- oder Folgefragen nach sich ziehen würde.

Krüger und Blackmore aber kannten alle Finessen der Unterwelt. »Also?«, sagten sie gleichzeitig.

Harry tat so, als überlege er. »Sonntag«, wiederholte er. »Da war ich auf dem Antiquitätenmarkt in L'Isle-sur-la-Sorgue.«

Krüger gab vor, als suchte er etwas in seinem Notizbuch, und blätterte dazu mehrere Seiten um. »Wie kommt es dann, dass wir Ihr Auto in Saint-Rémy-de-Provence gesehen haben?«

Harry konnte so leicht nichts erschüttern. Er war viel zu abgebrüht, um sich von dahergelaufenen Provinzpolizisten aus der Ruhe bringen zu lassen. »Ich habe gar kein Auto.«

»Das, *mon cher ami*«, sagte Blackmore, der inzwischen auch fließend Französisch sprach, »bin ich ja nun gezwungen, als jeder Grundlage bar zu erachten. Bei den tollen Busverbindungen hier.«

Carmen zollte ihm innerlich Beifall für seinen stilistisch hervorragenden Satz. *Jeder Grundlage bar* – wunderbar. Das passte eigentlich für alles. Sie beschloss, die Formulierung für spätere Zwecke zu archivieren und hervorzuholen, wenn wieder mal jemand von rein gar nichts eine Ahnung hatte und seine Redereien ohne Fundament auskamen.

»Genau«, sagte Ashley, die fand, sie müsse ihrem Freund zu Hilfe eilen.

»So viel ich weiß«, sagte Krüger, der nur Ungefähres dazu von Bonnefoy erfahren hatte, »ist ein nagelneuer Mercedes der E-Klasse als T-Modell auf diese Adresse zugelassen.«

»Dunkel gestrichen«, sagte Carmen, die fand, dass jeder mal etwas sagen dürfen müsse. Könnte. Sollte. Oder so.

»Und außerdem«, das war jetzt wieder der deutsche Kommissar, der fand, dass man das Ruder auch nicht für eine Sekunde einem Gangster überlassen dürfe, »haben wir gesehen, wie Ihr Fahrzeug ein Pärchen an Bord genommen hat – in Avignon unten am Fluss –, das tief in den örtlichen Drogenhandel verstrickt ist.«

»Anhalter nehme ich grundsätzlich mit«, sagte Harry. »Man muss doch die Armen der Welt unterstützen, die sich keine motorisierten Untersätze leisten können.«

Carmen grinste. Ein moralischer Mörder?

Harry griff zu einer Vermeidungsstrategie, marschierte zum Fenster, verschränkte die Arme hinter dem Rücken und sah hinaus. Nach gefühlten dreißig Sekunden drehte er sich um. »Kann sein«, sagte er dann. »Ich benutze es aber kaum, das Auto.«

»*Kaum* heißt aber nicht, dass du entweder keinen Wagen hast oder keinen fährst.« Blackmore fing an, wütend zu werden. »Wie wäre es mal mit der Wahrheit? Aber mit der stehst du doch seit den finsteren achtziger Jahren auf Kriegsfuß.«

Schlagartig veränderte sich Harrys Haltung. Er hatte den Kopf leicht eingezogen, und seine Augen schienen noch dichter als sonst zusammenzustehen. Fast sah er wie ein Raubtier aus, das nur auf einen Fehler seines Opfers lauerte. Beide Hände hatte er zu Fäusten geballt; gleichzeitig war er leicht in die Knie gegangen, nur ein, zwei Zentimeter, was ihn aber noch bedrohlicher wirken ließ. Beim nächsten unbedachten Wort würde er sich auf sein Gegenüber stürzen.

Marius starrte das Handy an, ehe er es langsam wieder wegsteckte. Bis die Verstärkung aus Avignon eintreffen würde, stand er hier allein auf weiter Flur. Die Fahrt von dort bis nach Roussillon dauerte eine knappe Stunde, in der alles Mögliche passieren konnte. Etwas verzweifelt ging er wieder zu dem kleinen Mäuerchen von vorhin und ließ sich ächzend nieder. Er zuckte zusammen, als sein Telefon ohne Vorwarnung plötzlich laut klingelte. Er musste wirklich mal den Klingelton ändern; *Je veux l'épouser pour un soir* von Michel Sardou von 1974 war ja sowas von uralt, dass sich dafür ja schon sein Großvater geschämt hatte. Jemanden für einen Abend zu heiraten, was für ein Unsinn. Aber die Melodie war nett, und beim Text konnte man ja weghören.

»*Oui?*«, sagte Marius.

Der Anrufer redete.

»Echt jetzt?«

Mehrere weitere Sätze seines Gegenübers folgten.

»Wunderbar. Prima. Vielen Dank.« Marius steckte das Telefon wieder ein. Super. Manchmal war auf den Richter doch Verlass: Die

Verstärkung kam nicht aus Avignon, sondern aus Apt, und würde in zehn Minuten da sein.

»Außerdem«, sagte Krüger, »sagte Bonnefoy—«

»Wer ist das jetzt wieder?«, unterbrach ihn Harry.

»Der Untersuchungsrichter aus Avignon, der in den inzwischen drei Mordfällen ermittelt.« Krüger sah ihn kühl an. »Jedenfalls hat Bonnefoy gesagt, dass Ihr Auto sowohl am Samstag vor dem ersten Mord als auch am Sonntag vor dem zweiten Mord auf mehreren Überwachungskameras in beiden Orten zu sehen gewesen ist.«

Harry legte seinen Kopf schief. Die lauernde Haltung war verschwunden; jetzt sah er eher belustigt aus. »Und das soll ich glauben? Wo wir doch alle wissen, wie es um die hiesigen CCTV-Kameras bestellt ist. Falls überhaupt mal irgendwo eine funktioniert. Und falls es überhaupt irgendwo welche gibt.«

»Okay. Dann versuchen wir es jetzt anders herum.« Krüger sah Carmen an. »Aber zuvor: Ist noch ein Wasserglas für mich da?«

Sie konnte es nicht lassen. Wer ihr Steilvorlagen lieferte, musste damit rechnen, dass die zu unhaltbaren Schüssen umgewandelt wurden. »Ein Wasserglas, leer? Oder ein Glas Wasser, voll?«

Ihr Freund konnte ebenfalls die Augen rollen. Jahrelange Übung, begünstigt durch ihre Anwesenheit.

»Ist ja schon gut. Bitte sehr!« Carmen reichte ihm das Gewünschte.

Krüger trank einen ausgiebigen Schluck und stellte das Glas dann auf dem Tischchen neben dem Sessel ab, in dem Blackmore saß.

»Danke.« Der DCI bediente sich am nur noch halbvollen Gefäß. Fast entschuldigend sagte er: »Wir sind doch fast Brüder, wenn wir auch von verschiedenen Müttern stammen.«

Krüger lächelte freundlich. *Stimmt*, hieß das.

»Aber vom gleichen Vater.« Carmens Mundwinkel zuckten.

Eigentlich, dachte Krüger, ist das hier eine zutiefst ernste Angelegenheit, die Überführung des Schurken mittels glänzender Rhetorik. Ohne Waffen. Aber vielleicht halfen gerade die Sätze seiner Freundin, den Täter irgendwann und *irjenswie* zu überrumpeln. Also ließ er sie gewähren. Viel anderes blieb ihm auch nicht übrig. Seit Pfingstfreitag 2010, als er Carmen in der Bonner Südstadt bei ihrer ersten Begegnung fast vor die Füße gefallen war, hatte er bei jeder verbalen Auseinandersetzung den Kürzeren gezogen. Bei ausnahmslos jeder. Daher hielt er seinen Mund und wartete auf Carmens Pointe, was den Erzeuger der beiden Detektive anging.

»Von Vater Staat.«

Blackmore grinste, nachdem Ashley ihn ins Bild gesetzt hatte.

Krüger überging die drei Worte durch Schweigen.

»Wollen Sie vielleicht zur Abwechslung noch etwas von mir wissen?« Harry schien die Geduld mit diesen beiden seltsamen Paaren zu verlieren. »*Hein*?«

»Wollen wir«, sagte Blackmore und zeigte mit einer weit ausholenden Hand auf die Einrichtung. »Wie bist du denn an die Sachen aus deiner Wohnung in Oxford gekommen?«

Harry sah sich um und begann zu lachen. »Ach das. Das sind nicht meine alten Sachen. Die stammen von den Ständen meiner alten Freunde. Na, von den Antiquitätenmärkten. Ich fand nur schon immer, dass Möbel aus früheren Zeiten automatisch ein gewisses Maß an Geborgenheit verbreiten.«

Einen kurzen Moment lang sah Carmen einen verschreckten kleinen Jungen zwischen den Welten, der nirgendwo heimisch war.

»Und das Foto von uns Sechsen oben neben der Tür?«

»Hat Paul mir irgendwann mal geschenkt. Um unser alten Zeiten willen.« Fast versonnen sah Harry in die Ferne.

»Ehe das jetzt zu sentimental wird«, Krüger schlug eine Seite in seinem Notizbuch um, »zurück zu Ihnen. Warum haben Sie den guten Paul Gascoigne umgebracht?«

»Sie glauben doch nicht im Ernst, dass ich dafür verantwortlich bin?«

»*Umbringen lassen*, könnte ich auch sagen.«

»Und auch dafür haben Sie bestimmt eine Aufnahme der örtlichen Überwachungskamera, oder?«

»Nein, aber einen Zeugen.«

Ein guter Bluff – das saß, dachte Carmen, während sie verfolgte, wie Harry das Gewicht vom Standbein auf beide Beine verlagerte. Wahrscheinlich brauchte er mehr Halt. Außerdem war sie nach Bonnefoys Anruf über alles im Bilde.

»Bitte Namen und Adresse«, sagte Harry.

Blackmore stand auf und stellte sich neben seinen deutschen Kollegen. »Später. Es existiert tatsächlich eine Aufnahme aus einer Kamera von dir. Aus dem Antiquitätengeschäft von Peter Miller.«

»Da gibt es keine Kameras«, sagte Harry ohne nachzudenken.

Krüger öffnete die entsprechende App seines Handys, blätterte ein wenig und hielt Harry den Bildschirm hin. »Das sind doch Sie, oder?«

Der Mörder mit Kapuze sah sogar noch in die Kamera, nachdem er Peter Miller erstochen hatte. Dann drehte er sich um, so dass auf seinem Rücken der Schriftzug des französischen French-House-Musikduos Daft Punk zu erkennen war.

»Den Pullover finden wir bestimmt bei Ihnen, wenn wir ordentlich suchen, oder?« Ashley konnte sehr, sehr kühl gucken.

»Den haben fast alle Fans der Band«, sagte der Mörder. »Das beweist gar nichts. Und wo ist mein Bart auf dem Foto?«

»*Well*«, sagte Carmen. »Bei der Aufnahme existierte nur der Ansatz eines solchen. Sie können gerne nachrechnen: Heute ist Dienstag, dann kann es am Sonntagabend erst einen Ein-Tage-Bart gegeben haben, und der liegt unter Ihrem Hoodie leider im Schatten. Einen Drei-Tage-Bart, wie Sie gerade einen haben, bekommt man erst nach zweiundsiebzig Stunden.«

Harry konnte auch die Augen verdrehen.

»Weiter«, sagte Krüger. »Bei Miller im Laden fehlt ein Säbel mit elfenbeinernem Griff. Der hängt nämlich inzwischen bei Ihnen an der Wand.« Er zeigte auf die Waffe.

Harry wirkte jetzt doch ein wenig unsicher. Erneut verlagerte er das Gewicht, um einen sicheren Stand zu behalten. »Ach, davon gibt es doch Hunderte. Alle aus Preußen, und wahrscheinlich kann man noch Tausende weiterer Säbel bei Leipzig nach der Völkerschlacht aus dem Boden graben.«

Interessant. Krüger sammelte Mosaiksteine, und das war ein weiterer.

»Uns liegt eine weitere Aussage vor«, sagte Carmen mit amtlicher Stimme (akzentuierte Worte, gedehnte Endsilben). »Diesen Säbel, also den, der hier bei Ihnen an der Wand zu sehen ist, besaß mal Paul Gascoigne. Ein Zeuge schwört, dass er bis zum Mord dagewesen ist – der Säbel, nicht der Antiquitätenhändler, doch der auch, und hinterher konnte er ja nicht mehr weg, weil er ja tot war – und danach verschwunden war.« Der Satz war etwas zu lang und unklar geraten. »Der Säbel«, fügte sie daher sicherheitshalber dazu.

»Vielleicht hat er sich auch getäuscht«, sagte Harry. »Und wenn schon: Das beweist doch gar nichts.«

»Sie erlauben?«, fragte Blackmore, ging an seinem Landsmann vorbei und nahm den Säbel von der Wand. Mit der rechten Hand drehte er am Elfenbeingriff, der sich plötzlich vom Schaft löste. Gerade noch rechtzeitig fing ihn der DCI auf und zog eine durchsichtige kleine Plastiktüte hervor, die er hochhielt. »Dachte ich es mir doch. Der Rest der Juwelen aus dem großen Raub von Hatton Garden.«

Ein besonders großer Smaragd glitzerte im Licht.

Harry entriss ihm die Tüte, ergriff die alte Pistole vom Wandhaken neben dem des Säbels und fuchtelte mit ihr herum. Es war allerdings etwas mühsam, alle vier Gestalten gleichzeitig im Blick zu behalten.

»Erschießen?«, fragte Carmen. »Heute ist doch Dienstag, oder? Ist da nicht *waterboarding* vorgesehen?«

Verlorene Illusionen

D*ienstag, 27. September 2016.* Betont unauffällig schlenderten zwei Herren in Zivil, denen man den Gendarm auch bei Gegenwind ansah, die Straße zu Marius hinunter. Dieser grinste erfreut und kam ihnen ein Stückchen entgegen, nur ein paar Meter jedoch, da die Straße in seiner Richtung wieder bergauf führte.

»Wir sind's«, sagte der Größere der beiden, als ob ihr Erscheinen eine Erklärung erforderte.

»Aus Apt?«, fragte Marius. Einsilbige Worte fielen ihm leichter, zu ihnen benötigte er weniger Luft.

»Selbstverständlich. Wir hatten sogar überlegt, bei dem Traumwetter mit dem Fahrrad zu kommen.« Jetzt redete der kleinere Gendarm. »Das wären schlappe vierzig Minuten von Apt bis hierhin gewesen, aber der Richter sagte am Telefon, es sei eilig.« Er sah sich um. Alles war ruhig. Die letzten Sonnenstrahlen gaben sich Mühe, die Ockerfelsen besonders warmherzig aussehen zu lassen, ein großer Raubvogel zog über ihnen seine Kreise, und irgendwo tuckerte ein asthmatischer Traktor vor sich hin.

»Die pure Idylle«, sagte der Größere. »Was soll hier schon groß passieren?«

Alle drei Gesetzeshüter zuckten zusammen, als im Haus mit dem großen Panoramafenster ein Schuss fiel.

»Sag' ich doch«, sagte Marius.

»Hör doch mal auf«, sagte Harry, »dauernd dazwischenzureden. Laß das mal die Großen unter sich ausmachen.«

Krüger streckte sich, damit er auch dazugehören durfte.

Carmen schmunzelte, wie immer, wenn ihr Freund etwas besonders Sinnloses versuchte. Eins dreiundsiebzig wurde auch durch Dehnen, Strecken, Verrenkungen und andere Sportarten nicht mehr. Und sie war natürlich in keinster Weise beleidigt: Niemand konnte ihr sprachlich etwas anhaben, schon gar nicht dieser Möchtegern-Pate mit seinen verbalen Ausfällen.

Krüger fing ihren Blick auf und stand sofort wieder bequem. Das war ohnehin besser, denn so konnte er sich auf Harry konzentrieren.

Der Alt-Engländer oder Neu-Franzose war anscheinend mit Carmen noch nicht fertig. »Vorlaut, oder etwa nicht? Schon immer so gewesen? Seit Schulzeiten?«

Sie nickte freundlich. »Stand exakt so formuliert schon auf dem ersten Zeugnis meiner Grundschuljahre.«

Krüger grinste.

»Meine Sätze und Bonmots besserten sich mit der Zeit sogar so weit, dass ich die Abiturrede halten musste. Inzwischen wird sie in den Leistungskursen Deutsch der Oberstufe meines alten Lyzeums als herausragendes Beispiel einer rhetorisch gelungenen Ansprache verwendet.« Sie sah bescheiden zu Boden, warf aber unter ihren dunklen Locken ihrem Freund einen verschwörerischen Blick zu. *Lass mich nur machen*, bedeutete das.

»Immer nur Fremdwörter«, sagte Harry. »Auf was für einer Anstalt bist du denn gewesen? *Lyzeum*, so ein Unsinn.«

Krüger machte sich in Gedanken phonetische Notizen über Harrys Aussprache und nickte bestätigend, was der Revolverheld missverstand.

»Da kannst du's sehen: Auch der Kommissar versteht nur die Hälfte von dem, was du sagst.«

»Und wo wir gerade bei Missverständnissen sind«, sagte Carmen, »aus welchen Gründen hat denn die Polizei alle Ihre Handlungen, wie Sie sagen, falsch verstanden, und warum sind Sie der reine Ehrenmann, nichts als ein Ehrenmann?«

Mit Ironie war Harry noch nie nicht klargekommen. »Pass bloß auf, was du sagst.« Er sah sich wütend um. »Ihr könnt mir gar nichts vorwerfen. Die Juwelen habe ich geerbt und bis zum Einbau eines Safes zwischengelagert.«

»Dann wüsste ich gerne«, sagte Krüger, während er ein Foto in seinem Handy suchte, »wie es dazu gekommen ist, dass dieser grüne Smaragd—«

»Die sind immer grün«, sagte Carmen. »Die Farbe ist überflüssig.«

»Dieser grüne Smaragd«, fuhr er ungerührt fort, »der aus dem Raub in Hatton Garden—«

»London«, sagte Blackmore zur Erklärung.

»Ich weiß, wo Hatton Garden ist.« Harry sah etwas unentschlossen aus. Vielleicht musste er aber auch nur seinen Mund halten und warten, bis diese ihn allmählich ermüdende Szene vorbei war.

»Stammt.« Hatte Krüger einmal mit einem Satz angefangen, brachte er ihn auch vollständig zu Ende, mit Subjekt, Prädikat und Objekt. »Komma. In Ihren Besitz gelangt ist.«

Man musste schon sehr großzügig sein, dachte Carmen, wenn man den mehrfach unterbrochenen Satz ihres Freundes als *vollständig* durchwinken wollte.

Harry überlegte.

»Da fällt dir jetzt nichts zu ein«, sagte Blackmore. »Nichts, was nicht an den Haaren herbeigezogen wäre.«

»Muss mir auch nicht. Ich bin bewaffnet, ihr nicht. Da ist es vollkommen egal, wer wann was zu wem warum sagt, weil es ausreicht, wenn ich etwas sage. Und ihr haltet jetzt mal die Klappe. Ich muss nachdenken, was ich jetzt mit euch anstelle.« Ein lauernder Blick streifte über die Anwesenden. »Ich glaube, ich frage mal den Mann fürs Grobe, wie es in den einschlägigen Blättern immer heißt.« Er zeigte mit dem Daumen nach oben.

Als er sich zur Tür wenden wollte, streifte ein letzter Sonnenstrahl die Glaskaraffe auf dem kleinen Tischchen. Harry unterdrückte einen Schreckenslaut – er hatte den Lichtreflex wohl für eine weitere Waffe gehalten –, wirbelte um seine eigene Achse und schoss.

Die Karaffe zersprang in tausend Stücke.

Die drei Gendarmen rannten die letzten Meter zum Haus. Selbst Marius gab sich alle Mühe, das Tempo zu halten, so dass er nur eine

Minute später als die beiden Kollegen aus Apt an der Hauswand das Holzspalier mit dem Weinlaub erreichte. Er legte den Finger auf die Lippen. Was hatte der alte Monsieur Belmonte noch gesagt? Irgendwo links musste sich in Augenhöhe ein Mechanismus befinden, durch den sich das Holzstück samt Mauer dahinter nach außen öffnen würde, betätigte man ihn denn. Aber wo war *in Augenhöhe*? Er musterte seine Standesgenossen.

Krüger und die Mitstreiter hatten sich nicht gerührt. Er selbst nicht, weil ihm Schussgeräusche seit der Ausbildung vor Jahrzehnten vertraut waren, und warum sollte er jedes Mal zusammenzucken, wenn es knallte? Carmen war ohnehin seit dem Schuss auf sie durch nichts mehr aus der Ruhe zu bringen. Ashley als eiskalte Mitarbeiterin der Thames Valley Police tat es ihr nach. Und Blackmore, der mit verschränkten Armen der Unterhaltung gefolgt war, ließ sich, wenn überhaupt, nur noch von größeren Kalibern und dem Lärm von Maschinengewehren beeindrucken.

»Das ist doch eine Einzelladerpistole Kaliber 6 mm mit einem Sporenabzug, nicht wahr?« Der deutsche Kommissar hatte das Antiquitätenstück identifiziert. Sein Waffenkundekurs vom letzten Winter zahlte sich also aus.

Harry sah ihn verwirrt an. »Noch einmal langsam zum Mitschreiben.«

»Ein-zel-la-de-pi-sto-le.« Krüger kam der Aufforderung nach. »Sieben Silben.«

»Single-shot pistol«, übersetzte Carmen brav. »Viereinhalb Silben. Wegen *Singl'*.«

»Pistolet à chargement unique«, fügte Ashley hinzu. »Zu viele.«

»Pistola de carga única.« Blackmore fand, er müsse mit seinem rudimentären Spanisch, das er sich während zweier Urlaube an der Costa del Sol angeeignet hatte, auch etwas beitragen.

Harry kam nun überhaupt nicht mehr mit. »Ist das jetzt ein neues Spiel? Bin ich jetzt an der Reihe? Mit Chinesisch vielleicht? Etwa so: 单发枪?«

Krüger sah ihn erstaunt an. »Wirklich?«

Harry nickte. »Die korrekte Übersetzung. Die Waffe stammt von einem chinesischen Händler in Londons China Town. Er hat mir das Wort aufgeschrieben und mich die Aussprache üben lassen, wobei ihr wahrscheinlich meinen französischen Akzent gehört habt.« Er grinste schief. »*Dān fā qiāng*. So ungefähr jedenfalls.«

»Aber die einzige Kugel der Pistole hast du jetzt ja verbraucht.« Mit einem Satz war Blackmore bei Harry, drehte ihm mit geübtem Griff einen Arm auf den Rücken, so dass der Gedrehte vor Schmerzen aufschrie, drückte ihn zu Boden und schlang einen Kabelbinder, den er immer mit sich führte, um die beiden Handgelenke. »Jetzt kannst du wieder aufstehen.«

Harry rührte sich aus Trotz nicht.

»Und jetzt?«, fragte einer der beiden Gendarmen aus Apt.

»Ruhe«, sagte Marius. »Ich muss nachdenken.«

»Das kann dauern«, sagte der andere Gendarm, der schon einmal mit Marius hatte zusammenarbeiten müssen. Er verschränkte die Arme und lehnte sich entspannt neben das Weinlaubspalier.

Marius versuchte sich, was das Haus anging, an die Erzählung von Monsieur Belmonte zu erinnern. Das Gebäude war um 1735 errichtet worden, hatte der alte Herr berichtet, als eigentlich niemand am Ockerabbau interessiert war. Der große Raum im Untergeschoss diente als Lager für Getreide, so dass die Besitzer während der über fünfzehn Hungersnöte im achtzehnten Jahrhundert immer genug zu essen hatten. Teilweise hatte das Korn heimlich ins Haus gebracht werden müssen; daher stammte wahrscheinlich die merkwürdige Konstruktion aus Holzspalier, klappbarem Wandteil und Wein als Tarnung. Weinstock wie Holz waren seitdem bestimmt mehrfach neu gepflanzt beziehungsweise erneuert worden. Aber wo war jetzt der Hebel zur Öffnung?

Plötzlich hatte der Gendarm die Antwort. Ging doch, dachte er; das Geheimnis bestand darin, die auswendig gelernten Vorschriften zu vergessen, damit Platz für Wichtigeres im Kopf blieb und man die Gedanken frei bewegen konnte.

Die Leute im achtzehnten Jahrhundert waren doch kleiner als heute gewesen, oder? Dann war der Hebel bestimmt nur in einer Höhe von ein Meter fünfzig, sechzig zu finden.

Marius trat näher.

Tatsächlich.

Hinter zwei großen Blättern Weinlaub war ein poliertes, inzwischen ermattetes und abgegriffenes Holzstück zu sehen.

Blackmore riss Harry hoch und schubste ihn in einen der beiden Sessel, wo der noch nicht offiziell Festgenommene etwas benommen sitzen blieb.

»Das entspricht aber nicht der Genfer Konfession«, sagte er. »Die Behandlung, meine ich.«

Carmen grinste. »Latein hast du nicht gehabt, oder?«

Kopfschütteln.

»Aber Probleme mit Fremdwörtern, oder?«

Betretenes Nicken.

»Dazu noch eine Dyslexie, nicht wahr?«

Plötzlich war Harry wieder hellwach. »Du mit deinen vielen Worten, die keiner kennt.« Er funkelte sie wütend an.

»Wörtern«, sagte Carmen. »Es gibt da semantische Unterschie—«

»Halt jetzt die Klappe!«, fauchte Harry. »Sonst …« Etwas verstimmt schwieg er, da seine momentane Lage Drohungen nicht wirklich begünstigte.

Carmen grinste.

»Mir fällt gerade ein«, sagte Marius, dessen Gedächtnis plötzlich auf Hochtouren arbeitete, »dass einer von euch beiden sich vielleicht oben vor der Haustür aufbauen sollte, damit *Monsieur* Durand nicht klammheimlich das Anwesen verlässt.« Er sah sehr zufrieden aus, nachdem ihm dieser dreiteilige Satz aus Hauptsatz, Subjektsatz und Finalsatz geglückt war – ohne dass er die grammatikalischen Eigentümlichkeiten hätte benennen können.

»Schere, Stein, Papier?«, fragte der Kleinere den Größeren.

»Nee, du gehst. Ich werde hier gebraucht, um eventuell höhere Personen als dich festzunehmen.«

Der kleinere Gendarm seufzte und verschwand.

»Und jetzt?«, fragte der verbliebene Militärangehörige.

»Das hast du vorhin auch schon gefragt. Jetzt? Jetzt greifen wir ins Geschehen ein.«

Vorsichtig schob Marius den Hebel für die Geheimtür nach unten.

Ein leises Knarren ertönte. Die vier Freunde drehten sich zum Geräusch um und verfolgten irritiert, wie sich neben dem Panoramafenster das Wandregal in Zeitlupe zu drehen begann und einen Spalt nach außen öffnete.

Ehe Krüger etwas sagen konnte, erschien schon Marius' fröhlich grinsendes Gesicht.

»Marius, Marius«, sagte Carmen tadelnd. »Immer mit dem Kopf durch die Wand.«

Der Kommissar verschluckte sich fast vor Lachen und musste erneut eines der vielen Bonmots seiner Freundin den anwesenden Engländern erklären.

Der französische Gendarm trat ganz ein und studierte die Szenerie. »Ah, alle vier«, sagte er. »Dann kann ich ja wieder gehen.«

»Halt«, sagte Harry auf Französisch. »Können Sie bitte den Leuten erklären, dass sie den Falschen erwischt haben?«

Marius ging zu ihm hinüber und beugte sich so weit hinab, dass seine Nase fast die des anderen berührte – eine Geste, die er einem inzwischen berühmt gewordenen Verhör eines Mafioso durch Bonnefoy entnahm. »Ich glaube nicht.«

»Was jetzt?« Der Mann mit der Handfessel kam nicht ganz mit.

»Dass Sie der Falsche sind.« Marius hatte sich wieder aufgerichtet. »Ich habe Sie nämlich gesehen, wie Sie in Villeneuve-lès-Avignon herumgeschlichen sind. Die Touristen«, er zeigte auf die beiden Paare, »haben währenddessen am Place Jean-Jaurès zu Abend gegessen, während ich im Dienstwagen, äh, Dienst tun musste.«

Harry sagte nichts mehr.

»Und Sie waren vor Ort«, eine Formulierung, die sich Marius für seine zahlreichen Berichte gemerkt hatte, »als der Kellner umgebracht wurde.«

Blackmore hörte aufmerksam zu, während Ashley simultan übersetzte, wie immer, wenn jemand Ausländisch, heute: Französisch, redete. Er flüsterte kurz, dann sagte seine Freundin: »Warum musste der junge Mann eigentlich sterben?«

Unbedacht antwortete Harry: »Der wollte sein eigenes Süppchen kochen und mich bei seinen Drogengeschäften außen vor lassen. Dabei habe ich ihn versorgt.« Sofort biss er sich auf die Zunge. Eigentlich hielt er sich für abgeklärt und mit allen Wassern gewaschen – jetzt auf eine so billige Frage hereinzufallen, das war schon sehr blamabel. Aber mit gefesselten Händen konnte man eben nicht so gut denken.

»Interessant«, sagte Krüger. »Sie waren also die Spinne im Hintergrund, die die Fäden gezogen und Juwelen gegen Drogen und Drogen gegen Juwelen getauscht hat. Neben anderen Dingen.«

Fast schien es, als bekäme Harry keine Luft mehr, während sich die Schlinge enger um ihn zog. Er atmete schwer.

»Die Juwelen aus dem Raub hat Peter Miller ja im englischen Zug erhalten. Als er bei seinem alten Freund Gascoigne Ihren Säbel entdeckte, hat er ihn an sich genommen – vermute ich jetzt mal.«

»Hat er mir jedenfalls erzählt.« Harry war kaum zu verstehen, so leise redete er. »Auf das Geheimversteck im Griff war er stolz.«

»Das Sie dann für die Edelsteine benutzt haben«, sagte Blackmore.

Ein wortloses Nicken.

»Mit denen dann Drogen bezahlt wurden. Person A bezahlt Person B, diese dann Person C und diese danach wieder Person A. Und so fort.«

Noch ein tonloses Nicken.

Krüger fixierte den Gefesselten. Der nächste Satz des Kommissars war auf Deutsch. »Geben Sie sich immer noch der Wunschvorstellung hin, hier lebend wieder herauszukommen und weiter Ihren Unterweltstätigkeiten nachgehen zu können, Herr von Eller?«

Der *Harry* Genannte wurde kreidebleich.

Psycho

D*ienstag, 27. September 2016.* Blackmore betrachtete den in sich zusammengesunkenen Mann mit dem neuen Namen und sah Krüger überrascht an. »Hast du für ihn ein Pseudonym ausgraben können?«

»Nicht direkt.«

Manchmal antwortete der *Grammatikfreak*, wie Carmen ihn mal in einer bösen Minute bezeichnet hatte, auch unpräzise. Aber man konnte nicht jede Minute Perfektion verlangen.

»Der heißt tatsächlich so. Das ist allerdings schon so lange her, dass er es selber wohl vergessen hat. Das war nämlich 1984.«

Harry oder besser: Herr von Eller zuckte zusammen. Blieb denn gar nichts dem Kommissar aus Hamburg verborgen?

»Es gab da mal einen Sohn aus gutem Hause«, begann Krüger seinen Bericht. »Sein Name war Moritz von Eller. Der Vater heiratete ein zweites Mal, eine Engländerin namens Linda Armstrong, was den Sohn wohl aus der Bahn geworfen hat. Nichts Neues also: Mutter tot oder weg, Vater mit neuer Liebe, Kinder abgemeldet.«

»Das ist jetzt aber sehr zynisch«, sagte Ashley.

»Aber normal«, sagte Krüger und setzte den Bericht fort. »Moritz verlegte sich auf Tierquälereien, kleinere Diebstähle und dergleichen; man kennt das ja.«

Von Eller wollte widersprechen, aber alle vier Ermittler legten den Finger auf die Lippen, so dass er schwieg.

»Als Anglistik-Student – das Abitur hatte er also geschafft – fuhr von Eller mit einer Exkursion von Mitstudenten samt Dozent nach London. Wenig später verlor sich dann seine Spur. Da er volljährig war und jeder aus seiner neuen Familie froh war, dass er nicht zurückkam, hatte man auch nur halbherzig Nachforschungen angestellt. Die Einzelheiten habe ich übrigens als Student schon 1984 von seiner Stiefmutter nach seinem Verschwinden erfahren.«

»Das beweist ja gar nichts«, murmelte der Gefangene.

»Doch.« Krüger kostete *Triümpfe* – ein weiteres Wort aus Carmens unerschöpflicher Sammlung von Neologismen – erst dann aus, wenn der Schurke hinter Schloss und Riegel saß beziehungsweise, wie es hier der Fall sein würde, der Obrigkeit übergeben sein würde. »Ich kann nämlich beweisen, dass Sie und der verschwundene Bonner Student ein und dieselbe Person sind.«

»Da bin ich aber mal gespannt«, sagte von Eller verächtlich.

»Ich auch«, sagte Blackmore.

»Wir ebenfalls.« Carmen nickte Ashley freundlich zu.

»Sie haben doch neulich«, fuhr der Kommissar fort, »mit dem Hotelier de la Tour zusammen einen Espresso getrunken, oder?«

»Aus einer Tasse?«, fragte Carmen. »Du weißt doch, Vorlagen …«

Krüger war es gewohnt, derlei Unsinn gar nicht mehr akustisch wahrzunehmen.

»Und das kann wer bezeugen?« Von Ellers Miene war fast *aufsässig* zu nennen.

»Zum einen die junge Dame hier«, Krüger zeigte auf Carmen, die eine kleine Verbeugung andeutete, »sodann de la Tour selbst, dessen Aussage ich gerne vorspielen kann, falls gewünscht.«

Von Eller schüttelte den Kopf. Er wusste, was nun kam.

»Und mich haben Sie beinahe umgerannt, so eilig hatten Sie es, das Atelier wieder zu verlassen. Jedenfalls habe ich Ihre Espressotasse untersuchen und die DNA bestimmen lassen.«

»Einfach so?«

»Einfach so«, bestätigte der Kommissar. »Also aus einem Bauchgefühl heraus.«

Harry sah ihn verächtlich an. »Und damit sind Sie in Ihrer Laufbahn durchgekommen? Nicht aufgrund von Tatsachen, sondern wegen komischer Gefühle etwas zu entscheiden?« Er schüttelte den Kopf. »Dann benötigen Sie aber noch eine zweite Probe zwecks Vergleichs. Und die haben Sie nicht. Selbst wenn Sie mir jetzt etwas Speichel und dergleichen abnötigen würden, beweist das nur, dass ich mit dem Espressotrinker identisch bin.«

»Das ist mir klar.« Krüger versuchte, nicht zu überlegen auszusehen, was ihm als kühlem Hanseaten leider nur teilweise glückte. »Daher habe ich einen meiner engsten Mitarbeiter gebeten, im Haus Ihrer Stiefmutter etwas zu suchen, das für eine DNA-Probe ausreichte.«

»Aber da gab es nach zweiunddreißig Jahren nichts mehr, oder?« Harry feixte. Er hatte wieder Oberwasser.

»O doch. Frau Armstrong hatte nämlich aus von ihr nicht mehr nachvollziehbaren Gründen ein Paar blutiger schwarzer Stutzen aus Ihrer Fußballzeit aufbewahrt, wohl aus einem verlorenen Spiel, nach dem Sie ihr sehr leid getan hätten. Die längst eingetrockneten Blutspritzer reichten zur DNA-Bestimmung. Das Ergebnis war eindeutig.«

»Schwarzer Kaffee, schwarze Strümpfe, ein schwarzes Gemüt«, sagte Ashley leise.

»Ich bin ja immer für mehr *bunt* im Leben«, sagte Carmen.

Von Eller begann, niedergeschlagen auszusehen.

»Weiter im Text«, sagte Krüger. »Als Bonner Kommissar—«

»Ich dachte, Sie seien aus Hamburg«, sagte von Eller.

»Bin ich auch. Mein Leben lang; schließlich bin ich ja da geboren. Aber meine Arbeitsstelle liegt in Bonn. Nur, Herr von Eller – vorhin wären Sie wohl weniger auskunftsfreudig gewesen, wenn Sie eine Verbindung zwischen Ihrem alten Leben in Bonn und meinen Ermittlungen in Bonn hätten ziehen können.«

»*Unseren* Ermittlungen«, sagte Blackmore.

»Natürlich, John, aber ein paar Nachfragen konnte ich telefonisch nur über meine Dienststelle und vor allem nur durch Harald Kaul, unseren Computer-Fachmann, klären lassen.«

»Harry Cool?«, fragte der DCI erfreut und grinste. Er kannte den Deutschen seit dem Fall der toten Theologieprofessoren vor sechs Jahren.

Krüger nickte. »Genau der. Kaul hat nämlich eine entscheidende Rolle gespielt, was den Fall des toten Harry angeht. Also des echten Harry.«

»Harold Morrison«, sagte Carmen, die stets informierte Sekretärin, während sie in ihren Notizen blätterte.

Von Eller setzte sich auf und hörte angespannt zu.

»1984 hat sich Moritz von Eller«, Krüger zeigte der Dramatik wegen auf ihn, »mit einer Gruppe Mitstudenten der Anglistik nach England aufgemacht, eine kleine Studienreise, wie ich vermute.«

»Das haben Sie vorhin schon gesagt.« Der Deutsche überlegte, ehe er missmutig sagte: »Fast könnte man ja annehmen, das hier sei eine Gerichtsverhandlung mit mir als Angeklagtem.«

»Keineswegs«, sagte Carmen. »Wir sortieren ja erst einmal nur die Beweise. Die Anklage kommt später.«

»Ein Tagesausflug führte von London nach Oxford, und dort kam es dann zu der unglückseligen Begegnung mit Harold Morrison.«

»Harry«, sagte Blackmore leise.

»*Unglückselig* aber nur für eine Partei.« Ashley unterstrich mit Schwung etwas auf ihrem Block.

»Vielleicht«, Krüger ließ sich ungern das Heft aus der Hand nehmen, »darf ich mal weiter erzählen?« Er sah sich um. »Danke. In Oxford hat von Eller deinen alten Bekannten Harry getroffen.« Ein Kopfnicken in Richtung des DCI. »Und zusammen sind sie dann auf den Carfax Tower geklettert.«

»Moment.« Von Eller protestierte. »Das stimmt nicht. Ich habe diesen Harry nie gesehen.«

»Sie möchten also eines Besseren belehrt werden? Moment.« Krüger zückte sein Handy, betätigte einige Tasten, gefolgt von zwei Wischbewegungen, und hielt den Bildschirm von Eller hin. »Das sind doch Sie, oder?«

Widerwillig nickte dieser.

»John, guck du mal.«

Blackmore nickte ebenfalls nach einem kurzen Blick. »Von Eller, nur entschieden jünger.«

»Und das hier, das sind Sie mit Harold Morrison.«

Von Eller betrachtete versteinert das inkriminierende Foto der beiden jungen Leute von 1984.

»Das ist doch auf der High Street gemacht worden, John, nicht wahr?«

»Stimmt.«

»Schließlich«, Krüger konnte ein triumphierendes Grinsen nicht unterdrücken, »noch diese großartige, fast *künstlerisch* zu nennende Aufnahme. Guck mal.«

Blackmore sah auf dem Handy-Bildschirm das ihm wohlbekannte, unscharfe Zeitungsfoto aus der *Oxford Mail.* Vor dem Schaufenster eines Geschäfts stand ein junger Mann und war so raffiniert fotografiert worden, dass die Spiegelung seiner Person im Glas ebenso gut auch ein zweiter junger Mann sein konnte, der neben ihm in die Linse schaute. Der DCI kniff die Augen zusammen. Da stand wirklich eine zweite Gestalt. Jetzt hatte er keine Zweifel mehr: Das war der falsche Harry.

»Jetzt Sie.« Krüger zeigte die Fotos von Eller, der empört guckte.

»Das haben Sie doch bestimmt mit irgendwelcher Software anfertigen lassen, nur damit Sie endlich etwas gegen mich in der Hand haben, oder?«

Krüger schüttelte entspannt den Kopf. »Nein, keineswegs. Die Dateien stammen von meinem Mitarbeiter Kaul, der sie wiederum vom damaligen Fotografen in Oxford bekommen hat. Wir besitzen jetzt den gesamten 36er Film mit allen Aufnahmen, digitalisiert natürlich.«

»Und wenn schon.« Von Eller versuchte, seinen Kopf aus der Schlinge zu ziehen. »Das beweist noch nicht, dass ich es war, der diesen Harry hinuntergestoßen haben soll.«

»Da haben Sie natürlich völlig recht. Aber auch dazu möchte ich Ihnen gerne etwas zeigen.« Der deutsche Kommissar blätterte weiter in seinem Telefon und drehte dann den Bildschirm so, dass er und von Eller gleichzeitig draufschauen konnten.

Vor den ungläubigen Augen des Kriminellen lief ein kleiner Film ab, ungefähr in gleicher Höhe aufgenommen, in der sich auch die Plattform des Carfax Tower befand.

»Die Aufnahmen stammen von der BBC«, erklärte Krüger, während Blackmore sich ebenfalls über das Handy beugte.

»Und wir?« Carmen reagierte empört. »Wir dürfen nichts sehen? Wieder sind wir von allem, was die Männerwelt angeht, ausgeschlossen.«

»Genau.« Ashley konnte ebenso empört aussehen.

»Wir stellen den Film später online«, sagte Blackmore. »Dann könnt ihr ihn herunterladen und vor dem Einschlafen gucken.«

Krüger schmunzelte, setzte dann aber wieder einen ernsten Gesichtsausdruck auf und fuhr fort: »Die BBC hat vom Turm von, Moment, englische Kirchennamen habe ich mir noch nie merken können ...« Er verstummte und suchte in seinem Telefon herum. »Ah, da ist es. Die BBC hat nämlich vom Turm der All Saints' Church aus Luftaufnahmen für eine ihrer tausend Krimiserien gedreht.«

»Das ist schon lange keine Kirche mehr«, sagte Blackmore, der den Stadtplan und sämtliche Gebäude nicht nur qua Beruf auswendig kannte, sondern auch, weil er Oxford liebte. »Seit 1975 gehört die Kirche zum Lincoln College und enthält die dortige Bibliothek.«

Manchmal waren dem Kommissar Einzelheiten zu viel, und er überging sie einfach in seinen Ausführungen. »Jedenfalls befindet man sich, wenn man auf den Turm kraxelt und innerhalb der wie ein kleiner griechischer Tempel aussehenden Spitze steht, auf etwa gleicher Höhe mit der Plattform des Carfax Tower. Ihr könnt euch denken, was jetzt kommt.«

Carmen nickte. »Die haben das Honorar für den vorgesehenen Schurkendarsteller gespart und einfach den echten Mord an Harold Morrison verwendet.«

Ashley lachte.

Blackmore grinste.

Und von Eller war blass geworden, noch blasser, als er ohnehin schon war.

»Beim Sichten des Filmmaterials hat man dann die Mordszene entdeckt und alles schleunigst deiner Dienststelle in Oxford übergeben, John.«

Der DCI sagte irritiert: »Aber das hätte man mir doch sagen müssen.«

»Du warst bloß einer von vielen Studenten.« Ashley bedachte ihn mit einem freundlichen Blick. »Weißt du, was ich vermute?«

Blackmore verneinte.

»Deine Kollegen in spe, besonders Inspector Strange, werden schon sorgsam ermittelt haben. Aber wen sollten sie denn finden? Harry war tot, und von Eller war flüchtig, weil er sich mit Harrys Papieren nach Frankreich abgesetzt hat. Stimmt's?«

»Stimmt«, sagte von Eller so leise, dass Krüger zweimal hinsehen musste, um die Mundbewegungen beim Reden wahrzunehmen.

Dann fiel dem Deutschen etwas ein. »Und Harry und ich sind auf dem BBC-Film so scharf, dass es für eine Identifizierung gereicht hat? 1984 kann es mit dem Zoomen doch nicht weit her gewesen sein.«

»Doch«, sagte Krüger, dem die Trumpfkarten nie auszugehen schienen. »Die BBC hat damals C-Videotape benutzt, mit dem eine Zoomfahrt über eine längere Strecke kein Problem darstellte. Hat Kaul auf meine Frage gleichen Inhalts jedenfalls gesagt. Damit gilt von Eller – und in einem Prozess würde die Staatsanwaltschaft dasselbe sagen – als des Mordes überführt. Und der verjährt nicht.«

»Das ist alles so lange her«, sagte von Eller. »Jugendlicher Überschwang, Jugendstrafrecht, zehn Jahre wegen Totschlags vielleicht – aber lebenslänglich?«

Carmen hörte genau zu. Sie hatte schon vor einiger Zeit ihr Handy auf *Aufnahme* gestellt und schnitt mit. Das kam fast einem Geständnis gleich.

Ashley runzelte die Stirn. »Verjährungsfristen in Frankreich, wie lange sind die denn?« Sie drehte sich zu Marius um, der schräg hinter ihr stand und den sie mit Simultandolmetschen der hauptsächlich auf Englisch geführten Unterhaltung die gesamte Zeit über auf dem Laufenden gehalten hatte.

Marius dachte nach. Er wollte sich jetzt auf keinen Fall blamieren und durchstöberte sein Gehirn nach der auswendig gelernten Vorschrift. Rasch hatte er sie, und dann fiel ihm auch ein, warum er sie so leicht behalten hatte: Wenn etwas verjährt war, musste man danach nicht mehr ermitteln. »Zwanzig Jahre«, sagte er. »Auch bei Mord.«

»Bei uns im Vereinigten Königreich verjährt Mord nie.« Blackmore schaute den deutschen Mörder emotionslos an. »Ich glaube, ich lasse bei uns einen Auslieferungsantrag stellen.«

Von Eller schluckte. Jetzt hatte er die Wahl zwischen einem Aufenthalt in einem englischen oder in einem französischen Gefängnis, eine Entscheidung zwischen Pest oder Cholera. Aber vielleicht sollte er sich wehren?

»VERDAMMT NOCHMAL. ICH VERLANGE SCHON HANDFESTERE BEWEISE, NICHT NUR DIESE HALBEN VERMUTUNGEN.«

Jetzt war von Eller außer Atem, und die beiden Frauen grinsten und sahen einander an. Beide dachten dasselbe: Egos, die so groß waren, dass man dauernd über sie stolperte, standen den Vernünftigen der Welt nur dauernd im Weg.

»Lass mal die Schreierei«, sagte Carmen. »Schau genau hin: Wir sind maximal eins fünfundsiebzig von dir entfernt. Wir verstehen dich ganz gut. Und ein kleiner Rat: Nur Großbuchstaben helfen einem auch nicht weiter im Leben.«

Von Eller packte einen weiteren Blick aus dem Handbuch für Anfangsgangster aus.

»Keine Chance«, sagte Ashley. »Versuch mal, wie ein Mann zu gucken. Nicht wie ein Kleinganove, den gerade der örtliche *Bobby* am Schlafittchen hat.«

»*Schupo*«, übersetzte Carmen automatisch.

Blackmore grinste.

»Weiter«, sagte die fixe Übersetzerin. »Du bist so schön in Fahrt, Krüger. Jetzt auch noch der Rest.«

»*Rest* ist gut«, sagte Ashley. »Ohne die Morde an Paul Gascoigne, Peter Miller und dem armen Kellner säßen wir jetzt nicht hier. Die Beweise, *mon cher.*« Sie warf Krüger einen auffordernden Blick unter ihren langen Wimpern zu.

Aber der deutsche Kommissar hatte keine Lust mehr. Er hatte sich schon viel zu lange mit diesem emotionslosen Straftäter beschäftigt, der ausschließlich um sich selber kreiste – nur bei sich griff er auf Gefühle zurück – und dem alles andere, eben auch Menschenleben, egal war, wenn er nur selber jedes Mal den eigenen Vorteil im Blick behalten konnte. *Der Pate*, von wegen. Die Figur des Italieners im Film hatte ja wenigstens noch Stil gehabt.

Krüger grinste vorsichtig. Ohne Carmens Kalauer oder: ohne deplatzierte Bemerkungen, die nur von seiner eloquenten Freundin stammen würden, konnte er sich ein Leben nicht mehr vorstellen.

Für von Eller war nur ein Begriff passend: *Der Psychopathe.*

Déjà Vu

Mittwoch, 28. September 2016. Wie vor einem Jahr – nach der Klärung des Falles um Cain und Abels – hatten sich die Beteiligten der diesjährigen franko-englischen Mordserie, wie sie in die Annalen der Dörfer um Avignon eingehen sollte, in der Landhausküche des Untersuchungsrichters Bertrand Bonnefoy in Châteaurenard eingefunden. Ein ausgiebiges Gelage wie bei jeder guten Geschichte musste die aufregenden Tage zuvor abrunden; ohne Kalorien und ohne diverse Öchsle-Grade konnte keiner der Beteiligten innerlich mit dem Geschehen abschließen.

Klammheimlich hatte Carmen die Oberaufsicht über die kulinarischen Vorbereitungen übernommen und dirigierte ihre Freunde. Bonnefoy hatte erst gestutzt, dann aber fröhlich gelächelt, den beiden Paaren die Küche überlassen und war unter dem Vorwand, aus dem reichen Bestand seines Weinkellers die entsprechenden Flaschen aussuchen zu müssen, verschwunden. Inzwischen saß er am Schreibtisch und überflog die letzten Notizen zur Festnahme von Moritz von Eller.

Marius trat einen Schritt zur Seite und ließ Bonnefoy durch den Spalt hinter dem Weinstock eintreten. Es ging doch nichts über Stille Post – in diesem Fall: Lautlose SMS – zwecks Herbeizitierung eines Vorgesetzten. Die vier Touristen hatten so lange mit der Fast-Verhaftung des Deutschen gebraucht, dass der Untersuchungsrichter aus Avignon in aller Ruhe hatte anreisen können. Jetzt stand er neben dem Gendarmen, der doch mehr Fähigkeiten und Verstand zu besitzen schien, als er bisher unter Beweis hatte stellen können.

Bonnefoy räusperte sich, und Krüger zuckte zusammen.

»Ach, du bist's«, sagte Carmen überflüssigerweise. »Wenn man dich mal braucht …«

»Bist du sofort zu Stelle«, beendete Ashley den ins Leere gelaufenen Satz ihrer Freundin.

»Danke«, sagte der Richter. »Das ist der Täter?«

Die vier Freunde nickten gleichzeitig.

Von Eller schüttelte den Kopf.

»Soll ich mich seiner annehmen?«

»Das kannst du gerne tun.« Krüger hatte sein gewinnendstes Lächeln aufgesetzt, wobei Bonnefoy ohnehin derjenige war, der sich um das weitere juristische Vorgehen im Falle des adligen Mörders kümmern musste.

Von Eller sah der freundlichen Unterhaltung ziemlich verständnislos zu.

»Wollt ihr euch jetzt mit mir unterhalten oder weiter mit dem Schurken im Drama?« Bonnefoy machte eine ernste Miene, so dass keiner wusste, ob das ein offizieller Tadel war oder nur das leicht zu durchschauende Bemühen, den Verdächtigen in Sicherheit zu wiegen und dann aus dem *Dunkel der Nacht*, wie Carmen es später nennen würde, zuzuschlagen.

Krüger setzte zu einer Antwort an, die mit J begann – es war schließlich eine Oder-Frage, aber Blackmore kam ihm zuvor.

»Uns sind ja leider, was Recht & Ordnung angeht, bei unseren französischen Freunden die Hände gebunden. Aber ich kann den Herrn ja schon einmal über seine Rechte belehren.«

Ashley arbeitete als Dauer-Dolmetscherin. Momentan übersetzte sie weiter für Marius, der mit einer einzigen Sprache durchs Leben kam. Blackmores nächsten Satz kannte sie auswendig.

»*You do not have to say anything. But, it may harm your defence if you do not mention when questioned something which you later rely on in court. Anything you do say may be given in evidence.*«

Carmen flüsterte Krüger den Wortlaut im Deutschen zu: »Sie müssen nichts sagen. Aber es kann Ihrer Verteidigung schaden, wenn Sie bei der Befragung etwas verschweigen, auf das Sie sich später vor Gericht berufen. Alles, was Sie sagen, kann als Beweismittel verwendet werden.«

»Kenne ich doch«, gab Krüger ebenso leise zurück. »Ich gucke auch englische Krimiserien. Im Original.«

Der DCI betrachtete den Richter. Beide überlegten augenscheinlich, wie sie sich jetzt des Mörders entledigen konnten. Der Engländer ergriff als erster das Wort.

»Also, *mon cher* Bertrand, walte doch einfach deines Amtes. Krüger hat den Herrn schon eines Mordes in Oxford aus dem Jahr 1984 überführt, während du noch unterwegs warst. Ich kann ihn mit nach Großbritannien nehmen, wo er dann *at her majesty's pleasure* den Rest seines Lebens verbringen kann. Hier gefällt es ihm möglicherweise nicht so gut, dabei habt ihr ja wenigstens schon die Guillotine abgeschafft.«

»Meinst du wirklich, dass die Königin Vergnügen dran hat, Straftäter einzubuchten?« Ashley sah ihren Freund zweifelnd an.

»Nee«, sagte der DCI salopp, »glaube ich nicht. Aber die Formulierung besagt eigentlich nur, dass wir Untertanen uns nie um etwas Sorgen zu machen brauchen, da die Königin an allem und jedem Anteil nimmt und das ganze, *well*: englische Leben ausschließlich und nur zu ihrer Unterhaltung passiert.«

»Da lobe ich mir doch die Auswüchse der Demokratie«, sagte Krüger. »Alle sind verantwortlich, und hinterher will's wieder keiner gewesen sein.«

Carmen grinste. Endlich mal ein zitationsfähiger Satz ihres Freundes für die Ewigkeit.

Bonnefoy gähnte. Er blätterte eine Seite seiner Aufzeichnungen um. Manchmal waren die beiden Freundespaare doch anstrengend, die Deutschen fast mehr als die Engländer. Und wenn es dann noch um Politik und Sprache ging, musste er aufpassen, dass er als Vertreter der Grande Nation nicht das Nachsehen hatte. Er nahm den Kugelschreiber zur Hand und überlegte, wo er die notwendige kleine Ergänzung anbringen sollte: Er war sich nämlich ziemlich sicher, dass er den Täter schon in Villeneuve-lès-Avignon nach dem Essen in La Salamandre gesehen hatte, als dieser sich unauffällig, wie er hoffte, an den Häusern Richtung des Forts davongeschlichen hatte.

»Was ist jetzt mit dem Wein?«, rief Carmen aus der Küche.

»Kommt.« Der Richter schmunzelte über sich selbst: Die gleiche Geschichte wie beim Arzt – man muss nur den Leuten versichern, sie seien gleich an der Reihe, und schon hat man wieder für zwanzig Minuten Ruhe. Er schlug eine weitere Seite um.

»Könnt ihr vielleicht mal mit den Diskussionen aufhören und euch um mich kümmern?« Von Eller verlor endgültig die Geduld. Er machte einen Satz auf Marius zu, der das Pech hatte, in erreichbarer Nähe zu stehen, und hieb ihm, da seine Handgelenke gefesselt waren, mit beiden Fäusten auf die Nase.

Der Gendarm schrie auf, verlor das Gleichgewicht und ergriff von Eller, um sich an ihm festzuhalten. Beide stürzten zu Boden, wobei der umfangreichere Polizist auf dem schmäleren Adelsvertreter zu liegen kam.

Krüger grinste.

»Wenn Marius ein bisschen dort ausruht«, sagte Carmen, »ist von Eller etwas flacher geworden und passt besser in dein Auto, lieber Bertrand.«

Ashley kicherte. »Ich hätte es ähnlich formuliert.«

»Danke«, sagte die deutsche Aphoristikerin.

Der Richter unterdrückte ein Lachen. »Zerstreuungen jedweder Natur bin ich ja immer gerne hinzunehmen bereit, aber momentan agiere ich hier als Vertreter des Gesetzes.«

»*Det Oje det Jesetzes*«, sagte Carmen mit Berliner Akzent. »Hat mein Großvater immer gesagt, wenn einer der Freunde von der Trachtengruppe in der Nähe war.«

Die geballte Staatsmacht in Form von Blackmore, Bonnefoy und Krüger warf ihr einen ziemlich bösen Blick zu. Beziehungsweise mehrere. *Trachtengruppe* als Umschreibung der Polizei wiesen sie weit von sich.

Von Eller stöhnte. »Hilfe«, flüsterte er.

»So geht das nicht«, sagte Carmen. »Lauter, damit Sie jemand hört! Das erinnert mich an einen Punker vor dem Bonner Hauptbahnhof, den die Zuführung von morgendlichem Alkohol um zehn bereits umgehauen hatte, so dass er sich die Nase am Bordstein aufgeschlagen hatte. Leise rief er nur: ›Ey, Hilfe, ey.‹«

Krüger verzog wie üblich keine Miene bei den übleren Scherzen seiner Lebensgefährtin.

Marius rappelte sich wieder auf und zog dabei von Eller hoch. »Sie sind festgenommen.«

»Ohne *vorläufig*«, sagte Bonnefoy. »Der kommt nämlich nie wieder raus. Weder bei uns noch im Vereinigten Königreich.«

»Wer kriegt ihn denn jetzt?«, fragte Carmen.

»Das wird ausgelost.« Ashley sah das Dilemma der beiden Freunde: Übernahm Bonnefoy den Deutschen, ging das ganze Prozedere mit Dolmetscher, deutschem Anwalt, französischem Anwalt und Korrespondenzanwalt los, und es würde Monate, wenn nicht sogar Jahre dauern, bis von Eller seiner gerechten Strafe zugeführt wurde. Übernahm dagegen Blackmore den Deutschen, ging das ganze Prozedere mit Dolmetscher, deutschem Anwalt, englischem Anwalt und Korrespondenzanwalt los, und es würde Monate, wenn nicht sogar Jahre dauern, bis von Eller seiner gerechten Strafe zugeführt wurde. Also blieb nur das Losverfahren.

Blackmore legte den Kopf schief und grinste den Richter hinterhältig an. »Mir fällt gerade auf, dass wir ganz leicht entscheiden können, wer den Täter übernimmt: *Einem* Mord in England stehen *drei* Morde hier in Frankreich gegenüber. Du bekommst ihn.«

Von Eller schwieg. Augenscheinlich hatte er seine Bemühungen eingestellt, nach Beweisen zu fragen.

»Andererseits«, Blackmores Grinsen war breiter geworden, »können wir das auch mittels Schere Stein Papier entscheiden.«

Bonnefoy nickte. »*D'accord*«, sagte er nur.

»Ohne Brunnen«, sagte Carmen.

Nach acht Runden stand es immer noch unentschieden.

»Hört mal auf«, sagte Marius.

Die drei anwesenden Herren aus der Ermittlerszene sahen ihn überrascht an. So forsch kannten sie den Gendarmen gar nicht.

»Ihr könnt morgen weiterspielen. Ich nehme den Mann jetzt mit, verfrachte ihn in Avignon in eine Zelle und gehe essen. Ich habe nämlich Hunger.«

Carmen steckte den Kopf zur Tür herein.

Das Geräusch ließ Bonnefoy von seinem Schreibtisch aufsehen. Ihr Gesicht formulierte eine einzige Frage, die mit Alkohol zu tun hatte.

»Schon gut«, sagte er und stand auf. »Der Wein. Stimmt ja. Hole ich sofort.« Er hoffte, dass er genügend zerstreut aussah. Als er endlich mit drei Flaschen wieder in die Küche zurückkam, duftete es schon verführerisch gut. Ashley rührte gerade eine Bouillabaisse um, die wenig nach Fisch, dafür umso mehr nach Gemüse und Gewürzen roch. Zuvor hatte sie in einer Pfanne mit bestem Olivenöl Zwiebeln angebraten, anschließend zerkleinerte Tomaten ohne Schalen mit französischen Kräutern dazugefügt und im Anschluss geriebene Orangenschalen, Knoblauch und Safranfäden untergerührt, gefolgt von den Fischstücken, zuerst die festeren, sodann die mit weicherem Fleisch. Schließlich Wasser. Alles ließ sie fünfzehn Minuten kochen.

Bonnefoy lief das Wasser im Mund zusammen. »Hat das Rezept meiner Tante also endlich die Geltung bekommen, die es verdient hat«, sagte er zufrieden. »Mir war das immer zu viel Arbeit.«

»Jetzt hast du ja zwei Frauen hier«, sagte Carmen, »die dir gerne alles abnehmen. Die Sklavinnen der Welt.«

»Genau«, sagte Ashley. »Aber wir sind ja nicht nur zum Vergnügen hier. Mir sind noch ein paar Sachen unklar, *dear* Krüger, *mon cher.*«

»Das ist jetzt ja ein bisschen zu dick aufgetragen«, sagte Blackmore. Ein kritischer Blick auf seine hübsche Freundin folgte.

»Ach, lass sie man.« Der Hamburger Kommissar sah sich um. »Können wir irgendwo helfen, lieber Bertrand?«

»Nicht wirklich. Zu viele Köche—«

»Sind des Hasen Tod«, unterbrach ihn Carmen, verschluckte sich aber bei ihrem eigenen Lachen und musste mit einem Glas Wasser wieder zur Räson gebracht werden.

»Was möchtest du denn wissen?«, fragte Krüger.

»Alles«, sagte Carmen und nahm Ashley das Wort aus dem Mund. »Damit ich anschließend innerlich diesen Fall abhaken kann.«

»*Well*«, sagte ihr Freund, der sich inzwischen in drei europäischen Sprachen problemlos verständigen konnte. »Mord 1: Der gute Paul Gascoigne musste sterben, weil er zum einen von Eller erkannt hatte – eben *nicht* als den ihm bekannten *Harry* aus Oxford – und zum anderen für den aktuellen Verbleib der Edelsteine aus dem Londoner Raub verantwortlich war, die von Eller ja in seinen Besitz bringen wollte. Mord 2: Peter Miller musste ebenfalls das Zeitliche segen, da der Säbel – ihr erinnert euch: der Edelstein-Aufbewahrungsort – inzwischen bei ihm gelandet war, nachdem er in dem Zug in England den kleinen Beutel übernommen hatte. Hat John uns ja berichtet. Zusammen haben Paul und Peter mit von Eller im Hintergrund lukrative Geschäfte gemacht, ohne dass sie wussten, wen sie eigentlich vor sich hatten.«

»Woran wollen die beiden denn von Eller zuerst als ihren alten Freund Harry erkannt haben?«

»Der Täter sagte heute früh bei seiner Befragung im Untersuchungsgefängnis«, antwortete Bonnefoy, »er habe sich bei Paul Gascoigne verplappert, als die Rede auf Oxford gekommen sei und er, *Harry*, eine Bootstour auf der Themse mit dem zu Tode gekommenen Mädchen erwähnt habe. Die Szene konnten nur die damals Beteiligten kennen. Und von Eller hatte das wiederum von dem echten Harry erfahren.«

»Dann müssen die beiden Händler aber schon sehr aufgepasst haben«, sagte Carmen skeptisch.

»Ist Gascoigne denn das wichtigste Erkennungsmerkmal beziehungsweise Unterscheidungsmerkmal tatsächlich aufgefallen?« Blackmore mischte sich in die Aufklärung ein. Es schien, als wolle er noch etwas sagen, aber er machte stattdessen eine dramatische Pause.

»Nun zier dich mal nicht so«, sagte Ashley ironisch zu ihm.

»Von Eller hat ein verkürztes linkes Ohrläppchen.«

»Mann, hast du eine Beobachtungsgabe«, sagte Carmen.

»Habe ich mir vor langen Jahrzehnten in einem Pub in Oxford angeeignet«, sagte Blackmore, ein wenig stolz. »Kann ich euch bei Gelegenheit mal erzählen.«

»Habe ich mich also doch nicht getäuscht«, sagte Krüger. »Ich war mir nur nicht sicher. Dabei hat Kaul mich schon aufgrund des alten Schwarzweißfotos bei seiner Stiefmutter darauf hingewiesen.«

»Und das hat Gascoigne tatsächlich registriert?« Carmen wollte es noch immer nicht glauben.

»Doch, hat er.« Der Richter öffnete, während er weiterredete, einen 2011er Côteaux d'Aix-en-Provence Blanc vom Château de Beaupré. »Der Antiquitätenhändler handelte auch mit altem Silber und kannte sich daher mit den winzigen Marken der Gold- und Silberschmiede auf dem jeweiligen Stück aus. Genaues Hinschauen war das Wichtigste in seinem Beruf.«

»Wie bei uns zu Hause auch«, sagten Krüger und Blackmore fast gleichzeitig.

»Sprich, von Eller als der im Hintergrund die Fäden ziehende Pate hat mit Gascoigne bei einem Espresso das nächste Geschäft erörtert. Dabei hat ihm der Antiquitätenhändler auf den Kopf zugesagt, er sei gar nicht Harry – wer auch immer sonst er sei. Er sehe dem alten Freund nur verdammt ähnlich.«

»Wahrscheinlich wollte er bloß bessere Geschäftsbedingungen aushandeln«, sagte Carmen, die versierte Geschäftsfrau, »in der irrigen Annahme, er müsse von Eller nur in der Hand haben und eisernes Schweigen versprechen.«

Bonnefoy nickte. »Um weitere unliebsame Nachfragen zu verhindern, hat von Eller dann die herumliegende Mordwaffe ergriffen und zugestochen. Sagte er jedenfalls.«

Carmen seufzte. »Wenn die Leute doch weniger impulsiv wären ...« Sie sah auf. In der rechten Hand hielt sie ein scharfes Gemüsemesser, in der linken ein Bündel Löwenzahn, das sie gerade zerkleinerte. »Von Eller war also die Spinne im Netz, die das Geschehen gesteuert hat?« Sie legte die Salatblätter wieder auf das Schneidebrett. Chicorée, Eichblatt, Endiviensalat, Rauke, Frisée, Kerbel und Radicchio hatte sie schon auf handliche Bissen reduziert. Alles zusammen würde später mit dem richtigen dunklen Dressing einen wunderbaren provençalischen *Mesclun* geben.

Krüger nickte mit vollem Mund, da er gerade von einem frischen Baguette ein Stück abgetrennt hatte, das er genussvoll zerkaute.

»Was ist eigentlich aus der Kasse des Ermordeten geworden?«, fragte Carmen. Sie sprang mal wieder mit ihren Gedanken.

»Anscheinend hatte Gascoigne nur vergessen, das Geld aus dem dafür bestimmten kleinen Tresor in seinem Laden umzupacken«, antwortete Bonnefoy. »Das lag da noch friedlich, als wir die Geschäftsräume durchsucht haben. Wenn sich kein Erbe findet, bekommt es die Staatskasse.«

»Ihr könntet doch so tun«, sagte Carmen, »als sei der Schotter tatsächlich weg, und alles lieber den Armen spenden.«

Bonnefoy lachte. »Wenn das so einfach wäre … Nein; alles in seinem Geschäft ist akribisch erfasst worden. Das Mobiliar und die Ware wird versteigert werden; das Geld—«

»Wissen wir«, sagte Ashley und stupste ihren Freund an. »Du wolltest doch etwas fragen?«

»Wer hat denn jetzt auf Carmen geschossen?« In der Hand hielt Blackmore ein kleines Glas, in das der Richter gerade etwas Weißwein zwecks Testens gefüllt hatte.

»Das kann ich dir sagen«, sagte Bonnefoy. »Keine Ahnung.«

Die beiden Paare sahen ihn entgeistert an.

»Wie – keine Ahnung?«, fragte Carmen. »Ich dachte, du hast den Schützen.«

»Ich habe heute Vormittag René und Renée Roux festnehmen lassen, aber die haben ein Alibi für die gesamte Zeit während der Großen Verfolgungsjagd«, sagte der Richter. Das große G konnte man hören.

»Das heißt«, Carmens linke Augenbraue hob sich bedrohlich, »die französische Staatsmacht ist nicht in der Lage, einen lumpigen Revolverhelden festzunehmen, der auf eine harmlose Touristin geschossen hat?«

»So würde ich das nicht sagen«, entgegnete Bonnefoy etwas verstimmt. »Wir werten noch einige Aufnahmen von Überwachungskameras aus, und ich bin sicher, dass ich dir in wenigen Tagen den Übeltäter nennen kann.«

»Der gehört bestimmt zu von Ellers Patenschaften, denke ich.« Krüger nahm erfreut auch ein Glas Weißwein entgegen.

»Aber wir können dem Ehepaar Roux eine Beteiligung am Drogen- und Juwelenhandel nachweisen. Der Nachbar auf dem Antiquitätenmarkt, ein Monsieur Simon, hat mir ja gesagt, dass der An- und Verkauf von Edelsteinen ein offenes Geheimnis sei, was dann die Hausdurchsuchung bei Roux und Roux bestätigt hat.« Jetzt sah der Richter wieder zufrieden aus. Er trat neben Ashley an den Herd. »Lass mich mal eben nach dem Hauptgang schauen.«

Er nahm vorsichtig den Deckel ab, ergriff einen kleinen Löffel und probierte den Sud. »Hm, noch etwas Ingwer, würde ich sagen. Nur provençalische Kräuter alleine reichen nicht.«

»Was hast du denn überhaupt vorbereitet?« Carmen hatte ihre schlechte Laune schon wieder vergessen und steckte die Nase in den aufsteigenden Dampf.

»Schmorfleisch à la Provence«, sagte der Richter. »Vulgo: *Daube provençale*. Soll ich dir's erklären?«

Nicht nur Carmen, sondern alle anwesenden Touristen nickten, hatten sie doch die Kochkünste des Untersuchungsrichters vom letzten Jahr in bester Erinnerung.

»Noch gestern Abend habe ich die Rindfleischstücke mariniert, zusammen mit kleingehackten schwarzen und grünen Oliven, Möhren, Knoblauch, Nelken und Rotwein, das *teuerste* Olivenöl nicht zu vergessen.« Er grinste schräg. »Heute morgen habe ich das Fleisch und diverse Speckwürfel scharf angebraten.«

»Immer diese ungenauen Mengenangaben«, sagte Carmen, schwieg aber nach einem Lehrerblick von Bonnefoy sofort wieder.

»Anschließend wird etwas Mehl eingerührt. Dann fügt man das Gemüse aus der Marinade hinzu und gießt alles mit einem sehr guten Rotwein auf, je guter, desto besser schmeckt alles hinterher.« Bonnefoy grinste erneut. »Noch zwei Esslöffel Tomatenmark dazu, und anschließend muss man alles vier bis fünf Stunden bei kleinerer Hitze vor sich hin schmoren lassen.«

»Köcheln«, sagte Carmen.

»Egal«, sagte Krüger. »Bei Bertrand schmeckt es immer.«

»Wenn ihr wollt, können wir essen!« Bonnefoy rieb sich die Hände.

»*Andiamo*«, sagte Ashley.

Zwei Stunden später, nach lebhafter Unterhaltung, wunderbaren Anekdoten, viel Wein – jedoch nicht in derselben Menge wie neulich Abend in Villeneuve-lès-Avignon – und einem simplen Dessert in Form von Apfeltarteletten mit Nüssen, Pinienkernen und Rosinen, setzte Carmen das Glas ab. »Ich muss dich noch etwas fragen, Krüger.«

»Frage für einen Freund«, sagte Blackmore.

»Wann hast du eigentlich vermutet, dass *Harry* kein Engländer ist?«

»Als er einige Wörter mit glasklarem deutschem Akzent ausgesprochen hat. Er hat nämlich *Leipzich* gesagt und nicht etwa *Leipzick*. Das hat sich bei einigen anderen Wörtern wiederholt, die ich mir aber nicht alle gemerkt habe. Und ich hatte ein komisches Gefühl, als ob ich den Herrn schon mal irgendwo gesehen hätte.«

»Echt jetzt?« Carmen sah ihn unschlüssig an. »Kommissare, die Gefühle haben?«

Ashley kicherte.

»Wenn man darauf hört«, sagte Krüger weise, »kann man sich viele Unebenheiten im Leben ersparen. Jedenfalls fiel es mir wieder ein, das 1984er Foto vom Kamin bei Frau Armstrong in Bonn. Daraufhin habe ich Kaul nachforschen lassen. Und da es ja bekanntlich keinerlei Zufälle im Leben gibt, sondern nur Karma, war mir klar, dass ich irgendwann dem Jungen von 1984 *in persona* wiederbegegnen würde.«

»Die Untersuchung der Espressotasse vom Hotel Atelier war also auch nur ein Gefühl?«

Krüger nickte.

Blackmore nickte ebenfalls. »Stimmt. Ohne Bauchgefühl, bei uns heißt es *Intuition*, kommt man als Ermittler nicht weit.«

»Das Problem ist eher, dass alles schon mal dagewesen ist«, sagte Krüger. »Morde mit altmodischen Stichwaffen. Drogenschmuggel. Auto- und Bootsrennen. Juwelendiebstähle. Und überall nur weiße Kastenwagen.«

»Da war doch sogar einer dabei, der rote Heringe transportierte«, sagte Ashley. »Jedenfalls roch der so.«

Gelächter bei allen Anhängern von Mord und Totschlagsgeschichten.

»Das muss dich doch entsetzlich langweilen«, sagte Carmen. »Bei deinem Intellekt. Immer das Gleiche.«

Ashley kicherte schon wieder.

»*Pas du tout*«, sagte Krüger, der auch in diesen Ferien wieder an seinem ausländischen Wortschatz gearbeitet hatte. »Keineswegs. Wenn ich auch in meinem bereits ein halbes Jahrhundert währenden Berufsleben ...«

»Jetzt übertreibt er aber«, sagte Blackmore, der kaum weniger Jahre an Erfahrung auf dem Buckel hatte.

»... schon alles gesehen habe«, fuhr der Bonner Kommissar unbeeindruckt fort, »so faszinieren mich jedoch jedes Mal die Variationen an Mord und Totschlag, derer der jeweilige Schurke fähig ist.«

»Sieben Variationen genau«, sagte Bonnefoy. »Neid, Völlerei, Gier, Wollust, Hochmut, Trägheit und Zorn. Nicht mehr und nicht weniger.«

Carmen sah ihn zweifelnd an. »Und wozu zählt ihr dann die ganze Internetkriminalität, die Trojaner, die Bots, die Bankenfonds, die Politik, die Großindustrie und dergleichen?«

Ashley gluckste und trank einen großen Schluck.

»Das Problem sind eher die gleichen Witze wie schon im letzten Jahr«, sagte Bonnefoy, der stets einen klaren Kopf und einen wachen Verstand aufweisen konnte.

»Das ist doch vollkommen egal, *mon cher*«, sagte Carmen, »so umnebelt, wie eure großen Geister im letzten Jahr waren, habt ihr alle Pointen längst wieder vergessen.«

Krüger hustete. »Ich habe zu viel geredet«, sagte er zu Blackmore. »John, kannst du mir mal das Wasser reichen?«

»Nee, das kann, glaube ich, keiner«, sagte Carmen. »Nicht einmal ich.«

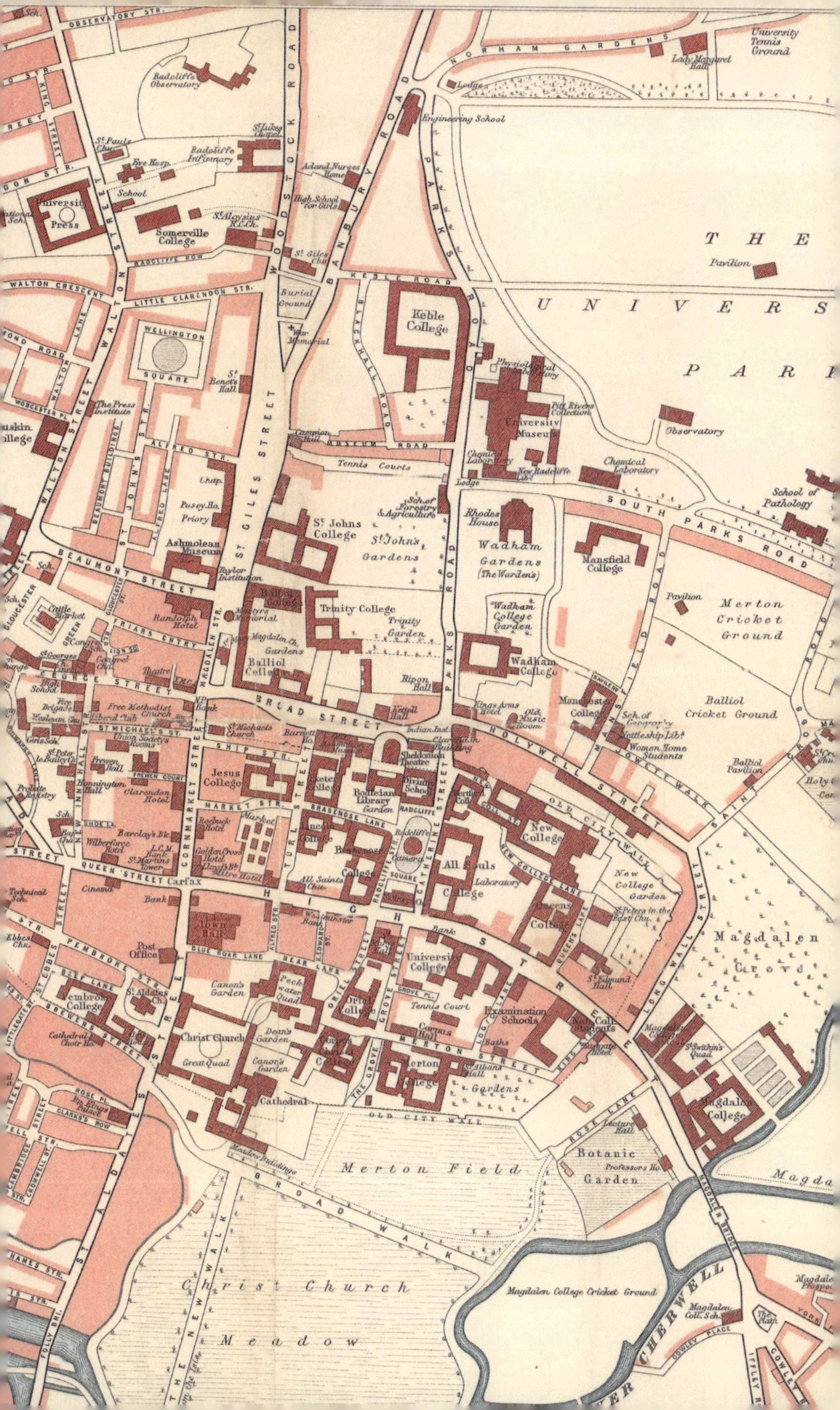

OBSERVATORY STR.
Radcliffe Observatory
NORHAM GARDENS
Lady Margaret Hall
University Tennis Ground
Lodge
Engineering School
St. Lukes Chapel
Radcliffe Infirmary
St. Pauls Chu.
Eye Hosp.
Acland Nurses Home
School
University Press
High School for Girls
St. Aloysius R.C.Ch.
Somerville College
RADCLIFFE ROW
St. Giles Chu.
WOODSTOCK ROAD
BANBURY ROAD
PARKS ROAD
THE
Pavilion
UNIVERS
PARK
WALTON CRESCENT
LITTLE CLARENDON STR.
KEBLE ROAD
Burial Ground
Keble College
War Memorial
WELLINGTON SQUARE
St. Benet's Hall
BLACKHALL ROAD
Physiological Laboratory
Pitt Rivers Collection
University Museum
Observatory
WORCESTER PL.
The Press Institute
Ruskin College
Campion Hall
MUSEUM ROAD
Tennis Courts
Chemical Laboratory
New Radcliffe Lib.
Chemical Laboratory
School of Pathology
WALTON STREET
BEAUMONT BUILDINGS
ST. JOHN'S STR.
ALFRED STR.
ALFRED LANE
Chap.
Pusey Ho.
Priory
Sch. of Forestry & Agriculture
Lodge
SOUTH PARKS ROAD
St. Johns College
St. John's Gardens
Rhodes House
Wadham Gardens (The Warden's)
Mansfield College
Ashmolean Museum
Taylor Institution
BEAUMONT STREET
ST. GILES STREET
Sch.
Cattle Market
Randolph Hotel
Balliol College
Martyrs Memorial
Trinity College
Trinity Garden
Wadham College Garden
Pavilion
Merton Cricket Ground
GLOUCESTER GREEN
FRIARS ENTRY
St. Mary Magdalen Ch.
Gardens
Balliol College
Wadham College
St. Georges Ch.
Cinema
Theatre
Y.M.C.A.
Ripon Hall
Manchester College
MANSFIELD ROAD
High School
GEORGE STREET
Fire Brigade
Free Methodist Church
Liberal Club
BROAD STREET
Kettell Hall
Kings Arms Hotel
Old Music Room
Sch. of Geography
Nettleship Lib.
Balliol Cricket Ground
Wesleyan Chu.
ST. MICHAEL'S ST.
St. Michaels Church
Barnett Ho.
Indian Inst.
Clarendon Building
HOLYWELL STREET
Women Home Students
Union Society's Rooms
SHIP STR.
Sheldonian Theatre
JOWETT WALK
Balliol Pavilion
St. Peter le Bailey Ch.
Frewen Hall
FREWEN COURT
Jesus College
Exeter College
Bodleian Library
Divinity School
Hertford Coll.
Holy
Probate Registry
Hannington Hall
Clarendon Hotel
MARKET STR.
Garden
RADCLIFFE
New College
NEW INN HALL STREET
Sch.
SHOE LA.
Roebuck Hotel
Market
BRASENOSE LANE
Lincoln College
OLD CITY WALL
Barclay's Bk.
Radcliffe Camera
Brasenose College
NEW COLLEGE LANE
Wilberforce Hotel
L.C.M. Bank
St. Martins Tower
Golden Cross Hotel
Lloyd's Bk.
Mitre Hotel
All Souls College
Laboratory
QUEEN STREET
Carfax
CORNMARKET STREET
TURL STREET
RADCLIFFE SQUARE
CATHERINE STREET
New College Garden
Technical Sch.
Cinema
Bank
All Saints Chu.
Queens College
St. Peters in the East Chu.
HIGH STREET
Westminster Bank
Bank
QUEENS LANE
LONGWALL STREET
Magdalen Grove
Ebbes Chu.
PEMBROKE STR.
Post Office
Town Hall
BLUE BOAR LANE
BEAR LANE
University College
St. Edmund Hall
BEEF LANE
St. Aldates Ch.
Canon's Garden
Peckwater Quad
Oriel College
GROVE PL.
Tennis Court
Examination Schools
Non Coll. Students
Pembroke College
BREWERS STREET
Christ Church
Dean's Garden
Corpus Christi College
Corpus Hall
MERTON STREET
Baths
Magdalen College
St. Swithin's Quad
Cathedral Choir Ho.
Great Quad
Canon's Garden
Merton College
St. Albans Hall
Gardens
LOGIC LANE
KING ST.
Eastgate Hotel
ROSE PL.
Bp. Kings Palace
CLARKS'S ROW
Cathedral
THE GROVE
OLD CITY WALL
ROSE LANE
Lecture Hall
Magdalen College
LITTLEGATE ST.
ST. EBBES
CAMBRIDGE STR.
CROWELL ST.
Meadow Buildings
Merton Field
Botanic Garden
Professors Ho.
MAGDALEN BRIDGE
Magda
BROAD WALK
ST. ALDATES STREET
THAMES STR.
THE NEW WALK
Christ Church Meadow
Magdalen College Cricket Ground
CHERWELL
Magdalen Coll. Sch.
The Plain
Magdalen Prospect
COWLEY PLACE
IFFLEY R.
COWLEY
FOLLY BRI.

John George & John Ian Bartholomew, *Stadtplan von Oxford* [Ausschnitt];
Edinburgh Geographical Institute, 1910

Nachbemerkungen

Die Geschichte auf den vorangegangen Seiten habe ich in Görlitz (Sachsen), Plumetot (Normandie), Lich (Hessen) und natürlich in Rheinbach (Nordrhein-Westfalen) geschrieben, an völlig unterschiedlichen Orten also, deren Atmosphäre zu vielerlei Ideen und Anregungen geführt hat.

Realität und Fiktion – wie immer muss der Autor sorgfältig abwägen, was er darüber schreibt, was es wirklich gibt, und davon, was bloß ausgedacht ist. Ausgedacht ist zum Beispiel die Hausnummer, bei der Krüger in der Bonner Kölnstraße klingelt; sie entspricht nämlich eigentlich der des dortigen Nordfriedhofs … Das beschriebene Haus dagegen gibt es tatsächlich; im letzten Jahrhundert habe ich mal darin gewohnt. Und selbstverständlich handelt niemand in der Weinhandlung Nicolas in Avignon mit Drogen. Sie lag nur so schön passend dort, wo ich sie brauchte. Auch ist das kleine Hotel Atelier in Villeneuve-lès-Avignon nur ein wunderbarer Stützpunkt für Ausflüge aller Art in die Umgebung, sonst nichts.

Ingo Brönstrup (Rheinbach) ist ein gutes Beispiel dafür, dass Architekten nicht nur über der Erde, sondern auch unter oder in ihr arbeiten (Stuttgart 21 lassen wir jetzt mal beiseite) – wo sonst hätte er sich die ganzen *termini technici* aneignen können, an deren Überfluss er mich nach einer bescheidenen Frage zum unterirdischen Teil des römischen Forums in Arles selbstlos teilhaben ließ?

Hinweise auf Reparaturen bei Oldtimern, hier: beim roten Jaguar Mark II von 1960, verdanke ich meinem Sohn *Julius Clasen* (Bonn). Ihn kann man alles zu alten Automobilen fragen, in seinem Fall einem Mazda MX-5; alle Reparaturprobleme finden ihre Lösung nämlich entweder in der entsprechenden Mazda-Community bei Discord oder bei Hunderten von Youtube-Filmen … Außerdem hat er mich über die in den 1980er Jahren üblichen Kameras und Filme informiert, was die Romanpassage über die Aufnahmen der BBC in Oxford angeht.

Wie bei allen Vorgänger-Romanen fegte auch dieses Mal N.N. (»Opt me out!«) meine Unsicherheiten, was Nuancen der englischen Sprache und manchmal ihre Übersetzung ins Deutsche angeht, souverän zur Seite und versorgte mich stets mit dem gesuchten, aber von mir nicht gefundenen korrekten Wort oder Begriff. Dank sei Euch, Monsieur!

Der Rechtsmediziner *Prof. em. Dr. Burkhard Madea* (Bonn) klärte mich dieses Mal über die Farbtöne geronnenen Blutes auf und verriet mir, dass man daran auch erkennen könne, wie lange der jeweilige Tod zurückliege. Übrigens könne man die DNA getrockneten Blutes auch Jahrzehnte später noch analysieren und zur Mordaufklärung nutzen – wichtig für die endgültige Überführung »meines« Täters.

Claire Morton (Oxford), Governance Officer & ICVS Manager bei der Thames Valley Police in Kidlington / Oxfordshire, informierte mich über die Baugeschichte der Head Quarters South, deren erstes Gebäude schon 1760 errichtet worden ist.

Chris Oinn (London) zeigte mir seine englischen Personal-Ausweise, die (wie bei uns die deutschen) über die Jahrzehnte immer plastikhaltiger geworden sind.

Der Romanist *Dr. Rüdiger Pfromm* (Alfter) versah mich mit Hinweisen über die Festnahme von Beschuldigten in Frankreich wie auch mit Angaben über dortige Verjährungsfristen.

Andrea Sommerfeld (Rheinbach) hat einen großen Haufen von mir völlig übersehener Tippfehler im Manuskript ans Tageslicht gefördert und mir zwecks Korrekturen überlassen. (Wer jetzt also noch Fehler findet, darf sie behalten.)

Dr. Jürgen Tenckhoff (Hennef), seines Zeichens Reise-Fotograf und Diplom-Ingenieur, verdanke ich die großzügig gewährte Erlaubnis zum Abdruck seines abendlichen Bildes vom Papstpalast in Avignon auf dem Umschlag dieses Buches. → www.tenckhoff.de

Florian Thomas (Bonn), Facharzt für Orthopädie und Unfallchirurgie, brachte mir, auf Krüger bezogen, den wunderbaren Begriff

Adoleszentenkyphose bei (der möglicherweise auf meinen Rücken auch anzuwenden ist, wenn man mal die Adoleszentizität außer Acht lässt). Medizinersprache ist schon etwas Feines: Man bleibt immer im Gespräch, weil man dauernd etwas erklären muss.

Axel Vogel (Wachtberg-Niederbachem), Journalist beim Bonner *General-Anzeiger*, beriet mich zu Redaktionsschlüssen bei Tageszeitungen und der Möglichkeit, »das Blatt aufzuhalten«, falls etwas höchst Wichtiges noch hereinkomme. Um 21 Uhr sei aber definitiv Schluss. Berichte zu sich in der Nacht ereignenden Mordtaten könnten also erst am übernächsten Tag berücksichtigt werden …

Clemens Wojaczek (Rheinbach) hat dieses Mal nicht nur meiner Grammatik, sondern auch meinen Kenntnissen einer toten Sprache aufgeholfen, wenn ich mit meinem Latein mal wieder am Ende war.

Ihnen allen danke ich sehr. Wie immer gehen die aus Nicht-Zuhören-Können, Missverstehen und halb angeeignetem Unwissen verursachten Fehler auf den vorigen Seiten zu meinen Lasten.

Rheinbach, am 29. September 2024

»Für ein breites Publikum interessant«
(*Bonner Rundschau* vom 11. Juni 2024)

Paul Schaffrath
Banditen in London
Historischer Roman

368 Seiten, 13,5 × 21 cm, Hardover, ISBN 978-3-87062-369-2

Fünf Hamburger Jugendliche beginnen die Sommerferien 2019 voller Vorfreude. Sie ahnen noch nicht, dass tief unter dem Waisenhaus, in dem sie wohnen, ein Tunnel liegt, durch den sie mit einem per Druckluft betriebenen Zug zu einem unglaublichen Abenteuer nach London gelangen – jedoch nicht in die heutige englische Hauptstadt, sondern in die von Königin Victoria, genauer: ins London der ersten Weltausstellung von 1851.

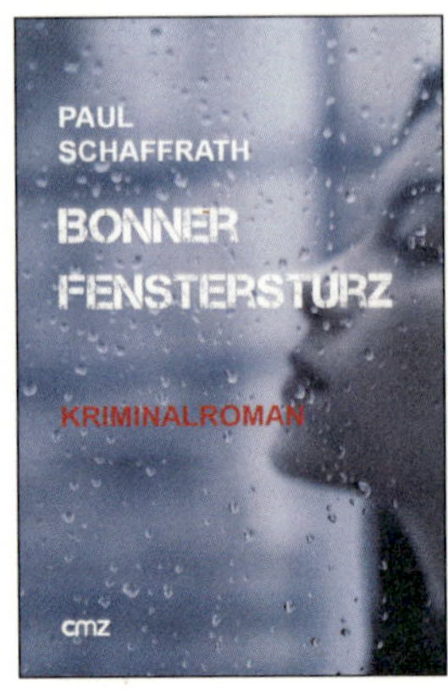

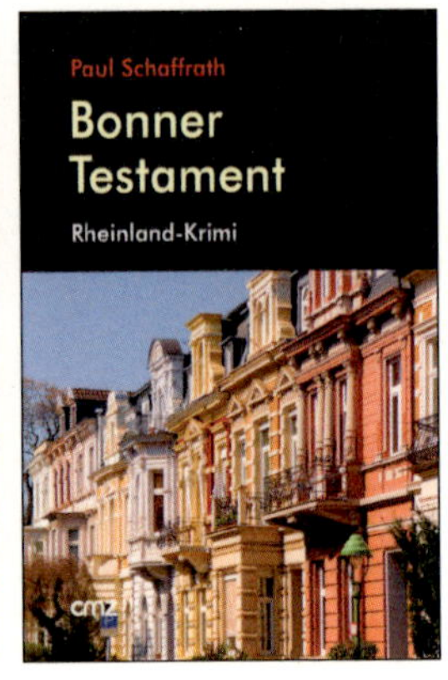

„Ein neuer, vielversprechender Krimiautor betritt die Bühne."
(Bonner *General-Anzeiger* 2015
zu Paul Schaffraths erstem Roman)

„Ein menschliches, stimmungsvolles, persönliches Buch; und ein lesenswerter Krimi sowieso."
(Bonner *General-Anzeiger* 2019
zu „Hansen")